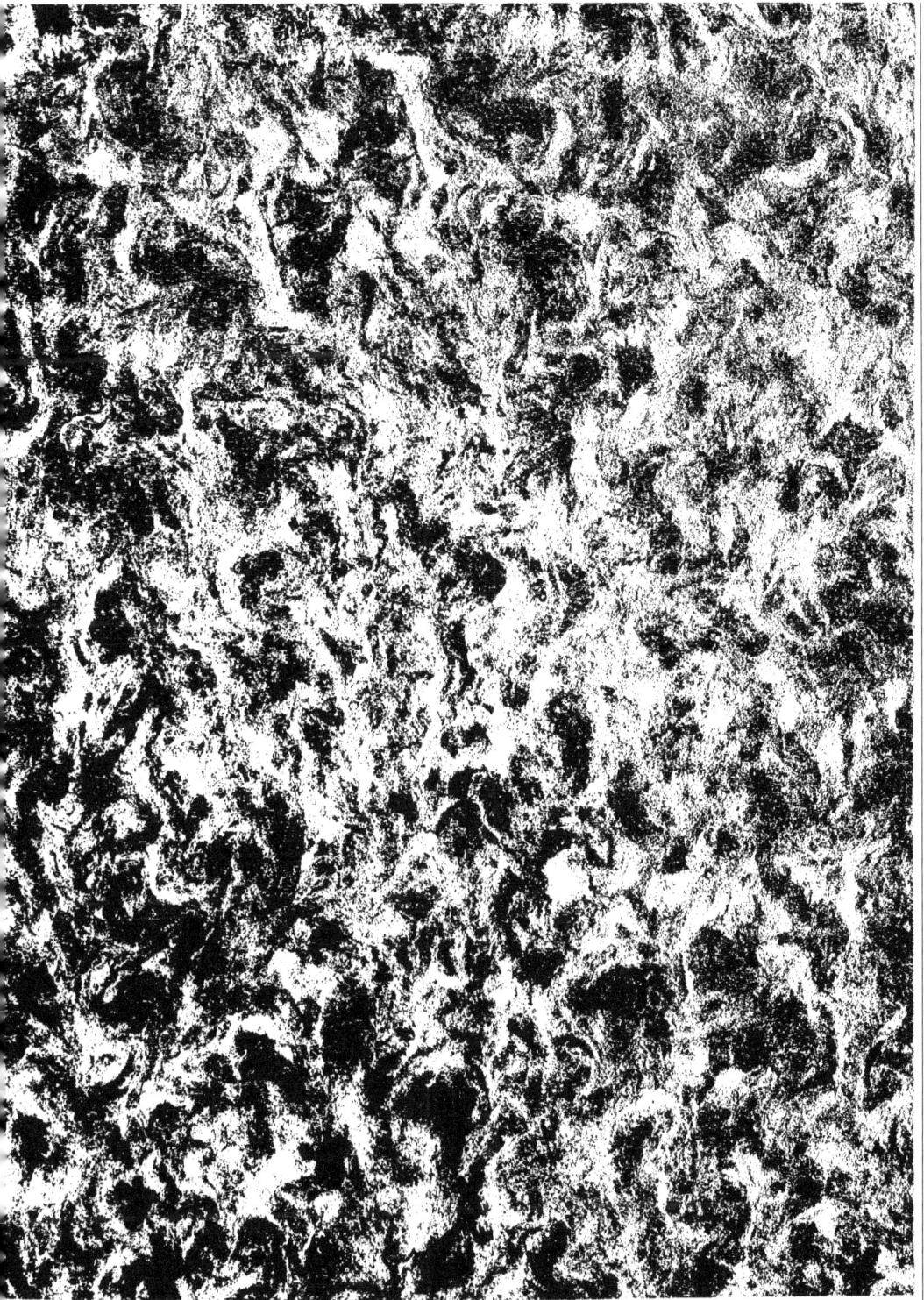

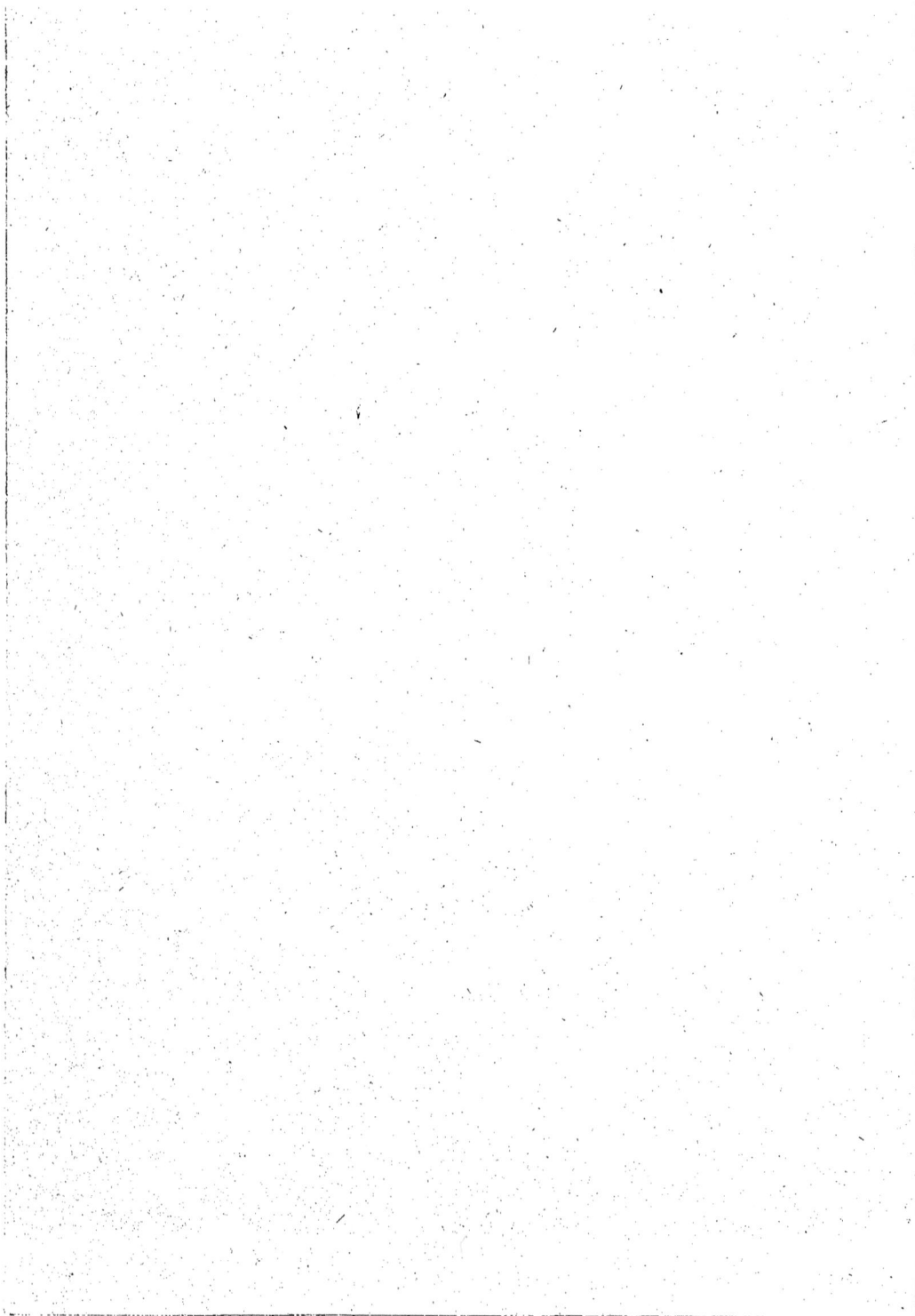

ARTHUS BERTRAND, LIBRAIRE-ÉDITEUR

COMMISSIONNAIRE POUR L'ÉTRANGER

21, RUE HAUTEFEUILLE

MÉTHODES DES PROPORTIONS

DANS

L'ARCHITECTURE

ÉGYPTIENNE, DORIQUE ET DU MOYEN AGE

PAR

M. LE Dr HENSZLMANN

Un volume in-folio de planches, et un volume in-quarto de texte

PROSPECTUS

Il y a plus d'un demi-siècle que des savants et des artistes de tous les pays civilisés sont à la recherche des méthodes dont se servaient les architectes du moyen âge pour déterminer les proportions générales et les détails de leurs constructions. Des fragments et des indices de ces méthodes ont été trouvés dans d'anciens manuscrits, et la tradition vivante du métier, surtout en Allemagne, fait foi de son ancienne existence. Enfin, l'effet harmonieux des constructions du moyen âge nous prouve, d'une manière encore plus certaine que les témoignages historiques, qu'une clef, perdue aujourd'hui, existait jadis, et permettait même aux talents médiocres de se rapprocher des bonnes proportions, comme on n'en trouve plus de nos jours que dans les constructions des grands maîtres.

Cette clef, M. le Docteur Henszlmann l'a retrouvée non-seulement pour l'architecture du moyen âge, mais aussi pour celle de l'antiquité classique. Depuis quinze ans il a préparé la publication de sa découverte, en embrassant les méthodes depuis les temps des Égyptiens jusqu'à la renaissance.

Les efforts constants faits depuis cinquante ans pour retrouver cette clef en attestent l'importance. L'exactitude de la découverte de M. Henszlmann est constatée par les rapports de trois différentes Commissions, une en Angleterre nommée par l'Institut royal des architectes britanniques, deux nommées par le Comité de la langue, de l'histoire et des arts en France.

Nous donnons ici le plus complet de ces rapports (1) signé par M. Albert Lenoir :

RAPPORT

FAIT A LA SECTION D'ARCHÉOLOGIE DU COMITÉ DE LA LANGUE, DE L'HISTOIRE ET DES ARTS DE LA FRANCE,
AU MINISTÈRE DE L'INSTRUCTION PUBLIQUE.

Messieurs,

Dans la séance de la section d'archéologie du mois dernier, j'ai eu l'honneur de vous soumettre un travail de M. le docteur Henszlmann, ayant pour titre : *Mémoire sur la découverte du système de l'Architecture classique et du moyen âge*. L'auteur y exposait qu'après avoir examiné plusieurs centaines des monuments les plus remarquables de la Grèce, de l'Italie, de la France, de l'Allemagne, de l'Angleterre et de la Hongrie, il avait découvert un procédé au moyen duquel les architectes établissaient les proportions d'ensemble et de détail des édifices, pour les mettre en harmonie. Après avoir donné quelques développements de nature à faire comprendre l'importance et l'utilité de la découverte, il terminait en proposant de la communiquer à une commission spéciale, s'engageant à prouver l'évidence de sa théorie si l'administration daignait s'intéresser à sa mise à jour.

Chargé par M. le président de la section d'archéologie d'examiner la demande de M. Henszlmann, je vous soumets les résultats que j'ai obtenus de la communication de ses longs travaux.

(1) Ce rapport a paru dans la *Revue de l'Architecture*, de M. César Daly.

1859

Ce fut en mesurant avec le plus grand soin la cathédrale de Kaschau, sa ville natale, que M. HENSZLMANN fit les premiers pas dans sa découverte ; il y reconnut qu'une loi géométrique et arithmétique régissait l'ensemble et les détails de l'édifice, que les proportions étaient développées d'une seule dimension fondamentale, avec une régularité parfaite ; frappé de cette harmonie, l'auteur parcourut l'Allemagne, et reconnut la même loi, non-seulement dans les monuments gothiques, mais aussi dans ceux de la période romane ; il la trouva jusque dans le plus ancien de ces édifices, à l'église de Gernrode, qui date de 968. Passant de l'Allemagne en Angleterre, il y poursuivit avec succès les observations qui pouvaient le conduire à son but ; là, jugeant convenable de prendre date de sa découverte, il en communiqua un aperçu à une commission de l'Institut des architectes britanniques ; le président, M. Donaldson, m'adressa l'auteur à Paris.

J'ai communiqué à M. HENSZLMANN de nombreux plans d'édifices mesurés avec soin ; plusieurs artistes ont agi de même à son égard ; je l'ai mis en rapport avec les architectes qui ont dessiné le plus scrupuleusement les édifices grecs ; il résulterait de ses études :

1° Que les Grecs, tout en appliquant la théorie du module à l'architecture, y auraient appliqué aussi une loi mathématique de l'harmonie des corps, due sans doute à une civilisation antérieure, et dont on sait que Pythagore possédait la clef ; les temples de la grande Grèce et de la Sicile, ceux d'Égine, de Corinthe, de Phigalée, d'Athènes, rentrent avec une précision remarquable dans cette loi ;

2° Que les Romains paraissent l'avoir ignoré bien qu'on en retrouve quelques traces dans ceux de leurs monuments sur lesquels a pu s'exercer l'influence des Grecs ;

3° Que, sous le règne d'Auguste, le système théorique du module prévalut dans tout l'empire. Vitruve nous le fait connaître ; il reparut à la renaissance sous les compas de Barozzio de Vignola, de Palladio, de Philibert Delorme, etc.

Quant au système qu'employaient les Grecs, il se serait transmis aux Byzantins ; on en retrouve l'usage dans les temples chrétiens de l'Orient, dans l'église de Saint-Vital de Ravenne et l'imitation qu'en fit Charlemagne à Aix-la-Chapelle, dans l'édifice byzantin de Périgueux. Pour ce qui concerne la période romane, l'église de Gernrode, construite sous l'empereur Othon II, au milieu du Xe siècle, et l'un des plus anciens monuments de ce style, présente le système ; l'impératrice Théophanie, Byzantine de naissance, a pu contribuer à le faire introduire en Allemagne. Toute notre architecture du moyen âge présente l'emploi le plus complet de la théorie usitée chez les Grecs ; le XIIIe siècle la perfectionna, et son rudiment est tracé dans l'album de dessins de Villars de Honnecourt, architecte de cette époque. Enfin, je trouve, dans les écrits de Palladio, la preuve qu'il connut et employa ce système ou quelque autre analogue, ce qui dut contribuer à la perfection des œuvres de ce célèbre architecte ; cette perfection, produite par la loi de l'harmonie, à l'époque de la renaissance, dans les travaux d'un artiste qui paraît l'avoir connue, est digne de remarque.

M. HENSZLMANN démontre simultanément, par la géométrie, l'arithmétique et l'algèbre, que, depuis la plus haute antiquité grecque jusqu'à la fin du XVe siècle, les architectes, prenant pour base la dimension fondamentale de l'édifice qu'ils avaient à élever, établissaient sur cette ligne une échelle de proportion croissante et décroissante, construite d'après une formule mathématique qui fut légèrement modifiée au moyen âge ; qu'ils soumettaient à cette échelle toutes les parties grandes ou petites du monument, suivant leur besoin et sans gêner en rien pour cela leur goût et leur imagination ; c'était seulement une règle à laquelle ils soumettaient l'ensemble et les détails, afin qu'il y eût entre eux des rapports d'harmonie. L'artiste, hardi dans ses inventions et plus habile que ses devanciers dans l'art de construire, arrivait à des proportions plus sveltes, comme on les remarque au Parthénon, à la Sainte-Chapelle de Paris ; c'étaient alors des degrés plus fins de son échelle proportionnelle qui le guidaient, mais l'harmonie mathématique n'en était pas troublée pour cela ; comme un musicien compositeur reste soumis aux lois de l'harmonie des sons, bien qu'il élève ou abaisse le ton du morceau musical qu'il produit ; la conception architecturale, non moins libre, aurait été soumise à une loi analogue qui faisait éviter les écarts d'une imagination non réglée par elle.

A chacune des divisions croissantes ou décroissantes de l'échelle géométrique établie par l'artiste, correspondaient des séries de chiffres formant, en quelque sorte, des octaves basses et élevées comme celles d'un clavier ; il trouvait dans l'ensemble de ces séries numériques ou dans leurs composés, toutes les mesures utiles à la réussite de sa conception, ainsi qu'un musicien, ayant dans son instrument toutes les notes et leurs relations diverses, y cherche les effets qu'il veut produire et déduit, de leurs rapports mutuels, l'harmonie de son sujet.

Après l'examen de l'ensemble des travaux de l'auteur de la découverte, j'ai dû passer à leur analyse : avec le compas et la plume, j'ai vérifié les échelles géométriques et numériques de la plupart des édifices dont les plans, les façades, les nombreux profils de moulures composent la riche collection de dessins réunis par lui ; dans tous, j'ai trouvé la parfaite harmonie qu'il annonce. Désireux de pousser plus loin l'expérience, j'ai produit des dessins de grande dimension, relevés sur des édifices inconnus à M. HENSZLMANN et qui représentaient les périodes romane et gothique ; établissant alors moi-même les échelles suivant sa théorie, j'ai vu entrer dans leurs divisions, et de la façon la plus précise, sans la moindre fraction géométrique, tous les membres de ces édifices d'architecture variée. J'ai vérifié en outre, en appliquant sa méthode, qu'il fournit un moyen mathématique pour reconnaître, soit les changements apportés dans un projet d'édifice qui n'aurait reçu qu'au commencement d'exécution, soit les remaniements dus à un autre artiste, modifications qui, quelquefois, sont inappréciables à l'œil et deviennent évidentes par l'application des échelles harmoniques. Cette théorie facilite aussi l'étude de la comparaison chronologique des monuments, celle des écoles ou des nationalités diverses, et des applications faites jusqu'ici par l'auteur de la découverte, il résulte que la France joua le principal rôle dans l'art au moyen âge.

Pour ce qui concerne les détails, les moulures de tout genre qui, depuis la plus haute antiquité grecque jusqu'au XVe siècle, ont décoré les corniches, les chapiteaux, les bases et tout membre d'architecture créé pour la décoration, ils sont soumis à la même loi proportionnelle, et de plus, leurs profils, qu'on a cru jusqu'ici produits par le caprice, les formes quelquefois singulières de l'échine du chapiteau grec et de la moulure gothique, passent rigoureusement par un tracé géométrique rentrant dans cette loi.

Il serait donc, aujourd'hui, démontré par la science, que l'art des Grecs était guidé dans ses conceptions par une loi mathématique de l'harmonie, soumettant à l'idée de la matière et ses formes, et contribuant à donner aux productions de ce peuple, l'unité, la grandeur, la proportion simple et régulière qui, plus ou moins répandues dans les productions de l'art.

constituent le beau ; que cette même loi d'harmonie, traversant les siècles en se modifiant suivant les temps et les lieux, vint aussi donner à nos arts du Nord une beauté relative dans laquelle on retrouve les principaux éléments qui précèdent, auxquels vinrent s'ajouter le mouvement et la variété; et ce lien unit l'art du moyen âge à celui de l'antiquité, bien qu'ils se trouvent dans des conditions très-différentes.

Tout ce qui précède indique l'importance de la découverte de M. le docteur Henszlmann, envisagée d'un point de vue général ; je citerai presque textuellement son mémoire pour ce qui concerne en France son utilité immédiate et pratique.

La découverte a, dit l'auteur, quant aux effets qui en doivent résulter pour la France, une signification toute particulière et presque exclusive. Dans sa sollicitude pour les anciens monuments, le gouvernement de ce pays, s'étant chargé de les restaurer et de les publier, il importe aux hommes spéciaux, ainsi qu'à l'administration, de posséder la théorie d'après laquelle ces restaurations doivent s'opérer. Toute restauration, à moins qu'elle ne soit une simple répétition des parties conservées, doit s'effectuer dans le même esprit que celui dans lequel a été conçu le plan original; il est, par conséquent, indispensable de connaître le principe qui a présidé à la conception et à l'exécution des monuments; toutes les fois que les architectes de nos jours, dépourvus de la connaissance de ce principe, entreprennent de restaurer des édifices du moyen âge ou d'en construire de nouveaux, ils risquent naturellement de porter atteinte à l'harmonie de l'ensemble et de les rendre indispensable, dans l'avenir, la démolition de travaux dispendieux (c'est ce qui arrive aujourd'hui à l'église de Sainte-Clotilde), et, s'il y en a qui réussissent plus ou moins bien à se rapprocher des anciens modèles, ce sont toujours des hommes exceptionnels; les maîtres du moyen âge, au contraire, en possession de la théorie, ne s'exposaient pas à des inconvénients aussi fâcheux, fussent-ils d'un talent médiocre.

La découverte de M. Henszlmann permettant de distinguer sur-le-champ une construction primitive d'une imitation moderne ou même d'un remaniement opéré à ancienne date, il deviendrait facile de rétablir un édifice dans son harmonie première en se reliant aux vieilles constructions; enfin l'architecte, élevant un monument neuf, pourrait, dans des proportions mathématiques et sûres, harmoniser les diverses natures de matériaux appelés à supporter, à appuyer ou à constituer l'édifice.

J'arrive à la partie du travail qui intéresse plus directement la section archéologique du Comité de la langue, de l'histoire et des arts de la France, parce qu'il s'agit des avantages que cette découverte pourrait présenter pour la publication de nos monuments nationaux, but et origine de notre institution.

La précision mathématique du principe découvert par M. Henszlmann est telle, que, lorsqu'on connaît la mesure de la ligne fondamentale d'un édifice, on établit par le calcul, et en poussant les fractions décimales aussi loin qu'on le désire, l'échelle numérique de toutes les dimensions qui doivent se rencontrer dans le monument. Elle se divise en séries décroissantes dont les divers membres ne diffèrent entre eux que par les fractions les plus minimes; il en résulte qu'en gravant cette échelle numérique auprès de l'échelle géométrique de l'édifice, et distinguant chaque groupe de chiffres par une lettre ou tout autre signe reporté sur le plan, les façades ou les coupes gravées, on juge immédiatement, et sans l'emploi du compas, instrument imparfait lorsqu'il s'agit de précision mathématique, on juge, disons-nous, des dimensions exactes et relatives de telle partie du monument qu'on a besoin de connaître; il devient évident alors qu'on pourrait graver les plans généraux et les autres planches sur une échelle moindre que celle qu'on adopte généralement dans les publications officielles; puisqu'on n'aurait plus à y exprimer les dimensions de chaque partie par des cotes, elles pourraient être remplacées par une simple lettre ou un autre signe; cette réduction des planches, atteignant le même but avec plus de précision, n'entraînerait pas à des dépenses aussi grandes que par le passé.

Philibert Delorme dit dans une note imprimée en marge de la page 168 de son ouvrage d'architecture, *que le premier il avait fait usage des proportions extraites du viel testament pour coter les figures de son volume*; cette note me conduit à quelques réflexions.

Je trouve, dans le chapitre xxv de l'Exode, ces mots : « Le Seigneur parle donc à Moïse et lui dit : Ordonnez aux enfants d'Israël de mettre à part les prémices qu'ils m'offriront... Ils me dresseront un sanctuaire, afin que j'habite au milieu d'eux, selon la forme très-exacte du tabernacle que je vous montrerai... » Suit au chapitre xxvi la description complète du tabernacle; le verset 40 du chapitre précédent s'exprime ainsi : « Considérez bien toutes choses et faites tout selon le modèle qui vous a été montré sur la montagne. » Plus loin, dans les Paralipomènes, on voit David donnant à son fils Salomon les plans et descriptions qu'il avait reçus de Dieu pour lui élever un temple à Jérusalem; or, dans les proportions et certaines formes indiquées par ces divers livres de la Bible, on suit les éléments du système harmonique reconnu par M. Henszlmann; Moïse, en faisant exécuter le tabernacle, s'est-il fondé sur une révélation ? les Grecs en profitèrent, puisqu'on reconnaît la théorie sur leurs monuments. L'ignorance des Romains à son égard indiquerait-elle déjà chez les Grecs une initiation analogue à celle de nos loges maçonniques du nord, laquelle n'aura pas permis à des étrangers de pénétrer le secret ? L'art byzantin aurait servi de lien entre l'antiquité grecque et le christianisme à l'égard de cette théorie; nous avons dit plus haut quels furent ses développements au Moyen Age, ses perfectionnements mêmes, et nous devons admettre que le secret des loges, qui ne pouvait être basé que sur les sciences mathématiques, se reliait à cette théorie, puisque tant qu'elles fournirent des constructeurs à l'Europe, la loi de l'harmonie fut appliquée.

Quant à cette origine révélée, j'en trouve en quelque sorte la preuve dans la longue tradition chrétienne qui voulait que les églises rappelassent, d'une façon quelconque, le temple de Salomon ou le tabernacle; puis dans la pensée des évêques et des abbés constructeurs qui, se livrant à la pratique de l'architecture religieuse, la considéraient comme sainte et sacrée.

L'ouvrage se composera de treize livraisons, renfermant chacune quatre planches sur grand jésus in-plano, et d'un volume de texte in-4°, divisé en deux parties.

Prix de chaque livraison de planches : 14 fr.

Le prix du volume de texte sera fixé ultérieurement. — Avec la 7e livraison paraîtra la première partie du texte.

ÉTUDES SUR LES BEAUX-ARTS

DEPUIS LEUR ORIGINE JUSQU'A NOS JOURS

PAR

M. F.-B. DE MERCEY

DIRECTEUR DES BEAUX-ARTS AU MINISTÈRE D'ÉTAT

3 beaux volumes in-8°. — 22 fr. 50.

Tome premier. — Origine et filiation des arts. — L'art en Orient. — L'art égyptien. — L'art assyrien. — L'art babylonien. — L'art chez les Hébreux. — Le temple de Salomon. — L'art chez les Grecs. — L'art chez les Étrusques. — L'art romain. — L'art chrétien dans les catacombes. — L'art byzantin.

Tome deuxième. — La renaissance italienne. — L'art moderne en Italie. — Les arts en Piémont. — La peinture en Allemagne, dans les Flandres et en Hollande. — L'art moderne en Allemagne. — L'art en Espagne. — La galerie du maréchal Soult. — Les arts en Angleterre. — Les arts en Écosse. — Exhibition d'Édimbourg. — Coup d'œil sur l'école française contemporaine.

Tome troisième. — Histoire de la gravure en médailles en France. — La sculpture monumentale en province. — Exposition universelle des Beaux-Arts. — Des encouragements aux Beaux-Arts, etc.

HISTOIRE

DE

L'ART ÉGYPTIEN, D'APRÈS LES MONUMENTS

DEPUIS LES TEMPS LES PLUS RECULÉS JUSQU'A LA DOMINATION ROMAINE

PAR M. PRISSE D'AVENNES

Ouvrage publié sous les auspices de Son Excellence M. Achille Fould, Ministre d'État

DEUX VOLUMES IN-FOLIO DE PLANCHES ET UN VOLUME IN-QUARTO DE TEXTE

Cet ouvrage se publie en 40 livraisons renfermant 160 planches grand raisin in-plano, exécutées en chromolithographie par les meilleurs artistes.

Le premier volume est consacré uniquement à l'architecture polychrome des Égyptiens.

Le second volume est consacré à la peinture, à la sculpture et à l'art industriel de ce peuple, qui a précédé tous les autres dans la carrière des arts.

L'*Histoire de l'art égyptien* paraît par livraisons; chacune se compose de quatre planches : deux d'architecture, et les deux autres de sculpture, de peinture ou d'art industriel. Quelquefois, cependant, la livraison embrasse la monographie entière d'un édifice.

Pour donner une idée de la beauté des monuments rehaussés d'éclatantes couleurs, il n'y avait d'autre moyen de les reproduire que par les procédés dispendieux de la chromolithographie. L'auteur les a employés, et l'ouvrage que nous présentons au public ne contiendra que des planches polychromes soigneusement exécutées par les artistes les plus habiles, d'après les dessins de M. Prisse ou ceux des hommes les plus compétents. La majeure partie des planches a exigé de huit à douze pierres ou impressions de tons différents, afin de rendre avec la plus grande précision l'ensemble et les détails des dessins.

Le volume de texte, de 5 à 600 pages grand in-4°, orné de nombreuses vignettes, forme une histoire complète de l'art égyptien, qui est mis en parallèle, à l'aide de planches, avec l'art assyrien, hindou, éthiopien et grec. L'histoire égyptienne est ainsi rattachée à celle des civilisations contemporaines, et le lecteur peut suivre la filiation et le développement de la pensée artistique chez les différentes races de l'ancien monde.

Ce volume se publie en quatre livraisons comprenant chacune une division complète.

Prix de chaque livraison de planches : 20 fr. — Prix de chaque livraison de texte : 20 fr.

EN VENTE, LES DOUZE PREMIÈRES LIVRAISONS.

PARIS. — IMPRIMERIE DE J. CLAYE, RUE SAINT-BENOIT, 7

THÉORIE

DES PROPORTIONS

APPLIQUÉES

DANS L'ARCHITECTURE

DEPUIS LA XIIe DYNASTIE DES ROIS ÉGYPTIENS JUSQU'AU XVIe SIÈCLE ;

DÉCOUVERTE ET PUBLIÉE

PAR ÉMERIC HENSZLMANN

DE L'ACADÉMIE NATIONALE DE HONGRIE.

PREMIÈRE PARTIE.

STYLE ÉGYPTIEN. — ORDRE DORIQUE.

AVEC ATLAS.

PARIS

ARTHUS BERTRAND, LIBRAIRE-ÉDITEUR,

RUE HAUTEFEUILLE, 21.

Cet ouvrage se composera de 13 livraisons, renfermant chacune 4 planches sur papier grand jésus in-plano et de 3 volumes in-4° de texte.

Chaque planche contient la monographie d'un ou de plusieurs monuments.

EN VENTE :

Le premier volume : STYLE ÉGYPTIEN. — ORDRE DORIQUE.
ATLAS. Livraisons 1 à 6.

SOUS PRESSE :

Le deuxième volume : ARCHITECTURES BYZANTINE ET ROMANE.
Le troisième volume : ARCHITECTURE OGIVALE.
ATLAS. Les livraisons 7 et 8.

Il y a plus d'un demi-siècle que des savants et des artistes de tous les pays civilisés sont à la recherche des méthodes dont se servaient les architectes du moyen âge pour déterminer les proportions générales et les détails de leurs constructions. Des fragments et des indices de ces méthodes ont été trouvés dans d'anciens manuscrits, et la tradition vivante du métier, surtout en Allemagne, fait foi de son ancienne existence. Enfin l'effet harmonieux des constructions du moyen âge nous prouve, d'une manière encore plus certaine que les témoignages historiques, qu'une clef, perdue aujourd'hui, existait jadis et permettait, même aux talents médiocres, de se rapprocher des bonnes proportions, comme on n'en trouve plus de nos jours que dans les constructions des grands maîtres.

Cette clef, M. le docteur HENSZLMANN l'a retrouvée non-seulement pour l'architecture du moyen âge, mais aussi pour celle de l'antiquité classique. Depuis quinze ans il a préparé la publication de sa découverte, en embrassant les méthodes depuis les temps des Égyptiens jusqu'à la renaissance.

Les efforts constants faits depuis cinquante ans pour retrouver cette clef en attestent l'importance. L'exactitude de la découverte de M. HENSZLMANN est constatée par les rapports de trois différentes commissions, une en Angleterre nommée par l'Institut royal des architectes britanniques, deux nommées par le Comité de la langue, de l'histoire et des arts en France.

Nous donnons ici l'extrait d'un de ces rapports signé par M. ALBERT LENOIR :

« Ce fut en mesurant avec le plus grand soin la cathédrale de Kaschau, sa ville natale, que M. HENSZLMANN fit les premiers pas dans sa découverte ; il y reconnut qu'une loi géométrique et arithmétique régissait l'ensemble et les détails de l'édifice, que les proportions étaient développées d'une seule dimension fondamentale, avec une régularité parfaite. Frappé de cette harmonie, l'auteur parcourut l'Allemagne, et reconnut la même loi non-seulement dans les monuments gothiques, mais aussi dans ceux de la période romane ; il la trouva jusquo dans le plus ancien de ces édifices, à l'église de Gernrode, qui date de 968. Passant de l'Allemagne en Angleterre, il y poursuivit avec succès les observations qui pouvaient le conduire à son but ; là, jugeant convenable de prendre date de sa découverte, il en communiqua un aperçu à une commission de l'Institut des architectes britanniques ; le président, M. Donaldson, m'adressa l'auteur à Paris.

« M. HENSZLMANN démontre simultanément, par la géométrie, l'arithmétique et l'algèbre, que, depuis la plus haute antiquité grecque jusqu'à la fin du xve siècle, les architectes, prenant pour base la dimension fondamentale de l'édifice qu'ils avaient à élever, établissaient sur cette ligne une échelle de proportion croissante et décroissante, construite d'après une formule mathématique qui fut légèrement modifiée au moyen âge ; qu'ils soumettaient à cette échelle toutes les parties, grandes ou petites, du monument, suivant leur besoin et sans gêner en rien, pour cela, leur goût et leur imagination : c'était seulement une règle à laquelle ils soumettaient l'ensemble et les détails, afin qu'il y eût entre eux des rapports d'harmonie.

« Après l'examen de l'ensemble des travaux de l'auteur de la découverte, j'ai dû passer à leur analyse : avec le compas et la plume, j'ai vérifié les échelles géométriques et numériques de la plupart des édifices dont les plans, les façades, les nombreux profils de moulures composent la riche collection de dessins réunis par lui ; dans tous, j'ai trouvé la parfaite harmonie qu'il annonce. Désireux de pousser plus loin l'expérience, j'ai produit des dessins de grande dimension, relevés sur des édifices inconnus à M. HENSZLMANN et qui représentaient les périodes romanes et gothiques ; établissant alors moi-même les échelles suivant sa théorie, j'ai vu entrer dans leurs divisions, et de la façon la plus précise, sans la moindre fraction géométrique, tous les membres de ces édifices d'architecture variée. J'ai vérifié en outre, en appliquant ce moyen, qu'il fournit un moyen mathématique pour reconnaître soit les changements apportés dans un projet d'édifice qui n'aurait reçu d'abord qu'un commencement d'exécution, soit les remaniements dûs à un autre artiste, modifications qui, quelquefois, sont inappréciables à l'œil et deviennent évidentes par l'application des échelles harmoniques. Cette théorie facilite aussi l'étude de la comparaison chronologique des monuments, celle des écoles ou des nationalités diverses, et les applications faites jusqu'ici par l'auteur de la découverte il résulte que la France joua le principal rôle dans l'art du moyen âge.

« Pour ce qui concerne les détails, les moulures de tout genre qui, depuis la plus haute antiquité grecque jusqu'au xve siècle, ont décoré les corniches, les chapiteaux, les bases et tout membre d'architecture créé pour la décoration, ils sont soumis à la même loi proportionnelle, et de plus leurs profils, qu'on a crus jusqu'ici produits par le caprice, les formes quelquefois singulières de l'échine du chapiteau grec et de la moulure gothique, passent rigoureusement par un tracé géométrique rentrant dans cette loi.

« Quant aux effets qui en doivent résulter pour la France, cette découverte a une signification toute particulière et presque exclusive. Dans sa sollicitude pour les anciens monuments, le gouvernement s'étant chargé de les restaurer et de les publier, il importe aux hommes spéciaux, ainsi qu'à l'administration, de posséder la théorie d'après laquelle ces restaurations doivent s'opérer. Toute restauration, à moins qu'elle ne soit une simple répétition des parties conservées, doit s'effectuer dans le même esprit que celui dans lequel a été conçu le plan original ; il est, par conséquent, indispensable de connaître le principe qui a présidé à la conception et à l'exécution des monuments.

« La découverte de M. HENSZLMANN permettant de distinguer sur-le-champ une construction primitive d'une imitation moderne ou même d'un remaniement opéré à ancienne date, il deviendrait facile de rétablir un édifice dans son harmonie première en se reliant aux vieilles constructions.

« Sa publication est donc d'une grande utilité dans l'étude et dans l'application de l'architecture ; elle favorise, en outre, les connaissances archéologiques utiles aux architectes, en permettant de reconnaître rigoureusement les modifications apportées dans la comparaison des diverses écoles d'art qui produisirent les monuments les plus élevés à toutes les époques. »

PARIS. — IMPRIM. DE MADAME VEUVE BOUCHARD-HUZARD, RUE DE L'ÉPERON, 5.

THÉORIE

DES

PROPORTIONS DANS L'ARCHITECTURE.

PREMIÈRE PARTIE.

PARIS. — IMPRIMERIE DE MADAME VEUVE BOUCHARD-HUZARD,

RUE DE L'ÉPERON, 5.

THÉORIE

DES PROPORTIONS

APPLIQUÉES

DANS L'ARCHITECTURE

DEPUIS LA XIIe DYNASTIE DES ROIS ÉGYPTIENS JUSQU'AU XVIe SIÈCLE ;

DÉCOUVERTE ET PUBLIÉE

PAR ÉMERIC HENSZLMANN

DE L'ACADÉMIE NATIONALE DE HONGRIE.

PREMIÈRE PARTIE.

STYLE ÉGYPTIEN. — ORDRE DORIQUE.

AVEC ATLAS.

PARIS

ARTHUS BERTRAND, LIBRAIRE-ÉDITEUR,

RUE HAUTEFEUILLE, 21.

1860

A

Monsieur Alexandre Wrchowsky.

Hommage d'Amitié.

Henszlmann.

Paris, 20 juillet 1860.

EXPLICATION DES PLANCHES.

— VIII —

Les trois dimensions d'un cube, pl. I, fig. 1, savoir : son côté, la diagonale de son carré et la diagonale du cube, limitées et jointes par des lignes droites, forment un triangle $a\,b\,c$ dont on peut facilement déterminer les valeurs des côtés. L'équivalent de ce triangle, par cela même qu'il est dans les mêmes proportions, mais sur une plus grande échelle, est le triangle U′ D′ b de la fig. 3, qui est inscrit dans le grand triangle $a\,c\,b$.

En prenant au compas le grand côté D′ b de ce dernier, et en transportant sa longueur du point b à l'hypoténuse U′ b, nous arriverons au point a duquel, si nous laissons tomber la perpendiculaire a A, nous aurons le triangle proportionnellement décroissant a A b; nous répéterons la même opération pour les triangles b B b, c C b, etc., etc., qui diminueront dans une proportion strictement définie. Au contraire, si nous transportons l'hypoténuse U′ b du triangle U′ D′ b sur le grand côté $a\,b$ du grand triangle $a\,b\,c$, et si nous élevons du point D″ la perpendiculaire D″ d″, nous aurons le premier triangle proportionnellement croissant D″ d″ b, et, continuant la même opération, nous formerons successivement les triangles croissants I 1 b, II 2 b, etc., etc. C'est dans les valeurs des deux côtés de tels triangles croissants et décroissants, puis dans les doubles, les moitiés et les quarts des grands côtés, enfin dans les doubles et les moitiés des petits côtés, que les anciens ont cherché et trouvé les proportions de leurs parties et de leurs membres d'architecture, considérant toujours le petit côté U′ D′ du triangle fondamental U′ D′ b, comme *unité* à laquelle correspond, dans leurs temples, la largeur de la cella dans l'œuvre.

Nous chercherons nos preuves dans les trois temples d'Égine, de Thésée et du Parthénon. Pour y arriver, il faut avoir les échelles proportionnelles de ces trois temples ; c'est-à-dire qu'il faut diviser la ligne de l'unité générale U′ D′ en 6,43 mètres, ce qui est l'unité spéciale du temple d'Égine ; en 6,202 mètres, = à 20′ pieds 4,5″ pouces anglais, ce qui est l'unité spéciale du temple de Thésée ; et en 11,028 mètres, = à 36′ pieds 2,5″ pouces anglais, ce qui est l'unité spéciale du Parthénon. On trouvera ces échelles proportionnelles sur notre pl. I, fig. 4, pour le temple d'Égine ; fig. 5, pour celui de Thésée, et fig. 6, pour le Parthénon.

EXEMPLES.

1° Dans l'ouvrage de M. Blouet, la hauteur de l'abaque des grandes colonnes du temple d'Égine (voir fig. 1 de notre pl. VII) est marquée à 0,203 mètres ; prenez cette quantité, au compas, à l'échelle proportionnelle,

1

fig. 4, et cherchez l'équivalent dans la fig. 3 ; vous la trouverez dans le petit côté r R ; multipliez le chiffre donné pour ce petit côté, dans notre série générale, 0,031868 avec l'unité 6,43 du temple d'Egine, et vous aurez pour produit 0,2048 m. ; double preuve que la hauteur de l'abaque est prise à la quantité du petit côté r R.

2° L'espace à partir de l'angle du gradin supérieur jusqu'à l'axe des colonnes du péristyle, est marqué chez M. Blouet, à 0,547 m. (voir fig. 1 de notre pl. III). Transportez cette quantité prise à l'échelle comparative, au compas, du point b du grand triangle, fig. 3, sur la ligne b a quatre fois, et vous arriverez juste au point G. Multipliez le chiffre de ce côté 0,3421 avec l'unité, et divisez le produit par quatre, et vous aurez 0,5499 ; double preuve que l'espace désigné, c'est-à-dire la marge du stylobate, est pris à un quart du grand côté G b.

3° La hauteur du fût de la colonne du péristyle dans le temple de Thésée est marquée, chez MM. Stuart et Revett, à 17' 0,9" angl. = 5,20 m., et la hauteur du chapiteau à 1' 7,9" angl. = 0,504 m. (voir notre pl. V, fig. 2) ; la somme des deux chiffres est 18' 8,8" angl. = 5,704 m. Prenez cette quantité sur l'échelle comparative de ce temple, pl. I, fig. 5, cherchez son équivalent parmi les côtés des triangles de la fig. 3, et vous le trouverez égal à la moitié du petit côté 2 II du triangle 2 II b. Multipliez la valeur de ce petit côté 1,8371.. par l'unité du temple 6,202 m., et vous aurez 11,3937, et pour moitié 5,6968 ; double preuve que la hauteur de la colonne est prise à la moitié du petit côté 2.

4° Les entre-colonnements ordinaires des portiques latéraux dans le temple de Thésée sont marqués chez MM. Stuart et Revett, à 8' 7,25" angl. = 2,62 (voir la fig. 2 de notre pl. III). Prenez cette quantité sur l'échelle proportionnelle, pl. I, fig. 5, au compas, posez l'une de ses pointes en b de la fig. 3, et vous arriverez, de l'autre, juste au point F. Multipliez le chiffre du côté b F = 0,4190 avec l'unité 6,202, et vous aurez pour produit 2,5978 ; double preuve que les entre-colonnements en question sont pris à la valeur du grand côté F b.

5° La marge du stylobate au Parthénon est marquée chez MM. Stuart et Revett, à 3' 3,35" angl. = 0,998 m. Prenez la moitié de cette mesure à l'échelle proportionnelle, pl. I, fig. 6, mettez une des pointes du compas en b, fig. 3, et vous arriverez avec l'autre, juste au point R. Multipliez le chiffre de R = 0,0450.. avec l'unité du Parthénon 11,028, doublez ensuite le produit, et vous aurez 0,9936 ; double preuve que la mesure de ladite marge est prise au double grand côté R b.

6° La hauteur du chapiteau entier des colonnes du péristyle au Parthénon se trouve marquée par MM. Stuart et Revett, à 2' 9,9" angl. = 0,860 m. (voir la fig. 7 de notre pl. VII). Prenez la moitié de la quantité indiquée au compas sur l'échelle proportionnelle, fig. 6, et vous trouverez son équivalent dans le petit côté q de la fig. 3. Multipliez le chiffre de q = 0,0390.. avec l'unité 11,028, doublez ensuite le produit, et vous aurez 0,8616 ; double preuve que la hauteur entière de ces chapiteaux est prise au double du petit côté q Q.

7° La hauteur du fût des colonnes du péristyle dans le Parthénon est donnée, par MM. Stuart et Revett, à 31' 4,9" angl. = 9,566 m. (voir fig. 3 de notre pl. V). Prenez cette valeur sur l'échelle proportionnelle, pl. I, fig. 6, au compas, mettez une de ses pointes dans b, fig. 3, et vous arriverez en doublant la quantité au point D". Multipliez le chiffre de D" 1,73205.. avec l'unité 11,028, divisez ensuite le produit par deux et vous aurez 9,55505 ; double preuve que le fût de ces colonnes est pris à ⅓ D", ce qui est la moitié de la diagonale d'un cube dont l'unité de 11,028 est la longueur du côté.

D'après les sept preuves données ci-dessus, j'aime à croire que le lecteur me suivra avec confiance dans l'exposé détaillé et l'application pratique de ma découverte.

LE TRIANGLE DU CUBE.

En coupant par les quatre angles opposés, en deux parties égales, le cube $a\,x\,b\,d\,y\,c$, fig. 1, pl. I, on obtient le parallélogramme $a\,b\,d\,c$; lorsqu'on tire dans ce parallélogramme la ligne diagonale $b\,c$, on aura deux triangles égaux dont les petits côtés sont des côtés du cube, les grands côtés sont les diagonales du carré du cube, et la ligne diagonale $b\,c$, commune aux deux triangles, est la diagonale du cube. Nous appellerons le triangle ainsi obtenu le *triangle du cube*, parce que tous ses côtés sont des dimensions du cube. Les angles de ce triangle ont :

L'angle situé à la rencontre du grand côté avec l'hypoténuse....................	35° 15′	51,8″
L'angle situé à la rencontre de l'hypoténuse avec le petit côté...................	54 44	8,2
L'angle situé à la rencontre du grand côté avec le petit côté.....................	90 00	0,0
	180° 00′	00,0″

Le *petit côté* de ce triangle, égal au côté du cube, considéré comme *unité* = 1,000.. son *grand côté* sera, en sa qualité de *diagonale du carré* du cube, la *racine de deux* = 1,41421356219.., et *l'hypoténuse* sera, en sa qualité de *diagonale du cube*, la *racine de trois* = 1,7320508075688..

Pour construire le triangle du cube, on n'a pas besoin de dessiner le cube. Voici une manière plus courte. On fait un rectangle $c\,a\,b$, pl. I, fig. 2, et on transporte la longueur $a\,c$, laquelle doit représenter le côté du cube ou l'unité, du point a sur la ligne $a\,b$, on arrivera au point d; on mesure ensuite la longueur de l'hypoténuse ainsi acquise $d\,c$ (qui est la diagonale d'un carré dont $a\,c$ et $a\,d$ sont les côtés), et on transporte la longueur de cette diagonale du carré sur la ligne $a\,b$ du point a. On arrivera au point b; en joignant les points b et c par une ligne droite, on aura dans celle-ci la diagonale d'un cube, dont $d\,c = a\,b$ est la diagonale du carré, et $c\,a$ est un de ses côtés, ou l'unité.

Ce triangle du cube est connu comme donnant des proportions d'architecture depuis les publications de M. Stieglitz. Dans la préface, à la première édition de son *Histoire de l'architecture* (*), cet auteur dit : « Les anciens nous ont expliqué par des symboles la formation des corps ; ils se servaient de ces symboles pour rendre sensibles à la vue les lois de la nature; c'est Herder qui, dans son « Document le plus ancien de l'humanité, » en donne des aperçus remarquables. Les recherches qui vont suivre étaient basées surtout sur les aperçus de Herder et sur ceux de *Roeber*. » Quant à M. Roeber, M. Stieglitz ajoute dans une note : « Roeber, dont je ne connais pas la résidence actuelle, était, dans le temps, architecte du gouvernement, à Dresde. Il ne communiquait que verbalement ses recherches sur la formation des corps, et n'en a rien fait imprimer jusqu'à cette heure. »

Ce peu de renseignements donnés par M. Stieglitz sur M. Roeber ne permet pas de savoir d'où celui-ci avait tiré sa science; l'a-t-il rencontrée dans d'anciens documents, l'a-t-il reçue par la tradition, ou l'a-t-il trouvée par l'examen des monuments?

Il nous reste des anciens documents écrits, comme ceux des chantiers (Bauhütte) de Rochlitz et de Strasbourg, mais ces documents ne traitent que de l'état civil du métier, des droits et des obligations des maîtres, des compagnons et des apprentis, et de leurs rapports mutuels. Un autre document, publié à plusieurs reprises

(*) *Geschichte der Baukunst vom frühesten Alterthum bis in die neueren Zeiten*, von C. L. Stieglitz. Nürnberg, 1827, Friedr. Campe 8°.

et en plusieurs langues, est le traité de Mathias Roritzer « sur les proportions des pinacles; » mais ce traité, publié à Nuremberg, ne date que de la fin du xvᵉ siècle, et nous y trouvons déjà, appliquée au style ogival, la théorie arbitraire de Vitruve. Il ne reste donc que d'anciens dessins, notamment ceux de l'album de Villard d'Hon-necourt, maître picard du xiiiᵉ siècle, récemment publiés, qui pourraient nous fournir quelques renseignements sur le triangle du cube, et encore, chose étrange, ces renseignements ne se rencontrent pas ici dans les dessins d'architecture, mais dans ceux des figures d'hommes et d'animaux, lesquelles Villard d'Honnecourt a essayé de construire, pour ainsi dire, sur des triangles différents. Parmi ces triangles, se trouve aussi notre triangle du cube, dans la figure d'un mouton. Cet animal est inscrit dans un triangle comprenant la tête, le cou et le devant de la poitrine, et dans un parallélogramme contenant le reste du corps, sans les jambes et les pieds. En exami-nant ce triangle, on trouvera dans ses côtés la proportion de l'unité pour le petit côté, de la diagonale du carré pour le grand côté, et de la diagonale du cube pour l'hypoténuse; en même temps, le grand côté du triangle donne la mesure des côtés courts du parallélogramme, dont les côtés longs sont égaux à l'hypoténuse du triangle. Notre triangle du cube se trouve encore (mais ici il est moins régulièrement dessiné) dans le cou d'un cerf qui a été publié, parmi d'autres figures dudit album, dans le *Moniteur des architectes*, liv. xli, p. 487. Hormis ces exemples cités, je ne connais pas d'anciens documents, ni écrits ni dessinés, où l'on en trouverait des traces.

Et cela à juste raison, parce qu'on considérait, au moyen âge, la science des proportions comme un secret qui ne devait pas être profané, et cette science, probablement, n'était possédée que par des maîtres du premier ordre. M. Leo raconte dans son *Histoire universelle*, et M. Kugler cite le fait dans la première édition de son *Histoire de l'art*, à la page 528, qu'en l'an 1099 l'évêque d'Utrecht fut tué par un maître architecte, parce que l'évêque avait arraché ledit secret au fils du maître. Il est vrai qu'on a contesté l'exactitude de cette histoire, mais le fait même qu'on a cru pouvoir l'inventer, ne prouve-t-il pas la tradition vivante d'un tel secret? J'ai appris d'un maître marbrier allemand, versé dans les anciennes coutumes, une autre tradition d'un certain triangle fondamental des proportions, désigné à ses trois côtés par ces trois mots allemands : *in, von, zu*, dont le premier devait signifier Cologne, le second Vienne, en Autriche, le troisième Zurich, villes célèbres toutes les trois par leurs chantiers; et, en effet, ces trois villes forment sur les cartes un triangle auquel on pourrait trouver quelque similitude avec notre triangle du cube, similitude qui était peut-être encore plus grande dans les anciennes cartes inexactement dessinées.

Quoi qu'il en soit, je crois que M. Roeber avait pour guide une ancienne tradition, pareille à celle de mon maître marbrier, ou encore plus précise, qui l'aidait à trouver, ou qui lui apprenait même l'existence et l'appli-cation du triangle du cube enseignées par lui à Dresde. C'est M. Roeber à qui M. Stieglitz, comme il le dit lui-même, doit sa connaissance. Dans ses différents ouvrages, M. Stieglitz a plus tard examiné et appliqué ce triangle. Il a trouvé que le petit côté ou l'unité, était toujours donné, dans les églises du moyen âge, par la lar-geur de la nef principale d'axe en axe des piliers; que cette même unité donnait, dans les églises allemandes, la hauteur de la porte principale jusqu'au sommet de son ogive, et que la hauteur principale était égale ou à un des côtés d'un triangle du cube résultant de la largeur de la nef comme de l'unité, ou qu'il fallait composer deux des côtés du triangle, soit l'unité avec la diagonale du carré, soit cette dernière avec la diagonale du cube, pour arriver en bas jusqu'à la base du pignon.

M. Stieglitz était dans le vrai; mais, comme il n'avait que trois mesures pour des proportions dont les varia-tions sont nécessairement très-nombreuses, on n'a pas accepté sa théorie. Ainsi, M. Boisserée, dans sa *Mono-graphie de la cathédrale de Cologne*, s'est prononcé pour le triangle équilatéral, tandis que M. Hoffstadt, dans son *Abécédaire gothique*, a pris le carré et des polygones qui en sont formés, pour des figures fondamentales des

proportions. M. Murphy, dans son *Église de Batalha*, en Portugal, cherche des analogies entre les proportions du corps humain et entre des parties de monuments. D'autres ont cherché encore autre part. Ces recherches même reprises, développées et publiées tant de fois, par tant de savants, dans tous les pays civilisés de l'Europe, n'indiquent-elles pas déjà, par leur fréquence, le besoin de s'expliquer le fait que les constructions de nos ancêtres avaient pour base un principe bien arrêté auquel nous sommes, pour ainsi dire, forcés d'attribuer les proportions harmonieuses qui nous frappent comme caractère général et comme caractère indélébile de leurs ouvrages?

LES TRIANGLES SEMBLABLES DÉRIVÉS DU TRIANGLE DU CUBE.

En relevant l'église de Sainte-Élisabeth, à Cassovie, en Hongrie, j'ai pu constater l'exactitude des observations de M. Stieglitz; mais, pour arriver à un résultat plus satisfaisant, il fallait chercher si, de ces trois côtés du triangle du cube, on ne pouvait en développer d'autres pour des membres de dimensions plus petites, tels que piliers, contre-forts, épaisseurs de murs, etc., etc. J'ai été encore poussé à ces recherches par mon ami, depuis décédé, M. Ch. Froemberg, architecte de talent, qui, par un sentiment inné pour les bonnes proportions, avait la foi vive dans le secret, sans en deviner même la clef. C'est qu'une telle foi aime à se communiquer, surtout quand elle se rencontre avec des besoins comme ceux que j'avais, de me rendre compte des choses inexplicables, lesquelles se représentaient toujours pendant mon travail. A côté de mes propres relevés de l'église de Sainte-Élisabeth, j'avais ceux des ruines d'une église à Zsambék, village situé à quelques lieues de Bude. Cette église a été relevée avec beaucoup de soin, par des architectes de Pesth, MM. Gerster, Feszl et Kauser, qui en ont fait des dessins sur une très-grande échelle, et qui ont bien voulu me communiquer et les dessins et les cotes du relevé. Pendant l'étude longue et très-détaillée de ces deux monuments de ma patrie, j'ai été frappé de ce que les proportions du grand triangle du cube de l'unité, revenaient amoindries dans différentes parties. Il était donc évident qu'il devait naître, de ce grand triangle, des *triangles semblables plus petits;* mais la grande question était celle-ci : où faut-il commencer? Cette question était d'autant plus difficile à résoudre, que, comme on le verra dans la seconde partie de cet ouvrage, les maîtres du moyen âge ne procédaient pas aussi logiquement que les maîtres anciens classiques, et, encore avant eux, les maîtres de l'Égypte. Or, dans ce temps, je ne me suis occupé que des monuments du moyen âge, ne rêvant pas même qu'une théorie des Égyptiens aurait pu se propager par l'intermédiaire des Grecs et des Byzantins, jusqu'à l'ère chrétienne.

Il en était ici comme de la plupart des découvertes; j'ai trouvé enfin la loi dans le problème le plus difficile à résoudre, comme je l'ai reconnu depuis, c'est-à-dire dans l'explication de la construction très-compliquée des contre-forts de l'église de Sainte-Élisabeth, à Cassovie. En examinant avec des reprises innombrables le plan de ces contre-forts, j'ai reconnu enfin que la retraite de leurs pinacles superposés était réglée par des grands côtés des triangles, dont le plus petit naît toujours de son triangle voisin plus grand, en prenant le grand côté de celui-ci pour son hypoténuse.

La fig. 2, de notre pl. 1, explique cette méthode. Soient *bef* le triangle du cube dont *ef* est l'unité, *bf* la diagonale du carré, et *be* la diagonale du cube; lorsqu'on transporte la longueur de la diagonale du carré, ce qui est le grand côté *bf*, sur la diagonale du cube qui est l'hypoténuse *bc*, on arrive au point *c;* si on fait tomber de ce point *c* une ligne perpendiculaire en *a*, on aura le triangle *abc* qui est semblable au triangle *bef* dont il est dérivé, et dont il est le diminutif dans une certaine proportion. Au contraire, si on prend pour point de départ le triangle *abc*, et si on veut construire le triangle voisin plus grand, on doit allonger son grand côté *ba* et son hypoténuse *bc;* on doit transporter ensuite la longueur de l'hypoténuse *bc* sur la ligne allongée du

grand côté. On arrivera ainsi au point *f;* de ce point, il faut élever une ligne perpendiculaire, laquelle joindra la ligne allongée de l'hypoténuse en *e* et formera par cela le triangle semblable, supérieur ou plus grand *b e f.* Dans cette figure, le triangle *a b c,* par rapport au triangle plus grand *e b f,* est décroissant, et *vice versâ,* le dernier est croissant par rapport au premier. Nous appellerons, dans la suite, les triangles semblables qui sont plus grands que le *triangle fondamental,* composé de l'unité, de la diagonale du carré et de la diagonale du cube, des *triangles croissants,* et ceux qui sont plus petits que ce triangle fondamental des *triangles décroissants.* Par rapport à ses deux triangles voisins, chaque triangle est en même temps décroissant et croissant.

La troisième figure de notre planche I, nous donne une suite des triangles semblables du cube inscrits dans le grand triangle *a b c.* Dans cette suite, ce ne sont que les deux côtés des triangles qui comptent, parce que l'hypoténuse d'un triangle est toujours égale au grand côté de son triangle voisin supérieur. C'est ce qui nous permet de simplifier les dénominations des côtés, et de les désigner par une seule lettre ou par un seul chiffre, lettre petite à l'exception de l'unité fondamentale, chiffre arabe pour les petits côtés ; lettre grande ou chiffre romain pour les grands côtés. Ainsi a nous indiquera la ligne a A de la fig. 3, ou le petit côté du triangle décroissant voisin du triangle fondamental ; b nous indiquera le petit côté du triangle décroissant suivant ; de même, A nous indiquera la ligne A b de la fig. 3, soit le grand côté du premier triangle décroissant, B le grand côté du second triangle, C le grand côté du troisième triangle décroissant, etc., etc.

Il y a deux triangles, dans cette suite, dont les côtés ont plus d'importance que les autres ; c'est pourquoi je les ai distingués par une dénomination spéciale de leurs côtés, savoir : le triangle fondamental et le premier triangle supérieur croissant. Dans le triangle fondamental, le petit côté est marqué par exception avec une grande lettre U' (initiale du mot unité) et le grand côté, savoir la diagonale du carré, par D' (initiale du mot diagonale). De même les deux côtés du premier triangle supérieur sont marqués, le grand côté étant la diagonale du cube de D'', et le petit en correspondance avec le grand de d''. Pour distinguer les lettres de ces quatre côtés des mêmes lettres des autres triangles, l'unité U' du grand côté U du vingtième triangle décroissant, la diagonale du carré et du cube D' et D'' du grand côté D du quatrième triangle décroissant, j'ai ajouté à ces lettres des cédilles doublées pour désigner la diagonale du cube, pour la distinguer de D' avec une simple cédille, de la diagonale du carré, et doublée dans le petit côté d'' pour correspondre à la double cédille D'' du grand côté du même triangle.

A partir du premier triangle croissant, les côtés des autres triangles sont désignés par des chiffres arabes et romains, pour les distinguer, à première vue, des lettres des côtés des triangles décroissants ; ainsi le petit côté du deuxième triangle croissant est désigné par le chiffre 1, du troisième par le chiffre 2, tandis que les grands grands côtés de ces triangles sont désignés par les chiffres romains correspondants I et II.

Avec notre alphabet, je n'arrive qu'à la désignation des côtés de 25 triangles décroissants ; il y a pourtant des parties architecturales plus petites encore que les côtés du 25e triangle *b z* Z décroissant ; il fallait donc, pour nommer les côtés des 26e, 27e, etc., etc., triangles, ajouter des accents aux lettres répétées de notre alphabet. Ainsi on trouvera pour le petit côté du 26e triangle décroissant a', pour son grand côté A', pour le 32e g' et G', etc., etc.

Il s'agit maintenant d'établir les valeurs des côtés des triangles croissants et décroissants. Chaque côté du deuxième triangle, dans la suite des triangles décroissants, est égal à $^2/_3$ du côté de la même dénomination du second triangle supérieur ; nous n'aurons donc besoin, pour calculer, quel que soit le côté, que de quatre valeurs primaires, soit de D'' = 1,7320508.. et D' = 1,4142135.. pour tous les grands côtés, et de d'' = 1,2247448 et U' = 1,0000.. pour tous les petits côtés. Soit que nous ayons à chercher la valeur en chiffre du grand côté A, il faudra prendre $^2/_3$ de D'' = 1,154700..; soit qu'on ait à chercher la valeur du grand

côté B, on prendra $^2/_3$ de D' = 0,942809.. Ainsi la valeur de C sera $^2/_3$ A = 0,769800.., de D $^2/_3$ de B = 0,628539; de même pour les petits côtés on trouvera la valeur de a égale à $^2/_3$ d" = 0,816496.., la valeur de b à $^2/_3$ U' = 0,666666.., la valeur de c à $^2/_3$ a = 0,544335.., etc., etc.

Veut-on, au contraire, chercher les valeurs des côtés des triangles croissants, alors on prendra $^3/_2$ des valeurs du même côté dans le deuxième triangle inférieur; ainsi le petit côté 1 est égal à $^3/_2$ U' = 1,500.., le petit côté 2 est égal à $^3/_2$ d" = 1,837117..., le petit côté 3 est égal à $^3/_2$ de 1 = 2,2500..; de même pour les grands côtés, I sera égal à $^3/_2$ D' = 2,121320.., II sera égal à $^3/_2$ D" = 2,598075, etc., etc.

Par la méthode algébrique on peut arriver à trouver la formule pour la valeur des côtés de chaque triangle, si éloigné qu'il soit du triangle fondamental, sans avoir recours à la manière par degrés exposée; mais, comme il ne s'agit ici que du côté pratique, la suite des valeurs des côtés donnée ci-après, laquelle, à ma connaissance, n'a jamais été dépassée ni même atteinte, suffira parfaitement à l'usage des architectes.

VALEURS DES COTÉS DES TRIANGLES SEMBLABLES DÉRIVÉS DU TRIANGLE DU CUBE.

VALEURS		VALEURS	
DES GRANDS COTÉS.	DES PETITS COTÉS.	DES GRANDS COTÉS.	DES PETITS COTÉS.
XVI. 44,390539	16. 31,388869	K 0,186234	k 0,131687
XV. 36,2447338	15. 25,628906	L 0,152059	l 0,107522
XIV. 29,593693	14. 20,925912	M 0,124155	m 0,087791
XIII. 24,1631559	13. 17,085937	N 0,101373	n 0,071681
XII. 19,729129	12. 13,950608	O 0,082770	o 0,058527
XI. 16,108770	11. 11,390625	P 0,067582	p 0,047787
X. 13,152753	10. 9,300405	Q 0,055180	q 0,039018
IX. 10,739180	9. 7,593750	R 0,045055	r 0,031858
VIII. 8,768502	8. 6,200270	S 0,036786	s 0,026012
VII. 7,159453	7. 5,062500	T 0,030037	t 0,021239
VI. 5,845668	6. 4,133513	U 0,024524	u 0,017341
V. 4,772970	5. 3,375000	V 0,020025	v 0,014159
IV. 3,897112	4. 2,755675	W 0,016349	w 0,011561
III. 3,181980	3. 2,250000	X 0,013350	x 0,009439
II. 2,598075	2. 1,837117	Y 0,010899	y 0,007706
I. 2,121320	1. 1,500000	Z 0,008900	z 0,006293
D" 1,73205080756	d" 1,2247448	A' 0,007266	a' 0,005137
D' 1,41421356219	U' 1,0000000	B' 0,005933	b' 0,004195
		C' 0,004844	c' 0,003425
A 1,154700	a 0,816496	D' 0,003955	d' 0,002797
B 0,942809	b 0,666666	E' 0,003229	e' 0,002283
C 0,769800	c 0,544531	F' 0,002637	f' 0,001865
D 0,628539	d 0,444444	G' 0,002153	g' 0,001522
E 0,513200	e 0,362887	H' 0,001758	h' 0,001243
F 0,419026	f 0,296296	I' 0,001435	i' 0,001014
G 0,342133	g 0,241925	K' 0,001172	k' 0,000829
H 0,279351	h 0,197530	L' 0,000957	l' 0,000676
I 0,228088	i 0,161283	M' 0,000781	m' 0,000552

LA SÉRIE DÉRIVÉE DES TRIANGLES SEMBLABLES.

Les côtés des triangles semblables, mis l'un après l'autre d'après leurs valeurs, présentent une suite qui n'a pas des proportions continues, par exemple :

$$I = 2,121320$$
$$\frac{2}{D''} = 1,837117 \\ = 1,732050$$
$$\frac{1}{D'} = 1,500000 \\ = 1,414213$$
$$d'' = 1,224744 \\ A = 1,154700$$

C'est-à-dire la valeur du petit côté est beaucoup plus rapprochée de la valeur du grand côté du second triangle décroissant (2 de D'') que ne l'est la valeur de ce grand côté de la valeur du petit côté du premier triangle supérieur (D'' de 1); donc il n'y a pas de série propre. D'un autre côté, cette espèce d'échelle ne pouvait fournir assez de valeurs, assez de nuances à l'architecture. Je m'en suis aperçu dès le premier moment de la découverte des triangles semblables, ayant trouvé que les anciens employaient des fractions et des multiples des valeurs des côtés. Du premier abord, j'ai cru que ce n'était que pour combler simplement les vides, comme nous en voyons entre 1 et 2, entre D'' et 1. Mais il y a mieux que cela, la série est parfaite : elle est dans des rapports carrés, cubiques, bicarrés, etc., etc.

En voulant combler les vides, on se servira des proportions arithmétiques. Par exemple : D' : 1 = 1 : x, c'est-à-dire 1,73205.. : 1,15000 = 1,15000 : x ou 3/2 divisé par racine de trois.

On trouvera $x = 1,29903..$; mais cette somme est égale à la moitié du grand côté du troisième triangle croissant, c'est-à-dire $\frac{1}{2}$ II est aussi égal à 1,29903;

Et cette somme doit prendre, d'après sa valeur, la place entre A et U' dans l'échelle; par conséquent, nous aurons $\frac{1}{2}$ III entre D' et d'' et $\frac{1}{2}$ IV entre I et 2 : voilà notre échelle augmentée de trois membres; avec cette augmentation, elle se présentera comme il suit, à gauche :

$$1 = 2,121320$$
$$\tfrac{1}{2}IV = 1,94855$$
$$2 = 1,83711$$
$$D'' = 1,73205$$
$$\tfrac{1}{2}III = 1,59099$$
$$1 = 1,50000$$
$$D' = 1,41421$$
$$\tfrac{1}{2}II = 1,29903$$
$$d'' = 1,22474$$

En continuant notre intercalation proportionnelle, nous établirons, par exemple, la proportion 1 : D' = D' : x ou 1,5.. : 1,4142.. = 1,4142.. : x, ou pour abréger le travail, comme D' est la racine de deux $\frac{2,0}{1,5} = 1,333..$; mais cette somme est justement le double de b et se placera, d'après sa valeur, entre D' et $\frac{1}{2}$ II; de même la somme de 2 a se placera entre D'' et $\frac{1}{2}$ III. Avec cela, nous avons trouvé la place des doubles des petits côtés, comme nous avons trouvé précédemment la place des moitiés des grands côtés. La conséquence logique demande, si une fois on place les doubles des petits côtés, d'en faire autant des doubles des grands côtés, et de même, si on place les moitiés des grands côtés, d'en faire autant des moitiés des petits côtés, et par cette opération nous gagnerons l'échelle qui est à droite.

$$D'' = 1,73205$$
$$\tfrac{1}{2}5 = 1,68750$$
$$2a = 1,63299$$
$$\tfrac{1}{2}III = 1,59099$$
$$2C = 1,53960$$
$$1 = 1,50000$$
$$D' = 1,41421$$
$$\tfrac{1}{2}4 = 1,37783$$
$$2b = 1,33333$$
$$\tfrac{1}{2}II = 1,29903$$
$$2D = 1,25707$$
$$d'' = 1,22474$$
$$A = 1,15470$$

Dans notre dernière échelle, il n'y a plus que deux vides où la continuité de la proportion est rompue; ce sont les vides entre 1 et D' et entre d'' et A. Pour les combler, on établit 2C : 1 = 1 : x ou 1,5396. : 1,5.. = 1,5.. : x, on trouvera $x = 1,46141..$, ce qui est le même que $\frac{1}{4}$ VI. Ainsi on a encore à prendre les quarts des grands côtés pour compléter la série, dans laquelle on n'a plus besoin des quarts des petits côtés, qui, du reste, ont presque la même valeur que les doubles des grands côtés du quatorzième triangle inférieur; ainsi, par exemple, $\frac{1}{4}$ 8 est égal à 1,2656 et 2D est égal à 1,25707. Voici donc la limite extrême à laquelle nous sommes arrivé dans l'établissement de notre échelle, qui, par cette dernière opération, est devenue une *série complète*.

Il est impossible de savoir aujourd'hui si le prêtre égyptien qui, dans ses constructions architecturales, s'est

1.   2

servi le premier de la série citée, l'avait trouvée par le procédé que nous avons employé, ou s'il y est arrivé par une autre méthode ; mais je constaterai par des cotes qu'on a employé notre série déjà dans la construction des tombeaux de Béni-Hassan, remontant au temps de la xııe dynastie des Pharaons, c'est-à-dire à plus de deux mille ans avant notre ère. Moi-même je n'ai pas trouvé la série par la méthode indiquée ci-dessus, mais en rangeant d'une manière simple les valeurs des côtés des triangles du cube, ainsi que leurs fractions et leurs multiples, au fur et à mesure que j'ai rencontré ces valeurs employées dans les monuments. Aussi n'avais-je opéré au commencement que par le dessin, n'établissant que plus tard, et quand j'étais déjà sûr de mon fait, les formules algébriques d'où découlent les deux différentes séries de l'antiquité et du moyen âge.

On a fait ce reproche à la série donnée, que les différences entre ses *termes* voisins étaient si petites, qu'on pouvait y trouver tout ce qu'on y cherche, et qu'en prouvant trop je ne prouve rien : *Qui multum probat, nihil probat.* Cette objection a quelque apparence de vrai, mais elle pèche justement par le défaut qu'elle cherche à trouver à la série, c'est-à-dire qu'en disant trop elle ne prouve rien. J'admets bien qu'en descendant aux minimes valeurs de la série les différences des termes deviennent enfin imperceptibles ; ce n'est pas la faute de la série, mais celle de nos sens limités et de nos moyens imparfaits d'exécution. Je ne pourrais pas insister, par exemple, pour un filet de quelques millimètres, s'il est pris à la valeur, par exemple, de $F' = 0,0026$, ou plutôt à la valeur de $^1/_2\, a' = 0,0025$; je ne suis pas tout à fait sûr quand il y a beaucoup de petites subdivisions qui composent une somme générale, par exemple dans les corniches, si la pensée originaire était de chercher cette somme comme entière dans les termes de la série, ou si on a plutôt cherché la valeur de chaque membre à part dans cette série, et si on n'a que tâché de s'approcher avec la somme de ceux-ci d'un certain terme de la série. Cependant, quand on voit maintes fois revenir l'emploi du même terme pour les parties de la même dénomination dans la même école, par exemple pour les diamètres des colonnes dans l'école attique ; quand on voit que les termes voisins au-dessus de l'unité, surtout dans les grands monuments, diffèrent de plusieurs décimètres ; enfin, quand on voit que, même pour les membres minimes, on s'est tenu à un certain nombre restreint de termes qu'on n'a pas dépassé dans la même école, on ne pourra plus attribuer au hasard ou au sentiment d'harmonie artistique un tel accord incontestable, une telle régularité frappante ; on ne pourra plus parler d'une série qui, par des différences inappréciables de ses termes, permet d'y trouver tout ce qu'on y cherche. Il y a un autre fait, c'est que la série des maîtres du moyen âge s'est écartée, par une erreur de dessin, de la série des anciens. Cette erreur a commencé avec les Byzantins et s'est propagée par la tradition pendant toute la durée du moyen âge jusqu'à l'extinction complète de l'usage de la série. Cette erreur, pour me servir d'un exemple, ne porte que pour la troisième décimale dans le premier terme au-dessus de l'unité, qui est naturellement la même dans les deux séries ; l'erreur dite y produit la différence de $\frac{1,014}{1,026}$, et pourtant je n'ai jamais pu arriver, et personne n'arrivera d'une manière satisfaisante à analyser les monuments du moyen âge à l'aide de la série antique, et *vice versâ*. C'est que, dans notre grammaire, nous trouvons aussi assez souvent des ambiguïtés comme exceptions de la règle ; mais on sait que la règle est confirmée justement par ses exceptions. On n'est pas d'accord sur tous les points de la lecture des hiéroglyphes, pourtant toute personne qui s'en est un peu occupé ne dira pas qu'on ne sait pas du tout les lire.

Enfin il y a une raison majeure qui milite pour notre série, à savoir celle que cette série a sa raison d'être dans elle-même, étant quelque chose, pour ainsi dire d'*organique*, qui est dérivé d'une même base fondamentale, et que ce développement se fait par une certaine loi de proportionnalité déterminant tous les termes croissants et décroissants. Cette série, prise pour base de détermination des proportions dans tous les temples des Grecs, des Égyptiens, etc., etc., nous permet de comparer leurs proportions avec incontestablement plus

d'exactitude que pourrait être la comparaison basée sur la manière arbitraire de détermination par le module' des colonnes.

Le caractère éminemment organique de notre série se développera de plus en plus par son application dans les analyses des anciens monuments. Voici la composition de la partie de cette série qui nous servira à faire ces analyses, et qui suffira à l'usage de l'architecture en général. Le nombre des termes que je donne ici atteindra facilement ce double but, et je suis intimement convaincu qu'on ne pourra dépasser ce nombre sans pécher contre l'harmonie, parce que la nature limite les dimensions de l'architecture par la limitation même de nos sens et de notre taille ; c'est pourquoi Aristote avait parfaitement raison quand il disait « que les objets beaux doivent avoir une certaine grandeur déterminée dans les trois dimensions des corps. »

GRANDE OCTAVE POUR LES LONGUEURS de PLUSIEURS MONUMENTS ÉGYPTIENS.		GRANDE OCTAVE des LONGUEURS DU STYLOBATE des TEMPLES GRECS.		GRANDE OCTAVE des LARGEURS DU STYLOBATE des TEMPLES GRECS.	
XI	16,108770	½ XI	8,054385	$\frac{XI}{4}$	4,0271925
½ 16	15,6944	2 IV	7,7942	IV	3,897112
2 9	15,1875	9	7,593750	½ 9	3,7968
½ XIV	14,7968	$\frac{XIV}{4}$	7,3984	2 2	3,6742
2 VII	14,3189	VII	7,159453	½ VII	3,5797
12	13,950608	½ 12	6,9753	2 D''	3,4641
$\frac{XVII}{4}$	13,5918	2 5	6,7500	5	3,375000
X	13,152753	½ X	6,5764	$\frac{X}{4}$	3,2882
½ 15	12,8144	2 III	6,3639	III	3,181980
2 8	12,4005	8	6,200270	½ 8	3,1001
½ XIII	12,0815	$\frac{XIII}{4}$	6,0407	2 1	3,000000
2 VI	11,6913	VI	5,845668	½ VI	2,9228
11	11,390625	½ 11	5,6953	2 D'	2,8284
$\frac{XVI}{4}$	11,0976	2 4	5,5113	4	2,755675
IX	10,739180	½ IX	5,3695	$\frac{IX}{4}$	2,6847
½ 14	10,4629	2 II	5,1961	II	2,598075
2 7	10,1250	7	5,062500	½ 7	2,5312
½ XII	9,86456	$\frac{XII}{4}$	4,9322	2 d''	2,4494
2 V	9,5459	V	4,772970	½ V	2,3864
10	9,300405	½ 10	4,6502	2 A	2,3094
$\frac{XV}{4}$	9,06118	2 3	4,5000	3	2,250000
VIII	8,768502	½ VIII	4,3842	$\frac{VIII}{4}$	2,1921
½ 13	8,5424	2 I	4,2426	I	2,121320
2 6	8,2670	6	4,1335	½ 6	2,0667
½ XI	8,054385	$\frac{XI}{4}$	4,0271	2 U'	2,000000

GRANDE OCTAVE de LA HAUTEUR TOTALE et de LA HAUTEUR DE L'ORDRE DES TEMPLES.		GRANDE OCTAVE de LA HAUTEUR DES COLONNES et de LA LONGUEUR DES GRANDS ENTRE-COLONNEMENTS.		GRANDE OCTAVE des HAUTEURS DES PIGNONS et DES ENTABLEMENTS ET DE LA LONGUEUR DES ENTRE-COLONNEMENTS DU PÉRISTYLE.	
$_2$U'	2,000000	U'	1,000000	½ U'	0,500000
½ IV	1,9485	$\frac{IV}{4}$	0,9743	$_2$ g	0,4838
$_2$ B	1,8856	B	0,942809	½ B	0,4714
2	1,837117	½ 2	0,9185	$_2$ I	0,4561
$\frac{VII}{4}$	1,7898	$_2$ d	0,8888	d	0,444444
D''	1,7320508	½ D''	0,8660	$\frac{D''}{4}$	0,4330
½ 5	1,6875	$_2$ F	0,8380	F	0,419026
$_2$ a	1,6329	a	0,816496	½ a	0,4082
½ III	1,5909	$\frac{III}{4}$	0,7955	$_2$ h	0,3950
$_2$ C	1,5396	C	0,769800	½ C	0,3849
1	1,500000	½ 1	0,7500	$_2$ K	0,3724
$\frac{VI}{4}$	1,4614	$_2$ e	0,7257	e	0,362887
D'	1,4142135	½ D'	0,7071	$\frac{D'}{4}$	0,3535
½ 4	1,3778	$_2$ G	0,6842	G	0,342133
$_2$ b	1,3333	b	0,666666	½ b	0,3333
½ II	1,2990	$\frac{H}{4}$	0,6495	$_2$ i	0,3225
$_2$ D	1,2570	D	0,628539	½ D	0,3142
d''	1,224744	½ d''	0,6123	$_2$ L	0,3041
$\frac{V}{4}$	1,1932	$_2$ f	0,5925	f	0,296296
A	1,154700	½ A	0,5773	$\frac{A}{4}$	0,2887
½ 3	1,1250	$_2$ H	0,5587	H	0,279351
$_2$ c	1,0886	c	0,544331	½ c	0,2721
½ 1	1,0606	$\frac{J}{4}$	0,5303	$_2$ k	0,2623
$_2$ E	1,0264	E	0,513200	½ E	0,2566
U'	1,000000	½ U'	0,500000	$_2$ M	0,248311

GRANDE OCTAVE de LA HAUTEUR DU CRÉPIDOME, des DIAMÈTRES DES COLONNES DU PÉRISTYLE et DE LA HAUTEUR DES ARCHITRAVES ET FRISES DORIQUES.		GRANDE OCTAVE des HAUTEURS DES CHAPITEAUX, et des ARCHITRAVES ET FRISES ATTIQUES; de LA LARGEUR DES TRIGLYPHES et des ÉPAISSEURS DES MURS.		GRANDE OCTAVE des HAUTEURS DES CORNICHES, des ABAQUES ET DES ÉCHINES DORIQUES, et DES MARCHES DU CRÉPIDOME.	
$_2$ M	0,248311	M	0,124155	½ M	0,0620779
g	0,241925	½ g	0,1209	$_2$ T	0,0600
$\frac{B}{4}$	0,2357	$_2$ o	0,1170	o	0,058527
I	0,228088	½ I	0,1140	$\frac{I}{4}$	0,0570
½ d	0,2222	$_2$ Q	0,1103	Q	0,055180
$_2$ l	0,2150	l	0,107522	½ l	0,0537
½ F	0,2095	$\frac{F}{4}$	0,1047	$_2$ s	0,0520
$_2$ N	0,2027	N	0,101373	½ N	0,0506
h	0,197530	½ h	0,0987	$_2$ U	0,0490
$\frac{C}{4}$	0,1924	$_2$ p	0,0955	p	0,047787
K	0,186234	½ K	0,0931	$\frac{K}{4}$	0,0465
½ e	0,1814	$_2$ R	0,0901	R	0,045055
$_2$ m	0,1755	m	0,087791	½ m	0,0438
½ G	0,1710	$\frac{G}{4}$	0,0855	$_2$ t	0,0424
$_2$ O	0,1655	O	0,0827706	½ O	0,0413
i	0,161285	½ i	0,0806	$_2$ V	0,0400
$\frac{D}{4}$	0,1571	$_2$ q	0,0780	q	0,039018
L	0,152059	½ L	0,0760	$\frac{L}{4}$	0,0380
½ f	0,1481	$_2$ S	0,0735	S	0,0367869
$_2$ n	0,1433	n	0,071681	½ n	0,0358
½ H	0,1396	$\frac{H}{4}$	0,0698	$_2$ ù	0,0346
$_2$ P	0,1351	P	0,067582	½ P	0,0337
k	0,131687	½ k	0,0658	$_2$ W	0,0326
$\frac{E}{4}$	0,1283	$_2$ r	0,0637	r	0,031858
M	0,124155	½ M	0,062077	$\frac{M}{4}$	0,0310389

GRANDE OCTAVE des ABAQUES, DES ÉCHINES ET DES COLS des CHAPITEAUX DE L'ÉCOLE ATTIQUE.	DEUX GRANDES OCTAVES pour des MESURES MINIMES COMME CELLES DES FILETS DES CHAPITEAUX, des PETITS MEMBRES DE LA CORNICHE, DE LA PROFONDEUR DES CANNELURES, ETC., ETC., ETC.	
$\frac{M}{4}$ 0,0310389	₂ y 0,015412	y $\frac{T}{4}$ 0,0075
T 0,030037	½ T 0,0150	T/4 ...
½ o 0,0292	₂ A' 0,0145	A' 0,007266
₂ v 0,0283	v 0,014159	½ v 0,0070
½ Q 0,0275	$\frac{Q}{4}$ 0,0138	₂ c' 0,0068
₂ X 0,0267	X 0,013350	½ X 0,0066
s 0,026012	½ s 0,0130	₂ E' 0,0064
$\frac{N}{4}$ 0,0253	₂ z 0,0125	z 0,006293
U 0,024524	½ U 0,0122	$\frac{U}{4}$ 0,0061
½ p 0,0238	₂ B' 0,0118	B' 0,005933
₂ w 0,0231	w 0,011561	½ w 0,0057
½ R 0,0225	$\frac{R}{4}$ 0,0112	₂ d' 0,0055
₂ Y 0,0217	Y 0,010899	½ Y 0,0054
t 0,021239	½ t 0,0106	₂ F' 0,0052
$\frac{O}{4}$ 0,0207	₂ a' 0,0102	a' 0,005137
V 0,020025	½ V 0,0100	$\frac{V}{4}$ 0,0050
½ q 0,0195	₂ C' 0,0096	C'' 0,004844
₂ x 0,0188	x 0,009439	½ x 0,0047
½ S 0,0183	$\frac{S}{4}$ 0,0092	₂ e' 0,0045
₂ Z 0,0178	Z 0,008900	½ Z 0,0044
u 0,017341	½ u 0,0086	₂ G' 0,0043
$\frac{P}{4}$ 0,0169	₂ b' 0,0083	b' 0,004195
W 0,016349	½ W 0,0081	$\frac{W}{4}$ 0,0040
½ r 0,0159	₂ D' 0,0079	D' 0,003955
₂ y 0,015412	y 0,007706	½ y 0,003853

La variation se fait dans notre série ou par des élévations en puissance du carré, du cube, du bicarré, etc., etc., ou par la multiplication des termes entre eux. Prenons pour exemple les deux termes qui sont immédiatement au-dessus de l'unité $2\,E = 1,0264$ et $^1/_2\,I = 1,06066$; en les multipliant l'un avec l'autre, nous aurons la somme de $1,08866.$, qui n'est autre chose que $2\,c = 1,08866..$ De même, en multipliant $2\,c$ par $^1/_2\,I$, nous aurons $A = 1,15470$, le deuxième terme au-dessus de $2\,c$, et en montant plus haut dans notre série, et en multipliant $2\,C$ par $^1/_2\,I$, nous aurons pour produit $2\,a = 1,63299..$, ce qui est de même le second terme au-dessus d'un des facteurs, savoir $2\,C$. Nous gagnerons donc, par cette méthode, des termes alternants. Pour avoir l'autre suite, c'est-à-dire les termes situés entre deux des termes obtenus, il faudra élever $^1/_2\,I$ à ses puissances, par exemple, $^1/_2\,I \times {}^1/_2\,I = {}^1/_2\,I^2 = {}^1/_2\,3 = 1,125..$ $^1/_2\,I^3$ nous donnera $^1/_4\,V = 1,19324..$ qui est le deuxième terme au-dessus de $^1/_2\,3$. Il y a donc un facteur qui, dans l'une des suites, multiplié par lui-même, dans l'autre suite par la multiplication du produit de sa multiplication avec son voisin inférieur $(2\,E)$, donne les termes de la série. *Par cela, nous voyons que le principe générateur dans cette série est le principe d'élévation aux puissances. Il s'ensuit que, en prenant où que ce soit parmi les termes deux facteurs, le produit de leur multiplication ainsi que le quotient de leur division se trouveront à une certaine distance d'eux-mêmes parmi les termes.* Je ne fais que mentionner cette circonstance, parce qu'elle n'a pas d'application dans l'analyse des monuments; son application se trouve dans la perspective linéaire. Mais, avant de passer outre, il faut dire qu'il y a des exceptions de la règle générale dans la série, parce que, dans le classement suivi des côtés des triangles semblables, on est obligé de mettre à la place, par exemple, de $^1/_4\,U'$ (non employé) $= 0,2500..$ $2\,M = 0,2482$; il y a donc tout de suite une différence de 17 millièmes. Pourtant, si on ne suit pas ce procédé de classement, on s'éloignera de la série employée par les anciens, en raison qu'on s'éloignera de l'unité.

Le principe générateur reconnu, nous obtenons la clef pour l'explication d'un passage de Vitruve resté jusqu'ici dans une obscurité complète, et, en expliquant ce passage, nous aurons gagné une autre preuve de l'application de la série donnée. Le texte cité de Vitruve se trouve dans l'introduction, à son Vᵉ livre d'architecture.

« Etiamque Pythagoræ hisque qui ejus hæresim fuerunt secuti, placuit cubicis rationibus præcepta in voluminibus scribere, constitueruntque cubum CCXVI versuum, eosque non plus quam tres in una conceptione oportere esse putaverunt. Cubus autem est corpus ex sex lateribus æquali latitudine planitierum perquadratum. Is cum est jactus, quam in partem incubuit, dum est intactus, immotam habet stabilitatem : uti sunt etiam, tesseræ, quas in alveo ludentes jaciunt. Hanc autem similitudinem ex eo sumpsisse videntur, quod is numerus versuum, uti cubus, in quemcunque sensum insederit, immotam ibi efficiat stabilitatem. »

Ce passage, avec ce qui le précède et ce qui le suit, se trouve ainsi traduit dans le Vitruve de MM. T. Tardieu et A. Toussaint fils, qui y joignent deux notes.

« Je conçois qu'il y a peu de personnes qui puissent avoir le loisir de lire mon livre, s'il n'est bien court. » — « C'est pour cette raison que Pythagore et ceux de sa secte se servaient des *nombres cubiques* pour enseigner leurs préceptes, et qu'ils réduisirent leurs vers au nombre *de deux cent seize* (*), mais en sorte qu'ils n'en mettaient pas plus de trois à chaque sentence. Or on voit que le cube est un corps composé de six faces qui, étant toutes d'égale largeur, font un carré, et quand le cube est jeté, si on n'y touche plus, il demeure immobile sur la face où il s'est arrêté, comme il arrive aux dés lorsque les joueurs les ont jetés; et cette manière d'expliquer les préceptes leur a plu, à cause du rapport que la stabilité du cube a *naturellement* (sic) avec la durée de l'impression que ce petit nombre de vers fait dans la mémoire. » — « C'est ainsi que les poëtes comiques grecs,

(*) « Les pythagoriciens estimaient ce nombre de 216, parce qu'il vient de six, qui est le premier des nombres parfaits ; car 6 multiplié par lui-même fait le nombre carré 36, qui, multiplié par son côté 6, fait le nombre cubique 216. »

— 17 —

afin de donner lieu aux acteurs de se reposer après de longs récits, partageaient leurs fables en plusieurs parties par le moyen des chœurs qui produisaient *le même effet que la figure cubique* (sic) (*). »

Je le demande tout franchement, peut-on croire le savant Pythagore si stupide que Vitruve voudrait le faire, en lui prêtant une opinion qui serait, en tout temps, la dérision des enfants? Non, cent fois non! Ces nombres cubiques *contenus* dans les préceptes des pythagoriciens avaient une tout autre portée; ils étaient bien pour toute autre chose que pour être matériellement comparés aux côtés du cube, ils s'appliquaient à des proportions de l'harmonie tout aussi architecturale que musicale. Pythagore les avait appris en Égypte, et il les enseignait à ses élèves en revenant de ce pays des sages. Mais, pour pouvoir prouver cette opinion, il faut avancer dans l'examen de notre série; ici je n'appuie que sur l'expression *cubicis rationibus*, ce qui veut dire *rapport cubique* (comme sont ceux que nous avons trouvés dans notre série), et j'appuie sur l'endroit où Vitruve fait mention de la méthode de Pythagore, cet endroit étant justement l'introduction du Ve livre, dans lequel il parlera des *proportions architecturales et de la musique*.

Prenant dans notre série la partie génératrice, savoir celle des quatre côtés primitifs, à leur valeur originaire, nous pourrons exprimer leurs dérivés en fractions, comme il suit:

2 U'	$= 2\,a$		$=$ deux unités.
$^{1/2}$ IV	$= {}^9/_8\,a\sqrt{3}$		$= {}^9/_8$ de la diagonale du cube.
2 B	$= {}^4/_3\,a\sqrt{2}$		$= {}^4/_3$ de la diagonale du carré.
2	$= {}^3/_2\,a\sqrt{{}^3/_2}$		$= {}^3/_2$ de d''.
$^1/_4$ VII	$= {}^{81}/_{64}\,a\sqrt{2}$		$= {}^{81}/_{64}$ de la diagonale du carré.
D''	$=$	$a\sqrt{3}$	$=$ la diagonale du cube.
$^1/_2$ 5	$= {}^{27}/_{16}\,a$		$= {}^{27}/_{16}$ de l'unité.
2 a	$= {}^4/_3\,a\sqrt{{}^3/_2}$		$= {}^4/_3$ de d''.
$^1/_2$ III	$= {}^9/_8\,a\sqrt{2}$		$= {}^9/_8$ de la diagonale du carré.
2 C	$= {}^8/_9\,a\sqrt{3}$		$= {}^8/_9$ de la diagonale du cube.
1	$= {}^3/_2\,a$		$= {}^3/_2$ de l'unité.
$^1/_4$ VI	$= {}^{27}/_{32}\,a\sqrt{3}$		$= {}^{27}/_{32}$ de la diagonale du cube.
D'	$=$	$a\sqrt{2}$	$=$ la diagonale du carré.
$^1/_2$ 4	$= {}^9/_8\,a\sqrt{{}^3/_2}$		$= {}^9/_8$ de d''.
2 b	$= {}^4/_3\,a$		$= {}^4/_3$ de l'unité.
$^1/_2$ II	$= {}^3/_4\,a\sqrt{3}$		$= {}^3/_4$ de la diagonale du cube.
2 D	$= {}^8/_9\,a\sqrt{2}$		$= {}^8/_9$ de la diagonale du carré.
d''	$=$	$a\sqrt{{}^3/_2}$	$=$ d''.
$^1/_4$ V	$= {}^{27}/_{32}\,a\sqrt{2}$		$= {}^{27}/_{32}$ de la diagonale du carré.
A	$= {}^2/_3\,a\sqrt{3}$		$= {}^2/_3$ de la diagonale du cube.
$^1/_2$ 3	$= {}^9/_8\,a$		$= {}^9/_8$ de l'unité.
2 c	$= {}^8/_9\,a\sqrt{{}^3/_2}$		$= {}^8/_9$ de d''.
$^1/_2$ I	$= {}^3/_4\,a\sqrt{2}$		$= {}^3/_4$ de la diagonale du carré.
2 E	$= {}^{16}/_{27}\,a\sqrt{3}$		$= {}^{16}/_{27}$ de la diagonale du cube.
U'	$= a$		$=$ unité.

Le tableau à côté nous montre dans quelle suite les fractions de quatre valeurs primitives augmentent et décroissent. De a à $2\,a$, c'est-à-dire de l'unité à deux unités, il y a 25 termes, y compris les deux termes extrêmes. Nous adoptons ici cette manière de compter les deux termes extrêmes, et nous appellerons la distance de deux termes non-seulement le nombre des termes intermédiaires, mais aussi les deux extrêmes; ainsi nous dirons: de U' à 2 U' il y a la distance de 25 termes. Regardant l'unité posée au milieu, le cinquième terme au-dessous est $^8/_9$, et le cinquième au-dessus $^9/_8$ de l'unité. Le treizième terme au-dessus de l'unité est la diagonale du carré, et le treizième terme au-dessous la moitié de cette diagonale. Le quinzième terme au-dessus est $^3/_2$ U', le quinzième au-dessous de U' est $^2/_3$ U'. Le dix-neuvième terme au-dessus est $^{27}/_{16}$ U' et le dix-neuvième au-dessous $^{16}/_{27}$ U'. Le vingtième terme au-dessus est la diagonale du cube, et le vingtième au dessous est le $^1/_3$ de cette diagonale $= {}^1/_2$ A. Par le dernier exemple, nous voyons quelle est, dans la série, la distance de $^1/_3$ de son entier, à savoir, 39 termes, y compris D'',

et $^1/_2$ A. De même $^1/_4$ se trouvera dans le quarante-neuvième terme au-dessous, et quatre fois sa somme dans le quarante-neuvième au-dessus du terme posé au milieu. Mais il faut remarquer que le vrai $^1/_4$ et $^4/_1$ ne se trou-

_____

(*) « C'est-à-dire que, de même que la figure cubique est cause que le corps demeure en repos, au contraire de la sphérique qui le dispose au mouvement, de même les chœurs, dans les comédies des anciens, donnaient occasion aux acteurs de se reposer après le travail d'un long récit. »

1.

vent que pour les grands côtés, à cause de la substitution déjà mentionnée pour les quarts des petits côtés. Les valeurs de la même dénomination reviennent dans notre série avec chaque huitième terme. Ainsi, en montant de l'unité, qui est un petit côté du triangle du cube, au huitième terme, nous rencontrons d'', qui est le petit côté du premier triangle voisin plus haut, et, en descendant de huit termes, nous trouvons a, le petit côté du premier triangle voisin plus bas. En montant huit termes, de 2 E nous arriverons à 2 D, de ¹/₂ I nous arriverons à ¹/₂ II, etc., etc.

L'ÉCHELLE DE LA MUSIQUE.

Par des expériences toutes récentes on est arrivé à savoir que la vue est produite par des oscillations, comme celles de l'ouïe. D'autres expériences ont prouvé que chaque son pouvait se dessiner lui-même, ayant une certaine forme qui lui est propre. Je me suis donc demandé s'il n'y avait pas de l'analogie entre notre série et l'échelle de la musique. Cette dernière n'est pas tout à fait fixée encore, le rapport de ses tons n'est déterminé qu'approximativement par l'ouïe ; en un mot, nous ne connaissons pas encore aujourd'hui l'échelle ou le système naturel de la musique. Toutefois, en partant de l'unité, on a constitué l'octave musicale entre celle-ci et son double, en partageant la valeur intermédiaire de 1,00 . en 24 parties, dont

OCTAVE DE LA MUSIQUE.		GRANDE OCTAVE DE LA SÉRIE.	
Ut (c.)	= 2,0000	2 U'	= 2,00000
		¹/₂ IV	= 1,94885
Si (h.)	= 1,8750	2 B	= 1,88561
		2	= 1,83711
La dièse (ais)	= 1,7777	$\frac{\text{VII}}{4}$	= 1,78986
		D''	= 1,73205
La (a.)	= 1,6666	¹/₂ 5	= 1,68750
		2 a	= 1,63299
Sol dièse (gis)	= 1,6000	¹/₂ III	= 1,59099
		2 C	= 1,53960
Sol (g.)	= 1,5000	1	= 1,50000
		$\frac{\text{VI}}{4}$	= 1,46141
Fa dièse (fis)	= 1,4222	D'	= 1,41421
		¹/₂ 4	= 1,37783
Fa (f.)	= 1,3333	2 b	= 1,33333
		¹/₂ II	= 1,29903
Mi (e.)	= 1,2500	2 D	= 1,25707
		d''	= 1,22474
Ré dièse (dis)	= 1,2000	$\frac{\text{V}}{4}$	= 1,19324
		A	= 1,15470
Ré (d.)	= 1,1250	¹/₂ 3	= 1,12500
		2 c	= 1,08866
Ut dièse (cis)	= 1,0666	¹/₂ I	= 1,06066
		2 E	= 1,02640
Ut (c.)	= 1,0000	U'	= 1,00000

chacune a la valeur de $\frac{1,0000.}{24} = 0,04166..$ On est ensuite convenu de donner à chaque ton, qu'on appelle entier, des multiples de ce 0,04166. Ainsi on a donné au premier ton, qui est au-dessus de l'unité ou de l'ut d'en bas, au ton ré (D) $1 + {}^3/_{24} = {}^9/_8$ de l'ut; au second ton, mi (E), $1 + {}^6/_{24} = {}^5/_4$ de l'ut; au troisième, fa (F), $1 + {}^8/_{24} = {}^1/_3$ de l'ut; au quatrième, sol (G), $1 + {}^{12}/_{24} = {}^3/_2$ de l'ut; au cinquième, la (A), $1 + {}^{16}/_{24} = {}^5/_3$ de l'ut; au sixième, si (H), $1 + {}^{21}/_{24} = {}^{15}/_8$ de l'ut; enfin, à l'octave supérieure, le double de l'ut. Des tons, qu'on appelle demi-tons, chacun a ${}^{16}/_{15}$ du ton entier qui est au-dessous de lui. Ainsi ut dièse (cis) a ${}^{16}/_{15}$ de l'ut, ré dièse (dis) a ${}^{16}/_{15}$ de ré, fa dièse (fis) a ${}^{16}/_{15}$ de fa, sol dièse (gis) a ${}^{16}/_{15}$ sol, et la dièse (ais) a ${}^{16}/_{15}$ de la. On a établi ces valeurs d'après les expériences faites sur le monocorde, en déterminant, par l'ouïe, quelle longueur devait avoir la corde (son épaisseur et sa tension restant toujours les mêmes) pour produire l'un après l'autre les tons cités, à condition qu'on prenne pour l'unité l'ut inférieur. Il y a encore de petites différences entre les diverses expériences, mais en général les valeurs citées sont reçues comme elles sont exposées à côté.

On voit, par la juxtaposition des deux octaves, que les deux termes extrêmes correspondent parfaitement les uns aux autres ; aussi y a-t-il trois termes intermédiaires qui sont dans le même cas, savoir : ré et ¹/₂ 3, fa et 2 b, sol et 1. Dans le ton entier, il n'y a donc différence que pour mi et 2 D, la et ¹/₂ 5, enfin si et 2 B.

Les demi-tons de la musique diffèrent tous des termes qui leur sont les plus rapprochés dans la série. Je

ne sais pas si on devrait corriger l'échelle de la musique ou les termes de la série pour les mettre tous deux en accord parfait ; mais, en attendant la solution, je ne crois pas aller trop loin si, à cause des rapports frappants déjà existants, je pense que ces rapports sont une raison de plus de continuer les recherches commencées sur l'analogie incontestable entre la vue et l'ouïe. Une autre raison qui peut prouver cette analogie est l'effet merveilleusement analogue produit par l'harmonie, soit qu'elle se manifeste dans les produits des arts du dessin ou dans la musique. En considération de tout ce qui précède, on permettra bien la dénomination de *grande octave* pour la distance de 25 termes, la dénomination de *quinte* pour la distance des 15 termes, et la dénomination de *tierce* pour la distance de 9 termes dans la série. A ces dénominations empruntées à l'échelle de la musique, j'ajoute la dénomination de *petite octave* pour la distance de 8 termes, à laquelle se répètent les valeurs de la même dénomination.

Dans l'octave de la musique, nous n'avons de l'*ut* inférieur à l'*ut* supérieur que douze tons, ou, avec la répétition de l'*ut*, treize, tandis que l'octave de notre série en contient vingt-quatre et respectivement vingt-cinq. C'est que, comme c'est connu, l'octave musicale des anciens se composait de vingt-quatre ou vingt-cinq tons. Et en effet, si nous examinons l'échelle et la série, nous trouverons que chaque terme de la dernière, qui n'a pas de correspondant dans la première, est précisément intermédiaire à deux termes qui ont leurs analogues dans deux tons ; chaque terme sans correspondant en ton peut donc être considéré comme le représentant de $1/4$ ton que les anciens possédaient et que possèdent encore aujourd'hui les Arabes, les habitants de la Nouvelle-Zélande et d'autres peuples. La plus grande étendue de nos instruments musicaux ne dépasse pas neuf octaves (nos pianos n'en ont que sept), ce qui fait le chiffre de $12 \times 9 = 108$, et, dans le sens des anciens qui avaient des quarts de ton et conséquemment vingt-quatre tons dans leurs octaves, le chiffre de $24 \times 9 = 216$.

Et, avec cela, retournons à Vitruve et à Pythagore. Le nombre de **216**, cité par Vitruve, n'est pas autre chose que le nombre de tons contenus dans neuf octaves, et c'est justement par ce nombre de 216 que nous apprenons l'étendue de la musique des anciens. Il n'y avait donc pas d'*hérésie* ni chez Pythagore ni chez ses disciples, lorsqu'ils s'occupaient des *rapports cubiques* pour en tirer des proportions naturelles, soit pour la musique, soit pour l'architecture, soit en vue de l'harmonie générale ; tout au contraire, l'hérésie est du côté de Vitruve qui, par la manière arbitraire et nullement fondée du module, s'est départi de la méthode organique et bien autrement fondée qu'enseignait Pythagore. Pythagore et ses disciples ne s'appuyaient donc pas sur le nombre de **216**, parce que c'est le cube du *premier nombre parfait six* (et pourquoi six serait-il le premier nombre parfait ?) ; mais parce que ce nombre embrassait tous les tons possibles dans la musique des anciens. Enfin, si la plupart des préceptes de Pythagore étaient contenus dans *six*, et pas dans *trois* (sic) vers, comme le dit Vitruve, ce n'était pas parce que le cube est *corpus sex lateribus perquadratum*, et à cause du rapport que la stabilité du cube a « NATURELLEMENT » avec la durée de l'impression que ce petit nombre de vers fait dans la mémoire ; mais parce que trois distiques se composent de six vers, dont trois hexamètres et trois pentamètres. Il n'y a donc aucun rapport entre le nombre de vers des préceptes de Pythagore et le nombre de 216 tons en termes, et, le moins du monde, le rapport controuvé par Vitruve, pour dénigrer une théorie qu'il ne connaissait pas. — Voici donc la science de Pythagore réhabilitée :

On s'explique, en même temps, pourquoi toutes mesures de parties importantes dans l'architecture des anciens sont contenues, comme nous le verrons, dans les limites de ces 216 termes ou dans ces neuf octaves. Mais l'étendue des mesures de l'architecture est plus grande que celle des tons musicaux ; on y est descendu à des parties plus fines qu'on ne pouvait trouver mesurées par ces neuf octaves. Ce sont surtout les membres intermédiaires, les membres qui joignent « les copules » comme M. Bœtticher les appelle, des filets du chapiteau et de la corniche qui demandent, pour trouver leurs valeurs dans notre série, encore deux ou trois octaves de

plus ; c'est pourquoi je les ai ajoutées aux neuf octaves principales ; et, si on a besoin des parties encore plus fines, on n'aura qu'à continuer la suite de ces octaves.

APPLICATION DE LA SÉRIE.

Avant tout, on aura dans les analyses à déterminer la valeur de l'*unité* spéciale du monument à examiner ; cette unité était, dans les temples grecs, égale à la largeur de la cella dans l'œuvre, avec la seule exception du Parthénon, où l'unité est égale à la largeur seulement de la nef principale de la cella. L'unité spéciale correspond à l'unité générale de la série, et, si on veut avoir n'importe quel terme de la série spéciale, on n'a qu'à multiplier le chiffre de ce terme de la série générale avec l'unité spéciale. Nous avons, par exemple, à trouver le diamètre d'une colonne fixé à L dans le Parthénon ; il faudra donc multiplier le L de la série générale = 0,152059 avec 11,028, l'unité du Parthénon, et nous aurons 1,6762.. m. Voyons le cas contraire ; nous avons à trouver le terme correspondant pour ce diamètre marqué à 1,6762.. m. ; dans ce cas, il faut chercher parmi les termes préparés d'avance du Parthénon, et nous nous arrêterons naturellement à L. Du reste, il faudrait trop de temps pour préparer d'avance, pour chaque monument qu'on voudrait examiner, tous les 288 termes des douze octaves ; on ne doit que déterminer provisoirement une suite plus ou moins grande des grands et des petits côtés, en multipliant l'unité spéciale avec les sommes des lettres et chiffres de la série générale ; on commence, par exemple, à III et on descend jusqu'à M pour les grands côtés, et on en fait autant de 3 jusqu'à k pour les petits côtés. Avec la série générale à côté, on trouvera facilement les valeurs intermédiaires qui peuvent être situées entre deux côtés entiers.

Une méthode beaucoup plus expéditive est la méthode de dessin. On prend l'unité du monument à examiner ou à projeter sur son échelle avec le compas, et on la transporte sur les deux côtés d'un rectangle fait d'avance ; en prenant l'hypoténuse de cet angle, laquelle est maintenant la diagonale du carré, et en la transportant sur un des côtés de l'angle indéfiniment prolongé, et en joignant le point ainsi obtenu à l'autre côté de l'angle droit ayant la valeur de l'unité, on aura un triangle dont le côté court est l'unité, le côté long la diagonale du carré, et l'hypoténuse la diagonale du cube, et nous avons obtenu ainsi le triangle générateur du monument en question. En marquant ensuite les longueurs, soit des grands côtés sur l'hypoténuse du triangle, soit des hypoténuses sur son grand côté prolongé, et en élevant vers l'hypoténuse ou en faisant tomber sur le grand côté des perpendiculaires, on aura les triangles semblables croissants et décroissants, dont on marque les côtés I, II, III 1, 2,3 et A, B, C, a, b, c, etc., etc., tout comme il est fait dans les figures 1, 2 et 3 de notre pl. I. Veut-on maintenant savoir quel est le terme d'un certain membre d'architecture du monument à examiner, on n'aura besoin que de prendre la grandeur de ce membre au compas, et de chercher son correspondant parmi les petits ou les grands côtés de la figure ainsi préparée. Si on ne le trouve pas ici, on doit chercher parmi les doubles ou les moitiés des grands et des petits côtés ; et, si on ne le trouve pas encore, je suis sûr qu'on le trouvera parmi les quarts des grands côtés, en supposant que le monument à examiner appartienne au bon temps de l'architecture grecque. Cette méthode, il est vrai, est la plus facile et la plus courte, mais elle est loin d'être la plus sûre, parce qu'il est presque impossible d'arriver à une exactitude satisfaisante dans le dessin des triangles semblables, surtout quand ils sont faits à une échelle si petite, comme le demandent nos publications des monuments, par exemple celles de MM. Stuart et Revett, A. Blouet, C. M. Delagardette, Penrose et autres. Plus l'échelle est grande, plus on pourra naturellement répondre de l'exactitude ; c'est pourquoi les maîtres du moyen âge faisaient, malgré la cherté du parchemin, de si grands dessins, qu'on peut y mesurer encore le quart d'un pouce avec assez de certitude. Le dessin original de l'élévation des tours de la cathédrale

de Cologne, qui fut fait vers le milieu du XIV° siècle, ne mesure pas moins de dix-huit pieds en longueur ; il en est de même des dessins contemporains de la bâtisse, qui nous sont conservés, de la tour de Saint-Étienne de Vienne, en Autriche (publiés en fac-simile par MM. Tschischka et Foerster), des tours d'Ulm, de Strasbourg et autres. C'est que les anciens maîtres n'ont probablement jamais employé le calcul, mais qu'ils se servaient exclusivement des triangles dessinés, et qu'ils auraient fait, pour arriver à plus d'exactitude, ces dessins sur une échelle de grandeur considérable. *A côté des coïncidences parfaites, je m'explique les différences assez fréquentes de plusieurs centimètres entre l'exécution et la cote de la série, par l'absence complète du calcul et par l'imperfection du dessin de ces triangles ;* autrement, je ne saurais rendre compte de ces aberrations dans les monuments dont l'exactitude de l'exécution dans la plupart des détails est, pour ainsi dire, fabuleuse, par exemple, dans l'antiquité, le Parthénon, et, au moyen âge, les cathédrales de Reims et de Cologne.

Quand il y a des cotes exprimées en chiffres dans le dessin à examiner, on pourra se servir encore d'une *autre méthode graphique.* On fait une échelle proportionnelle, comme il y en a neuf sur notre pl. I. On subdivise, pour le monument à examiner, la longueur de l'unité de la série générale qui est prise dans notre fig. 3, pl. I, à l'échelle considérable de 0,20 p. m. en autant de mètres, décimètres et centimètres que l'unité spéciale possède, et, par cette opération, on obtient l'échelle proportionnelle du monument. Veut-on maintenant savoir quel terme correspond à telle ou telle cote marquée sur le dessin à examiner ; on prend cette cote au compas, à son échelle proportionnelle, et on cherche son correspondant parmi les côtés marqués sur notre fig. 3. Cette méthode est beaucoup plus exacte que la précédente, et son exactitude augmente selon que le monument à examiner est plus petit ; mais, dans les monuments de grande dimension, cette méthode est encore défective, parce que, comme on le voit par l'échelle du Parthénon, il n'y a plus possibilité de se rendre compte des centimètres de cette échelle. D'un autre côté, la dimension de l'unité est trop grande pour qu'on puisse dépasser le triangle III 3 *b,* et trop petite pour qu'on puisse avoir quelque certitude au delà du triangle S s *b* ; pourtant ces deux triangles sont bien loin d'embrasser toute l'étendue des termes employés dans le Parthénon.

On voit ainsi que les méthodes graphiques ne peuvent servir qu'à un examen provisoire ou préparatoire, qui vient à l'aide dans la recherche des termes, en nous signalant, par un travail abrégé, les cotes que nous avons à calculer.

Mais les difficultés de l'application de la série ne finissent pas encore ; elles sont nées avec les moyens de publication. La plus grande résulte de la circonstance que toutes nos planches tirées des *gravures,* soit en cuivre ou sur pierre, ne sont pas des reproductions fidèles ni du dessin ni de la gravure originale, parce que le papier humecté sur lequel passe le cylindre de la presse s'étend plus dans le sens de son passage que dans le sens contraire ; et ainsi les échelles données sur les planches imprimées varient souvent de $^1/_{50}$, c'est-à-dire, si l'échelle est bonne pour la mesure des objets dans le sens de la largeur, elle devient trop petite de $^1/_{50}$ lorsqu'on mesure des objets dans le sens de la longueur ou de la hauteur de la planche. Ce n'est pas assez : le papier s'étend plus ou moins dans le sens dans lequel le cylindre passe, au fur et à mesure qu'il est plus ou moins humecté ; et il n'est pas même possible d'obtenir des épreuves de la même édition qui soient toutes d'accord ; enfin les mesures varient encore selon que le temps est plus ou moins sec, et conséquemment le papier plus ou moins humide. Une partie des inconvénients mentionnés disparaît pour les *gravures en bois* , et pour les *lithographies faites au crayon* ou *au tire-ligne,* parce qu'ici l'impression ne se fait pas par un cylindre qui passe et étend, mais par un poids qui part d'en haut(*); mais, d'un autre côté, les reproductions par le crayon, par le tire-ligne ou par la gravure

---

(*) M. Silbermann, du collége de France, vient de découvrir une méthode nouvelle pour faire les épreuves des planches gravées sur pierre ; partant de ce point de vue que la pression doit être également répartie sur tous les points, il ne se sert plus du cylindre,

en bois présentent d'autres difficultés. Placé en face de ce dilemme, je me suis résolu à faire exécuter les planches relatives à l'exposé de la théorie au tire-ligne, parce qu'ici l'exactitude est tout, et toutes les autres planches en gravure sur pierre. *Je ne peux donc répondre de l'accord parfait des cotes de mes dessins avec leurs échelles*, et je suis obligé de renvoyer toujours et *exclusivement* les lecteurs aux cotes exprimées en chiffres; donc ils ne devront tenir compte des échelles que d'une manière approximative.

C'est cette impossibilité, du reste la même pour tout auteur, qui a dirigé toujours mon attention sur les cotes en chiffres ajoutées aux dessins. La difficulté d'en avoir n'était pas la même pour les monuments de l'antiquité, parce qu'on a pris l'habitude louable d'ajouter partout des chiffres aux dessins de cette espèce ; mais, dans les publications des monuments du moyen âge, on n'est pas arrivé encore à cette exactitude; ici la difficulté était presque insurmontable; et c'est principalement cette circonstance et la longue recherche des cotes et des dessins originaux qui ont retardé mon travail, qui le retardent encore aujourd'hui, et qui m'ont même empêché de numéroter mes planches, parce que je ne savais pas et ne sais pas même à présent si tel dessin qui m'était promis, et qui est d'une grande importance dans la suite du développement scientifique, chronologique et artistique, m'arrivera à temps, oui ou non. Toutefois je fais ici avec beaucoup de plaisir l'aveu que la prévenance de messieurs les architectes de Paris est presque sans limites. Dans mes recherches continuelles pendant des années, *jamais* je n'ai rencontré de refus; tous les architectes auxquels je me suis adressé, quoique leur étant parfois parfaitement inconnu, tous, dis-je, m'ont communiqué avec empressement leurs dessins ou au moins leurs cotes. Il est donc naturel et juste que je leur exprime ici, en général, ma reconnaissance ; je les citerai à part aux endroits où je parlerai de leurs communications spéciales; mais, parmi ceux qui m'ont aidé dans mon travail, je ne peux passer sous silence les noms de deux messieurs, savoir ceux d'Albert Lenoir et Gailhabaud, qui m'ont encouragé et soutenu dans mon travail depuis sept ans que je suis à Paris, non seulement par la communication des matériaux, mais encore par l'attention continuelle et amicale qu'ils ont bien voulu accorder au progrès de mes recherches.

A l'aide de ces complaisantes communications, et en consultant les meilleurs ouvrages sur les monuments, je me suis efforcé d'arriver à l'exactitude qui m'était possible ; mais le développement complet d'une théorie aussi vaste ne peut pas être la tâche d'un seul individu; je demande donc qu'on excuse les erreurs qu'on trouvera dans mon travail. Il y en a dont je me suis aperçu en faisant mon texte; celles-là je les ai corrigées tout au moins dans le texte, s'il n'était pas possible de le faire pour des planches gravées et publiées avant que le texte fût définitivement terminé. Pour donner une idée de la difficulté qu'il y a d'éviter les erreurs, quand il s'agit des membres de petite dimension, je citerai ici deux cas. En commençant mes analyses des temples doriques, j'ai pris toute la périphérie, les profondeurs des cannelures comprises, comme déterminative des diamètres des colonnes, et ce n'est que bien tard que je me suis aperçu de la différence qui existait justement sur ce point entre les monuments de l'école attique et les monuments doriques propres. Le cas prévu était celui des derniers, tandis que dans l'école attique ce n'est pas le diamètre de cette périphérie, mais le diamètre, le noyau plein en dedans des cannelures ou de cannelure à cannelure, qui était et qui doit être mesuré. Cette découverte, venue après coup, m'a forcé de refaire et de reprendre tous mes dessins et mes calculs relatifs aux colonnes de l'école attique. Autre cas. Induit, par la fausse méthode de quelques auteurs, à marquer les hauteurs de l'entablement,

---

mais il produit cette pression par la vapeur. Par ce moyen, il est arrivé à imprimer d'un seul coup de plusieurs côtés, par exemple les quatre faces d'une pyramide, et même les globes astronomiques. Je me serais servi volontiers de sa méthode pour faire imprimer mes planches, mais, à l'heure qu'il est, M. Silbermann a encore à lutter avec des détails et avec des difficultés de métier, comme cela arrive pour chaque découverte à son commencement.

j'ai adopté aussi une fausse division pour cette partie. Cette erreur je ne l'ai reconnue qu'après la publication des quatre livraisons des planches ; je ne pouvais donc plus la corriger dans ces livraisons, mais je la corrige dans la cinquième, et pour les autres je la corrige dans le texte. De telles erreurs ne portent pas sur l'ensemble, la cote mesurée du monument reste la même, mais la place des flèches indiquant l'étendue des parties change.

Enfin, pour parer à une objection qu'on pourrait faire à la méthode de nos ancêtres, *laquelle je n'ai pas inventée moi-même, mais que j'ai retrouvée*, savoir qu'avec cette méthode l'architecture deviendrait plutôt un exemple d'arithmétique que de l'art véritable, je réponds par une question : Est-ce que les anciens qui s'en sont servis étaient des architectes, ou ne l'étaient pas ? Est-ce qu'ils ont découvert cette méthode pour pouvoir cesser d'être artistes ? Est-ce à tort que nous admirons leurs œuvres qui existent par cette méthode, et qui doivent leur perfection à cette méthode elle-même ? Qu'on ne s'imagine donc pas qu'avec la seule science de cette méthode on pourra devenir immédiatement un architecte de premier ordre ; ce n'est que l'instrument que je fournis ; si l'on n'a pas le talent de s'en servir, l'instrument restera muet. Mais d'un autre côté, quand on veut jouer, il est indispensable d'avoir un instrument, soit d'une valeur méthodique ou, si on me veut passer l'expression *organique,* soit d'une valeur fictive comme l'instrument faux du module de Vitruve, dont on s'est servi jusqu'ici, non à l'avantage, mais au détriment de l'art et de l'harmonie des proportions. De même qu'un statuaire ne pourra se dispenser d'une étude approfondie des proportions humaines avant de créer sa statue, de même les architectes aspirant au titre d'artistes feront bien de chercher et d'étudier des proportions naturelles, au lieu de s'en former d'arbitraires, et qui n'ont aucun rapport avec le sentiment de l'harmonie innée.

PROBLÈMES A RÉSOUDRE DANS L'APPLICATION DE LA SÉRIE.

1° Le petit côté d'un triangle du cube donné, trouver son grand côté.

Multiplier le chiffre donné par $\sqrt{2} = 1,4142..$ par exemple. Il est donné k = 0,131687 et on a à chercher K ; multiplier 0,13168.. par 1,4142.. et vous aurez pour K : 0,186234..

2° Le petit côté d'un triangle du cube donné, trouver son hypoténuse.

Multiplier le chiffre donné par $\sqrt{3} = 1,73205..$ par exemple. Il est donné k et il faudra trouver l ; on aura 0,13168.. $\times$ 1,73205.. = l = 0,22808..

3° Le grand côté d'un triangle du cube donné, trouver son petit côté.

On divise le chiffre donné par $\sqrt{2} = 1,4142$, par exemple $\dfrac{K = 0,18623..}{D = 1,41421..} = k = 0,13168..$

4° Le grand côté d'un triangle du cube donné, trouver son hypoténuse.

On multiplie le chiffre donné par $\sqrt{3/2} = 1,2247..$, par exemple K = 0,18623.. $\times$ d″ = 1,2247.. = l = 0,22808..

5° L'hypoténuse d'un triangle du cube donné, trouver son grand côté.

Appelons l'hypoténuse donnée x, et nous aurons la formule suivante :

$$\frac{\sqrt{2} \times x}{\sqrt{3}} = \frac{\sqrt{2}}{\sqrt{3}} \times x = x \times 0,816496.., \text{ c'est-à-dire } x \times a ;$$ il faut donc multiplier l par a, pour avoir K = 0,18623..

6° L'hypoténuse d'un triangle du cube donné, trouver son petit côté.

La formule pour cette opération est $\dfrac{x}{\sqrt{3}} = \dfrac{1}{\sqrt{3}} \times x = x \times 0{,}57735$, c'est-à-dire $x \times \frac{1}{2}$ A ; donc $1 \times \frac{1}{2}$ A = k.

7° et 8° Le grand côté d'un triangle du cube donné, trouver les grands côtés des triangles supérieur et inférieur.

Le premier des côtés demandés est l'hypoténuse du même triangle ; on le trouve donc par la méthode exposée au n° 4 ; dans le second cas, le grand côté donné est l'hypoténuse du triangle décroissant suivant, dont on doit trouver le grand côté par la méthode indiquée au n° 5.

9° et 10° Le petit côté d'un triangle du cube donné, trouver les deux petits côtés des triangles supérieur et inférieur.

Pour le premier cas, multiplier ce chiffre donné par $\sqrt[3]{\tfrac{1}{2}} = \mathrm{d}''$; pour le deuxième cas, diviser le chiffre donné par la même valeur. Ainsi $a \times \mathrm{d}'' = 0{,}99999.. = \mathrm{U}'$, et $\dfrac{a}{\mathrm{d}''} = 0{,}6666.. = b$.

11° Une valeur spéciale d'un monument donnée et désignée, trouver l'unité dont elle est dérivée.

Comme tout terme est le résultat de la multiplication de la valeur de ce terme dans la série générale avec l'unité spéciale, on arrive à l'unité demandée en divisant le terme donné et désigné par le terme correspondant de la série générale. On cherche l'unité du Parthénon en connaissant la valeur, par exemple, du terme $G = 3{,}773..$ m., on doit diviser ce chiffre donné par celui de $G = 0{,}34213..$ dans la série générale, et on arrivera à $\dfrac{3{,}773..}{0{,}342..} = 11{,}028$ qui est l'unité du Parthénon. — Au premier coup d'œil ce problème ne paraît pas avoir de l'importance, parce qu'on se dit c'est l'unité où on commence, mais en ne pouvant commencer qu'à une valeur connue on n'a pas besoin de chercher l'unité. C'est heureusement vrai pour la plupart des cas, mais il y a des ruines de temples qui nous fournissent beaucoup de valeurs de cotes ou de termes, par exemple dans des colonnes restées debout, tandis que leur cella, où nous sommes habitué à chercher l'unité, a complétement disparu. Dans des cas pareils, nous aurons besoin de la solution du problème du n° 11, en prêtant par hypothèse des désignations certaines des termes aux valeurs qui nous sont restées. Plus on augmentera le nombre de ces termes désignés par hypothèse, plus on augmentera la vraisemblance d'avoir trouvé l'unité originaire, et par ce procédé on arrivera à la presque certitude. Ce procédé doit naturellement varier pour chaque cas spécial, mais ici il fallait donner la règle générale de laquelle il dérive.

12° Résoudre une quantité donnée dans les trois côtés d'un triangle du cube.

La quantité donnée soit 1,7320508.., cette quantité sera la somme de $\sqrt{3}$ pour l'hypoténuse, plus $\sqrt{2}$ pour le grand côté, plus 1 pour le petit côté ; nous aurons donc

$$\sqrt{3} = 1{,}7320508$$
$$\sqrt{2} = 1{,}4142135$$
$$1 = 1{,}0000000$$
$$\overline{4{,}1462643}$$

et de là les proportions suivantes pour la recherche

de l'hypoténuse . . . . . $4{,}1462.. : 1{,}73205.. = 1{,}73205.. : x = \dfrac{1 = 3{,}00000}{4{,}14626} = 0{,}72353$

du grand côté . . . . . . $4{,}1462.. : 1{,}73205.. = 1{,}41421.. : x = \dfrac{2\,\mathrm{d}''=2{,}44949}{4{,}14626} = 0{,}59077$

du petit côté . . . . $4{,}1462.. : 1{,}73205.. = 1{,}00000.. : x = \dfrac{\mathrm{D}'' = 1{,}73205}{4{,}14626} = 0{,}41773$

Somme des trois côtés . . . . . . $1{,}73203$

On pourra abréger ce travail ; en ayant trouvé la valeur de l'hypoténuse, on cherche celle des côtés par les manières indiquées aux n°ˢ 5 et 6. Lorsqu'on cherche les correspondants des chiffres trouvés dans la série, ce qu'on peut faire dans notre cas, parce que la quantité donnée de 1,73205.. est égale à D'', on obtiendra les chiffres approximatifs pour l'hypoténuse trouvée à 0,72353 dans 2 e = 0,72577

le grand côté trouvé à 0,59077 dans 2 f = 0,59259

le petit côté trouvé à 0,41773 dans F = 0,41902

$$\overline{\qquad 1,73203 \qquad\qquad 1,73738 \qquad}$$

Les valeurs des termes ne sont qu'approximatives, mais cette approximation peut suffire quelquefois ; ainsi, quand il s'agira d'une exactitude moins grande, on pourra chercher dans la série le chiffre le plus rapproché de la quantité donnée, chiffre à résoudre dans les trois côtés d'un triangle du cube, et en descendant au 31ᵉ terme (2e étant le 31ᵉ terme au-dessous de D'') on aura l'hypoténuse, au 38ᵉ terme le grand côté, et au 50ᵉ le petit côté demandés. Notre opération nous apprend encore que chaque double d'un petit côté d'un triangle du cube nouvellement formé étant pris pour le grand côté de ce triangle, le grand côté du triangle originaire deviendra le petit côté du triangle nouveau, c'est-à-dire par la duplication, par exemple, du petit côté f, ces 2f auront la valeur du grand côté dans un triangle du cube dont F représentera le petit côté, et de même $\frac{1}{2}$F deviendra le petit côté d'un triangle du cube dont f serait le grand côté.

13° Résoudre une quantité donnée dans les deux côtés d'un triangle du cube.

La quantité donnée soit 1,73205, cette quantité sera la somme de $\sqrt{2} + 1$, ce qui donne la somme de 2,41421 ; nous aurons donc les deux proportions suivantes : pour la recherche

du grand côté . . . . . $2,41421 : 1,73205 = 1,41421 : x = \dfrac{(2\,d'')\ 2,44949}{2,41421} = 1,01461$

du petit côté . . . . . . $2,41421 : 1,73205 = 1,00000 : x = \dfrac{D'' = 1,73205}{2,41421} = 0,71744$

$$\text{Somme des deux côtés . . . . } = \overline{\quad 1,73205 \quad}$$

Ici la correspondance des chiffres trouvés avec des termes de la série est encore moins exacte ; car U' + $\frac{1}{2}$ D' donnent 1,7071 et 2 E + 2 e donnent 1,7521 ; mais aussi l'opération est plus courte : on pourra donc bien la faire pour chaque cas donné. La distance de D'' à U' est de 20 termes, de U' à $\frac{1}{2}$ D' de 13, de D'' à $\frac{1}{2}$ D' de 32 termes.

LE TEMPLE DORIQUE.

Le temple est une offre, *anathema* (¹), faite aux dieux en vue de les faire descendre des cieux pour demeurer dans la maison construite à leur usage. Cette idée de la vraie demeure se trouve prononcée autant dans les anciens auteurs, dans les vues religieuses des Grecs, que dans les proportions du temple même, celles-ci excédant partout les mesures qui puissent convenir à la taille humaine.

Il était dans le sens de cette offre solennelle qu'on cherchât à placer les temples dans des endroits élevés, pour les présenter de loin ; c'est par cette raison qu'on les mettait dans les acropoles que possédaient la plupart des villes grecques. C'était dans cette même vue qu'on séparait les temples de leurs alentours par une enceinte sacrée, le *temenos* ; enfin c'était pour ce motif qu'on construisait les temples dans cette enceinte même sur un piédestal

---

(¹) La plupart des termes techniques latins et grecs sont pris dans l'ouvrage *Die Tektonik der Hellenen* von Carl Boetticher. Potsdam, 1852 ; 2 vol. in-4°, avec atlas in-folio.

I.   4

élevé, le *crépidome*, et qu'on les couronnait d'un pignon ou fronton, l'*aetos*. On a cru, d'après des indications de certains auteurs, que ces deux parties, le crépidome et l'aetos, étaient, chez les Grecs, des priviléges accordés aux temples pour les distinguer de tout autre édifice qui n'appartenait pas à un usage religieux ; mais cette opinion est réfutée par les propylées d'Athènes, qui ont des marches et qui avaient aussi un pignon ; et si encore on pouvait dire qu'ici les marches étaient rendues indispensables par la pente du sol, et que leur pignon pouvait aussi s'expliquer par la raison que les propylées faisaient partie du sol sacré, on ne pourrait en avancer autant d'autres édifices non sacrés, comme, par exemple, de la basilique de Pæstum, qui a de même son crépidome et avait probablement aussi un pignon. Mais, quoique l'exclusiveté de ce priviége ne doive pas être prise à la lettre, on voit qu'on s'est servi toujours du crépidome et du pignon dans les temples, pour les distinguer par une apparence de richesse et de plus grande hauteur. Les Romains mêmes n'avaient-ils pas considéré comme un sacrilége l'action de ce favori de Jules César, lequel, pour attirer sur lui l'attention, ajoutait un pignon à sa maison? Et ne voyons-nous pas qu'on considérait même au moyen âge, comme une marque de distinction, « d'avoir pignon sur rue? »

C'est entre ces deux parties, le crépidome et le pignon, que s'élevait la demeure propre du dieu, la *cella*, qui contenait le représentant de la divinité, sa statue, l'*agalma*. La cella était le plus souvent entourée de colonnes et couverte d'un plafond rappelant, par ses étoiles, la voûte du ciel, vraie demeure de la divinité.

Vitruve divise le *piédestal* des temples en trois parties : le *stéréobate*, le *stylobate* et le *crépidome*. Le *stéréobate* est pour lui la fondation du temple au-dessus du sol, exécutée pour la plupart avec beaucoup de soin, mais en pierre de moindre qualité ; à cette fondation au dehors du sol sont ajoutés, dans tout son pourtour, des gradins, *crepides* pour arriver au stylobate ; à côté de la première marche d'en bas, il se trouve des chéneaux pour dériver l'eau pluviale. Ce qui est frappant dans les marches du crépidome, c'est que leur hauteur n'est pas en proportion avec la taille humaine, mais avec les autres dimensions du temple ; cas contraire des monuments du moyen âge, dont les marches sont toujours proportionnelles à la taille humaine, quelle que soit la hauteur du monument. Cette grande hauteur des marches, qui dépasse parfois 0^m,50, obligeait donc les Grecs ou d'entailler des marches auxiliaires moins hautes, ou d'en apposer devant les marches proportionnelles, ce qui se faisait entre les colonnes du milieu de la façade principale, pour faciliter l'ascension et en même temps pour assigner la place exclusive servant à monter. Les autres entre-colonnements, *mesostyla*, *diaphragmata*, étaient ordinairement fermés par une grille, *kinklides*, *cancelli*, *plutei*, et recevaient dans les portiques extérieurs les dons offerts au temple. La circonstance curieuse que je viens de mentionner et la distinction des marches pour ainsi dire *symboliques*, en même temps que proportionnelles, des marches auxiliaires moindres qui servaient à l'usage, nous prouvent que les Grecs considéraient leurs temples comme de véritables demeures des dieux, créées par Homère et d'autres poëtes qui, dans leur mythologie, supposaient aux habitants de l'Olympe une taille plus élevée que ne l'est celle de l'homme. Donc, *la taille humaine n'était pas*, comme quelques-uns l'ont dit, *la mesure-étalon des proportions du temple grec*. Les marches proportionnelles n'ont ni la même hauteur ni la même largeur ; c'est que les Grecs avaient d'autres idées que nous de la symétrie. Les marches sont habituellement en nombre impair. Vitruve s'explique cette circonstance, en disant qu'on devait commencer à monter par le pied droit pour arriver en haut par le même pied. Cela se comprend des dieux qui montent les marches proportionnelles impaires, mais pas pour les hommes, leurs marches étant *deux* pour *une* des marches propres ; ils arrivent, s'ils montent d'après la théorie de Vitruve, justement avec leur pied gauche, et ce sont pourtant les hommes qui devaient manifester leur respect par leur pied droit. La marche la plus haute forme une terrasse, le *stylobate*, couverte de dalles de pierre d'une meilleure qualité (Vitruve appelle ces dalles des *abaques*), qui font le piédestal immédiat de la cella et des colonnades.

Dans l'ensemble de la bâtisse posée sur le stylobate, il y a des parties qui répondent plutôt au strict besoin, et d'autres à la partie artistique. Parmi ces dernières est la *colonne* et l'*ordre entier ;* c'est pourquoi déjà les anciens ont classifié leurs temples d'après le rapport des colonnes à la cella. On peut faire deux subdivisions générales et mettre dans la première les temples avec rangée de colonnes seulement à l'extérieur, et dans la seconde ceux qui en ont, à part de cette rangée extérieure, une autre à leur intérieur.

La forme la plus simple des temples, quoique probablement pas la plus ancienne, est celle où il n'y a que deux colonnes entre les antes ou têtes des murs antérieurs, *templum in antis, in parastasi ;* ici on arrive de suite dans le vestibule, *prostasis*, du temple. Cette disposition peut se répéter par derrière, au *posticum.* Dans d'autres monuments il y a une rangée de colonnes, un portique en avant du vestibule ; ce portique, à quatre colonnes, se répète aussi derrière le posticum ; le premier temple s'appelle *prostylos*, le deuxième *amphiprostylos.* Dans le temple plus développé, le nombre des colonnes antérieures et postérieures est porté à six, et alors les quatre colonnes d'angle sont le commencement de deux portiques latéraux ; la cella, le vestibule et le posticum, dans ce cas, sont entourés de tous côtés des portiques, des ailes, *pteres*, et le temple devient un *périptère.* Lorsque ces portiques entourants sont doublés, on appelle le temple *diptère*, et lorsque les colonnes d'un périptère se trouvent à une distance considérable de la cella, de sorte qu'on puisse s'attendre à une rangée de colonnes entre le portique latéral et la cella, le temple est un *pseudodiptère.* De cette dernière espèce est le plus ancien temple qui nous est conservé. Lorsque les colonnes entourantes ne forment pas un portique, mais qu'elles sont engagées dans les murs de la cella, le temple se dit *pseudopériptère.* Une modification du périptère naît quand on ne se contente pas de deux colonnes entre les antes du vestibule et du posticum, mais quand on y place une véritable deuxième rangée de quatre ou plusieurs colonnes. On pourrait appeler le temple où cette seconde rangée n'existe qu'en avant du vestibule *périptère double prostyle*, et celui où la même disposition se répète derrière le posticum *périptère double amphiprostyle.*

La deuxième classe des temples à *colonnes* ou *ordre intérieur* contient deux espèces, selon que l'ordre intérieur n'a qu'une seule colonne qui occupe avec son crépidome et son entablement toute la hauteur de la cella, ou qu'il y a deux colonnes superposées l'une à l'autre, cas dans lequel on aura une tribune qui fait le pourtour de la cella au-dessus des colonnes inférieures. Vitruve comprend les deux espèces de cette classe sans les distinguer, sous le nom de *hypèthre* (ouvert sous ciel), parce que le toit est ouvert au-dessus d'une grande partie de la nef principale ; mais c'était aussi le même cas, comme l'a démontré M. Boetticher, avec des temples qui n'avaient pas d'ordre intérieur, et qui avaient besoin d'être éclairés par cette ouverture, *opaion*, depuis qu'on avait renoncé aux ouvertures entre les triglyphes.

A ces deux classes des temples ayant pour forme générale le parallélogramme, on ajoutera une troisième classe pour de petits monuments (pas des temples) à *forme ronde* ou *polygone, tholus.* Les Grecs, quoiqu'ils aient dû connaître la voûte, employée en Égypte de temps immémorial, n'aimaient pas à s'en servir, et préféraient rester fidèles, pour les plafonds, aux formes de la matière originaire, qui était le bois.

L'*ordre* se compose du crépidome du piédestal élevé, du *bathron ;* de *la colonne*, du membre portant intermédiaire ; et de l'*entablement*, partie portée en même temps à l'égard des colonnes, et portante à l'égard du plafond, du toit et du fronton.

La *colonne, columna, kion*, est divisée en son *fût, scapus, soma, kaulion, stylos,* et en son *chapiteau, capitulum, kephale, kionokranon.* Le fût est ou monolithe, ou composé de plusieurs *tambours, spondiloi*, superposés ; dans le style dorique il n'a pas de base, et il est toujours cannelé. Dans les plus anciens temples, il y a seize de ces cannelures, *rhabdoi ;* dans l'école attique, on en a fait vingt. Ces cannelures sont formées, dans leurs parties inférieures, d'un seul arc de cercle, tandis qu'à leurs parties supérieures il y a trois arcs qui concourent à leur

formation. On n'a plus d'exemple dont on puisse inférer comment étaient coloriées les colonnes doriques; mais comme toutes les autres parties de l'édifice étaient peintes, comme de plus les colonnes en Égypte et à Pompeï sont peintes aussi, on peut, par analogie, en déduire que les colonnes doriques l'étaient également. M. Penrose a cru avoir trouvé une teinte jaunâtre sur les colonnes du Parthénon, et il pense que cette teinte ne provient pas de l'oxydation du fer contenu dans le marbre penthélique, mais qu'elle était appliquée aux colonnes et à l'architrave pour tempérer l'éclat de ce marbre. D'autres auteurs, comme M. Kugler, croient que les colonnes et l'architrave n'étaient point enduites de couleur. — Le chapiteau se compose, en partant d'en haut, de l'*abaque*, *plinthus*, de l'*échine*, du *filet d'en haut*, et de celui *d'en bas* et du *col, trachelium*, situé entre les deux filets; les cannelures du fût passent au-dessous du filet d'en bas et ne finissent qu'au col; ce fait est probablement la cause pour laquelle on a supprimé plus tard ce filet, et qu'on n'a qu'indiqué par une ligne creuse le commencement du col, et avec cela la séparation du fût de son chapiteau. M. Boetticher considère les deux filets comme des joints forts de la colonne, en les comparant aux *conjonctions* dans les langues. Il dérive ensuite la forme de l'échine du conflit produit entre sa fonction de supporter l'abaque, et entre la pression du poids de cet abaque; par ce conflit il se fait que les feuilles, lesquelles il donne à l'échine, se recourbaient quelquefois jusqu'à leur base, qui est en même temps la base de l'échine entière. Par cette vue ingénieuse, il explique la forme de la *cymaise, cymatium, kyma*, laquelle, si elle ne se trouve pas exécutée en sculpture, est au moins indiquée sur l'échine par la peinture des feuilles recourbées. La forme carrée de l'abaque sert de transition aux parties rectilignes de l'entablement; à cette forme correspond comme ornement la grecque, *mœander*, qu'on y trouve peinte en général.

L'*entablement, hyperoon* (?), se compose de trois parties, de l'*architrave, épistyle*, de la *frise, triglyphon*, et de la *corniche, corona, geison*. L'architrave est une plate-bande de largeur ou plutôt de hauteur considérable; sa fonction principale est de joindre les colonnes. L'architrave est séparée de la frise par une plate-bande de hauteur moindre, qui porte comme ornement aussi la grecque, le méandre rectiligne. La frise est distinguée en deux parties, qui sont les *triglyphes* et les *métopes*. Les triglyphes sont analogues aux colonnes; ils ont, comme celles-là, un fût, un chapiteau et un abaque; le fût est cannelé comme celui des colonnes, avec cette différence qu'entre les parties profondes formées en triangle (pas en courbe, comme dans les cannelures des colonnes), il y a des *jambages, femur, meros*. En haut, les triglyphes s'approchent du chapiteau des colonnes par leur *scotie* recourbée, qui rappelle plus que l'échine encore la forme de la cymaise; au-dessus de la scotie se trouve l'abaque du triglyphe. Vitruve nous dit que la couleur des triglyphes était bleue; mais il paraît que les triglyphes n'étaient bleus que dans leurs parties profondes, et que les jambages avaient une autre couleur qui les distinguait de ces dernières. La place des triglyphes est au-dessus des colonnes et au milieu des entre-colonnements; quand il n'y a que des triglyphes dont l'axe est la continuation de l'axe des colonnes, on appelle le monument *monotriglyphe*. Les axes de huit triglyphes d'angle ne correspondent pas aux axes des colonnes situées au-dessous, parce que les deux triglyphes de l'angle se rapprochent et se touchent, et pour pouvoir le faire il faut qu'ils dépassent avec leur axe celui de la colonne. Les triglyphes se continuent au-dessous de la petite plate-bande de l'architrave par la *règle, regula*, et par *les têtes de clous* qui y sont fixés; depuis Vitruve, on a improprement appelé ces têtes de clous des *gouttes*. L'espace contenu entre deux triglyphes du péristyle de même que du mur de la cella était à jour dès le commencement du style dorique, pour donner passage à la lumière extérieure; la preuve la plus forte de ce fait est le cent douzième vers « d'Iphigénie en Tauride » d'Euripide, où Pylade invite Oreste à descendre par les ouvertures laissées entre les triglyphes dans le temple, afin d'en emporter l'image de la déesse. Une autre preuve se trouve dans la construction; car il y a des rainures dans les épaisseurs des triglyphes pour y recevoir les tables des métopes. Le nom des métopes est une troisième preuve, parce que *ope* signifie ouverture; enfin nous voyons quelque chose d'analogue à cette disposition pour admettre la lumière, dans les temples

égyptiens. Dès qu'on a commencé à construire les temples à ordre intérieur, ou à introduire l'ouverture du toit dite *opaion,* on n'a plus eu besoin de l'ouverture des métopes; on les a donc fermées par des tables de pierre, sur lesquelles ou a sculpté le plus souvent des groupes de figures en relief; ces figures étaient peintes au naturel sur un fond rouge foncé. — La fonction de la *corniche* est de supporter les parties supérieures, et de protéger de l'eau pluviale les parties situées au-dessous d'elle; pour la dernière raison il fallait lui donner une saillie considérable ; cette saillie est horizontale avec une rentrée oblique à sa face inférieure. Les membres constitutifs de la corniche sont : un petit *filet* ou l'*astragale,* par lequel elle se rattache à la frise; ce membre est quelquefois double : quand c'est un filet, il porte comme un ornement la grecque rectiligne; quand c'est un astragale, son ornementation peinte et sculptée en même temps est celle des ovules ou des perles; au-dessus de ce membre se trouve le *larmier* avec ses *viæ* et leurs têtes de clous à la face inférieure; la grecque peinte est la décoration de la face extérieure du larmier; au-dessus du larmier il y a enfin la *cymaise.*

Au-dessus de la corniche se trouve la *sima* avec son petit abaque, formant les chéneaux du toit; elle est interrompue par les *antéfixes,* qui portent alternativement des *palmettes* et des têtes de lions sculptées ou peintes seulement, et qui sont percées pour permettre l'écoulement des eaux. Sur les façades des frontons les membres supérieurs de la corniche forment parfois le premier bord du *tympan* triangulaire , *aetos, aetôma, pterygium ,* dont les deux jambes étaient considérées comme l'analogue des deux ailes, *pteryges,* de l'aigle de Jupiter. Le membre le plus haut du bord est la sima avec son abaque; son ornement peint se compose des palmettes et des fleurs, *anthemion.* Au-dessus des trois angles du pignon on voyait les *acrotères* qui portaient des statues en marbre ou en bronze. Les statues du tympan étaient peintes au naturel; elles étaient exécutées pour la plupart en ronde bosse, ayant même leurs faces invisibles tout à fait terminées. — La disposition de la charpente et de la couverture du toit, *tectum, orophe,* étant plutôt symétrique que méthodique, n'entre pas, pour cette raison, dans nos analyses; c'est le même cas pour le *plafond, kalymma,* avec ses champs ou cassettes profondes, *kalymmata, phatnomata, sanidomata, lacunaria,* contenant des étoiles dorées sur un fond bleu azur, et ses poutres saillantes *stroteres* ornées des grecques.

La *bâtisse intérieure* est entourée de murs, *toichoi,* parallèles aux portiques. Ceux-ci sont formés par des pierres taillées superposées, *plinthoi,* pour la plupart d'une seule rangée; au Parthénon et au grand temple de Pæstum, d'une rangée double. Sur les murs d'enclos, la disposition de l'ordre extérieur se répète avec quelques modifications; d'abord il y a un socle qui ne se trouve pas à l'ordre extérieur, si on ne veut pas prendre le piédestal général pour l'analogue de ce socle, ce qui n'est pas admissible, parce que la bâtisse intérieure s'élève sur un crépidome propre, qui se compose, en règle, de deux marches. Au-dessus du socle du mur, son corps uni correspond au fût des colonnes, dont le chapiteau est représenté par le chapiteau d'antes, continué parfois avec une modification plus ou moins grande dans tout le pourtour des murs. L'entablement qui suit correspond en règle, dans ses formes et dans ses dimensions, à l'entablement extérieur. La conséquence du développement du temple était qu'on n'a plus mis de triglyphes sur la frise intérieure, mais qu'on l'a décorée de reliefs occupant toute sa surface unie; c'est alors que cette partie a changé aussi de nom, et qu'on l'a appelée le *zoophore* (porteur des figures). La couleur habituelle des murs lis était, d'après M. Semper, le rouge. Les Grecs n'aimaient pas accuser la construction matérielle de leurs monuments, c'est pourquoi on ne voit nulle part les joints. Plus encore que dans les murs on voit l'analogie de l'ordre extérieur paraitre dans les têtes de ces murs, dans les *antes,* qui reproduisent sur leurs faces carrées, à l'exception des cannelures, tous les détails des colonnes, parmi lesquels la cymaise non-seulement peinte, mais sculptée, forme une des parties les plus saillantes.

L'ensemble de la bâtisse intérieure se divise en *vestibule,* partie qui précède, en général, la cella (par exception entre le vestibule et la cella, dans des cas rares, se trouve une pièce intermédiaire, le *pronaos*), en *cella,*

naos, adytum, sanctuaire, et en *posticum.* La cella, encore élevée par des marches au-dessus du vestibule, est ou simple, ou divisée en trois nefs, par une double rangée des colonnes intérieures ; ses murs étaient probablement décorés de peintures ayant rapport à l'histoire de la divinité, dont la statue, *agalma,* était placée au milieu de la pièce. La cella était suivie du *posticum ;* souvent, entre les deux parties entrait l'*opisthodome,* qui, dans le Parthénon, avait cette destination spéciale de renfermer le trésor de l'État.

M. Boetticher compare l'ensemble du temple à une tente solennelle dont le plafond, avec ses étoiles dorées et rayonnantes (pas petites comme celles des églises du moyen âge), représentait la voûte du ciel. La comparaison est poétique, mais on ne pourrait pas répondre de toutes les conséquences qu'en tire ce savant.

Il était nécessaire d'entrer dans ces explications pour y pouvoir trouver la disposition des membres d'architecture, autant que la détermination de leurs valeurs choisies parmi les termes de la série.

Le *stylobate,* quoique de grande importance, ne prend pas, cependant, ses dimensions immédiatement parmi les termes de la série, parce que ces dimensions dépendent de celles d'autres parties encore plus essentielles, savoir de la longueur et de la largeur de la cella et de ses alentours. Mais, d'un autre côté, la cella elle-même occupait toujours un espace beaucoup plus petit que les rangées longitudinales et transversales des colonnes du péristyle ; on devait donc commencer à fixer, avant tout, le nombre et la distance de ces colonnes. Prenons deux exemples. Dans le temple de la ville de Sélinonte (désigné par MM. Hittorf et Zanth par la lettre R, et donné à la fig. 2 de notre pl. II) il y a six colonnes sur quinze ; cela donne cinq entre-colonnements pour la largeur et quatorze pour la longueur ; en divisant la largeur, marquée chez MM. Hittorf et Zanth à 25,298 m., par cinq, nous aurons 5,059 m. ; à cette somme correspond, dans la série de ce temple, le terme $F = 4,9695$ m. ; c'est donc un multiple de ce terme qui a déterminé la largeur ; de même, la longueur marquée 67,829 m. sera à diviser par quatorze, ce qui donne 4,845 m. ; le terme correspondant est $\frac{1}{2} a = 4,8417$ m. C'est donc un multiple de a qui a déterminé la longueur. Le temple de Thésée, à Athènes, a six colonnes sur treize ; divisez la largeur du stylobate $= 13,78$ m. par cinq, et vous aurez 2,756 m. ; et le terme correspondant $d = 2,7564$ m. Pour la longueur marquée 51,75 m., divisez cette somme par douze, vous aurez 2,646 m., et pour terme correspondant $\frac{1}{4} D'' 2,6855$ m. Dans la série générale, d se trouve à la troisième distance de F, et $\frac{1}{4} D''$ se trouve également à la troisième distance de $\frac{1}{2} a$.

Quoique dans les deux exemples cités il y ait un accord remarquable entre les cotes données et les sommes des termes correspondants, pourtant nous ne pourrons considérer la détermination des dimensions du stylobate par la multiplication de la valeur des entre-colonnements que comme provisoire, parce que

1° L'axe des colonnes ne coïncide pas avec les bords du stylobate,

2° Les entre-colonnements ne sont pas égaux entre eux,

3° Les lignes essentielles de détermination sont les deux axes du milieu,

4° Les mesures générales sont en règle des sommes d'addition et non des produits de multiplication.

1° *Les axes des colonnes du péristyle sont éloignés des bords du stylobate* plus que de la quantité des rayons des colonnes ; c'est pour protéger le tranchant fin des cannelures que les colonnes sont enfoncées dans une fosse circulaire creusée dans la terrasse du stylobate ; cette fosse a généralement la petite profondeur de quelques millimètres ; sa périphérie ne touche jamais à la limite du stylobate. Comme les quatre colonnes d'angle sont habituellement plus fortes que les autres colonnes intermédiaires, et posées pourtant avec celles-ci sur le même axe, la fosse des colonnes intermédiaires est encore plus éloignée des bords que celle des colonnes d'angle ; cette distance surpasse dans les grands monuments un décimètre. La distance, à partir des bords du stylobate jusqu'à l'axe des colonnes du péristyle, fait une somme qui a son terme correspondant dans la série. Ladite

distance est la *marge du stylobate*, et c'est par sa valeur que commence la mesure de la longueur et de la largeur du stylobate.

2° *Les entre-colonnements ne sont pas égaux entre eux.* Habituellement les entre-colonnements d'angle sont plus petits que ceux du reste; cette disposition avait plusieurs raisons d'être : d'abord, pour donner plus de stabilité aux angles, on a fait leurs colonnes plus fortes, et on les a rapprochées davantage des colonnes intermédiaires ; une autre raison était la disposition des triglyphes dont nous parlerons plus tard. Mais ce ne sont pas les entre-colonnements d'angle seuls qui diffèrent des autres; en général, ceux des façades des pignons sont plus larges que ceux des façades latérales, et quelquefois l'entre-colonnement du milieu, par lequel on entrait au temple, excédait en largeur tous les autres. Voici le motif pour lequel les deux termes dont les multiples déterminaient *provisoirement* les deux grandes dimensions de largeur et de longueur dans la plupart des cas ne pouvaient pas être les mêmes, et pourquoi celui de la largeur est, à peu d'exceptions, situé plus haut dans la série que celui de la longueur. Ce n'est pas assez, les entre-colonnements, qui devaient avoir certainement dans la théorie la même dimension, diffèrent entre eux quelquefois de plusieurs centimètres, et cette différence est si constante dans les monuments les plus soigneusement mesurés, que, quand on trouve chez un auteur les mêmes cotes pour tous ces entre-colonnements, on peut être sûr qu'il n'a pas relevé entre-colonnement par entre-colonnement, mais qu'il a pris la cote générale seulement, et qu'il l'a partagée par une division simple, selon le nombre des entre-colonnements. La cause de la différence mentionnée est tout à fait matérielle ; nous la trouvons expliquée par M. Penrose, qui dit que les joints des pierres d'architrave étant toujours la continuation des axes des colonnes d'une part et des axes des triglyphes d'autre part, c'étaient ces pierres qui déterminaient la longueur des entre-colonnements. Mais la longueur de ces pierres dépend du matériel dont on se sert. M. Riedl, architecte bavarois et inspecteur de la bâtisse du palais royal d'Athènes, a assuré M. Penrose qu'il avait peine à trouver, dans les carrières du mont Penthélique, des blocs longs de 12 pieds. D'ici découle cette vérité qu'on était obligé, dans l'antiquité de même que dans nos temps, de composer d'abord toute la longueur de l'architrave, selon qu'on pouvait acquérir des pierres approximativement égales, et qu'on ne pouvait poser les colonnes avant d'avoir obtenu ce résultat. Mais, s'il y avait déjà difficulté pour les entre-colonnements du péristyle, cette difficulté devait devenir encore plus grande pour les entre-colonnements beaucoup plus longs du vestibule et du posticum. La longueur considérable de ceux-ci paraît être aussi la cause pour laquelle les axes des rangées du portique du péristyle et de ceux du vestibule et du posticum diffèrent entre eux, quoique les pièces d'architrave, s'étendant de l'un à l'autre ordre, demandassent la simple continuation du même axe. C'est déjà Vitruve qui se plaint de ce défaut ; pourtant il ne l'attribue pas à la cause indiquée, mais plutôt à la pose des triglyphes, en disant, dans son Liv. IV, ch. III, § 1 : « Il y a eu quelques anciens architectes qui n'ont pas cru que l'ordre dorique fût propre aux temples, parce qu'il y a quelque chose d'incommode et d'embarrassant dans ses proportions, Tarchesius et Pythacus ont été de ce sentiment; l'on dit aussi qu'Hermogène, ayant beaucoup de marbre pour bâtir un temple d'ordre dorique à Bacchus, changea son dessin et le fit ionique. Ce n'est pas que le dorique ne soit beau et majestueux; mais la *distribution des triglyphes et des plafonds est trop assujettissante*, parce qu'il faut nécessairement que les *triglyphes se rapportent sur le milieu des colonnes*, et que les métopes qui se font entre les triglyphes soient aussi longues que larges. » Par les raisons apportées ci-dessus, les entre-colonnements, en général, ne peuvent pas correspondre parfaitement aux termes de la série ; toutefois on voit que, pour eux aussi, il y a, dans la série, des bases dont ils se rapprochent, et par lesquelles leur moyenne devait être déterminée. Le plus grand accord, avec un tel terme, se trouve dans les entre-colonnements d'angle, parce qu'ils sont les plus courts et parce qu'il n'y en a que huit ; suivent les entre-colonnements des façades des pignons, dont le nombre n'est pas grand non plus ; la difficulté augmente pour les entre-colon-

nements des façades latérales, et devient très-gênante pour les entre-colonnements du vestibule et du posticum, dans lesquels nous voyons le plus grand écartement de la série.

3° *Les lignes essentielles pour l'application de la série et pour la détermination des mesures sont les deux axes du milieu.* Dans l'axe de la *largeur* il y a d'abord l'unité, soit la largeur de la cella, puis les épaisseurs de ses deux murs latéraux, ensuite la largeur des deux portiques latéraux, enfin la marge du stylobate de chaque côté. Pour déterminer la valeur de six de ces sept parties, on a toujours cherché des équivalents parmi les termes; en même temps on a tâché de mettre la somme de ces sept termes dans le plus grand accord possible avec la somme des valeurs de sept parties correspondantes à l'axe du péristyle des façades à pignons. Cette tâche n'était pas difficile, parce que quatre des sept parties sont habituellement les mêmes sur les deux axes, savoir les deux marges du stylobate et les largeurs des portiques latéraux; il ne fallait donc que mettre l'unité, plus les deux épaisseurs des murs, en accord avec les trois entre-colonnements intermédiaires du péristyle. Dans le temple de Thésée, la somme des trois premières parties fait $\frac{1}{4}$ E + U' + $\frac{1}{4}$ E = 7,7910 m., et les mesures des trois entre-colonnements du milieu font 3 F = 7,7934 m. — Les mesures sur *l'axe longitudinal* du milieu sont plus difficiles à accorder avec celles prises sur l'axe du péristyle latéral. Dans la plupart des temples, il y a neuf subdivisions : α, la marge du portique; β, la largeur du portique extérieur; γ, la longueur du vestibule; δ, l'épaisseur du mur antérieur de la cella; ε, la longueur de la cella; ζ, l'épaisseur du mur postérieur de la cella; η, la longueur du posticum; ϑ, la largeur du portique extérieur, et j la marge postérieure du stylobate. Ici, il n'y a que deux mesures qui se répètent sur la ligne de l'axe du péristyle, savoir : les deux mesures extrêmes de la marge du stylobate, α et j; pour la somme des sept autres, il fallait la mettre en accord avec la somme de onze, douze, treize ou plusieurs entre-colonnements, selon que le temple en possédait. La somme de sept parties à l'axe intérieur du temple de Thésée est $\beta = \frac{1}{4}$ III, $+ \gamma = \frac{1}{2}$ D', $+ \delta = 2$ P, $+ \varepsilon = \frac{1}{2}$ K, $+ \zeta = 2$ P, $+ \eta = \frac{1}{4}$ I, $+ \vartheta = 2$ G = 30,6171; en prenant pour chacun des deux entre-colonnements d'angles $\frac{1}{2}$ C, pour chacun des entre-colonnements voisins $\frac{1}{2}$ a et pour chacun des huit entre-colonnements intermédiaires F, nous aurons C + a + 8 F = 30,6229 m. Dans l'exécution du temple, on trouvera chacun des deux entre-colonnements d'angles correspondant à $\frac{1}{2}$ C; mais les dix autres étaient réglés plutôt d'après les pierres d'architrave qu'on pouvait se procurer, et qui diffèrent entre elles jusqu'à 0,05 centimètres et plus. *La division des axes extérieurs ou des portiques, qu'on trouvera dans mes analyses à côté de la disposition réelle sur les axes du milieu, n'est donc qu'un calcul* idéal, *un essai pour accorder la somme des parties intérieures avec la somme des entre-colonnements pris méthodiquement à la valeur de certains termes.* Du reste, je ne sais si on ne devrait point admettre une différence réelle entre les axes du milieu et les axes pris au péristyle; une différence, il est vrai, de quelques centimètres seulement, qui pourtant serait constante et qui donnerait au stylobate des courbes légères, comme nous en voyons dans les monuments grecs presque partout; quelques auteurs affirment ce fait, contesté par M. Penrose.

4° *Les cotes générales sont presque toujours des sommes d'addition et non des produits de multiplication.* L'exemple que nous avons pris sur les axes intérieurs du temple de Thésée a prouvé cet énoncé. Il en est de même pour la longueur et la largeur de tous les autres temples que j'ai examinés. Il s'ensuit qu'on ne trouvera pas d'équivalent pour ces cotes générales dans un seul terme de la série : pourtant, *comme il fallait avoir des sommes du même genre dans les monuments pour pouvoir les comparer entre elles, j'ai toujours pris le grand terme qui se rapproche le plus d'une somme des petits termes, et je l'ai désigné comme la base de cette somme,* en le renfermant, pour éviter toute confusion, dans une parenthèse; et je suis persuadé que les anciens, en faisant leurs projets, ont eu de même la pensée d'une pareille base pour la somme résultant de l'addition des petites valeurs. On s'en peut convaincre en comparant mes bases avec les cotes générales les plus soigneusement mesurées.

Dans le temple, qui n'avait pas d'ordre intérieur, *la longueur de la cella* est prise d'une pièce à un seul terme de la série, tandis que, dans ceux à ordre intérieur, l'importance attribuée à la colonne demandait qu'on composât la longueur de la cella de la somme des entre-colonnements, déterminés chacun par son terme ; ici donc cette longueur est aussi une somme d'addition. Cette détermination des entre-colonnements intérieurs par des termes pouvait se faire avec assez de facilité, parce que les pierres d'architraves, ici, n'ont que peu de longueur.

Quant *aux hauteurs*, il y avait trois méthodes différentes pour déterminer la hauteur de l'ordre : 1° la méthode la plus usitée est celle de l'addition de tous les membres qui le composent, en partant d'en bas du crépidome jusqu'à la ligne qui termine l'abaque de la cymaise de l'entablement. Dans des cas rares, on prend 2° ou l'ordre entier, ou la colonne avec son chapiteau d'une pièce à un seul terme de la série ; alors il reste un membre qui ne peut pas être pris d'un terme de la série, mais qui doit être un complément de la valeur générale déterminée d'avance : ce membre est habituellement le fût de la colonne. 3° La troisième méthode ne prend l'ordre qu'à partir du stylobate, et en exclut la hauteur du crépidome.

1° Les membres qui comptent dans l'ordre sont : α, la *hauteur du crépidome*, comme somme de la hauteur différente de chaque marche dont il est composé. Pour pouvoir comparer les crépidomes des différents temples entre eux, je joindrai à la hauteur de chaque crépidome, comme *sa base*, le terme qui correspond le mieux à cette hauteur ; β, la *colonne*. Il y aura à côté de chaque chapiteau le terme le plus rapproché de la somme des cinq membres qui composent ce chapiteau, il y aura la base de la hauteur du fût et la base de la hauteur totale de la colonne ; γ, l'*architrave*, qui est toujours prise à un seul terme, y compris sa petite plate-bande, correspondant à l'abaque de la colonne ; δ, le *triglyphe*, est la partie essentielle de la frise ; c'est pourquoi M. Boetticher appelle, avec raison, tout ce qui est compris entre l'architrave et la corniche le *triglyphon :* la limite de ce triglyphon est son abaque, et toute la hauteur du triglyphe est prise à un seul terme de la série ; ε, la *corniche*, commence au-dessus de cet abaque et finit avec l'abaque de la cymaise. Comme je l'ai déjà mentionné, ce n'était qu'après la publication des quatre premières livraisons que j'ai reconnu cette vérité ; c'est donc le texte, et non les planches, qui doit être consulté tant pour la hauteur des membres des corniches que pour la base de leurs hauteurs totales.

2° Le lecteur reconnaîtra facilement les cas rares dans lesquels la hauteur de l'ordre entier ou de la colonne n'est pas une somme d'addition, mais la cote d'un seul terme de la série.

3° On reconnaîtra également les cas dans lesquels la hauteur du crépidome était comptée à part. Les exemples les plus frappants en sont : les temples de Némée, de Bassæ et de Cérès, à Pæstum.

Le *pignon* est toujours pris d'un seul terme, qui compte, à partir de la surface supérieure de la corniche située au-dessous du tympan, jusqu'au sommet du fronton, y compris tout le bord du tympan. La somme de l'ordre et du pignon ne se trouve pas dans un seul terme ; pourtant il faut chercher le terme le plus rapproché de cette somme, pour en avoir la base de comparaison.

L'*ordre des colonnes du vestibule et du posticum* monte à peu près à la même hauteur que l'ordre du péristyle ; mais, ne commençant qu'au-dessus du stylobate, il est nécessairement moins haut que ce dernier. Sa hauteur est de même une somme d'addition, et ses membres et ses subdivisions ont aussi des termes et des bases qui déterminent leurs valeurs. On a tâché, quoique la *hauteur des antes* fût déterminée par l'ordre extérieur, moins le crépidome et l'entablement, de rapprocher leur hauteur, autant que possible, d'un seul terme de la série, et on y est quelquefois arrivé ; d'autres fois, la hauteur de l'ordre entier du vestibule n'est pas une addition de ses membres, mais elle est prise à un seul terme : c'est le cas du temple de Sunium, où, pour arriver à ce but, le crépidome général a une fosse peu profonde dans les portiques. (Voir pl. V, fig. 4.)

Dans les temples les plus anciens, *les antes* sont très-simples ; leurs trois faces égales sont prises au même

I.

terme correspondant pour la plupart au diamètre inférieur des colonnes du vestibule et du posticum. Plus tard, les faces des antes commencent à varier, et alors on donne la plus grande dimension à la face qui regarde les colonnes mentionnées, une dimension un peu moindre à la face qui regarde les colonnes des portiques des pignons, enfin une quantité comparativement petite à la face tournée vers les portiques latéraux. Mais toujours ces trois faces sont déterminées par des termes de la série.

C'est le même cas pour les murs latéraux, qui quelquefois, dans le vestibule et le posticum, sont pris à un terme plus haut que les murs de la cella dont ils font la continuation; l'addition de ce surplus se fait toujours à leurs faces intérieures. En général, les murs transversaux et longitudinaux de la cella ont la même épaisseur; mais il y a des exemples où les murs transversaux dépassent de beaucoup, dans leurs épaisseurs, les murs des côtés. La raison de cette différence paraît avoir été le désir de donner plus de développement au profil des portes d'entrée.

Il ne nous reste de la bonne époque qu'un seul exemple d'*ordre intérieur*, celui du grand temple de Pæstum. Nous voyons ici que les deux colonnes superposées avec leur entablement divisé en deux, et avec le double crépidome du vestibule et de la cella, atteignent la hauteur de l'ordre extérieur, ce qui était nécessaire, parce que le plafond de la cella est à la même hauteur que celui des portiques du péristyle. C'est la hauteur de l'ordre extérieur qui détermine celle de l'ordre intérieur, et pourtant toutes les parties du dernier sont aussi prises à des termes de la série, et aucune d'elles n'a une hauteur arbitraire. Il est à croire que c'était le même cas dans d'autres temples possédant l'ordre intérieur.

CONVERSION DES MESURES.

Les ouvrages que j'ai consultés ont trois mesures différentes du mètre. Les dessins de M. Serra di Falco sont faits à la mesure du palme sicilien, subdivisé en pouces et lignes; l'ouvrage de MM. Stuart et Revett, et sa continuation par les dilettanti, sont au pied anglais subdivisé en pouces, et le pouce est subdivisé en fractions décimales, tandis que les planches de M. Penrose sont faites à l'échelle du pied anglais divisé en fractions décimales. Les autres ouvrages et dessins originaux dont je me suis servi étaient tous faits à l'échelle du mètre.

La raison des différents pieds est, du pied grec (d'après Pline, $^{25}/_{24}$ du pied romain), 1363; du pied romain, 1309; du pied anglais, 135 (d'après Graham, 13511); du pied français, 144. Nous aurons ainsi, pour le mètre, 39,4" pouces chez MM. Stuart et Revett, et 3,283' pieds chez M. Penrose, 40,639" anciens pouces romains et 3,386' pieds romains pour le mètre; enfin, 3,251' pieds grecs pour la même mesure.

A la page 189 du premier volume de son ouvrage « le *Antichità della Sicilia*, » M. Serra di Falco dit que le palme sicilien a la raison au pied français de 1,26 à 1. Il s'ensuit que le palme, marqué ', est égal à 0,25776 m.; le pouce ou la douzième partie du palme, marqué ", à 0,02148 m.; la ligne ou la douzième partie du pouce, marquée ''', à 0,00179 m. Ainsi, quand nous trouverons la cote de la largeur du stylobate du temple de la ville de Sélinonte donnée à 98' 8" 0''', nous multiplierons 0,02148 par 8" et 0,25776 par 98', ce qui donnera 25,432.. mètres.

Nota. Parmi les analyses qui vont suivre, il est essentiel d'en remarquer quatre, les plus saillantes, savoir: celle du *Parthénon primitif*, qui démontre comment on peut, par l'application de la série, restaurer des édifices dont il ne reste plus que quelques parties; celle du grand *temple de Neptune*, à *Pæstum*, parce que c'est le seul temple dont l'ordre intérieur double se soit conservé; celle du *Parthénon actuel*, tant pour la perfection du monument que pour l'exactitude de son relevé fait par trois architectes d'un mérite incontestable; enfin celle de la *basilique de Pæstum*, parce que ce monument, appartenant à l'architecture civile, diffère, dans ses proportions, des autres monuments religieux.

ANALYSE DE L'ANCIEN TEMPLE DE L'ACROPOLE DE SÉLINONTE.

École, dorique pure. *Époque de construction*, incertaine. Le temple appartient probablement encore au VIᵉ siècle avant notre ère; certes, on doit le considérer comme le plus ancien temple qui nous soit parvenu. Il y a de petits monuments en Lycie qui imitent une construction antérieure en bois; ces monuments sont plus anciens que notre temple; sur le vase d'Ergotimos, publié dans les « *Monumenti inediti del Instituto*, etc., t. IV, pl. 54, » nous avons le dessin d'un temple, aussi plus ancien, fait de même à l'imitation de la construction en bois, et, de l'autre côté, montrant l'influence très-prononcée de l'architecture égyptienne; mais, parmi les temples doriques *encore debout*, il n'y en a pas un seul qui porte à un si haut degré le cachet d'antiquité que ce temple de l'acropole de Sélinonte, et cela à commencer par le style de ses reliefs de métope jusque même à la couleur de ses ornements peints. Il ne faut que regarder, par exemple, le quadrige d'un de ces métopes, pour voir que la sculpture y est dans son enfance. Ce n'est pas encore la manière roide et minutieuse, mais pourtant pas tout à fait dépourvue d'une certaine élégance, des plus anciens ouvrages archaïques; — c'est le manque complet de savoir, comme nous le trouvons sur le relief de Samothrake au musée du Louvre, et dans les statues sur le chemin des Branchides. Et, à côté de ce manque de savoir, quelle prétention de représenter en relief un quadrige avec des chevaux posés de face! Il fallait véritablement qu'on fût dans l'enfance de l'art, pour ne pas s'apercevoir que la solution de ce problème est impossible. Dans les échantillons des peintures d'ornement conservés par taches et reproduits dans l'ouvrage de M. Serra di Falco, on voit seulement les couleurs des plus anciens temps, le jaune, le rouge, le noir, couleurs que nous retrouvons de même sur les vases peints grecs les plus anciens, et sur les vases égyptiens; mais nous ne voyons pas encore appliquée la couleur bleue, qui joue plus tard un si grand rôle dans l'architecture polychrome. Le même caractère de la plus haute antiquité se manifeste dans l'architecture; les colonnes, courtes et trapues, sont très-espacées, elles n'ont, à la façade principale, que seize cannelures (les colonnes des portiques latéraux en ont dix-huit); leurs échines ont une saillie considérable et un profil bombé; elles sont trop bas par rapport à l'entablement qu'elles supportent. Toutes ces proportions nous prouvent que notre temple est le plus rapproché, parmi les temples connus, de l'architecture en bois. C'est pourquoi nous devons le considérer comme un des premiers essais à trouver des proportions qui puissent convenir à la construction en pierre, dont on ne faisait pas encore usage pour les temples les plus anciens.

OUVRAGES CONSULTÉS. « *Architecture antique de la Sicile*, par J. Hittorf et Zanth. Paris, grand in-folio. » Cet ouvrage, dont la publication est interrompue depuis des années, est resté aussi sans texte; mais les relevés et les dessins des monuments sont très-exacts. On ne pourrait pas en dire autant de l'ouvrage intitulé « *le Antichità della Sicilia*, esposte ed illustrate per Domenico Lo Faso Pietra Santa, duca di Serra di Falco, Palermo, » publié depuis 1834; aussi ne pouvais-je me servir de cet ouvrage que lorsque j'avais à côté une autre publication pour correctif. Dans ces deux ouvrages, notre temple est désigné par la lettre C.

L'unité est, d'après MM. Hittorf et Zanth, de 8,717 m. Voir, pour le plan de ce temple, notre pl. II, fig. 1; pour son élévation, pl. IV, fig. 1; et pour le profil de son chapiteau, pl. VI, fig. 1.

Le temple a un pronaos, un opisthodome et un double portique à la façade principale; l'axe du deuxième portique correspond à l'axe des troisièmes colonnes, des colonnes du péristyle, qui sont considérablement éloignées des murs de la cella, de sorte que ce temple doit être appelé un *pseudodiptère*. Il a six sur dix-sept colonnes. On cherche la mesure provisoire pour la détermination de la largeur du stylobate en divisant sa cote de 24,025 par cinq (le nombre des entre colonnements), et de la longueur du stylobate en divisant sa cote de 63,865 m. par seize; ainsi on aura pour

la mesure provisoire de la largeur, $\dfrac{24,025}{5} = 4,805$ m. $\quad _2H = 4,8702 \times 5 = 24,3510.$

la mesure provisoire de la longueur, $\dfrac{63,865}{16} = 3,990$ m. $\quad _2I = 3,9762 \times 16 = 63,6192.$

Base de la longueur du stylobate. . $^1/_4 \text{XIV} = 64,4920$ m. ⎫
⎬ Distance de 35 termes.
Base de la largeur du stylobate. . . $4 = 24,0211$ m. ⎭

Base de la hauteur totale. . . . . . $3 = 19,6132$ m. ⎱ Distance de 8 termes.

La distance de la longueur du stylobate à la hauteur totale est de 42 termes.

LARGEURS A L'AXE DU MILIEU DANS LE TEMPLE DE L'ACROPOLE DE SÉLINONTE.

	COTES DE MM. H. ET Z.		COTES MÉTHODIQUES DE M. S. DI FALCO.	
α Largeur de la marge du stylobate.........	1,022	₂ o =	1,0200	
β — du portique latéral............	5,739	¹/₄ II =	5,6618	
γ Épaisseur du mur de la cella...........	0,893	2 Q =	0,9620	
δ Largeur de la cella...............	8,717	U' =	8,7170	
ε Épaisseur du mur de la cella............	0,893	2 Q =	0,9620	
ζ Largeur du portique latéral............	5,739	¹/₄ II =	5,6618	
η — de la marge du stylobate........	1,022	₂ o =	1,0200	
θ Largeur à l'axe du milieu......	24,025	(4)	24,0046	90' 0" 10''' = 23,216

LARGEURS A L'AXE DU PÉRISTYLE.

ι Largeur de la marge du stylobate........	1,022	₂ o =	1,0200	1,022
κ 1ᵉʳ entre-colonnement (d'angle).........	4,254	₂ g =	4,2176	
λ 2ᵉ — (intermédiaire).......	4,464	E =	4,4735	16'7" = 4,274
μ 3ᵉ — (du milieu).......	4,544	¹/₄ I =	4,6228	
ν 4ᵉ — (intermédiaire).......	4,464	E =	4,4735	× 5.... = 21,370
ξ 5ᵉ — (d'angle).........	4,254	₂ g =	4,2176	
ο Largeur de la marge du stylobate........	1,022	₂ o =	1,0200	1,022
π Largeur à l'axe du péristyle....	24,024	(4)	24,0450	23,414

Il paraît que, à cause de l'état dégradé des murs latéraux de la cella, MM. Hittorf et Zanth avaient donné moins d'épaisseur à ces murs que ceux-ci n'en avaient originairement ; au moins, les cotes γ et ε, chacune de 0,893, ne sont nullement en rapport avec celles de 1,82 et 1,651 des murs transversaux de la cella. La somme des deux cotes β et γ, ainsi que des deux cotes ε et ζ, c'est-à-dire 5,739 + 0,893 = 6,632, correspond à la somme de deux termes méthodiques ¹/₄ II (pour la largeur du portique latéral) ; + 2 Q (pour l'épaisseur du mur) = 6,6238.

La cote générale de 90' 0" 10''', chez M. S. di Falco, est décidément fausse, et l'erreur provient de ce que cet auteur n'a mesuré qu'un seul entre-colonnement aux façades des pignons ; cette mesure lui a donné 16' 7" = 4,474 m. ; mais les entre-colonnements s'élargissent en se rapprochant de l'axe du milieu ; ainsi la somme de la largeur de MM. H. et Zanth est 24,024, tandis que 4,274 × 5 + ι et ο, chez M. S. di Falco, ne donne que 23,414. De plus, il n'a probablement mesuré qu'à partir du diamètre total et pas de la profondeur de la cannelure jusqu'à la marge du stylobate, et c'est ainsi qu'il a obtenu sa cote de 90' 0" 10''', qui doit être corrigée au moins en 93' 0" 10''' = 23,989 m.

ENTRE-COLONNEMENTS.

α Entre-colonnem. d'angle aux façades des pignons.	4,254	₂ g =	4,2176	16' 7" = 4,274
β Entre-colonnement d'angle aux façades latérales.	3,968	₂ I =	3,9762	
γ Entre-colonn. interméd. aux façades des pignons.	4,464	E =	4,4735	
δ Entre-colonn. du milieu aux façades des pignons.	4,544	¹/₄ I =	4,6228	
ε Entre-colonn. ordinaires des façades latérales...	3,887	d =	3,8742	6'9" + 8'2" = 3,844
ζ Largeur du portique latéral...........	5,739	¹/₄ II =	5,6618	
η Largeur du portique antérieur extérieur......	7,855	₂ I+d =	7,8504	
θ Largeur du portique au devant du pronaos....	7,502	¹/₂ D" =	7,5491	
ι Largeur du portique postérieur extérieur.....	10,936	₂ D =	10,9578	
Somme de η, θ et ι.	26,293		26,3573	

On remarque dans notre temple cette singularité, que les cotes des entre-colonnements d'angle diffèrent selon que ceux-ci sont situés aux façades des pignons ou aux portiques latéraux ; ainsi aux façades courtes les cotes donnent ₂ g, tandis qu'aux façades longues elles ne sont que de ₂ I. Habituellement les huit entre-colonnements d'angle sont égaux.

LONGUEURS DANS LE TEMPLE DE L'ACROPOLE DE SÉLINONTE.

Longueurs à l'axe du milieu.

	COTES DE MM. H. ET Z.	COTES MÉTHODIQUES DE M. S. DI FALCO.		
α Largeur de la marge du stylobate.	1,022	$_2$ o =	1,0200	
β Largeur du portique antér. extér. 3,968 + 3,887 =	7,855	$_2$ I+d =	7,8504	
γ Au mur du pronaos.	7,502	½ D'' =	7,5491	
ƒ Épaisseur du mur du pronaos.	1,850	$_2$ l =	1,8740	
ε Longueur du pronaos.	5,008	½ A =	5,0327	
ζ Épaisseur du mur antérieur de la cella.	1,820	½ F =	1,8262	
η Longueur de la cella dans l'œuvre.	19,156	¼ VIII =	19,1088	
Θ Épaisseur du mur postérieur de la cella.	1,651	K =	1,6233	
ι Longueur de l'opisthodome.	4,389	½ U' =	4,3585	
κ Épaisseur du mur de l'opisthodome.	1,650	K =	1,6233	
λ Largeur du portique postérieur extérieur. . . .	10,936	$_2$ D =	10,9578	
μ Largeur de la marge du stylobate.	1,022	$_2$ o =	1,0200	
Longueur à l'axe du milieu.	63,861	(¼ XIV)	63,8441	246' = 63,408

Longueurs à l'axe du péristyle.

Largeur de la marge du stylobate.	1,022	$_2$ o = 1,0200	1,022
1ᵉʳ entre-colonnement (d'angle) du portique latéral.	3,968	$_2$ I = 3,9762	
2ᵉ — (ordinaire) — — .	3,887	d = 3,8742	
		d = 3,8742	
		¼ D'' = 3,7745	
		d = 3,8742	
		¼ D'' = 3,7745	Seize entre-col.
Douze entre-colonnements supposés égaux à		d = 3,8742	à 14'11'' =
3,846 m. 3,846 × 12 =	46,152	d = 3,8742	3,844×16 = 61,504
		d = 3,8742	
		d = 3,8742	
		¼ D'' = 3,7745	
		d = 3,8742	
		¼ D'' = 3,7745	
		d = 3,8742	
15ᵉ entre-colonnem. (ordin.) du portique latéral. .	3,846	d = 3,8742	
16ᵉ entre-colonnem. (d'angle) du portique latéral.	3,968	$_2$ I = 3,9762	
Largeur de la marge du stylobate.	1,022	$_2$ o = 1,0200	1,022
	63,865	(¼ XIV) 63,8324	63,548

La somme de la longueur du pronaos, de la cella et de l'opisthodome avec leurs murs est, chez MM. Hittorf et Zanth, ƒ, ε, ζ, η, Θ, ι et κ, de 35,524 m., tandis que M. S. di Falco a, pour la même longueur, 155'7'' = 40,103 mètres. Il y a lieu de croire que nous avons ici une faute de chiffre, et qu'il faudrait lire, au lieu de 155'7'', la somme de 138'7'' = 35,721 m.

Une singularité des entre-colonnements de ce temple est encore que les entre-colonnements d'angle sont plus grands que leurs entre-colonnements voisins ; habituellement nous voyons le cas contraire dans les monuments doriques.

Le pronaos est aussi une exception de la règle ; une autre exception fait l'absence complète des antes et des colonnes entre les antes. Toutes ces circonstances s'expliquent par la grande largeur des portiques latéraux, dont l'élargissement a empêché le développement proportionnel de la cella.

PLANS DES COLONNES D'ANGLE.

	CÔTÉS DE MM. H. ET Z.	COTÉS MÉTHODIQUES DE M. S. DI FALCO.	
Côté de l'abaque.	2,522	(¹/4 A 2,5164)	9′7″ 6‴ = 2,480
Saillie de l'abaque sur le diamètre infér. de l'échine.	350	(¹/₂ V) 0,3490	
Diamètre inférieur de l'échine.	1,822	¹/₂ F 1,8262	
Saillie de l'abaque.	350	(₂ V) 0,3490	
	2,522	2,5242	
Saillie de l'abaque sur le diam. supér. des colonnes.	510	o = 0,5100	5′5″=1,396+
Diamètre supérieur des colonnes.	1,502	¹/₂ G = 1,4910	0,034 × 2 = 1,464
Saillie de l'abaque.	510	o = 0,5100	
	2,522	2,5110	
Diamètre inférieur des colonnes d'angle.	1,944	¹/₂ d = 1,9371	7′2″=1,847+
Profondeur des cannelures d'en haut.	0,034	D′ = 0,0343	0,05 × 2 = 1,047
Profondeur des cannelures d'en bas.	0,050	¹/₂ w = 0,0503	

COLONNES ORDINAIRES DU PÉRISTYLE.

Diamètre supérieur de ces colonnes.	1,328	L = 1,3254	
— inférieur —	1,770	₂ N = 1,7672	6′9″=1,739 = 1,739
Profondeur des cannelures d'en haut.	0,029	¹/₄ X = 0,0291	
— — — d'en bas.	0,045	a′ = 0,0447	

M. S. di Falco donne le même diamètre à toutes les colonnes des façades courtes, tandis que chez MM. H. et Z. les quatre colonnes d'angle ont un diamètre plus fort que celui des autres colonnes du péristyle. Le diamètre de 6′ 9″ de M. S. di Falco, qui est plus petit que celui de 7′ 2″, se trouve aux façades longues.

HAUTEURS DU CRÉPIDOME.

1ʳᵉ marche d'en bas du crépidome.	0,156	₂ Z = 0,1550	
2ᵉ — — —	0,244	¹/₂ Q = 0,2405	
3ᵉ — — —	0,244	¹/₂ Q = 0,2405	
4ᵉ — — —	0,244	¹/₂ Q = 0,2405	
5ᵉ — — —	0,244	¹/₂ Q = 0,2405	
6ᵉ — — —	0,247	₂ v = 0,2466	
7ᵉ — — —	0,247	₂ v = 0,2466	
8ᵉ — — —	0,298	₂ u = 0,3022	
9ᵉ — — —	0,298	₂ u = 0,3022	
Hauteur totale du crépidome.	2,222	(¹/₂ E) 2,2146	7′ 9″ = 1,997

Le crépidome est le plus haut connu; en Grèce, on ne trouve que trois marches, tandis qu'ici nous en avons neuf. Était-ce pour remédier à la petite hauteur proportionnelle des colonnes, pour les élever davantage par la hauteur du crépidome?

HAUTEURS DES COLONNES.

Hauteur de l'abaque du chapiteau.	0,386	¹/₂ m = 0,3826	1′ 7″ 3‴
— de l'échine —	0,294	¹/₂ P = 0,2945	1′ 1″ 9‴
— du filet d'en haut.	0,041	¹/₂ x = 0,0411	3″ 0‴
— du col.	0,183	t = 0,1850	7″ 1‴
— du filet d'en bas.	0,142	W = 0,1420	5″ 3‴
Hauteur du chapiteau.	1,046	(¹/₂ g) 1,0452	4′ 0″ 4‴ = 1,038
Hauteur du fût des colonnes.	7,577	¹/₂ D″ = 7,5491	29′ 10″ 8‴ = 7,704
Hauteur totale des colonnes.	8,623	(U′) 8,5943	33′ 11″ 6′′ = 8,742

HAUTEURS DE L'ENTABLEMENT.

	COTES DE MM. H. ET Z.	COTES MÉTHODIQUES DE M. S. DI FALCO.		
α Hauteur de la cymaise de la corniche......	0,244	$_2$ V = 0,2466	0'11" 5''' =	0,245
β — du larmier...............	0,425	$_2$ U = 0,4274 }		
γ — du 1er filet..............	0,115	X = 0,1163 }	2'11" 0''' =	0,751
δ — du 2e filet..............	0,230	s = 0,2267 }		
ε Hauteur de la corniche......	1,014	($_2$ o) 1,0170	3'10" 5'''	0,996
ζ Hauteur de la frise.... 0,160 + 1,324 =	1,484	½ G = 1,4910	5' 8" 6'''	1,460
η Hauteur de l'architrave.............	1,760	$_2$ N = 1,7672	6'11" 0'''	1,793
ϑ Hauteur de l'entablement.....	4,258	($_2$ g) 4,2752	16' 5"11'''	4,249

M. S. di Falco a oublié de coter la cymaise de 0'11" 5''', laquelle je remplace d'après la cote de MM. Hittorf et Z.; avec la cote de cette cymaise et celle du petit plan incliné au-dessus du chapiteau de 0' 1" (parce qu'il y a 4' 1" 4''' pour la hauteur du chapiteau, tandis que les cotes des détails ne donnent que 4' 0" 4''') on arrive à accorder les deux auteurs jusqu'à 1 centimètre. Je dis que M. S. di Falco a oublié la cote de la cymaise, parce que la somme du larmier β et des deux filets γ et δ est, chez MM. H. et Z., de 0,770, et chez M. S. di Falco 2' 11" 0" = 0,751.

HAUTEURS GÉNÉRALES.

Hauteur du crépidome.............	2,222	(½ E) 2,2146	7' 9" 0''' =	1,997
Hauteur de la colonne avec son chapiteau....	8,623	(U') 8,5943	33'11" 0''' =	8,742
Hauteur de l'entablement...........	4,258	($_2$ g) 4,2752	16' 5"11''' =	4,249
Hauteur de l'ordre........	15,103	(D") 15,0841	58' 1"11'''	14,988
Hauteur du pignon..............	4,600	¼ I 4,6228	18' 9" 1'''	4,834
Hauteur totale..........	19,703	(3) 19,7069	76'11" 0'''	19,822

La cote de 69' 2" donnée par M. S. di Falco pour la hauteur ne peut compter qu'à partir du crépidome jusqu'au sommet du pignon, parce qu'elle ne donne que 17,828 m., ce qui dépasse, il est vrai, de plus de 0,30 la cote de la même hauteur, 19,703 — 2,222 = 17,481 de MM. H. et Z., mais ce qui se rapproche de 19,703 par l'addition de la hauteur moindre du crépidome, lequel, ayant 7' 9" = 1,997, donne, avec 69' 2" = 17,828, la hauteur totale de 19,825, ce qui ne diffère que de 0,122 de la cote de MM. Hittorf et Zanth.

On voit bien que l'architecte de ce temple a employé des multiples des détails de la façade pour en former des cotes pour d'autres parties; ainsi la hauteur totale de l'ordre, avec sa base de la diagonale du cube, est le double de la demi-diagonale du cube de la hauteur des fûts des colonnes; de même la base de la hauteur de l'entablement $_2$ g est le quadruple de la base ½ g de la hauteur du chapiteau.

Les *bases* des détails sont les suivantes : pour le crépidome, 2,2146 ½ E = 2,2367; pour la hauteur du chapiteau, 1,0452 ½ g = 1,0544; pour la hauteur totale de la colonne, 8,623 de MM. H. et Z., 8,5943 méthodiques, et 8,742 de M. S. di Falco U' = 8,717; pour la hauteur de l'entablement, 4,2752 $_2$ g = 4,2176; pour la hauteur totale de l'ordre, 15,0841 D" = 15,0982; enfin, pour la hauteur totale, 19,7069 le petit côté 3 = 19,6132.

Si on déduit la hauteur du crépidome (½ E) 2,2146 de la hauteur de l'ordre (D") 15,0841, il reste pour la hauteur de l'ordre sans crépidome 12,8695, dont la base est ¼ VI = 12,7390.

ANALYSE DU TEMPLE DE CORINTHE.

École, dorique propre. *Époque de construction,* incertaine. Dans la construction de ce temple, on s'est rendu compte des conditions posées par le matériel de la pierre ; c'est pourquoi je crois la date de la bâtisse moins reculée que celle du temple précédent ; pourtant ce temple est le plus ancien de tous ceux qui sont encore debout en Grèce, et on est convenu de placer sa construction au vi^e siècle avant notre ère. Ouvrages consultés : « *Expédition scientifique de Morée* ordonnée par le gouvernement français, par Abel Blouet, Ravoisié, Poirot, Trezel et Gournay; 3 vol. gr. in-folio; Paris, 1831 ; » et « *The antiquities of Athens measured and delineated* by James Stuart et Nicolas Revett ; » paru à Londres depuis 1762, continué par la Société des dilettanti jusqu'à l'an 1830; 6 vol. gr. in-folio. Le relevé de notre temple, qui se trouve dans le second des ouvrages cités, est fait à la hâte; mais on peut s'en servir, en prenant le travail plus soigné de M. Blouet pour correctif. La cella n'existe que dans un état très-endommagé; M. Blouet donne sa largeur, l'*unité,* à 10,4 mètres. Voir, pour l'élévation de l'ordre, notre pl. IV, fig. 2 ; pour le profil du chapiteau, pl. VI, fig. 2.

Le temple paraît avoir été un *périptère simple* de six à, probablement, treize colonnes.

Mesure provisoire pour la largeur du stylobate $\frac{21,566}{5} = 4,313$ F $= 4,3578 \times 5 = 21,7890$.

Mesure provisoire pour la longueur du stylobate $\frac{47,9118}{12} = 3,992$ $^1/_2$ C $= 4,0029 \times 12 = 48,0348$.

Base de la longueur du stylobate (supp.). . $^1/_2$ 10 $= 48,3620$ }
Base de la largeur du stylobate. . . . . . $^1/_2$ 6 $= 21,6279$ }   Distance de 29 termes.
Base de la hauteur totale (supposée). . . .   1 $= 15,6000$ }   Distance de 12 termes.

La distance de la longueur du stylobate à la hauteur supposée est de 40 termes.

LARGEURS A L'AXE DU PÉRISTYLE.

	COTES DE M. BLOUET.		COTES MÉTHODIQUES DE MM. ST. ET R.	
Largeur de la marge du stylobate (?).	0,933	$_2$ R $=$ 0,9360	3' 1,00'' $=$	0,939
1er entre-colonnement (d'angle) du péristyle. . . .	3,850	$_2$ K $=$ 3,8736	12' 5,75 $=$	3,801
2e — — (interm.)	4,000	$^1/_2$ C $=$ 4,0029	13' 0,50 $=$	3,972
3e — — (du milieu) —	4,000	$^1/_2$ C $=$ 4,0029	13' 0,50? $=$	3,972
4e — — (interméd.) —	4,000	$^1/_2$ C $=$ 4,0029	13' 0,50? $=$	3,972
5e — — (d'angle) —	3,850	$_2$ K $=$ 3,8736	12' 5,75? $=$	3,801
Largeur de la marge du stylobate (?).	0,933	$_2$ R $=$ 0,9360	3' 1,00'' $=$	0,939
Largeur totale du stylobate. . . .	21,566	($^1/_2$ 6) 21,6279	70' 3,00'' $=$	21,396

LONGUEURS A L'AXE DU PÉRISTYLE.

	COTES DE M. BLOUET.		COTES MÉTHODIQUES	
Largeur de la marge du stylobate (?).	0,933	$_2$ R $=$ 0,9360	3' 1,000'' $=$	0,939
1er entre-colonnement du péristyle aux côtés longs.	3,610	$^1/_4$ D' $=$ 3,6519	$_1 =$ 13' 1,750 $=$	4,004
2e — — — — .	3,710		$_2 =$ 13' 6,250 $=$	4,004
Neuf entre-colonnements (à $_2$ K, chacun?).	?	$_2$ K $\times$ 10 $=$ 38,7360	$_3 =$ 13' 9,375 $=$	4,197
12e entre-colonnement du péristyle aux côtés longs.	?	$^1/_4$ D' $=$ 3,6519	9 entre-colonn.?	
Largeur de la marge du stylobate (?).	0,933	$_2$ R $=$ 0,9360	3' 1,000 $=$	0,939
Longueur supposée du stylobate. .		($^1/_2$ 10) 47,9118	?	

ENTRE-COLONNEMENTS.

Les cotes des entre-colonnements diffèrent chez les deux auteurs ; elles sont pourtant plus d'accord, pour les façades courtes, où 3,850 n'est plus grand de 6' 7, $\frac{4}{5}'' + 5'$ 10'' $= 3,801$ que de 0,05 ; et 4,000 n'est plus grand de 7' 2,5'' $+ 5'$ 10'' $= 3,972$ que de 0,028. Mais, aux façades longues, l'entre-colonnement de l'angle est beaucoup plus petit chez M. Blouet que chez MM. St. et R., qui ont la cote de 7' 3 $\frac{1}{4}$ $+ 5'$ 10' $= 4,004$, tandis que M. Blouet n'a que 3,610 pour la même longueur ; c'est encore le cas pour le second entre-colonnement coté chez MM. St. et R. 7' 8 $\frac{1}{4}''$ $+ 5'$ 10'' $= 4,118$, tandis que chez M. Blouet il n'a que 3,710. Enfin il y a une différence remarquable dans les deux dessins ; car chez M. Blouet nous voyons indiqué un ordre intérieur dont il n'existe aucune trace chez MM. Stuart et Revett.

Ni M. Blouet ni MM. St. et R. ne donnent le nombre des entre-colonnements des façades longues; j'en ai pris douze, mais il se pourrait bien qu'il y en ait eu treize; dans ce cas la disposition devrait changer, et nous aurions $_2$ R + $^1/_4$ D', puis alternativement $_2$ K $\times$ 6 et e $\times$ 5, puis pour le treizième entre-colonnement $^1/_4$ D' et $_2$ R = 51,2874. A cette somme correspondrait la base $^1/_4$ XII = 51,2957; et la distance de la longueur à la largeur serait de 31, et celle de la longueur à la hauteur de 42 termes.

PLANS DES COLONNES DU PÉRISTYLE.

	COTES DE M. BLOUET.	COTES MÉTHOD.	COTES DE MM. ST. ET R.
Côté de l'abaque des colonnes du péristyle.	2,420	($^1/_4$ B = 2,4510)	
Saillie de l'abaque sur le diamètre inférieur de l'échine. .	426	($^1/_2$ O) = 0,4304	
Diamètre inférieur de l'échine.	1,568	$^1/_2$ f = 1,5407	
Saillie de l'abaque.	426	($^1/_2$ O) = 0,4304	
	2,420	2,4015	
Saillie de l'abaque sur le diamètre supérieur de la colonne. .	549	$_2$ s = 0,5440	
Diamètre supérieur des colonnes du péristyle.	1,322	$^1/_4$ E = 1,3343	4' 4,10'' = 1,322
Saillie de l'abaque.	549	$_2$ s = 0,5440	
	2,420	($^1/_4$ B) 2,4163	
Diamètre inférieur des colonnes du péristyle.	1,766	$^1/_2$ G = 1,7790	5'10,00'' = 1,777

HAUTEURS.

1re marche d'en bas du crépidome.	?	q = 0,4057	1' 3,75'' = 0,400
2e — —	?	q = 0,4057	1' 3,75 = 0,400
3e — —	?	q = 0,4057	1' 3,75 = 0,400
Hauteur du crépidome. . . . . . ?	1,200	$_2$ o = 1,2171	3'11,25'' = 1,200

Hauteurs des colonnes.

Hauteur de l'abaque du chapiteau.	0,3100	T = 0,3123	1' 0,875'' = 0,326
— de l'échine —	0,4155	$_2$ V = 0,4164	1' 2,000 = 0,355
— du filet d'en haut —	0,0540	a' = 0,0530	1,500 = 0,038
— du col.	0,1344	$^1/_2$ s = 0,1352	5,250 = 0,133
— du filet d'en bas	0,0780	$^1/_4$ T = 0,0781	1,875 = 0,047
Hauteur du chapiteau.	0,9919	($_2$ p) 0,9950	2'11,500'' = 0,899
Hauteur du fût des colonnes du péristyle.	6,2180	$_2$ f = 6,1628	20' 4,200 = 6,200
Hauteur des colonnes.	7,2099	($_2$ G) 7,1578	23' 3,700 = 7,099

Il doit y avoir chez MM. St. et R., pour le fût de la colonne, la cote de 20'4,2'', au lieu de 21'4,2''.

Hauteurs supposées.

Hauteur de la cymaise de la corniche.	$_2$ b' = 0,0872	Hauteur du crépidome.	$_2$ o = 1,2171
— du larmier —	$_2$ r = 0,6626	— de la colonne.	($_2$ G) 7,1578
— du premier filet —	$_2$ b' = 0,0872	— de l'entablement (supp.).	($^1/_2$ C) 4,0100
— du second filet —	$_2$ b' = 0,0872	Hauteur de l'ordre. . .	($^1/_4$ V) 12,3849
— de la plate-bande —	Z = 0,0925	Hauteur du pignon (supposée). . .	$^1/_2$ D = 3,2684
Hauteur de la corniche. . . . . ($^1/_2$ h)	1,0167	Hauteur totale (supp.). (1)	15,6533
— de la frise.	$^1/_2$ H = 1,4526		
— de l'architrave.	$^1/_2$ f = 1,5407		
Hauteur de l'entablem. (supp.). ($^1/_2$ C)	4,0100		

Nous avons ici un des exemples extrêmement rares, dans lequel la hauteur des colonnes (qui sont monolithes) est déterminée par la multiplication de leur diamètre inférieur $^1/_2$ G $\times$ 4 = $_2$ G.

Les bases des hauteurs des détails sont les suivantes : pour la hauteur du chapiteau 0,9950 $_2$ p = 0,9938, — pour la hauteur de la colonne 7,1578 $_2$ G = 7,1162, — pour la hauteur supposée de la corniche 1,0167 $^1/_2$ h = 1,0271, — pour la hauteur supposée de l'entablement 4,0100 $^1/_2$ C = 4,0029, — pour la hauteur supposée de l'ordre 12,3849 $^1/_4$ V = 12,4097, — enfin pour la hauteur totale supposée 15,6533; 1 = 15,6000.

Si nous déduisons de la hauteur de l'ordre celle du crépidome, il nous reste 12,3849 — 1,2171 = 11,1678 dont la base est $_2$ c = 11,3220.

1.

ANALYSE DU TEMPLE DE MÉTAPONTE.

École, dorique. *Époque de construction*, incertaine. La ville de Métaponte fut fondée par des colonies de l'Élide, de la Phocide et de l'Arcadie. Elle fut détruite par les Samnites, et colonisée de nouveau par des Sybarites. Il est probable que c'étaient les Sybarites qui construisirent le temple.

OUVRAGE CONSULTÉ : « *Métaponte*, par le duc de Luynes et F. J Debacq ; Paris, 1833, grand in-folio. »

Il n'existe de ce temple que des restes du péristyle, et même les colonnes de ce péristyle ne furent pas terminées, elles ont encore leurs manteaux, et les cannelures ne sont qu'indiquées dans une petite hauteur. L'absence de la cella, qui devait y être ajoutée plus tard, a induit à croire que la destination du monument était celle d'un simple portique, ou d'une basilique ; mais la hauteur considérable des colonnes et de la marche supérieure du crépidome (donnée seule par M. Debacq), parle plutôt pour un temple. L'*unité* trouvée par des combinaisons est de 6,55 mètres. Le temple est un *périptère* de six à dix colonnes.

Mesure provisoire de la largeur $\dfrac{16,162}{5} = 3,232$ $^1/_2$ U' = 3,2750 $\times$ 5 = 16,3750.

Mesure provisoire de la longueur $\dfrac{27,652}{9} = 3,072$ $^1/_2$ B = 3,0876 $\times$ 9 = 27,7884.

Base de la longueur du stylobate $_2$ I $= 27,7892$ ⎫
⎬ Distance de 20 termes.
Base de la largeur du stylobate $_2$ d'' $= 16,0434$ ⎭

Voir l'élévation de la colonne, pl. IX, fig. 1 ; le chapiteau, pl. VI, fig. 3.

LARGEURS A L'AXE DU PÉRISTYLE.

Les cotes données dans l'ouvrage consulté sont

$\dfrac{1,012}{2} + 0,205 = 0,711 + 14,740 + 0,711 = 16,162$

pour la largeur du stylobate. Je les subdivise en

Largeur de la marge du stylobate. .	l	=	0,7042
1er entre-colonnement (d'angle). . .	d	=	2,9110
2e — (interméd.). .	$_2$ I	=	2,9878
3e — (du milieu). .	$_2$ I	=	2,9878
4e — (interméd.). .	$_2$ I	=	2,9878
5e — (d'angle). . .	d	=	2,9110
Largeur de la marge du stylobate. .	l	=	0,7042
Largeur à l'axe du péristyle. ($_2$ d'')	=		16,1938

PLANS DES CHAPITEAUX.

	COT. DE M. DEBACQ.		COT. MÉT.
Côté de l'abaque du chap.	1,490	(base I) =	1,4939
Saillie de l'abaque.	0,290	($^1/_2$ m)	0,2875
Diam. de l'échine du chap.	0,910	$^1/_2$ H =	0,9148
Saillie de l'abaque.	0,290	($^1/_2$ m)	0,2875
	1,490		1,4898
Saill. de l'ab. sur le diam. supérieur de la colonne. . .	0,362	Q	= 0,3614
Diam. sup. de la colonne.	0,766	$_2$ o	= 0,7666
Saillie de l'abaque. . . .	0,362	Q	= 0,3614
	1,490		1,4894
Diam. inf. de la colonne.	1,080	$_2$ O	= 1,0842
Prof. des cannel. d'en h.	0,024	$_2$ f'	= 0,0242
Prof. des cannel. d'en b.	0,034	$_2$ F'	= 0,0344

LONGUEURS A L'AXE DU PÉRISTYLE.

	COT. DE M. DEBACQ.		COT. MÉTH.
Larg. de la marge du stylobate.	0,711	l =	0,7042
1er entre-colonn. (en long.). .	2,910	d =	2,9110
2e — — . .	2,900	d =	2,9110
3e — — . .	2,940	d =	2,9110
4e — — . .	2,900	d =	2,9110
5e — — . .	2,910	d =	2,9110
6e — — . .	2,900	d =	2,9110
7e — — . .	2,930	d =	2,9110
8e — — . .	2,930	d =	2,9110
9e — — . .	2,910	d =	2,9110
Larg. de la marge du stylobate.	0,711	l =	0,7042
Long. à l'axe du péristyle. .	27,652	($_2$ I) =	27,6074

HAUTEURS DE LA COLONNE.

Haut. de l'abaque du chapit.	0,260	$_2$ V	= 0,2646
— de l'échine.	0,226	$^1/_2$ P	= 0,2213
— du filet d'en haut. . . .	0,026	D'	= 0,0258
— du col.	0,100	$^1/_2$ T	= 0,0983
Haut. du chapiteau. .	0,612	($^1/_2$ K)	0,6100
Hauteur du fût de la colonne.	4,515	$_2$ G	= 4,4818
Haut. de la colonne.	5,127	($^1/_4$ III)	5,0918

Les grands entre-colonnements de $_2$ I et d que ce temple a en commun avec le temple le plus ancien de Sélinonte, la saillie très-considérable de l'échine et le galbe très-prononcé que ses colonnes ont en commun avec les colonnes des plus anciens temples doriques propres, nous font croire que le temple de Métaponte était construit au moins dans les premières années du ve siècle. — Les bases des hauteurs des détails sont : pour la hauteur du chapiteau 0,6100 $^1/_2$ K = 0,6099, — et pour la hauteur de la colonne 5,0918 $^1/_4$ III = 5,2125.

ANALYSE DU PARTHÉNON PRIMITIF D'ATHÈNES.

Il y avait, à la place même où s'élèvent aujourd'hui les ruines du Parthénon d'Ictinus, un temple construit probablement du temps des Pisistratides (de 530 à 500), et détruit par Mardonius dans la guerre persane. Hésychius nous informe que ce temple était de 50 pieds grecs plus petit que celui d'aujourd'hui, et il est très-probable que cette mesure de 50 pieds s'applique à la longueur. De ce temple primitif on trouve encore les restes des colonnes et de l'entablement murés dans le soi-disant pélasgicum de l'Acropole, où ils étaient transportés, s'il faut en croire un passage de Thucydide, du temps de l'ambassade de Thémistocle à Sparte (477 av. n. ère). M. Penrose (*) a mesuré ces restes avec beaucoup de soin, ce qui me permet de rétablir au moins le plan, tâche assez compliquée, mais indispensable, parce que ce monument est placé à la tête de l'école attique, et a servi de modèle non-seulement aux Ioniens, mais aussi à la race dorique propre, pour modifier considérablement les anciennes proportions et commencer à les arrêter d'une manière définitive.

, La longueur du stylobate du Parthénon d'aujourd'hui a 69,417 mètres, ce qui, multiplié par 3,2512, donne 225,6885 pieds grecs; en déduisant 50 pieds, il reste 175,6885 pieds, lesquels, réduits au mètre, font $\frac{175,6885}{3,2512} =$

54,0 m., ce qui était, d'après Hésychius, la longueur du temple primitif. (Voir son plan restauré, pl. I, fig. 13.)

Outre cette cote, nous en trouvons plusieurs autres chez M. Penrose marquées en pieds anglais. Une série de *pierres d'architrave*, à la pl. XL, avec les longueurs de 13,283'; 13,285'; 13,336'. De ces pierres et d'autres pareilles M. Penrose tire la moyenne de 13,28' = 4,045 m.

Pour une *autre série* de pierres d'architrave plus petites, M. Penrose nous donne la moyenne de 12,57' = 3,828 m. Ce sont les pierres dessinées à la pl. XL, et marquées de 12,60'; 12,611' et 12,567.

A la première série correspondent, comme M. Penrose l'affirme, des *triglyphes* avec la largeur de 2,49' = 0,758 m.; à la deuxième, des triglyphes plus larges ayant 2,72' = 0,828 m.

A côté de ces pierres d'architrave, il y a vingt-six *tambours de colonnes,* dont treize ont un diamètre de 6,233' = 1,898, et cinq un diamètre de 5,601' = 1,706. Les tambours ne sont pas entièrement terminés. Il est évident que le nombre de *treize* nous fait reconnaître, dans les colonnes auxquelles les tambours appartenaient, des colonnes ordinaires du péristyle (celles des angles n'étant que de quatre). Du reste, l'absence des tambours plus forts parmi les fragments fait supposer que les colonnes du péristyle avaient toutes le même diamètre, ce que nous voyons assez souvent se répéter dans les plus anciens temples. Le nombre *cinq* des tambours moindres nous défend de supposer qu'ils appartenaient aux colonnes qui devaient être placées entre les antes du vestibule et du posticum, parce qu'en ces endroits il n'y avait que *quatre* colonnes; d'autre part, on ne peut pas prendre ces tambours pour des tambours des colonnes du péristyle à une hauteur plus élevée, parce que leurs cannelures ne sont pas non plus terminées, et pour les tambours les plus hauts leur diamètre est trop grand. Il ne reste donc d'autre moyen que de donner une seconde rangée de colonnes au-devant du vestibule et peut-être derrière le posticum aussi, placée comme nous la voyons dans le Parthénon d'aujourd'hui. — Ainsi les tambours des treize colonnes, au diamètre de 1,898, auraient appartenu au péristyle, et les tambours de cinq colonnes, au diamètre de 1,706, à une rangée intérieure, et de ces dernières colonnes il y en aurait eu quatre en avant du vestibule et quatre derrière le posticum, ce qui explique parfaitement le nombre de cinq tambours.

Les fragments d'*entablement* trouvés se composent de *la corniche* à 2,543' = 0,774, de *la frise* à 4,4' = 1,340, et de *l'architrave* à 4,183' = 1,274 de hauteur.

En outre, M. Penrose donne la hauteur *d'une marche du stylobate* à 1,8' = 0,548, et l'*épaisseur d'une des deux pierres du mur de la cella* à 1,88' = 0,572, ce qui, doublé, fait 1,144 m. pour l'épaisseur totale de ce mur.

Pour rétablir le plan du temple disparu, il faut, avant tout, chercher son *unité* à l'aide des cotes ci-dessus; mais la plupart d'entre elles ne peuvent servir à ce but : ce n'est ni l'épaisseur du mur de la cella, ni la hauteur de la marche du crépidome, ni la hauteur des parties de l'entablement qui pourraient nous guider, parce que ce sont justement ces cotes, et surtout celles de l'entablement, qui, par leur changement, caractérisent la transition du dorique *propre* au dorique de l'école d'Athènes. Nous aurons donc à chercher l'unité par les

---

(*) « An investigation of the principles of the athenian Architecture, or the results of a recent survey conducted chiefly with reference to the optical refinements exhibited in the construction of the ancient buildings of Athen, by Francis Cranmer Penrose, arch. M. A., published by the Society of Dilettanti; London, Longman et Murray, 1851, in-folio. » XIIIe chapitre : « On the remains of an earlier temple on the site of the Parthenon. »

deux diamètres connus des colonnes, et par les deux espèces des pierres d'architrave, et ici encore faut-il choisir la pierre la plus courte, appartenant probablement à un des angles du péristyle, et donnant ainsi l'entre-colonnement, comme il a été déjà dit, qui correspond le plus sûrement à un terme de la série. Pour le plus gros diamètre de colonne, nous aurons, d'après les exemples homonymes connus, à choisir dans la petite octave de $\frac{1}{4}$ C à $\frac{1}{4}$ D, et pour l'autre diamètre dans la petite octave de $_2$ O à $_2$ P ; enfin pour l'entre-colonnement supposé d'angle, nous aurons à chercher dans la petite octave de $\frac{1}{2}$ a à $\frac{1}{2}$ b. Dans ces trois petites octaves il faut trouver trois termes avec lesquels les trois cotes connues divisées donnent le même ou presque le même quotient ; et en effet nous trouvons ces termes, le premier pour le diamètre plus gros dans $_2$ m, le second pour le diamètre moindre dans $\frac{1}{4}$ D, et le troisième pour l'entre-colonnement dans $\frac{1}{4}$ D' ; parce que $_2$ m $= \dfrac{1,898}{0,175..}$

$= 10,81$, $\frac{1}{4}$ D $= \dfrac{1,706}{0,157} = 10,85$ et $\frac{1}{4}$ D' $= \dfrac{3,828}{0,853} = 10,82$. Le chiffre de 10,8.. mètres ayant été trouvé, il faut chercher si ce chiffre ne s'accorde pas avec un nombre de pieds et de pouces grecs sans fraction, et alors nous trouverons que 35'2'' égalent 10,81621 mètres. Nous aurons ainsi trouvé notre *unité* de 10,816 mètres qui est moindre de 8 $\frac{1}{4}$'' de l'unité du Parthénon actuel.

Il faut maintenant chercher *la mesure provisoire qui a déterminé la longueur* connue par le témoignage d'Hésychius, et qui est en même temps la base des entre-colonnements ordinaires du péristyle dans le sens de la longueur. Ici ce sont les plus longues pierres d'architrave qui servent de guides, parce qu'en divisant la longueur connue de 54 mètres par 4,045 nous trouvons 13,3.. Il y avait donc treize entre-colonnements, parce que 13 fois $_2$ K $= 4,0284$ (chiffre méthodique le plus rapproché de la cote donnée de 4,045), plus deux fois $\frac{1}{2}$ K (pour les deux largeurs de la marge du stylobate) font 54,3884 m. Il y a donc ici la même exception que nous rencontrerons plus tard dans le Parthénon actuel : savoir, que la longueur du stylobate ne se trouve pas déterminée par la somme des entre-colonnements seuls, mais qu'il faut encore ajouter à cette somme les deux marges du stylobate. La somme de 54,3884.. est plus grande de la cote de 54 m. d'Hésychius, ce qui prouve que les deux entre-colonnements d'angle devaient être moindres ; et en effet on trouve leur mesure plus petite dans les pierres d'architrave moindres qui n'ont que 3,828 de longueur ; ce qui répond au terme méthodique de $\frac{1}{4}$ D' $= 3,8241$.

Pour la longueur nous voici d'accord avec Hésychius et M. Penrose ; mais quant à *la largeur* je ne puis accepter la cote de ce dernier, 66,384 pieds angl. $= 20,2205$ m., parce qu'elle est trop petite en raison de la longueur de 54 mètres. La cote de M. Penrose se rapproche de $_2$ B $= 20,3944$; il y aurait donc une distance de 34 termes de la base de la longueur à la base de la largeur, ce que nous n'avons pas trouvé dans l'ancien temple de Corinthe, même en l'allongeant d'un entre-colonnement entier, et ce qui ne se trouve que dans les plus anciens temples de la Sicile, qui pèchent justement par l'excédant de leur longueur.

Pour trouver un résultat différent, il n'y a, pour nous guider, que les deux entre-colonnements d'angle, en déduisant leur quantité, plus les deux largeurs de la marge du stylobate de $\frac{1}{2}$ 6 (j'ai choisi la quantité $\frac{1}{2}$ 6 pour la base de la largeur, car il y a de $\frac{1}{4}$ XII, base de la longueur, à $\frac{1}{2}$ 6 la distance de 31 termes, qui est assez commune pour cette proportion à cette époque) $= 22,3544$, restent 12,7.. m. qui peuvent très-bien être partagés entre deux entre-colonnements latéraux de $\frac{1}{2}$ C chacun, et l'entre-colonnement un peu plus grand du milieu ayant la longueur de $_2$ h. En même temps je trouve la mesure provisoire de la largeur dans $\frac{1}{2}$ a $= 4,4078$; nous aurons donc la

Mesure provisoire de la largeur. . $\frac{1}{2}$ a $= 4,4078 \times 5 = \ldots\ldots\ldots\ldots\ldots\ldots 22,0390.$

Mesure provisoire de la longueur. $_2$ K $= 4,0284 \times 13 = 52,3692 + \frac{1}{2}$ K $\times 2 = 54,3976.$

Base de la longueur du stylobate. $\frac{1}{4}$ **XII** $= 53,8484$ ⎫
        Distance de 31 termes.

Base de la largeur du stylobate. . $\frac{1}{2}$ 6 $= 22,3544$ ⎬
        Distance de 6 termes.

Base de la hauteur supposée. . . $\frac{1}{4}$ **VII** $= 19,6296$ ⎭

De la base de la longueur à la base de la hauteur supposée, il y a la distance de 36 termes.

LARGEUR DANS LE PARTHÉNON PRIMITIF.

Largeurs à l'axe du milieu.				*Largeurs à l'axe du péristyle.*				
Larg. de la marge du stylobate.	$^1/_2$ K $=$	1,0071	Larg. de la marge du stylobate. .	$^1/_2$ K $=$	1,0071
— du portique latéral. . . .	$^1/_2$ b $=$	3,6053	1er entre-colonnem. du péristyle. .	$^1/_4$ D' $=$	3,8241
Épaisseur du mur de la cella. .	$^1/_4$ F $=$	1,1330	2e — — — . .	$^1/_2$ C $=$	4,1631
Larg. de la cella dans l'œuvre. .	U' $=$	10,8162	3e — — — . .	$_2$ h $=$	4,2730
Épaisseur du mur de la cella. .	$^1/_4$ F $=$	1,1330	4e — — — . .	$^1/_2$ C $=$	4,1631
Largeur du portique latéral. . .	$^1/_2$ b $=$	3,6053	5e — — — . .	$^1/_4$ D' $=$	3,8241
Larg. de la marge du stylobate.	$^1/_2$ K $=$	1,0071	Larg. de la marge du stylobate. .	$^1/_2$ K $=$	1,0071

Larg. à l'axe du péristyle. ($^1/_2$ 6)	22,3070	Larg. à l'axe du péristyle. . ($^1/_2$ 6)	22,2616

Pour la largeur à l'axe du milieu, toutes les cotes données ici se répètent dans le Parthénon actuel, sauf l'addition des nefs latérales. Pour la largeur à l'axe du péristyle, il y a dans le Parthénon actuel l'addition des deux entre-colonnements à la base de $_2$ h, et la conversion de la base de deux entre-colonnements de $^1/_2$ C en celle de $_2$ h.

LONGUEURS DANS LE PARTHÉNON PRIMITIF.

(axe du milieu)				*(axe du péristyle)*				
Larg. de la marge du stylobate.	$^1/_2$ K $=$	1,0071	Largeur de la marge du stylobate. .	$^1/_2$ K $=$	1,0071
— du portique antér. extér.	$_2$ G $=$	7,4010	1er entre-colonnem. (en long.). .	$^1/_4$ D' $=$	3,8241
Longueur du vestibule.	c $=$	5,8874	2e — — — . .	$_2$ K $=$	4,0284
Épaiss. du mur ant. de la cella.	$_2$ o $=$	1,2658	3e — — — . .	$_2$ K $=$	4,0284
Long. de la cella dans l'œuvre. .	I $=$	22,9444	4e — — — . .	$_2$ K $=$	4,0284
Épaiss. du mur post. de la cella.	$_2$ o $=$	1,2658	5e — — — . .	$_2$ K $=$	4,0284
Longueur du posticum.	c $=$	5,8874	6e — — — . .	$_2$ K $=$	4,0284
Largeur du portique post. extér.	$_2$ G $=$	7,4010	7e — — — . .	$_2$ K $=$	4,0284
Larg. de la marge du stylobate.	$^1/_2$ K $=$	1,0071	8e — — — . .	$_2$ K $=$	4,0284
			9e — — — . .	$_2$ K $=$	4,0284
Longueur à l'axe du milieu. ($^1/_4$ XII)	54,0670	10e — — — . .	$_2$ K $=$	4,0284
			11e — — — . .	$_2$ K $=$	4,0284
			12e — — — . .	$_2$ K $=$	4,0284
			13e — — — . .	$^1/_4$ D' $=$	3,8241
			Largeur de la marge du stylobate. .	$^1/_2$ K $=$	1,0071

Longueur à l'axe du péristyle. ($^1/_4$ XII)	53,9748

Comme on le voit, la détermination de la longueur par $_2$ K des entre-colonnements ordinaires du stylobate dans le sens de sa longueur est très-régulière, plus régulière même que dans d'autres temples, et pourtant la différence entre la longueur totale sur l'axe du milieu et celle du péristyle n'est que de 54,0670 — 53,9748 $= 0,0922$.

Pour la disposition sur l'axe du milieu, il y a la possibilité d'une variante. Nous voyons au Parthénon actuel un opisthodome, et nous avons, par conséquent, le droit d'en supposer un aussi au temple primitif. Je donne cette variante sur mon dessin, et j'ajoute ici les cotes méthodiques, en faisant l'observation que même, si nous supprimons la rangée de quatre colonnes au posticum, il faut laisser toujours deux colonnes entre les antes, pour qu'on puisse s'expliquer la présence de cinq tambours à diamètre moindre parmi les fragments dans les murs de l'acropole d'Athènes.

VARIANTE POUR LA DISPOSITION DES LONGUEURS A L'AXE DU MILIEU.

α Largeur de la marge du stylobate.	$\frac{1}{2}$ K =	1,0071
β Largeur du portique antérieur extérieur.	$\frac{1}{4}$ D' =	3,8241
γ Longueur du vestibule.	$_2$ h =	4,2730
δ Épaisseur du mur antérieur de la cella.	M =	1,3428
ϵ Longueur de la cella dans l'œuvre.	I =	22,9444
ζ Épaisseur du mur qui sépare la cella de l'opisthodome.	$\frac{1}{4}$ F =	1,1355
η Longueur de l'opisthodome dans l'œuvre.	$_2$ F =	9,0642
ϑ Épaisseur du mur postérieur de l'opisthodome.	M =	1,3428
ι Longueur du posticum.	$_2$ h =	4,2730
κ Largeur du portique postérieur extérieur.	$\frac{1}{4}$ D' =	3,8241
λ Largeur de la marge du stylobate.	$\frac{1}{2}$ K =	1,0071
Longueur totale.	($\frac{1}{4}$ XII)	54,0381

Par cette disposition nous arrivons parfaitement à 175,688 pieds grecs = 54,0380 m., cote donnée par Hésychius pour la longueur du temple primitif. En outre, les cotes α, γ, ζ, ι et λ correspondent parfaitement aux cotes des parties homonymes du Parthénon actuel, et les parties β et κ diffèrent justement d'une petite octave, ayant dans le temple actuel la moyenne de $\frac{1}{4}$ D'' contre $\frac{1}{4}$ D' du temple primitif.

ENTRE-COLONNEMENTS.

	COTES DE M. PENROSE.	COTES MÉTHODIQUES.
Entre-colonnements d'angle du péristyle.	12,570' = 3,828	$\frac{1}{4}$ D' = 3,8241
Entre-colonnements ordinaires du péristyle dans le sens de la longueur (moyenne de M. Penrose).	13,280' = 4,045	$_2$ K = 4,0284
Largeur du portique latéral.	? ?	$\frac{1}{2}$ b = 3,6053
Entre-colonnem. intermédiaires des façades des pignons.	? ?	$\frac{1}{2}$ C = 4,1631
Entre-colonnements du milieu des façades des pignons.	? ?	$_2$ h = 4,2730
Entre-colonnements du vestibule et du posticum.	? ?	$\frac{1}{2}$ C, $\frac{1}{4}$ D' et $_2$ h
Largeur des portiques extérieurs dans la première disposition.		$_2$ G = 7,4010
Largeur des portiques extérieurs antérieur et postérieur dans la variante.		$\frac{1}{4}$ D' = 3,8241
Longueur du vestibule et du posticum dans la première disposition.		c = 5,8874
Longueur du vestibule et du posticum dans la variante.		$_2$ h = 4,2730
Distance des colonnes du vestibule et du posticum.		$_2$ h = 4,2730

M. Penrose donne parmi ses deux cotes de 4,045 et 3,828 la plus large aux entre-colonnements ordinaires des façades latérales, et la moins large à ceux des façades des pignons, tandis que dans les temples anciens qui nous sont restés, quand il y a différence, les entre-colonnements des façades principales sont toujours plus larges que ceux des façades latérales.

PLANS DES COLONNES.

Il ne nous reste, parmi les fragments des murs de l'acropole, que deux espèces de tambours des colonnes, dont la première a le diamètre de 6,233' angl. = 1,898 m., et la seconde le diamètre de 5,601' angl. = 1,706 m. Comme les termes méthodiques de $_2$ m = 1,8988 et de $\frac{1}{4}$ D = 1,6996 correspondent presque parfaitement à ces deux chiffres, j'en tire la conclusion que les colonnes de ce temple étaient encore construites par la méthode dorique propre, laquelle déterminait le diamètre entier, en creusant les cannelures après coup, ce qui est d'autant plus probable que nous voyons la même méthode employée encore dans les temples d'Égine et de Thésée, qui sont postérieurs au Parthénon primitif. Ce serait donc dans le Parthénon actuel qu'on a déterminé pour la pre-

mière fois le diamètre plein ou le noyau par un terme méthodique en lui apposant, pour ainsi dire, plus tard, à la périphérie, les parties saillantes des cannelures. Du reste, si l'on ôte du diamètre de $_2$m deux fois la profondeur des cannelures d'à peu près 0,054, on arrive au chiffre de 1,7908, correspondant au terme méthodique de $_2$O $= 1,7904$, qui se trouve employé pour le diamètre du noyau des quatre colonnes d'angle au Parthénon actuel; de même, si l'on enlève deux fois la profondeur des cannelures de 0,045 au terme $^1/_4$ D $= 1,6996$, on arrive au chiffre 1,6096 correspondant au terme $^1/_2$ f $= 1,6023$ employé de même pour les diamètres des colonnes du même endroit dans le Parthénon actuel, ce qui confirme encore la restauration de la rangée des colonnes avant le vestibule et derrière le posticum.

HAUTEURS DU PARTHÉNON PRIMITIF.

M. Penrose n'a pu trouver que quatre parties dont la hauteur soit sûre; mais il y a parmi ces quatre parties heureusement toute la hauteur de l'entablement, qui se compose

	COTES DE M. PENROSE.		COTES MÉTHODIQUES.
De la hauteur de la corniche, de.	2,543'	= 0,774	(base n) = 0,7752
De la hauteur de la frise, de.	4,400'	= 1,340	M = 1,3428
Et de la hauteur de l'architrave, de.	4,183'	= 1,274	$_2$ o = 1,2658
A la hauteur totale de l'entablement, de. .	11,126'	= 3,388	(base $^1/_2$ D) 3,3838

La base $^1/_2$ D $= 3,3991$ de la hauteur de l'entablement apparaît ici pour la première fois, et reste à partir de ce temple longtemps le modèle des entablements de l'école attique, se répétant au temple d'Egine, de Thésée et du cap Sunium, et ne différant que d'un seul terme de la base de cette hauteur, de $_2$ L au Parthénon actuel; de deux termes, de f aux Propylées d'Athènes et d'Éleusis; de trois termes, de $^1/_4$ A au temple de Némée; de quatre termes, de H au temple de Bassæ près Phigalie; enfin de cinq termes, de $^1/_2$ c au temple de Némésis à Rhamnus. On reconnaît dans cette comparaison, en même temps, la tendance à diminuer avec le temps la hauteur de l'entablement; à côté de cette diminution marche celle des diamètres des colonnes; ainsi le diamètre des colonnes ordinaires du péristyle du Parthénon actuel diminue, comme la hauteur de l'entablement, d'un seul terme ayant pour mesure i contre $_2$O du temple primitif, et la diminution de cinq termes de la hauteur de l'entablement dans le temple de Rhamnus fait diminuer les diamètres des colonnes ordinaires du péristyle de sept termes, à savoir à $_2$ P. La décroissance de la hauteur de l'entablement contre la hauteur beaucoup plus grande de l'école dorique primitive, ainsi que l'arrêt de sa hauteur à $^1/_2$ D, est l'innovation la plus saillante de l'école attique, et appartient sans doute déjà au Parthénon primitif; elle est la plus fertile en résultats, parce que c'est elle qui, comme conséquence logique, entraîne la diminution du diamètre des colonnes, en diminuant la charge à porter par celles-ci; donne plus de hauteur aux fûts, diminue la saillie trop grande de l'échine, et change son profil bombé en une courbe plus rapprochée de la perpendiculaire; — en un mot modifie tout l'aspect et toutes les proportions en les éloignant du modèle originaire du temple construit en bois, et en leur donnant le caractère qui convient à l'architecture en pierre.

S'il nous est permis de juger par les hauteurs de la marche et de l'entablement, hauteurs très-rapprochées de celles de ces parties dans le Parthénon actuel, nous donnerons aussi au temple primitif la hauteur de $^1/_4$ VII du Parthénon actuel.

ANALYSE DU TEMPLE DE LA VILLE DE SÉLINONTE.

(Marqué, chez MM. H. et Z., de la lettre R ; chez M. S. di Falco, de la lettre E.)

École, dorique, mais pas tout à fait en dehors de l'influence de l'école attique.

Époque de construction, incertaine. L'état florissant de la Sicile a duré depuis la victoire de ses habitants sur les Carthaginois en 480, jusqu'à la fin du ve siècle avant notre ère. Selon toute probabilité, le temple en question était élevé dans les premiers temps de cette époque. Les proportions, autant que le permet le caractère plus sévère du style dorique dans ces temps reculés, se rapprochent de celles de l'école attique la plus ancienne, comme nous la connaissons par le Parthénon primitif. Ce qui milite encore plus en faveur de cette opinion, c'est le style des reliefs des métopes de ce temple, montrant encore la tournure un peu roide, mais non sans une certaine élégance, qui caractérise les œuvres plastiques de la période archaïque. Il y a à Athènes le fragment d'un relief trouvé aux environs du Parthénon, représentant une déesse qui monte dans un char ; on l'appelle une Vénus, et on croit que ce relief appartenait jadis à un des frontons du temple primitif. En ce cas, la déesse ne serait pas Vénus, mais Minerve qui dompte les chevaux créés par Neptune. Le style de ce relief correspond parfaitement au style des reliefs du temple de Sélinonte, et, si le premier appartenait, en effet, au Parthénon primitif, la construction de l'édifice de Sélinonte ne pourrait pas être trop éloignée de celle du temple athénien. Le style des statues du temple d'Égine, lesquelles sont aujourd'hui au musée de Munich, est déjà plus avancé ; c'est pourquoi on doit assigner au temple de Sélinonte une époque antérieure à celle du temple d'Égine.

OUVRAGES CONSULTÉS. Ceux de MM. Hittorf et Zanth, et de M. Serra di Falco.

Voir, pour le plan du temple, notre pl. II, fig. 2 ; — pour l'élévation de la façade principale, pl. IV, fig. 3 ; — pour le chapiteau des colonnes du péristyle, pl. VI, fig. 4 ; — pour le chapiteau d'antes, pl. VIII, fig. 1.

L'*unité* n'est pas tout à fait certaine à cause de l'état dégradé des murs latéraux. MM. Hittorf et Zanth ont la cote de 14,262 mètres pour la largeur de la cella, en plus de ses murs latéraux et des saillies de la marche supérieure du vestibule. L'épaisseur du mur est marquée à 1,159 mètres. En déduisant cette dernière somme doublée de 14,262, il reste 11,944 ; mais ici les saillies de la marche ne sont pas encore déduites ; en prenant la saillie à 0,042 de chaque côté, et déduisant 0,084 de 11,944, j'arrive à l'*unité de* 11,86 m. M. S. di Falco donne 56' 0'' 3''' sicil. à la cella et à ses murs, lesquels ont pour épaisseur chacun 5' sicil. ; il y a donc, d'après lui, 56' 0'' 3''' — 5' $\times$ 2 = 46' 0'' 3''' sicil. = 11,862 mètres.

Le temple est un *périptère* de six à quinze colonnes.

Mesure provisoire de la largeur . . . $\frac{25,298}{5} = 5,059$ F = 4,9695 $\times$ 5 = 24,8475.

Mesure provisoire de la longueur . . . $\frac{67,830}{14} = 4,845$ ½ a = 4,8417 $\times$ 14 = 67,7838.

Base de la longueur . . . . ½ 11 = 67,5463 ⎱
                                                     ⎰ Distance de 35 termes.
Base de la largeur . . . . I = 25,1588

Base de la hauteur . . . . ½ 5 = 20,0137 ⎱ Distance de 9 termes.

La distance de la longueur à la hauteur est de 43 termes de la série.

LARGEURS DANS LE TEMPLE DE LA VILLE DE SÉLINONTE.

Largeurs à l'axe du milieu.

		COTES DE MM. H. ET Z.	COTES MÉTHODIQUES.	COTES DE M. S. DI FALCO.
α) Largeur de la marge du stylobate.		1,187	$^1/_2$ h $=$ 1,1711	
β) Largeur du portique latéral.		4,331	$_2$ K $=$ 4,4172	
γ) Épaisseur du mur latéral de la cella.		1,159	$_2$ p $=$ 1,1330	
δ) Largeur de la cella dans l'œuvre.		11,944	U' $=$ 11,8600	
ε) Épaisseur du mur latéral de la cella.		1,159	$_2$ p $=$ 1,1330	
ζ) Largeur du portique latéral.		4,331	$_2$ K $=$ 4,4172	
η) Largeur de la marge du stylobate.		1,187	$^1/_2$ h $=$ 1,1711	
ϑ) *Largeur totale à l'axe du milieu.*		**25,298**	(I) 25,3026	98'8'' $=$ 25,432

L'addition de la saillie de la marche du vestibule, prise à la page précédente à 0,042, à la largeur du portique latéral β et ζ augmente celui-ci de 4,331 à 4,372; cette somme donne avec l'épaisseur du mur latéral γ et ε, marqué à 1,159, la quantité de 5,531, à laquelle répondent les cotes méthodiques $\beta + \gamma$ et $\varepsilon + \zeta$, c'est-à-dire 4,4172 + 1,1330 $=$ 5,5502.

Largeurs à l'axe du péristyle.

		COTES DE MM. H. ET Z.	COTES MÉTHODIQUES.	
ι) Largeur de la marge du stylobate.		1,187	$^1/_2$ h $=$ 1,1711	1,187
$\varkappa$) 1er entre-colonnement (d'angle).		4,450	$_2$ K $=$ 4,4172	
λ) 2e — (intermédiaire). . . .		4,656	$_2$ h $=$ 4,6846	$9'3'6'''$ + $8'8''6'''$
μ) 3e — (du milieu).		4,710	$_2$ h $=$ 4,6846 $=$ 18' $=$ 4,639 $\times$ 5 $=$ 23,195
ν) 4e — (intermédiaire). . . .		4,656	$_2$ h $=$ 4,6846	
ξ) 5e — (d'angle).		4,450	$_2$ K $=$ 4,4172	
o) Largeur de la marge du stylobate.		1,187	$^1/_2$ h $=$ 1,1711	1,187
Largeur totale à l'axe du péristyle. . . .		**25,296**	(I) 25,2304	25,569

La cote de la largeur totale de 25,569 de M. S. di Falco, calculée d'après les entre-colonnements donnés par lui, diffère de 25,569 — 25,296 $=$ 0,273 de la cote de MM. Hittorf et Zanth; tandis que la quantité 98'8'' $=$ 25,432, donnée en somme par M. S. di Falco pour la largeur du stylobate, ne diffère que de 0,136. La cause de cette variation provient de la différence des entre-colonnements d'angle, qui sont moindres que de 18', ainsi $\iota = 1,187 + \varkappa = 4,45 + \lambda, \mu, \nu = 4,639 \times 3 + \xi = 4,45 + o = 1,187$ donneraient chez M. S. di Falco la somme de 25,191.

Entre-colonnements.

		COTES DE MM. H. ET Z.	COTES MÉTHODIQUES.
α) Entre-colonnements d'angle aux façades des pignons.		4,450	$_2$ K $=$ 4,4172
β) Entre-colonnements intermédiaires des façades des pignons.		4,656	$_2$ h $=$ 4,6846
γ) Entre-colonnements du milieu aux façades des pignons.		4,710	$_2$ h $=$ 4,6846
δ) Entre-colonnements ordinaires aux façades latérales (moyenne). . . .		4,713	$_2$ h $=$ 4,6846
ε) Largeur du portique latéral.		4,372 ?	$_2$ Ǩ $=$ 4,4172
ζ) Largeur du portique antérieur extérieur 7,024 + 0,082 + $\dfrac{2,161}{2}$. . .		8,186	$_2$ D$-^1/_2$ Λ $=$ 8,0615
η) Longueur du vestibule 7,948 — $\dfrac{2,161}{2}$ et — 0,082.		6,787	$^1/_2$ Λ $=$ 6,8473
Somme de ζ) et η).		**14,972**	$_2$ D $=$ **14,9088**
ϑ) Longueur du posticum 7,948 — $\dfrac{2,190}{2}$ et — 0,082.		6,771	$^1/_2$ Λ $=$ 6,8473
ι) Largeur du portique postérieur extérieur 7,024 + 0,082 + $\dfrac{2,190}{2}$ . . .		8,201	$_2$ D$-^1/_2$ Λ $=$ 8,0615
Somme de ϑ) et ι).		**14,972**	$_2$ D $=$ **14,9088**
$\varkappa$) Distance des deux colonnes du vestibule ou du posticum.		4,421	$_2$ K $=$ 4,4172

M. S. di Falco ne marque qu'un seul entre-colonnement à $9'3''6'''$ + $8'8''6'''$ $=$ 18' sicil. $=$ 4,639 m.

I.

7

La somme des cotes générales 5,637 + 32,964 + 29,828 = 67,829 chez MM. Hittorf et Zanth pour la longueur du stylobate est confirmée par la cote correspondante de 263′ 6″ sicil. = 67,919 m. chez M. S. di Falco. De l'une de ces cotes générales 29,228 on obtient la distance à partir du gradin du posticum jusqu'à l'axe des colonnes du péristyle, quand on en déduit les cotes marquées de 4,672, — 1,161, — 6,075, — 1,161, — 7,948, et — 1,187, le reste donnant pour cette distance 7,024. En prenant la même largeur du portique extérieur postérieur et la longueur du posticum pour longueur du vestibule et pour largeur du portique antérieur extérieur, et en prenant la mesure de l'épaisseur du mur postérieur de la cella pour celle de l'épaisseur du mur antérieur (transversal), il restera pour la longueur de la cella la somme de 25,953, et nous aurons les

Longueurs suivantes à l'axe du milieu.

		COTES DE MM. H. ET Z.	COTES MÉTHODIQUES.	COTES DE M. S. DI FALCO.
α)	Largeur de la marge du stylobate.	1,187	½ h = 1,1711	
β)	Largeur du portique antérieur extérieur.	8,186	₂ D = 14,9088	
γ)	Longueur du vestibule.	6,786		
δ)	Épaisseur du mur antérieur de la cella.	1,161	½ h = 1,1711	
ε)	Longueur de la cella dans l'œuvre.	25,953	¼ VIII = 25,9986	
ζ)	Épaisseur du mur postérieur de la cella.	1,161	½ h = 1,1711	
η)	Longueur de l'opisthodome dans l'œuvre.	6,075	E = 6,0845	
ϑ)	Épaisseur du mur de l'opisthodome.	1,161	½ h = 1,1711	
ι)	Longueur du posticum.	6,771	₂ D = 14,9088	
κ)	Largeur du portique postérieur extérieur.	8,201		
λ)	Largeur de la marge du stylobate.	1,187	½ h = 1,1711	
	Longueur du stylobate à l'axe du milieu.	67,829	(½ 11) = 67,7562	263′6″ = 67,919

Mes cotes méthodiques ne correspondent pas aussi exactement qu'à l'ordinaire aux données de MM. Hittorf et Zanth, ce qui tient au manque de mesures détaillées, rendues impossibles par l'état dégradé du temple; pourtant la longueur de la cella de ¼ VIII est confirmée par la même mesure de la cella de l'ancien temple de l'acropole de la même ville; c'est aussi le cas pour la cote de ₂ D, qui dans cet ancien temple de l'acropole revient à la même place; à savoir, à partir de l'axe des colonnes du péristyle jusqu'au mur du posticum. D'un autre côté, les grandes largeurs des portiques extérieurs 8,201 et 8,186 mètres devaient rendre difficile de trouver des pierres d'architrave correspondantes. La largeur du portique postérieur κ) résulte de 7,024 + 0,082 + $\frac{2,190}{2}$ à 8,201; la longueur du posticum ι) résulte de 7,948 — 0,082 et — $\frac{2,190}{2}$ à 6,771; de même la longueur du vestibule γ) résulte de 7,948 et — 0,082 à 6,786; enfin la largeur du portique antérieur extérieur β) résulte de 7,024 — 0,082 et — $\frac{2,161}{2}$ à 8,186 m.

Longueurs à l'axe du péristyle.

Largeur de la marge du stylobate.	1,187	½ h = 1,1711	
1ᵉʳ entre-colonnement du péristyle (d'angle).	4,450	½ C = 4,5649	
2ᵉ — — (ordinaire).	4,713		
Dix entre-colonnements à 4,713 chacun, 4,713 × 10 = 47,130		₂ h × 12 = 56,2152	
13ᵉ entre-colonnement du péristyle (ordinaire).	4,713		
14ᵉ — — (d'angle).	4,450	½ C = 4,5649	
Largeur de la marge du stylobate.	1,187	½ h = 1,1711	
Largeur du stylobate à l'axe du péristyle.	67,830	(½ 11) = 67,6872	263′6″ = 67,919

PLANS DES COLONNES DU TEMPLE DE LA VILLE DE SÉLINONTE.

Colonnes d'angle du péristyle.

	COTES DE MM. H. ET Z.	COTES MÉTHOD.	COTES DE M. S. DI FALCO.
Côté de l'abaque du chapiteau.	2,818 (Base $^1/_4$ B $=$ 2,7954)		10′8″ 8‴ $=$ 2,763
Saillie de l'abaque sur le diamètre infér. de l'échine.	401	($^1/_2$ P) $=$ 0,4007	
Diamètre inférieur de l'échine.	2,016	$^1/_2$ G $=$ 2,0038	?
Saillie de l'abaque sur le diamètre infér. de l'échine.	401	($^1/_2$ P) $=$ 0,4007	
	2,818	2,8052	
Saillie de l'abaque sur le diam. supér. de la colonne.	511	$_2$ t $=$ 0,5034	
Diamètre supérieur de la colonne.	1,796	L $=$ 1,8033	0,055$\times$2+6′6″$=$1,785
Saillie de l'abaque sur le diam. supér. de la colonne.	511	$_2$ t $=$ 0,5034	
	2,818	2,8101	
Diamètre inférieur de la colonne.	2,229	K $=$ 2,2086	8′8″ 6‴ $=$ 2,235
Profondeur des cannelures d'en haut.	0,055	$_2$ e′ $=$ 0,0540	
Profondeur des cannelures d'en bas.	0,098	$_2$ b′ $=$ 0,0994	

Colonnes du vestibule et du posticum.

Diamètre supérieur.	? 1,839	L? $=$ 1,8033	
Diamètre inférieur des colonnes du vestibule. . . .	2,161	$^1/_2$ e $=$ 2,1518	
Diamètre inférieur des colonnes du posticum. . . .	2,190	$\dfrac{^1/_2 e + K}{2} =$ 2,1802	8′ 6″ $=$ 2,190

Le diamètre supérieur des colonnes du vestibule et du posticum est plus grand que le même diamètre des colonnes du péristyle. Un fait curieux, c'est que le diamètre inférieur des colonnes du posticum est plus grand que celui des colonnes du vestibule ; ce fait est d'autant plus curieux qu'il se répète d'après les mesures de M. Penrose au Parthénon actuel, et qu'ici, tout comme dans le temple de Sélinonte, cette augmentation de mesure ne va pas jusqu'au prochain terme plus grand, mais qu'il faut prendre une moyenne de deux termes voisins ($^1/_2$ e et K) pour arriver à la cote donnée par MM. H. et Z. Ces cas d'emploi d'une moyenne de deux termes sont, comme on le verra, très-rares.

Hauteurs des détails.

1re marche d'en haut du crépidome	0,492	$^1/_2$ O $=$ 0,4908	
2e — — —	0,591	$^1/_2$ N $=$ 0,6011	
3e — — —	0,458	$^1/_4$ L $=$ 0,4508	
4e — — —	0,395	$^1/_2$ P $=$ 0,4007	
Hauteur totale du crépidome	1,936	(i) $=$ 1,9434	7′3″ 6‴ $=$ 1,879

La hauteur des marches, proportionnelle aux autres mesures du temple, était trop grande pour monter commodément, c'est pourquoi on a formé un accès plus facile en divisant la hauteur totale du crépidome par neuf, et en donnant $^1/_9$ de 1,936, c'est-à-dire 0,205 à chaque marche auxiliaire mise au milieu de la façade principale. Les neuf marches sont donc impaires, d'après la théorie de Vitruve, mais les marches proportionnelles sont paires, exception que ce temple a en commun avec le temple de Thésée.

Hauteurs des colonnes.

Hauteur de l'abaque du chapiteau.	0,499	$_2$ t $=$ 0,5034	
— de l'échine — —	0,440	S $=$ 0,4362	
— du filet d'en haut —	0,125	$^1/_2$ t $=$ 0,1258	
— du col du chapiteau.	0,244	$^1/_4$ O $=$ 0,2454	
— du filet d'en bas.	0,017	I′ $=$ 0,0166	
Hauteur du chapiteau.	1,325	($_2$ Q) 1,3274	5′1″10‴ $=$ 1,328
Hauteur du fût de la colonne.	8,853	$^1/_2$ 1 $=$ 8,8950	34′5″ 2‴ $=$ 8,874
Hauteur totale de la colonne.	10,178	($^1/_2$ D″) 10,2224	39′7″ 0‴ $=$ 10,202

Hauteurs de l'entablement.

	COTES DE MM. H. ET Z.	COTES MÉTHODIQUES.	COTES DE M. S. DI FALCO.
Hauteur de la cymaise de l'entablement	0,226	$\frac{1}{2}$ q $=$ 0,2214 (*)	10" 6"' $=$ 0,225
— du larmier — —	0,529	R $=$ 0,5343	
— du 1er filet — —	0,100	$_2$ b' $=$ 0,0994	
— du 2e — — —	0,100	$_2$ b' $=$ 0,0994	3'10" 0"' $=$ 0,988
— du 3e — — —	0,109	$\frac{1}{4}$ S $=$ 0,1090	
Hauteur de la corniche	1,064	($_2$ R) 1,0635	4' 8" 6"' $=$ 1,213
Hauteur de la plate-bande de la frise	0,223	$\frac{1}{2}$ q $=$ 0,2214	
— du reste de la frise	1,464	M $=$ 1,4724	
Hauteur de la frise	1,687	($_2$ n) 1,6938	6' 8" 0"' 1,718
Hauteur de l'architrave 1,759, plus le petit plan incliné au-dessus de l'abaque des colonnes 0,009. . . $=$	1,759	$\frac{1}{2}$ f $=$ 1,7569	6' 2"10"' $=$ 1,607
Hauteur de l'entablement 1,064 + 1,687 + 1,759. $=$	4,510	($\frac{1}{2}$ C) 4,5142	17' 7" 4"' $=$ 4,538

Hauteurs générales.

	COTES DE MM. H. ET Z.	COTES MÉTHODIQUES.	COTES DE M. S. DI FALCO.
Hauteur du crépidome	1,936	(i) 1,9434	7' 3" 6"' $=$ 1,879
— totale des colonnes du péristyle	10,178	($\frac{1}{2}$ D") 10,2224	39' 7" 0"' $=$ 10,202
— de l'entablement du péristyle	4,510	($\frac{1}{2}$ C) 4,5142	17' 7" 4"' $=$ 4,538
Hauteur de l'ordre	16,624	(D') 16,6800	64' 5"10"' $=$ 16,619
Hauteur du pignon (totale) . . . . ?	3,394	H 3,3130	13' 2" 0"' $=$ 3,394
Hauteur totale du temple	20,018	($\frac{1}{2}$ b) 19,9930	77' 7"10"' $=$ 20,013

· A la hauteur totale, marquée chez M. S. di Falco à 76' 9" 4"', il faut encore ajouter 0'10" 6"' pour la hauteur de la cymaise, qui n'est pas comprise dans la somme précédente; avec cette addition nous arrivons à un accord parfait avec la hauteur totale de MM. Hittorf et Zanth.

Les bases des détails des hauteurs sont les suivantes: pour le crépidome de 1,9434 i = 1,9127, — pour la hauteur du chapiteau 1,3274 $_2$ Q = 1,3088 (la hauteur du chapiteau des colonnes du Parthénon est de $_2$ q et de $_2$ r), — pour la hauteur de la colonne 10,2224 $\frac{1}{2}$ D" = 10,2710 (au Parthénon c'est le fût des colonnes du péristyle qui a la mesure de $\frac{1}{2}$ D"); — pour la hauteur de la frise, 1,6938 $_2$ n = 1,7002; — pour la hauteur de la corniche, 1,0635 $_2$R = 1,0686; — pour la hauteur de l'entablement, 4,5142 $\frac{1}{2}$ C = 4,5649 (dans l'école attique l'entablement décroît comme décroît la hauteur du chapiteau, d'une petite octave à $\frac{1}{2}$ D); — pour la hauteur de l'ordre, 16,6800 D' = 16,7724 (la même base de la diagonale du carré revient pour la hauteur de l'ordre au Parthénon); — pour la hauteur totale, 19,9930 $\frac{1}{2}$ b = 20,0137, ou c'est plutôt $\frac{1}{2}$ b qui a réglé la hauteur totale, et le pignon était regardé comme complément, alors H ne serait que la base du pignon, dont la hauteur réelle donnerait 3,3337. — Le pignon est assez bas ici, au grand temple de Pæstum il est plus haut de six termes; celui du temple d'Égine est plus haut d'une petite octave, et celui du Parthénon même de onze termes, et ce n'est que le pignon du temple de la Concorde à Agrigente qui a pour base de sa hauteur le même terme H.

Si nous déduisons de la hauteur de l'ordre celle du crépidome, il nous restera pour la hauteur de l'ordre sans crépidome 16,624 — 1,936 = 14,688, dont la base est d" = 14,5254. Le même terme d" est la base de la hauteur de l'ordre extérieur de la cella au Parthénon.

(*) La hauteur de la cymaise de l'entablement n'est pas marquée chez M. S. di Falco; je l'ai marquée, d'après la cote de MM. H. et Z., « 0,225 = 0' 10" 6"' sicil. »

ANALYSE DU TEMPLE DE NEPTUNE A PÆSTUM.

École, dorique,.influencée par l'école attique. *Époque de construction*, incertaine. Il y a des archéologues qui ont voulu placer la construction de ce temple au vi^e siècle ; mais récemment on a reconnu l'erreur, et on lui a assigné avec beaucoup plus de raison le ve siècle. Pæstum fut fondé par les Tyrrhènes, conquis par les Sybarites en 510, qui eux-mêmes furent vaincus par les Lucanes en 340 ; ces derniers cédèrent la ville aux Romains en 274 avant notre ère. La construction du grand 'temple paraît appartenir aux Sybarites ; celles du petit temple et de la basilique du même endroit aux Lucanes.

OUVRAGES CONSULTÉS. « *Les Ruines de Pæstum* ou *Posidonia*, levées, mesurées et dessinées sur place en l'an II par C. M. Delagardette ; Paris, an VII, » grand in-folio. A côté de cet ouvrage, j'ai consulté des planches détachées que M. Mazois a fait lithographier, et dont la publication a été empêchée par la mort de cet auteur ; enfin j'ai comparé les ouvrages de M. Major et autres. Par mon examen comparatif, j'ai acquis la conviction que le travail de M. Delagardette est exact, et qu'on peut bien s'en servir. Les variantes sont indiquées à leurs places.

Pour le plan, voir notre pl. II, fig. 3 ; — pour l'élévation des deux ordres, pl. IX, fig. 2, 3 et 4 ; — pour les profils des chapiteaux, pl. VI, fig. 5, 6 et 7 ; — pour les chapiteaux d'antes, pl. VIII, fig. 2 et 3.

L'*unité* du temple, comprenant les trois nefs de l'intérieur, est marquée chez M. Delagardette à 10,917 ; ce qui est en accord avec l'unité mesurée (il n'y a pas des cotes en chiffres) du plan de M. Mazois.

Le temple a un ordre intérieur et une cage d'escalier pour monter aux galeries qui se trouvaient au dessus des nefs latérales. C'est un *périptère* de six à quatorze colonnes.

$$\text{Mesure provisoire de la largeur } \frac{24,099}{5} = 4,819 \quad d = 4,8519 \times 5 = 24,2595.$$

$$\text{Mesure provisoire de la longueur } \frac{58,533}{13} = 4,504 \ ^1/_2\,a = 4,4568 \times 13 = 57,9384.$$

$$\text{Base de la longueur} \ldots \ ^1/_2\,IX = 58,6148$$
$$\text{Base de la largeur} \ldots \ ^1/_4\,VIII = 23,9314 \quad \text{Distance de 32 termes.}$$
$$\text{Base de la hauteur} \ldots \ ^1/_2\,III = 17,3688 \quad \text{Distance de 12 termes.}$$

La distance de la longueur à la hauteur est de 43 termes, comme au temple de la ville de Sélinonte. Dans ce temple on n'a pas pris, comme d'habitude, la largeur et la longueur au stylobate entier ; mais par exception on a négligé le petit espace qui se trouve entre la périphérie des colonnes extrêmes et la fin du stylobate.

LARGEURS DANS LE TEMPLE DE NEPTUNE.

COTES GÉNÉR. DE M. DELAGARDETTE.		COTES SPÉCIALES DE M. DELAGARDETTE.		COTES MÉTHODIQUES.	
		Demi-diam. des colonn. du portique lat.	1,0295	$^1/_2$ K =	1,0165
Diam. des colonnes du		Larg. du portique latéral 3,44 + 1,0295 =	4,4095	$^1/_2$ a =	4,4568
port. lat. (côté nord).	2,058	Épaisseur du mur de la cella.	1,0930	N =	1,1146
		Nef latérale 1,9000 + 0,6535. . . . =	2,5535		
Espace compris entre les		Nef principale 4,5030 + 1,3070. . . . =	5,8100	U' =	10,9170
col. des port. latéraux.	19,983	Nef latérale 1,9000 + 0,6535. . . . =	2,5535		
		Épaisseur du mur latéral de la cella. . .	1,0930	N =	1,1146
Diam. des colonnes du		Larg. du portique latéral 3,440 + 1,0295. =	4,4695	$^1/_2$ a =	4,4568
port. lat. (côté sud).	2,058	Demi-diamètre des colonnes $\frac{2,058}{2}$. . . . =	1,0295	$^1/_2$ K =	1,0165
Largeur totale. . .	24,099	*Larg. à l'axe du milieu* (non du stylob.).	24,1010	($^1/_4$ VIII)	24,0928

On peut résoudre les trois nefs de la cella en leurs bases, pour la nef latérale du côté nord g = 2,5410, + pour celle du milieu $^1/_4$ I = 5,7909, + pour la nef latérale du côté sud g = 2,5410, somme 10,8729.

Demi-diamètre de la colonne d'angle. . . .	$\frac{C}{8} =$	1,0505
1er entre-colonnement (d'angle).	$_2$ h =	4,3128
2e — (intermédiaire). . . .	$^1/_2$ a =	4,4568
3e — (du milieu).	$^1/_2$ a =	4,4568
4e — (intermédiaire). . . .	$^1/_2$ a =	4,4568
5e — (d'angle).	$_2$ h =	4,3128
Rayon de la colonne d'angle.	$\frac{C}{8} =$	1,0505

M. Delagardette ne donne pas les cotes des entre-colonnements des façades du pignon ; dans son ouvrage, il n'y a que la cote générale de la largeur à 24,099. — Nous avons trouvé la cote de $^1/_4$ VIII mesurant la longueur des cellas des deux temples de Sélinonte.

Larg. à l'axe du péristyle (non du stylob). ($^1/_4$ VIII) = 24,0970

ENTRE-COLONNEMENTS DU TEMPLE DE NEPTUNE.

		COTES DE M. DELAGARDETTE.		COTES MÉTHODIQUES.
α) Entre-colonnement d'angle $\frac{2,085}{2} + 2,247 + \frac{2,058}{2}$	=	4,3185	$_2$ h =	4,3128
β) Entre-colonn. ordinaires des façades latérales $\frac{2,058}{2} + 2,29 + \frac{2,058}{2}$	=	4,3480	$_2$ h =	4,3128
γ) Largeur du portique latéral $3,44 + \frac{2,058}{2}$	=	4,4695	$\frac{1}{2}$ a =	4,4568
δ) Largeur du portique antérieur extérieur $7,20 - \frac{2,058}{2} + \frac{2,015}{2}$	=	7,1785	$\frac{1}{4}$ II =	7,0908
ε) Longueur du vestibule $7,70 - \frac{2,015}{2}$	=	6,6925	$\frac{1}{2}$ d'' =	6,6902
ζ) Longueur du posticum $6,80 - \frac{2,015}{2}$	=	5,7925	$\frac{1}{4}$ I =	5,7909
η) Largeur du portique postérieur extérieur $6,80 + \frac{2,015}{2} - \frac{2,058}{2}$	=	6,7785	D =	6,8618
Somme de δ), ε), ζ) et η)		26,4420		26,4337
ϑ) Distance des deux colonnes du vestibule ou du posticum		4,1130	$_2$ K =	4,0660
ι) Entre-colonnements de l'ordre intérieur			$_2$ i =	3,5212
Rayon d'une colonne 0,7035 + espaces entre les colonnes 2,0830 + rayon 0,7035	=	3,4900	$_2$ L =	3,3200

La cote de 3,49 ne peut pas s'appliquer à tous les entre-colonnements de la cella, parce que 3,49, multiplié par le nombre 8 des entre-colonnements, donne 27,92, tandis que la cella n'a que 26,892 de longueur. En prenant pour les deux entre-colonnements extrêmes $_2$ i et pour les six intermédiaires $_2$ L, la somme est 26,9624.

LONGUEURS DU TEMPLE DE NEPTUNE.

COTES GÉNÉRALES DE M. DELAGARDETTE.				
7,200	Rayon de la colonne ordinaire	1,0290	$\frac{1}{2}$ K =	1,0165
7,700	Largeur du portique antérieur extérieur	7,1785	$\frac{1}{4}$ II =	7,0908
	Longueur du vestibule	6,6925	$\frac{1}{2}$ d'' =	6,6902
Cage d'escalier 2,512	Largeur de la cage d'escalier	2,5120	$\frac{g}{5}$ =	2,5410
Longueur de la cella . . 26,892	Longueur de la cella dans l'œuvre	26,8920	($_2$ d'')	26,9624
Épaisseur du mur 649	Mur transversal postérieur de la cella	0,6490	o =	0,6389
	Longueur du posticum	5,7925	$\frac{1}{4}$ I =	5,7909
6,800	Largeur du portique postérieur extérieur	6,7785	D =	6,8618
6,800	Rayon d'une colonne ordinaire des façades des pignons	1,0290	$\frac{1}{4}$ K =	1,0165
Longueur totale . . . 58,553	Long. à l'axe du milieu (non du stylob.) 58,5530		($\frac{1}{2}$ IX)	58,6090

La longueur et la largeur générales du stylobate de M. Mazois sont en accord parfait avec les cotes de ces parties données par M. Delagardette; mais la cella est plus petite chez M. Mazois qu'elle ne l'est chez M. Delagardette; ce qui provient de l'incertitude sur les épaisseurs des murs transversaux. Les entre-colonnements intermédiaires intérieurs donnent, mesurés au compas, chez M. Mazois, 3,3.., ce qui est en bon accord avec la cote de M. Major et le terme $_2$ L. La longueur de la cella de 26,892 de M. Delagardette a son correspondant dans les entre-colonnements $_2$ i + $_2$ L × 6 + $_2$ i = 26,9624, et sa base dans $_2$ d'' = 26,7610.

Longueurs à l'axe du péristyle.

COTES DE M. DELAGARDETTE.		COTES MÉTHODIQUES.	
Rayon de la colonne d'angle, $\frac{2,085}{2}$ = 1,0425		Rayon de la colonne d'angle, $\frac{C}{8}$ =	1,0505
1er entre-colonnement ordinaire (façade latérale), 1,0425 + 2,247 + 1,029 = 4,3185		Cinq entre-colonn. à $_2$ h = 4,3128 × 5 =	21,5640
Onze entre-colonnements à $\frac{2,058}{2}$ + 2,29 + $\frac{2,058}{2}$ = 4,348 × 11 = 47,8280		Trois entre-colonn. à $\frac{1}{2}$ a = 4,4568 × 3 =	13,3704
13e entre-colonnement ordinaire (façade latérale), $\frac{2,058}{2}$ + 2,247 + $\frac{2,085}{2}$ = 4,3185		Cinq entre-colonn. à $_2$ h = 4,3128 × 5 =	21,5640
Rayon de la colonne d'angle, $\frac{2,085}{2}$ = 1,0425		Rayon de la colonne d'angle, $\frac{C}{8}$ =	1,0505
Longueur à l'axe du péristyle 58,5500		*Longueur à l'axe du péristyle* . . . ($\frac{1}{2}$ IX)	58,5994

Il n'y a que quatre des entre-colonnements de la façade latérale qui soient cotés chez M. Delagardette.

PLANS DES COLONNES DU TEMPLE DE NEPTUNE.

Colonnes d'angle du péristyle.

COTES DE M. DELAGARDETTE.		COTES MÉTHODIQUES.	
Côté de l'abaque du chapiteau..	2,598	(Base de la mesure du côté de l'abaque $g = 2,5410$.)	
Saillie de l'abaq. sur le diam. inf. de l'éch.	0,481	Base de la saillie de l'abaque.	$(^1/_2 m) = 0,4792$
Diamètre inférieur de l'échine.	1,636	Diamètre inférieur de l'échine. . . .	$L = 1,6600$
Saillie de l'abaque.	0,481	Base de la saillie de l'abaque.	$(^1/_2 m) = 0,4792$
Saillie de l'ab. sur le diam. sup. de la col.	0,582	Saillie de l'abaque.	$^1/_2 l = 0,5867$
Diamètre supérieur de la colonne. . . .	1,434	Diamètre supérieur de la colonne. .	$k = 1,4375$
Saillie de l'abaque.	0,582	Saillie de l'abaque.	$^1/_2 l = 0,5867$
Diamètre inférieur de la colonne. . . .	2,085	Diamètre inférieur de la colonne. . .	$^1/_4 C = 2,1019$
Profondeur des cannelures d'en haut. . ?	0,026	Profondeur des cannelures d'en haut.	$^1/_2 c' = 0,0264$
Profondeur des cannelures d'en bas. . ?	0,079	Profondeur des cannelures d'en bas.	$A' = 0,0792$
Diamètre inférieur des colonnes ordinaires du péristyle.	2,058	Diamètre inférieur des colonnes ordinaires du péristyle.	$K = 2,0330$

Nous avons eu le terme K pour diamètre inférieur des colonnes d'angle dans le temple de la ville de Sélinonte. Dans un dessin lithographié de M. Mazois, je trouve que l'abaque est plus large en haut qu'en bas, ce qui prouve que les colonnes du temple ne sont pas perpendiculaires, mais qu'elles ont un axe incliné.

Colonne inférieure de l'ordre intérieur.

Côté de l'abaque du chapiteau.	1,894	(Base du côté de l'abaque $^1/_2 G = 1,8675$).	
Saillie de l'abaque sur le diam. de l'éch.	0,317	Base de la saillie de l'abaque.	$(^1/_2 o) = 0,3194$
Diamètre inférieur de l'échine.	1,260	Diamètre inférieur de l'échine. . . .	$2 o = 1,2778$
Saillie de l'abaque.	0,317	Saillie de l'abaque.	$(^1/_2 o) = 0,3194$
Saillie de l'ab. sur le diam. supér. de la col.	0,406	Saillie de l'abaque sur le diam. sup.	$S = 0,4015$
Diamètre supérieur de la colonne. . . .	1,082	Diamètre supérieur de la colonne. .	$^1/_2 h = 1,0782$
Saillie de l'abaque.	0,406	Saillie de l'abaque.	$S = 0,4015$
Diamètre inférieur de la colonne. . . .	1,407	Diamètre inférieur de la colonne. .	$^1/_4 E = 1,4006$
Profondeur des cannelures d'en haut. ?	0,025	Profondeur des cannelures d'en haut.	$_2 K' = 0,0250$
Profondeur des cannelures d'en bas. . ?	0,045	Profondeur des cannelures d'en bas.	$^1/_4 W = 0,0446$

Le diamètre inférieur de ces colonnes étant 1,407, la largeur du gradin sur lequel elles s'élèvent ne peut pas être de 1,307, comme elle est marquée chez M. Delag., mais doit être corrigée au moins en 1,507 ($^1/_2 H = 1,5248$).

Colonne supérieure de l'ordre intérieur.

Côté de l'abaque du chapiteau.	1,202	(Base du côté de l'abaque $_2 Q = 1,2048$.)	
Saillie de l'ab. sur le diam. inf. de l'éch.	0,195	Base de la saillie de l'abaque. . . .	$^1/_2 S = 0,2007$
Diamètre inférieur de l'échine.	0,812	Diamètre inférieur de l'échine. . . .	$_2 S = 0,8030$
Saillie de l'abaque.	0,195	Base de la saillie de l'abaque. . . .	$^1/_2 S = 0,2007$
Saillie de l'ab. sur le diam. sup. de la col.	0,261	Saillie de l'abaque.	$^1/_2 p = 0,2608$
Diamètre supérieur de la colonne. . . .	0,680	Diamètre supérieur de la colonne. .	$^1/_2 M = 0,6775$
Saillie de l'abaque.	0,261	Saillie de l'abaque.	$^1/_2 p = 0,2608$
Diamètre inférieur de la colonne. . . .	0,864	Diamètre inférieur de la colonne. .	$_2 q = 0,8518$
Profondeur des cannelures d'en haut. ?	0,025	Profondeur des cannelures d'en haut.	$_2 K' = 0,0250$
Profondeur des cannelures d'en bas. . ?	0,031	Profondeur des cannelures d'en bas.	$_2 I' = 0,0305$

Pour les colonnes du vestibule, M. Delagardette marque le côté de l'abaque à 2,538 ($g = 2,5410$), — le diamètre de l'échine à 1,68 $L = 1,6600$, — le diamètre supérieur à 1,434 $K = 1,4375$, — le diamètre inférieur à 2,015 $^1/_2 e = 1,9807$; et je mesure dans une planche de M. Mazois un côté d'abaque à 2,34 ($_2 L = 2,3470$), un diam. supér. d'échine à 1,48 $_2 P = 1,4754$ et un diam. supér. de colonne à 1,34 $M = 1,3550$. Ces mesures seraient-elles applicables aux colonnes du posticum que M. Delag. ne donne pas ?

Élévation des détails de l'ordre extérieur.

COTES DE M. DELAGARDETTE.		COTES MÉTHODIQUES.	
Hauteur de la marche supérieure.	0,440	Marche supérieure. . . .	$_2$ v = 0,4410
— — — du milieu.	0,440	— du milieu.	$_2$ V = 0,4410
— — — intérieure.	0,420	— inférieure.	q = 0,4259
Hauteur du crépidome extérieur. . . .	**1,300**	Hauteur du crépidome extérieur. .	(M) 1,3079

Hauteurs des colonnes.

Hauteur de l'abaque du chapiteau.	0,432	Hauteur de l'abaque du chapiteau. . .	q = 0,4259
— de l'échine —	0,379	— de l'échine — . . .	$_2$ u = 0,3786
— du filet d'en haut —	0,071	— du filet d'en haut — . . .	$_2$ E' = 0,0704
— du col —	0,189	— du col — . . .	u = 0,1893
— du filet d'en bas —	0,116	— du filet d'en bas —	$^1/_2$ t = 0,1159
Hauteur du chapiteau.	**1,187**	Hauteur du chapiteau.	(l) 1,1801
Hauteur du fût de la colonne.	7,544	Hauteur du fût de la colonne.	($_2$ G) 7,5871
Hauteur totale de la colonne.	**8,731**	*Hauteur totale de la colonne.*	($^1/_4$ III) 8,7672

Hauteurs de l'entablement extérieur.

Hauteur de l'abaque du larmier.	0,100	Hauteur de l'abaque du larmier.	$^1/_4$ S = 0,1004
— du larmier.	0,498	— du larmier.	R = 0,4918
— du premier filet.	0,052	— du premier filet.	C' = 0,0528
— du second filet.	0,052	— du second filet.	C' = 0,0528
Hauteur de la corniche.	**0,702**	*Hauteur de la corniche.*	($_2$ r) 0,6978
Hauteur de la frise.	1,471	Hauteur de la frise.	$_2$ P = 1,4754
— de l'architrave.	1,492	Hauteur de l'architrave.	$_2$ P = 1,4754
Hauteur totale de l'entabl. extérieur. . .	**3,665**	Hauteur de l'entablement extérieur.	(G) 3,6486

Hauteurs générales de l'ordre extérieur.

Hauteur du crépidome extérieur.	1,300	Hauteur du crépidome extérieur. . . .	(M) 1,3079
		Hauteur de la colonne $_2$ D — 1,3079 du crépidome et — 3,6486 de la hauteur	
Hauteur totale de la colonne.	8,731	de l'entablement.	($^1/_4$ III) 8,7672
Hauteur de l'entablement extérieur. . .	3,665	Hauteur de l'entablement extérieur. . .	(G) 3,6486
Hauteur de l'ordre extérieur.	**13,696**	*Hauteur de l'ordre extérieur.*	$_2$ D = 13,7237
Hauteur du pignon.	3,542	Hauteur du pignon.	$_2$ i = 3,5212
Hauteur totale du temple.	**17,238**	*Hauteur totale du temple.*	($^1/_2$ III) 17,2449

Il y a cette singularité dans la détermination des hauteurs de ce temple, que c'est la hauteur de l'ordre entier qui était fixée à un seul terme, à savoir celui de $_2$ D = 13,7237 ; ce même terme de $_2$ D nous le trouverons employé comme déterminatif de la hauteur de l'ordre du temple de Bassæ. En déduisant les hauteurs du crépidome et de l'entablement de $_2$ D, nous aurons pour hauteur de la colonne 8,7672, avec la base de $^1/_4$ III = 8,6844 ; en déduisant de cette somme la hauteur du chapiteau, il reste pour le fût, qui *sert ici de complément*, 7,5871, avec la base de $_2$ G = 7,4700 (nous avons trouvé $_2$ G comme base de la hauteur des colonnes au temple de Corinthe). La base de la hauteur totale est $^1/_2$ III = 17,3688, c'est le double de la base $^1/_4$ III de la hauteur de la colonne ; nous retrouverons ce même rapport dans d'autres temples, par exemple dans celui d'Égine, où la hauteur totale $_2$ a e t aussi le double de la hauteur a des colonnes. La base de la hauteur du chapiteau 1,1801 est l = 1,1735, et celle de l'entablement 3,6486 est G = 3,7350. — En déduisant la hauteur du crépidome de celle de l'ordre, il reste 13,7237 — 1,3079 = 12,4158, dont la base est $^1/_2$ 3 = 12,2816, et $^1/_2$ 3 est le petit côté d'un triangle du cube dont $^1/_2$ III, la hauteur totale, serait le grand côté.

TEMPLE DE NEPTUNE, A PÆSTUM (POSIDONIA).

Élévation des détails de l'ordre extérieur.

	COTES DE M. DELAGARDETTE.	COTES MÉTHODIQUES.		COTES DE M. DELAGARDETTE.	COTES MÉTHODIQUES.
Marche supérieure.....	?	?	Marche supérieure.....	?	?
— inférieure......	?	?	— du milieu......	?	?
			— inférieure......	?	?
Crépidome du vestibule..	0,400	S 0,4015	Crépidome de la cella...	1,100	N 1,1146

Colonnes inférieures.			*Colonnes supérieures.*		
Hauteur de l'abaque....	0,312	$\frac{1}{2}$ o = 0,3194	Hauteur de l'abaque....	0,200	$\frac{1}{2}$ S = 0,2007
— de l'échine.....	0,295	$_2$ X = 0,2914	— de l'échine....	0,170	$\frac{1}{2}$ r = 0,1738
— du filet d'en haut.	0,080	A' = 0,0792	— du filet d'en haut.	0,040	$\frac{1}{2}$ A' = 0,0396
— du col......	0,130	$_2$ B' = 0,1294	— du col......	0,130	$_2$ B' = 0,1294
— du filet d'en bas..	0,125	w = 0,1262	— du filet d'en bas.	0,080	A' = 0,0792
Chapit. de la colonne inf..	0,942	($\frac{1}{4}$ G) 0,9456	Chap. de la colonne sup..	0,620	($\frac{1}{4}$ I) 0,6227
Hauteur du fût......	4,888	(d) 4,9146	Hauteur du fût......	2,709	($_2$ M) 2,6643
Hauteur de la colonne inf.	5,830	($\frac{1}{4}$ I) 5,8602	*Hauteur de la colonne sup.*	3,329	($_2$ L) 3,2870

Entablement avec des pièces séparées.

			Abaque de la cymaise...	0,063	$\frac{1}{2}$ w = 0,0631
			Hauteur de la cymaise...	0,212	$\frac{1}{2}$ q = 0,2129
	(0,275)		— de la corniche...	0,275	($\frac{1}{4}$ N) 0,2760
	(0,635)		— de la frise....	0,635	o = 0,6389
Hauteur de l'architrave...	0,840	$\frac{1}{2}$ L 0,8300		(0,840)	$\frac{1}{2}$ L 0,8300
Hauteur de l'entablement.	1,750	(i)	— de l'entabl. intér.	1,750	(i) 1,7449

Hauteurs générales de l'ordre intérieur.

Hauteur du crépid. extér..	1,300		Haut. du crépid. extér.	$_2$V+$_2$V+q	= 1,3079
— du crép. du vestib.	0,400		Haut. des crép. du vest. et du post.	S =	0,4015
— du crép. de la cella.	1,100		Hauteur du crépidome de la cella	N =	1,1146
— de la colonne inf.	5,830				
— de l'architrave..	0,840	= 6,670.	Étage inférieur de l'ordre intérieur...	$\frac{1}{2}$ d'' =	6,6902
— de la colonne sup.	3,329				
— de la frise.....	0,635	= 4,239.	Étage supérieur de l'ordre intérieur...	$\frac{1}{2}$ C =	4,2019
— de la corniche..	0,275				
Hauteur de l'ordre intér.	13,709		Hauteur totale de l'ordre intérieur......	($_2$ D)	13,7161

Dans l'ordre extérieur, c'était cet ordre même dont dépendait la détermination des hauteurs de ses détails; ici ce sont les étages qui sont pris d'une seule pièce, l'étage inférieur comprenant toute la colonne inférieure et en plus l'architrave, à $\frac{1}{2}$ d'' = 6,6902; et l'étage supérieur composé de la colonne supérieure, de la frise, et de la corniche, à $\frac{1}{2}$ C = 4,2019. Donc, pour avoir la hauteur de la colonne inférieure, il faut déduire de $\frac{1}{2}$ d'' la hauteur de l'architrave $\frac{1}{2}$ L, et on aura pour la colonne 5,8602 avec la base de $\frac{1}{4}$ I = 5,7909, et pour la hauteur complémentaire du fût 4,9146, avec la base de d 4,8519. De même, en déduisant de $\frac{1}{2}$ C les hauteurs de la frise et de la corniche, il reste 3,2870, avec la base de $_2$ L = 3,3200, et, après déduction faite de la hauteur du chapiteau, il reste pour le fût 2,6643, avec la base de $_2$ M = 2,7100 ($_2$ M étant la petite octave inférieure de $_2$ L). Une autre singularité de ce temple qui présente l'idée de couper l'entablement en deux, ce qu'on a véritablement fait, découle de l'examen de ses parties; d'abord la corniche est composée comme le sont les corniches habituellement, d'une cymaise et son abaque; le larmier et les filets manquent, pour ne pas donner trop de hauteur à la corniche. La frise est simple et sans triglyphe. Mais l'architrave située entre les deux colonnes possède toutes les parties habituelles; son abaque ou sa plate-bande et son corps principal sont les mêmes qu'ailleurs, mais à la place de la régula il y a ici un petit cavet, et à celle des têtes de clous une baguette.

I.

8

ORDRE DU VESTIBULE OU DU POSTICUM.

J'ai trouvé, sur une des planches de M. Mazois, des dates d'après lesquelles on peut restaurer l'ordre du vestibule et du posticum, en lui supposant la même hauteur avec l'ordre extérieur sans crépidome, c'est-à-dire
13,696 — 1,300 = 12,396. L'échelle de la planche citée était assez grande (celle de l'entablement à 0,05 p. m.,
et celle du chapiteau à 0,09 p. m.) pour que je pusse mesurer au compas avec quelque exactitude, à défaut des
cotes exprimées en chiffres. Il résulte de cet examen la restauration suivante.

MESURES DE M. MAZOIS.				COTES MÉTHODIQUES.	
Haut. de l'abaq. de la cymaise.	0,150		Abaque.	$^1/_4$ Q = 0,1506	
— du bec de la cymaise. . .	0,080				
— du reste de la cymaise. .	0,340	}	Cymaise.	q = 0,4259	
— du fil. au-dess. de la cym.	0,050		Filet.	$_2$ e' = 0,0498	
— de la corniche.	0,620		Corniche.	($^1/_4$ l) = 0,6263	
— de la frise.	1,400		Frise.	$^1/_4$ E = 1,4006	
— de l'architrave.	1,430		Architrave.	k = 1,4375	
— de l'entabl. du vestibule.	3,450	= 3,450	Entablement.	($^1/_2$ D) 3,4644	= 3,4644
— de l'abaq. du chapiteau.	0,415		Abaque.	$^1/_4$ L = 0,4150	
— de l'échine.	0,425		Échine.	q = 0,4259	
— du filet d'en bas. . . .	0,070		Filet d'en haut.	$_2$ E' = 0,0704	
— du col.	0,135		Col.	$_2$ z = 0,1372	
— du filet d'en bas. . . .	0,100		Filet d'en bas.	x = 0,1030	
— du chapit. de la colonne.	1,145		Hauteur du chapiteau. .	($^1/_4$ F) 1,1515	
— du fût de la colonne. . .	7,401		Fût de la colonne. . . .	($_2$ G) 7,3984	
— des colonnes du vestibule.	8,546	= 8,546	Hauteur de la colonne. .	(C) 8,5499	= 8,5499
— du crépidome du vestib.	0,400	= 0,400	Crépidome du vestibule.	S = 0,4015	= 0,4015
— de l'ordre du vestibule. .		12,396	Hauteur de l'ordre. . . .	($^1/_2$ 3) 12,4158	

En comparant les termes des bases des hauteurs totales et des chapiteaux de quatre genres des colonnes, nous
trouvons que le terme C de la colonne du vestibule suit immédiatement dans la série le terme $^1/_4$ III des colonnes
du péristyle, comme $^1/_4$ F de la hauteur du chapiteau des premières est le voisin mineur de l des dernières. Le
terme $^1/_4$ G de la hauteur du chapiteau de la colonne inférieure intérieure est distant d'une petite octave de $^1/_4$ F,
comme $^1/_4$ I du chapiteau de la colonne supérieure est distant de deux petites octaves de $^1/_4$ G. La hauteur totale de
la colonne inférieure intérieure $^1/_4$ I a d'un seul terme plus que la distance de l'unité à la diagonale du carré de
la hauteur C de l'ordre du vestibule, parce que de C à $^1/_4$ I il y a la distance de quatorze termes, et la hauteur de
la colonne supérieure intérieure $_2$ L à la distance de l'unité à la diagonale du cube de la hauteur $^1/_4$ I de la colonne
intérieure inférieure. La base de $^1/_2$ D pour la hauteur de l'entablement du vestibule est prise de l'école attique,
où ce terme était employé pour déterminer la hauteur de l'entablement extérieur. Voici un trait de l'influence de
cette école; l'autre, qui a été déjà mentionné, est le site incliné des axes des colonnes; le troisième est, d'après
le témoignage de M. Penrose, la circonstance que les lignes de l'entablement, au moins aux façades des pignons,
ne sont pas horizontales, mais des courbes légères; enfin la forme des cymaises des corniches ne peut laisser de
doutes que ce temple soit postérieur au Parthénon primitif, qui est le premier monument, que nous sachions, de
l'école attique. Toutefois, il faut le dire, le temple de Pæstum tient plus du caractère dorique propre que celui
de la ville de Sélinonte; son entablement est moins haut, il est vrai, mais d'un autre côté ses colonnes sont
beaucoup plus basses et plus trapues, se rattachant par ces caractères aux colonnes du temple de Corinthe. Il est
pourtant à remarquer que les colonnes du vestibule et du posticum sont moins coniques que celles du péristyle.
J'ai remarqué cette singularité partout où j'avais assez de dates pour comparer ces deux genres de colonnes,
notamment dans le temple de la ville de Sélinonte et au Parthénon actuel.

ANALYSE DU TEMPLE D'ÉGINE.

École, attiquo-dorique. L'influence du Parthénon primitif se trouve surtout dans l'abaissement de l'entablement, qui est pris ici comme dans le temple cité, comme dans ceux de Thésée du cap Sunium et autres, à la moitié du terme D. Dans la proportion de la longueur à la largeur du stylobate, on a non-seulement quitté la distance de plus de trente termes, habituelle pour les anciens temples de l'école dorique propre, mais on a même surpassé l'école attique en raccourcissant cette distance jusqu'à celle de vingt-sept termes.

Époque de construction. C'est après les guerres persanes, qui durèrent de 490 à 479, qu'on doit placer la construction de ce temple; c'est ce que prouvent des allusions à ces guerres, allusions qu'on a cru trouver dans les statues des pignons. Selon les uns, ce temple était dédié à Jupiter Panhellenius, et selon d'autres à Minerve; l'opinion postérieure paraît plus fondée, à cause de la présence de cette déesse qui porte secours aux Grecs, représentés combattant les Troyens. Les statues des pignons sont conservées aujourd'hui dans le musée de Munich; elles appartiennent encore, par le dessin un peu roide de leurs têtes, à l'époque du style archaïque, tandis que les corps de ces mêmes statues montrent déjà une grande liberté de style et de mouvement, à côté d'une connaissance admirable de la nature.

Ouvrages consultés. « L'*Expédition de Morée*, etc., » et, pour l'élévation de l'ordre aussi, l'ouvrage de Stuart et Revett, continué par les Dilettanti.

Voir, pour le plan, notre pl. III, fig. 1; — pour l'élévation de la façade principale, pl. V, fig. 1; — pour l'élévation de l'ordre sur une plus grande échelle, pl. X, fig. 1; — pour les profils des chapiteaux, pl. VII, fig. 1, 2 et 3; — enfin, pour le profil du chapiteau d'ante, pl. VIII, fig. 5.

L'*unité* du temple est marquée, dans « l'*Expédition de Morée*, » à $8,054 - 0,812 \times 2 = 6,43$ mètres.

Le temple avait un ordre intérieur dont les traces des colonnes subsistent encore; mais M. Blouet ne donne pas les cotes des entre-colonnements; la longueur de la cella, prise à $\frac{1}{2}$ 6, n'est donc qu'une approximation, et il se pourrait bien qu'on dût considérer cette longueur plutôt comme la somme résultant de l'addition des entre-colonnements. Dans ce cas, on pourrait prendre chacun des entre-colonnements extrêmes à $\frac{1}{4}$ D', et les quatre intermédiaires chacun à G, ce qui donnerait $\frac{1}{4}$ D' $= 2,2733 \times 2 + $ G $= 2,1997 \times 4 = 13,3454$, somme qui ne diffère que de 0,0054 de la cote 13,340 de M. Blouet.

A l'extérieur, le temple est un *périptère* de six à douze colonnes.

Mesure provisoire de la largeur. . . $\dfrac{13,818}{5} = 2,763 \quad \frac{1}{4}$ D" $= 2,7842 \times 5 = 13,9210$.

Mesure provisoire de la longueur. . . $\dfrac{28,797}{11} = 2,619 \quad \frac{1}{2}$ a $= 2,6250 \times 11 = 28,8750$.

Base de la longueur. . . . . $_2 3 = 28,9350$ ⎫

                                           ⎬ Distance de 27 termes.

Base de la largeur. . . . . I $= 13,6400$ ⎭

Base de la hauteur. . . . . $_2$ a $= 10,5000$ ⎱ Distance de 10 termes.

La distance de la longueur à la hauteur est de 36 termes.

LARGEURS DANS LE TEMPLE D'ÉGINE.

LARGEURS DANS LE TEMPLE D'ÉGINE.

		COTES DE M. BLOUET.	COTES MÉTHODIQUES.
α) Largeur de la marge du stylobate (côté nord)		0,547	$\frac{1}{2}$ G = 0,5499
β) — du portique latéral de la cella (côté nord)		2,335	e = 2,3328
γ) Épaisseur des murs de la cella (côté nord)		0,812	M = 0,7982
δ) Largeur de la cella dans l'œuvre, 8,054 — 0,812 × 2 . . . . =		6,430	U' = 6,4300
ε) Épaisseur du mur latéral de la cella (côté sud)		0,812	M = 0,7982
ζ) Largeur du portique latéral (côté sud)		2,335	e = 2,3328
η) — de la marge du stylobate (côté sud)		0,547	$\frac{1}{4}$ G = 0,5499
ϑ) *Largeur totale du stylobate à l'axe du milieu*		13,818	(J) 13,7918

La cella a trois nefs ; mais M. Blouet ne donne pas les cotes de la largeur de ces nefs ; à la mesure il paraît que l'unité, c'est-à-dire la largeur totale de la cella dans l'œuvre = 6,43, était divisée en quatre parties, et qu'on a donné deux de ces parties, soit $\frac{1}{2}$ U' = 3,215 m. à la nef principale, et $\frac{1}{4}$ U' = 1,6075 m. à chacune des nefs latérales. Chez M. Blouet les nefs latérales sont moins larges que de 1,60 ; elles ont chacune environ 1,25 à 1,30.

Largeurs à l'axe du péristyle.

				COTES DE M. BLOUET.	COTES MÉTHODIQUES.
ι) Largeur de la marge du stylobate (côté nord)				0,547	($\frac{1}{4}$ G) = 0,5499
κ) 1er entre-colonnement	(d'angle)			2,390	$_2$ K = 2,3948
λ) 2e —	(intermédiaire)			2,628	$\frac{1}{2}$ a = 2,6250
μ) 3e —	(du milieu)		12,724	2,688	F = 2,6943
ν) 4e —	(intermédiaire)			2,628	$\frac{1}{2}$ a = 2,6250
ξ) 5e —	(d'angle)			2,390	$_2$ K = 2,3948
ο) Largeur de la marge du stylobate (côté sud)				0,547	$\frac{1}{4}$ G = 0,5499
π) *Largeur totale du stylobate à l'axe du péristyle*				13,818	(I) 13,8337

J'ai dans mon dessin, pour chacune des trois parties λ), μ) et ν), la cote de 2,628, tandis que π) = 13,818 — ι), κ), ξ) et ε) divisé par 3 donne 2,648 pour chacun des entre-colonnements λ), μ) et ν). M. Blouet ne donnant pas les cotes détaillées de ces entre-colonnements, je suppose que celui du milieu μ), comme cela arrive assez souvent, était plus large que ses voisins à gauche et à droite, et c'est pourquoi j'ai pris pour sa mesure F, terme le plus rapproché au-dessus de la largeur $\frac{1}{2}$ a des entre-colonnements intermédiaires λ) et ν).

Entre-colonnements.

			COTES DE M. BLOUET.	COTES MÉTHODIQUES.
α) Entre-colonnements d'angle (égaux aux côtés courts et longs)			2,390	$_2$ K = 2,3948
β) — ordinaires des façades longues 27,704 — 2,39 × 2 = 22,924 . . . $\frac{22,924}{9}$ =			2,547	$_2$ h = 2,5402
γ) Largeur du portique latéral 12,724 — 6,43 = 6,294 — 0,812 × 2 = 4,670 . . . $\frac{4,670}{2}$ =			2,335	e = 2,3328
δ) Entre-colonnements intermédiaires des façades des pignons			2,628	$\frac{1}{2}$ a = 2,6250
ε) — du milieu des façades des pignons			2,688	F = 2,6943
ζ) Largeur du portique antérieur extérieur			3,300	E = 3,2998
η) Longueur du vestibule . . . . . 4,750 — 0,815 =			3,935	$\frac{1}{2}$ d'' = 3,9374
ϑ) — du posticum			2,660	F = 2,6943
ι) Largeur du portique postérieur extérieur			2,756	$\frac{1}{4}$ D'' = 2,7842
Sommes des parties ζ), η), ϑ) et ι)			12,651	12,7157
κ) Distance des deux colonnes du vestibule et du posticum			2,730	F = 2,6943
λ) Chacun des deux entre-colonnements extrêmes de la cella			?	$\frac{1}{4}$ D' = 2,2733
μ) Un des entre-colonnements intermédiaires de la cella			?	G = 2,1997

On voit une régularité bien remarquable dans les entre-colonnements, aux termes de e, E, F, G et $\frac{1}{4}$ D', $\frac{1}{4}$ D'', $\frac{1}{2}$ d''. La différence des largeurs des portiques extérieurs, selon qu'elle est prise à la façade principale ou à la façade postérieure, de même la différence des longueurs du vestibule et du posticum, sont constantes et nous donnent une preuve remarquable de la différence qui existe entre nos vues sur l'harmonie et celle des Grecs. Les entre-colonnements de la cella λ) et μ) aux termes $\frac{1}{4}$ D' et G sont plus grands que les entre-colonnements homonymes de Pæstum, qui ont pour mesure $_2$ i et $_2$ L.

LONGUEURS DANS LE TEMPLE D'ÉGINE.

		COTES DE M. BLOUET.	COTES MÉTHODIQUES.
α)	Largeur de la marge du stylobate.	0,547	$\frac{1}{2}$ G = 0,5499
β)	Largeur du portique antérieur extérieur.	3,300	E = 3,2998
γ)	Longueur du vestibule.	3,935	$\frac{1}{2}$ d″ = 3,9374
δ)	Épaisseur du mur transversal de la cella.	0,815	M = 0,7982
ε)	Longueur de la cella dans l'œuvre.	13,340	$\frac{1}{2}$ 6 = 13,2892
ζ)	Épaisseur du mur transversal postérieur de la cella.	0,898	$\frac{1}{2}$ H = 0,8979
η)	Longueur du posticum.	2,660	F = 2,6943
ϑ)	Largeur du portique postérieur extérieur.	2,756	$\frac{1}{4}$ D″ = 2,7842
ι)	Largeur de la marge du stylobate.	0,547	$\frac{1}{4}$ G = 0,5499
	Longueur du stylobate à l'axe du milieu.	28,798	(₂ 3) 28,8008

Je dois signaler ici une erreur dans mon dessin ; la longueur du vestibule est marquée de 3,445 $\frac{1}{4}$ I, tandis qu'elle devait être cotée comme γ) de 3,935 $\frac{1}{2}$ d″ ; car 4,75 (cote de M. Blouet) — 0,815 est égal à 3,935, et 3,935 correspond à $\frac{1}{2}$ d″ = 3,9374.

La longueur de la cella est prise à un seul terme de la série. M. Blouet ne donne pas les cotes des entre-colonnements de l'ordre intérieur, lesquels, mesurés au compas dans son dessin, sont approximativement de $\frac{1}{4}$ D et de G.

1ᵉʳ	entre-colonnement de l'ordre intérieur de la cella.		. . .	$\frac{1}{4}$ D′ =	2,2733
2ᵉ	—	—	—	G =	2,1997
3ᵉ	—	—	—	G =	2,1997
4ᵉ	—	—	—	G =	2,1997
5ᵉ	—	—	—	G =	2,1997
6ᵉ	—	—	—	$\frac{1}{4}$ D′ =	2,2733
	Longueur présomptive de la cella.		. . .	($\frac{1}{2}$ 6)	13,3454

La différence de la longueur de $\frac{1}{2}$ 6 et celle obtenue par l'addition des entre-colonnements ne sont que de 13,3454 — 13,2892 = 0,0562. M. Blouet marque au posticum un double escalier qui aurait conduit à une galerie située au-dessus des colonnes inférieures de la cella ; il donne le diamètre inférieur de ces colonnes, à la pl. LII, fig. 2, à 0,533, O = 0,5322, et le diamètre supérieur à 0,400, $\frac{1}{2}$ M = 0,3991 ($\frac{1}{2}$ M est le terme du diamètre supérieur de la colonne supérieure à Pæstum). Il faut encore faire remarquer que les diamètres inférieurs des colonnes de la cella sont plus gros dans le plan général, pl. XLVIII de M. Blouet, qu'à la pl. LII ; car ils ont dans la première de ces planches plus de 0,70.

Longueurs à l'axe du péristyle.

Largeur de la marge du stylobate.			0,547	$\frac{1}{4}$ G = 0,5499
1ᵉʳ entre-colonnement (d'angle).			2,390	₂ K = 2,3948
2ᵉ	—			₂ h = 2,5402
3ᵉ	—			₂ h = 2,5402
4ᵉ	—			₂ h = 2,5402
5ᵉ	—			₂ h = 2,5402
6ᵉ	—	(neuf entre-colonnements à 2,547 chacun		
		2,547 × 9 =.	22,923	$\frac{1}{2}$ a = 2,6250
7ᵉ	—			₂ h = 2,5402
8ᵉ	—			₂ h = 2,5402
9ᵉ	—			₂ h = 2,5402
10ᵉ	—			₂ h = 2,5402
11ᵉ	—	(d'angle).	2,390	₂ K = 2,3948
Largeur de la marge du stylobate.			0,547	$\frac{1}{2}$ G = 0,5499
Largeur totale du stylobate à l'axe du péristyle.			28,797	(₂ 3) 28,8360

PLANS DES COLONNES DU TEMPLE D'ÉGINE.

Plans des colonnes du péristyle.

	COTES DE M. BLOUET.		COTES MÉTRODIQUES.
Côté de l'abaque du chapiteau.......	1,240	(Base de ce côté, $^1/_4$ C = 1,2377.)	
Saillie de l'ab. sur le diam. inf. de l'échine.	0,193	Base de la saillie de l'abaque......	(T) = 0,1931
Diamètre inférieur de l'échine.......	0,854	Diamètre inférieur de l'échine.....	k = 0,8460
Saillie de l'abaque.............	0,193	Base de la saillie de l'abaque......	(T) = 0,1931
	1,240		1,2322
Saillie de l'ab. sur le diam. sup. des colonn.	0,254	Saillie de l'ab. sur le diamètre supérieur.	q = 0,2507
Diamètre supérieur de la colonne.....	0,732	Diamètre supérieur de la colonne....	$^1/_2$ I = 0,7332
Saillie de l'abaque.............	0,254	Saillie de l'abaque............	q = 0,2507
	1,240		1,2346
Diamètre inférieur de la colonne......	0,990	Diamètre inférieur de la colonne....	L = 0,9773
Profondeur des cannelures.........	?	Profondeur des cannelures.......	?

Plans des colonnes du vestibule et du posticum.

Côté de l'abaque du chapiteau.......	1,030	(Base du côté de l'abaque, i = 1,0370.)	
Saillie de l'ab. sur le diam. inf. de l'échine.	0,161	Base de la saillie de l'abaque......	($^1/_4$ N) = 0,1629
Diamètre inférieur de l'échine.......	0,708	Diamètre inférieur de l'échine.....	$_2$ Q = 0,7096
Saillie de l'abaque.............	0,161	Base de la saillie de l'abaque......	($^1/_4$ N) = 0,1629
	1,030		1,0354
Saillie de l'ab. sur le diam. supér. de la col.	0,208	Saillie de l'abaque............	r = 0,2048
Diamètre supérieur de la colonne.....	0,614	Diamètre supérieur de la colonne....	$_2$ p = 0,6144
Saillie de l'abaque.............	0,208	Saillie de l'abaque............	r = 0,2048
	1,030		1,0240
Diamètre inférieur de la colonne......	0,808	Diamètre inférieur de la colonne....	M = 0,7982
Profondeur des cannelures d'en haut...	0,017	Profondeur des cannelures d'en haut..	F' = 0,0169
Profondeur des cannelures d'en bas....	0,033	Profondeur des cannelures d'en bas..	a' = 0,0334

Plans des colonnes de l'ordre intérieur.

Côté de l'abaque du chapiteau.......	0,713	(Base du côté de l'abaque, $_2$ Q = 0,7096.)	
Saillie de l'ab. sur le diam. inf. de l'échine.	0,112	Base de la saillie de l'abaque......	(u) = 0,1114
Diamètre inférieur de l'échine.......	0,489	Diamètre inférieur de l'échine.....	$^1/_2$ L = 0,4886
Saillie de l'abaque.............	0,112	Base de la saillie de l'abaque......	(u) = 0,1114
	0,713		0,7114
Saillie de l'ab. sur le diam. supér. de la col.	0,158	Saillie de l'abaque sur le diam. supérieur.	U = 0,1567
Diamètre supérieur de la colonne.....	0,400	Diamètre supérieur de la colonne....	$^1/_2$ M = 0,3991
Saillie de l'abaque.............	0,158	Saillie de l'abaque............	U = 0,1567
	0,716		0,7125
Diamètre inférieur de la colonne......	0,533	Diamètre inférieur de la colonne....	O = 0,5322
Profondeur des cannelures d'en haut. ?	0,005	Profondeur des cannelures d'en haut. ?	$^1/_4$ E' = 0,0051
Profondeur des cannelures d'en bas....	0,016	Profondeur des cannelures d'en bas...	$_2$ h' = 0,0158

HAUTEURS DES DÉTAILS.

1re marche d'en bas du crépidome.... ?	0,371		
2e — — — .... ?	0,371		
3e — — — .... ?	0,372		
Hauteur du crépidome...	1,114	Hauteur du crépidome.........	$^1/_2$ G ? = 1,0998

HAUTEURS DES DÉTAILS DANS LE TEMPLE D'ÉGINE.

Colonnes du péristyle.

	COT. DE M. BLOUET.	COT. MÉT.	
Haut. de l'abaq. du chap.	0,203	$r =$	0,2048
— de l'échine....	0,214	$_2 W =$	0,2102
— du filet d'en haut.	0,047	$A' =$	0,0466
— du col.......	0,110	$u =$	0,1114
— du filet d'en bas..	0,047	$A' =$	0,0466
Haut. du chapiteau...	0,621	$(_2 p) =$	0,6196
Haut. du fût des colonn.	4,664	$_2 e =$	4,6656
Haut. totale des colonn.	5,285	$(a) =$	5,2852

Colonnes du vestibule et du posticum.

	COT. DE M. BLOUET.	COT. MÉT.	
Haut. de l'abaq. du chap.	0,176	$\frac{1}{2} Q =$	0,1774
— de l'échine....	0,229	$\frac{1}{2} n =$	0,2304
— du filet d'en haut.	?		
— du col......	?		
— du filet d'en bas..	?		
Haut. du chapiteau...	0,523	$(O) =$	0,5322

Colonnes de l'ordre du milieu.

	COT. DE M. BLOUET.	COT. MÉTH.	
Haut. de l'abaq. du chap.	0,129	$V =$	0,1302
— de l'échine....	0,127	$\frac{1}{2} q =$	0,1253
— du filet d'en haut.	0,036	$B' =$	0,0381
— du col......	0,027	$b' =$	0,0269
— du filet d'en bas..	0,029	$\frac{1}{2} Z =$	0,0286
Haut. du chapiteau...	0,348	$(\frac{1}{2} l)$	0,3491

Entablement.

	COT. DE M. BLOUET.	COT. MÉTH.	
Haut. de la cymaise...	0,064	$\frac{1}{2} V =$	0,0652
— du larmier.....	0,198	$\frac{1}{4} M =$	0,1995
— de la plate-bande supérieure...	0,040	$\frac{1}{4} U =$	0,0394
— de la plate-bande inférieure.....	0,078	$_2 B' =$	0,0762
— du filet.......	0,010	$\frac{1}{2} E' =$	0,0103
Haut. de la corniche.	0,390	$(_2 T)$	0,3906
— de la frise....	0,807	M	0,7982
— de l'architrave..	0,840	k	0,8461
Haut. de l'entab. extér.	2,037	$(\frac{1}{2} D)$	2,0349

HAUTEURS GÉNÉRALES

	COTES DE M. BLOUET.		COTES MÉTHODIQUES.
Hauteur du crépidome extérieur composé de trois marches.....	1,114	$(\frac{1}{2} G) =$	1,1140
— totale des colonnes du péristyle................	5,285		5,2852
— de l'entablement du péristyle.	2,037	$(\frac{1}{2} D)$	2,0349
Hauteur de l'ordre du péristyle.........	8,436	$(\frac{1}{2} H)$	8,4341
Hauteur du pignon (sans cote de M. Blouet), qui donne, mesuré au compas...................	2,200	G	2,1997
Hauteur totale du temple............	10,636	$(_2 a)$	10,6338

Les bases des hauteurs des détails sont les suivantes : pour le crépidome, qui n'est pas détaillé chez M. Blouet, $\frac{1}{2} G = 1,0998$; — pour les chapiteaux des colonnes du péristyle $= 0,6196 \ _2 p = 0,6144$; — pour les chapiteaux du vestibule et du posticum, chez M. Blouet marqués de 0,523, $O = 0,5322$; — pour les chapiteaux de l'ordre de la cella, $0,3491 \ \frac{1}{2} l = 0,3456$; — pour la hauteur des colonnes du péristyle, $5,2852 \ a = 5,2500$; — pour la hauteur de l'entablement, $2,0349 \ \frac{1}{2} D = 2,0206$; — pour la hauteur de l'ordre extérieur, $8,4341 \ \frac{1}{2} H = 8,3528$; — enfin, pour la hauteur totale du temple, de $10,6338 \ _2 a = 10,5000$. — Je ne trouve cotées, chez M. Blouet, ni la hauteur de l'ordre du vestibule ni celle du posticum. Des colonnes de l'ordre intérieur, il ne reste que leur emplacement et des fragments de leurs chapiteaux.

La hauteur de l'ordre sans crépidome est $8,436 - 1,114 = 7,322$, dont la base est $A = 7,4247$, ce qui correspond très-bien à la base de $_2 a$ de la hauteur totale du temple, parce que $_2 a$ est la diagonale du carré d'un triangle du cube dont A est l'*unité*.

ANALYSE DU TEMPLE DE THÉSÉE.

La tradition veut que ce temple ait été dédié, par les Athéniens, à leur héros-national Thésée. Récemment on l'a désigné sous le nom de temple de Mars ; mais plusieurs archéologues sont revenus à l'ancienne dénomination, remarquant que le crépidome de ce temple n'avait que deux marches et que le monument, par cette raison, devait avoir été un héroon, parce que « les temples des dieux ont toujours un crépidome d'au moins trois marches. »

École attique pure.

Époque de construction, celle qui a suivi la guerre persane, les victoires de Marathon en 490, de Salamine en 480, de Platée et Mykale en 479. Le temple de Thésée est le plus ancien monument encore *debout* de l'école attique ; ses reliefs tiennent la place intermédiaire entre ceux du temple d'Égine, qui l'a devancé de quelques années, et ceux du Parthénon, qui est postérieur.

OUVRAGES CONSULTÉS. L'ouvrage de MM. Stuart et Revett, qui est capital pour ce temple ; l'ouvrage de M. Penrose pour le plan, et un relevé très-exact de feu M. Fuentes, architecte espagnol, que M. Nicolle a bien voulu me communiquer.

Voir, pour le plan, notre pl. III, fig. 2 ; — pour l'élévation, pl. V, fig. 2 ; — pour le galbe des colonnes, pl. X, fig. 2 ; — pour le profil des chapiteaux, pl. VII, fig. 4 et 5 ; — enfin, pour le profil du chapiteau d'ante, pl. VIII, fig. 6.

L'*unité* est marquée, chez MM. Stuart et Revett, à 20'4,5'' angl. $=$ 6,202 mètres ; chez MM. Penrose et Fuentes, je ne l'ai pas trouvée marquée.

Le temple est un simple *périptère* de six à treize colonnes.

Mesure provisoire de la largeur. . $\quad \dfrac{13,780}{5} = 2,756 \qquad d = 2,7564 \times 5 = 13,7820.$

Mesure provisoire de la longueur. $\quad \dfrac{31,750}{12} = 2,646 \ ^1/_4 \ D'' = 2,6855 \times 12 = 32,2260.$

Base de la longueur. . . . . $7 = 31,3976$ }

Base de la largeur. . . . . $3 = 13,9500$ } Distance de 29 termes.

Base de la hauteur. . . . . $_2 a = 10,1278$ } Distance de 12 termes.

La distance de la longueur à la hauteur est de 40 termes. La base de la hauteur de $_2 a$ est la même qu'au temple d'Égine, la base de la longueur 7 est plus haute de 5 termes que la base de $_2 3$ du temple d'Égine, et la base de la largeur 3 est plus haute de 3 termes que la base homonyme de I dans ledit temple d'Égine.

LARGEURS DANS LE TEMPLE DE THÉSÉE.

La cote générale de la largeur du stylobate est marquée, chez MM. Stuart et Revett, à 45′2,95″ angl. = 13,780 m.; cette cote est trop grande d'à peu près 0,07, parce que M. Fuentes ne donne pour cote générale que 13,715, et M. Penrose donne 45,011′ angl. =13,710 m. La somme des cotes spéciales marquées à l'endroit des antes du posticum est un peu plus petite que la cote générale, à savoir de 45′2,85″ angl.; je donne ces cotes et en même temps leur réduction d'après la manière habituelle de relever.

COTES A L'ENDROIT DES ANTES.			COT. RÉD. A LA RÈGLE. ANGL. =	MÈTRES.	COTES MÉTHOD.
9′ 4,00″ = 2,842	α)	Largeur de la marge du stylobate...	1′ 10,675″ =	0,575	½ K = 0,5774
3,50 = 0,085	β)	Largeur du portique latéral......	7′ 8,825″ =	2,355	½ C = 2,3883
3′ 1,45 = 0,950	γ)	Épaisseur du mur latéral.......	2′ 9,750″ =	0,855	¼ E = 0,7955
19′ 9,10 = 6,017	δ)	Largeur de la cella dans l'œuvre...	20′ 4,500 =	6,200	U′ = 6,2000
3′ 1,45 = 0,950	ε)	Épaisseur du mur de la cella.....	2′ 9,750″ =	0,855	¼ E = 0,7955
3,50 = 0,085	ζ)	Largeur du portique latéral......	7′ 8,675 =	2,352	½ C = 2,3883
9′ 3,85 = 2,838	η)	Largeur de la marge du stylobate...	1′ 10,675 =	0,575	½ K = 0,5774
45′ 2,85 = 13,767		*Largeur à l'axe du milieu....*	45′ 2,850″ = 13,767	(3)	13,7224

MM. Stuart et Revett donnent la largeur de la marge du stylobate, plus le rayon restant de la colonne, à 3′7,1″; il faut donc, pour avoir la marge, déduire le rayon de la colonne = 1′8,425″ de 3′7,1″ pour avoir α) et η) chacun à 1′10,675″ = 0,575 m. Pour avoir la largeur du portique latéral β) et ζ), nous aurons 9′4″ + 3,5″ et 9′3,85″ + 3,5″; de ces deux sommes il faut déduire de chacune la marge pour avoir β) à 7′8,825″ = 2,355 et ζ) à 7′8,675″ = 2,352. Pour avoir l'épaisseur du mur latéral de la cella γ) et ε), il faut additionner 3′1,45 + 19′9,1″ + 3′1,45″; il faut déduire de cette somme l'unité de 20′4,5″ et il faut diviser le résidu par 2, et on aura 2′9,75″. Il est à remarquer que, par cette opération, nous aurons l'épaisseur du mur trop grande et la largeur des portiques trop petite de quelques centimètres, parce que la cote de 9′4″ ne va que jusqu'au gradin du crépidome du vestibule; c'est pourquoi ¼ E = 0,7955 est plus petit que η) et ε), chacun ayant 0,855; et ½ C = 2,3883 est plus grand que β) et ζ), chacun ayant 2,352 : de l'autre côté, la somme de ¼ E + ½ C est plus petite de 0,027 que β) + γ) et ε) + ζ), parce que MM. Fuentes et Penrose ont de 6 à 7 centimètres de moins pour la largeur totale du stylobate que n'en ont MM. Stuart et Revett. Dans mon dessin du plan du temple, j'ai encore l'épaisseur plus grande du mur à ₂ P = 0,8382, qui doit être corrigée en ¼ E.

L'augmentation de la largeur des portiques latéraux est encore confirmée par la largeur de l'entre-colonnement d'angle du péristyle, qui est donnée par MM. St. et R. à $\frac{3′4,85″}{2} + 4′6,35″ + \frac{3′3,4″}{2} = 7′10,475″$ anglais = 2,397 m. MM. Fuentes et Penrose ont pour cet entre-colonnement, le premier, les cotes de 2,371 et 2,358; le dernier, 7,903′ = 2,407 et 7,900′ = 2,406. Au Parthénon, nous avons le même cas qu'ici, à savoir l'entre-colonnement d'angles a la même valeur que la largeur du portique latéral de chaque côté.

Largeurs à l'axe du péristyle.

	COTES DE MM. ST. ET R.	COTES MÉTHOD.	M. FUENTES.	COTES DE M. PENROSE.
Largeur de la marge du stylobate...	1′ 10,675″ = 0,575	½ K = 0,5774	0,6275	? = ?
1er entre-colonnement (d'angle)...	7′ 10,475″ = 2,397	½ C = 2,3883	2,3710	7,903′ 2,407
2e — (intermédiaire).	8′ 7,450″ = 2,625	F = 2,5978	2,5530	? ?
3e — (du milieu)...	8′ 7,350″ = 2,623	F = 2,5978	2,5950	? ?
4e — (intermédiaire).	8′ 7,450″ = 2,625	F = 2,5978	2,5850	? ?
5e — (d'angle)....	7′ 10,475″ = 2,397	½ C = 2,3883	2,3585	7,900′ = 2,406
Largeur de la marge du stylobate...	1′ 10,675″ = 0,575	½ K = 0,5774	0,6250	? ?
Largeur à l'axe du péristyle..	45′ 4,550″ = 13,817	(3) 13,7248	13,7150	45,011′ = 13,710

I.

9

ENTRE-COLONNEMENTS.

	COTES DE MM. ST. ET R.	MÉTHODIQUES.	M. FUENTES.	M. PENROSE.

α) Entre-colon. d'angle, $\dfrac{3'4,85''}{2}$ +

$\quad 4'6,35'' + \dfrac{3'3,4''}{2}$, ... $= 7'10,475'' = 2,397 \qquad \frac{1}{2}\,C = 2,3883 \quad 2,371 \quad \dfrac{3,38'}{2} + 4,562' +$

β) Entre-colonn. ord. des façades
$\quad$ latérales, $3'3,4'' + 5'3,85'' = \ 8'\ 7,250'' = 2,620 \qquad F = 2,5978 \left\{ \begin{array}{l} 2,609 \\ 2,579 \end{array} \right. \dfrac{3,302'}{2} = 7,903' = 2,407$

γ) Largeur du portique latéral,
$\quad 9'4'' + 0'3,5'' = 9'7,5'' -$
$\quad 1'10,675''$ . . . . $= 7'\ 8,825'' = 2,355 \qquad \frac{1}{2}\,C = 2,3883$

δ) Entre-col. ord. des façades des
$\quad$ pignons, $\dfrac{3'3,4''}{2} + 5'3,95'' +$

$\quad \dfrac{3'3,4''}{2}$ . . . . $= 8'\ 7,350'' = 2,623 \qquad F = 2,5978 \left\{ \begin{array}{l} 2,595 \\ 2,553 \end{array} \right.$

ε) Larg. du portique antér. extér.,
$\quad 16'3,20'' - 1'10,675'' + 3,6'' +$
$\quad 1'7,265''$. . . . . $= 16'\ 3,390'' = 4,959 \qquad \frac{1}{4}\,III = 4,9360$

ζ) Long. du vestibule, $16'4,80'' -$
$\quad 3,6'' - 1'7,265''$ . . . . . . $= 14'\ 5,935'' = 4,414 \qquad \frac{1}{2}\,D' = 4,3854$

η) Long. du posticum, $12'5,85'' -$
$\quad 1'7,350 - 3,6''$ . . . . . . $= 10'\ 6,900'' = 3,221 \qquad \frac{1}{4}\,I = 3,2906$

ϑ) Larg. du portique postér. extér.,
$\quad 13'10,9'' + 1'7,35'' + 3,6'' -$
$\quad 1'10,675''$. . . . . $= 13'11,175'' = 4,243 \qquad {}_2G = 4,2438$

$\qquad$ Somme de ε), ζ), η) et ϑ). . $\overline{55'\ 3,400''} = \overline{16,837} \qquad \qquad 16,8558$

ι) Distance des deux colonnes du
$\quad$ vestibule et du posticum. . . $\quad 8'\ 2,166'' = 2,490 \qquad \dfrac{{}^1/{}_2\,a + {}_2\,h}{2} = 2,4907$

Dans α) $3'4,85''$ est le diamètre de la colonne d'angle, et $3'3,4''$ est le diamètre des colonnes ordinaires du péristyle, et $4'6,35''$ est l'intervalle des deux diamètres. Dans γ), il faut ajouter quelques centimètres pour la distance qui se trouve entre le mur de la cella et l'angle de la marche ; ainsi γ) doit devenir égal à α). Dans ε), $1'10,675''$ est la largeur de la marge du stylobate, qui doit être déduite de $16'3,2''$; au résidu il faut additionner la moitié de la face intérieure de l'ante ; cette moitié est de $1'7,265''$ et la distance à partir de l'angle de la marche jusqu'au commencement de l'ante : cette distance est de $0'3,6''$. Dans ζ), il faut déduire de $16'4,8''$ cette même distance de $0'3,6''$, et la moitié de la face intérieure de l'ante = $1'7,265''$. Pour ι), j'ai dans mon dessin le terme méthodique $F = 2,5978$; mais cette cote est trop grande, et, si MM. St. et R. ont exactement mesuré, il y a ici un des cas très-rares où l'on a pris la moyenne de deux termes, à savoir la moyenne de $\frac{1}{2}$ a et $_2$ h, qui est égale à $2,4907$.

LONGUEURS A L'AXE DU MILIEU.

					M. FUENTES.	M. PENROSE.
α)	Largeur de la marge du stylobate.	$1'10,675''$	$=$	$0,575$	$\frac{1}{2}\,K = \quad 0,5774$	
β)	Largeur du portique antér. extér.	$16'\ 3,390$	$=$	$4,959$	$\frac{1}{4}\,III = \quad 4,9360$	
γ)	Longueur du vestibule.	$14'\ 5,935$	$=$	$4,414$	$\frac{1}{2}\,D' = \quad 4,3854$	
δ)	Épaisseur du mur antér. de la cella.	$2'\ 8,450$	$=$	$0,823$	$_2\,P = \quad 0,8382$	
ε)	Longueur de la cella.	$39'\ 9,200$	$=$	$12,111$	$\frac{1}{2}\,IV = 12,0849$	
ζ)	Épaisseur du mur post. de la cella.	$2'\ 8,530$	$=$	$0,826$	$_2\,P = \quad 0,8382$	
η)	Longueur du posticum.	$10'\ 6,900$	$=$	$3,221$	$\frac{1}{4}\,I = \quad 3,2906$	
ϑ)	Largeur du portique postér. extér.	$13'11,175$	$=$	$4,243$	$_2\,G = \quad 4,2438$	
ι)	Largeur de la marge du stylobate.	$1'10,675$	$=$	$0,575$	$\frac{1}{2}\,K = \quad 0,5774$	
	Longueur du stylob. à l'axe du périst.	$\overline{104'\ 2,930''}$	$=$	$\overline{31,747}$	(7) $\quad \overline{31,7719} \quad \overline{31,764}$	$\overline{104,23'} = \overline{31,748}$

Je n'avais, ni chez M. Fuentes ni chez M. Penrose, des données spéciales pour les mesures des parties situées à l'axe du milieu ; mais MM. Stuart et Revett suppléent à ce défaut. Les murs transversaux de la cella sont ici plus épais de 3 termes que les murs latéraux ; un tel renforcement se trouve dans beaucoup de temples.

LONGUEURS A L'AXE DU PÉRISTYLE.

	COTES DE MM. ST. ET R.		MÉTHODIQUES.	M. FUENTES.	M. PENROSE.
Largeur de la marge du stylobate.	1'10,675"	= 0,575	1/2 K = 0,5774	0,6225	
1er entre-colonnement (d'angle)...	7'10,525	= 2,400	1/2 C = 2,3883	2,3535	7,903' = 2,407
2e (ordinaire).	8' 7,250	= 2,620	F = 2,5978	2,5855	
3e			F = 2,5978	2,5820	
4e			F = 2,5978	2,5535	
5e			F = 2,5978	2,6090	
6e Huit entre-colonnem. à 2,570?			1/2 a = 2,5319	2,5570	
7e 2,570 × 8. . . . =	67' 6,080	= 20,560	1/2 a = 2,5319	2,6045	? ?
8e			F = 2,5978	2,5790	
9e			F = 2,5978	2,5860	
10e			F = 2,5978	2,5830	
11e entre-colonnement (ordinaire).	8' 7,250	= 2,620	F = 2,5978	2,5930	
12e — (d'angle). .	7'10,475	= 2,397	1/2 C = 2,3883	2,3510	7,919' = 2,412
Largeur de la marge du stylobate.	1'10,675	= 0,575	1/2 K = 0,5774	0,6005	
Longueur à l'axe du péristyle. .	104' 2,930"	= 31,747	(7) 31,7776	31,7600	104,230' = 31,748

Les cotes des entre-colonnements ordinaires du péristyle manquent, à l'exception de deux, chez MM. St. et R. M. Penrose n'a que les deux entre-colonnements d'angle, tandis que M. Fuentes a mesuré chaque entre-colonnement à part, et non-seulement d'un, mais des quatre côtés du péristyle. Il résulte de ce relevé qu'il y a une variation assez importante dans les grandeurs des entre-colonnements homonymes qui ne saurait s'expliquer méthodiquement, et qui doit dépendre uniquement des raisons matérielles de la longueur des pierres d'architrave.

PLANS DES COLONNES.

Colonnes du péristyle.

Côté de l'abaque du chapiteau. . .	3' 8,902"	= 1,136	(Base K = 1,1548)		
				Aux col. d'angle, 3,855' = 1,174	
Saill. de l'ab. s. le diam. inf. de l'éch.	5,334	= 0,135	(2 Y) = 0,1352	3,751' = 1,142	
Diamètre inférieur de l'échine. . .	2'10,234	= 0,866	1/2 H = 0,8661		
Saillie de l'abaque.	5,334	= 0,135	(2 Y) = 0,1352		
Saill. de l'ab. s. le diam. sup. de la col.	7,134	= 0,180	1/2 o = 0,1814		
Diamètre supérieur de la colonne.	2' 6,634	= 0,777	M = 0,7699		
Saillie de l'abaque.	7,134	= 0,180	1/2 o = 0,1814		
				Des col. d'angle, 3,380' = 1,029	
Diamètre inférieur des colonnes. .	3'3,65"et 3'3,4" =	1,000	i = 0,9997	Des col. ordin., 3,302' = 1,005	
Profond. des cannelures d'en haut.			? C' = 0,0297		
Profond. des cannelures d'en bas.			? F' = 0,0326		

Colonnes du vestibule et du posticum.

Côté de l'abaque du chapiteau. . .	3' 7,60"	= 1,106	(Base 1/2 e = 1,1252)		
Saill. de l'ab. s. le diam. inf. de l'éch.	5,15	= 0,130	(t) = 0,1314		
Diamètre inférieur de l'échine. . .	2' 9,30	= 0,846	2 P = 0,8382		
Saillie de l'abaque.	5,15	= 0,130	(t) = 0,1314		
Saill. de l'ab. s. le diam. sup. de la col.	6,55	= 0,164	2 X = 0,1656		
Diamètre supérieur de la colonne.	2' 6,50	= 0,777	M = 0,7699		
Saillie de l'abaque.	6,55	= 0,164	2 X = 0,1656		
Diamètre inférieur de la colonne.	3' 3,60"	= 1,000	i = 0,9997		

Les plans des colonnes ordinaires du péristyle sont pris de MM. Stuart et Revett, vol. III, chap. I; ceux des colonnes du vestibule et du posticum du vol. V « *Antiq. of Athens illustrated*, by C. R. Cockerell, T. L. Donaldson, etc., etc. » L'accord parfait entre les chiffres des diamètres des colonnes 0,777 et 1,000 avec les termes M et i prouve que l'architecte s'est encore servi de la méthode dorique ancienne de creuser les cannelures. Je crois que les deux diamètres M et i, pour les colonnes ordinaires du péristyle, ont été fixés ici pour la première fois. M. Fuentes a, pour le diamètre inférieur des colonnes d'angle, 0,976 sans cannelures, et pour celui des colonnes ordinaires 0,951. MM. St. et R. ont, pour le diamètre inférieur des colonnes d'angle, 3' 4,85" = 1,036, 2 O = 1,0266, ce qui répond mieux à la cote de M. Penrose = 1,029.

HAUTEURS DES DÉTAILS DU TEMPLE DE THÉSÉE.

	COTES DE MM. ST. ET R.	MÉTHODIQUES.	M. FUENTES.	M. PENROSE.
1ʳᵉ marche du crépidome.	1'1,65"= 0,346	Q = 0,3422		
2ᵉ — —	1'2,35 = 0,364	o = 0,3629		
Hauteur du crépidome.	2'4,00"= 0,710	(¹/₂ I) 0,7051		

Colonnes du péristyle.

Hauteur de l'abaque du chapiteau.	7,850"= 0,199	r = 0,1975	
— de l'échine..	6,500 = 0,165	s = 0,1613	de
— du filet d'en haut.	1,234 = 0,031	¹/₁ V = 0,0310	0,503
— du col.	4,300 = 0,109	¹/₂ S = 0,1140	à
— du filet d'en bas.	0,166 = 0,004	0,0040	0,517
Hauteur du chapiteau..	1'8,050"= 0,508	(¹/₂ i) 0,5078	
Hauteur du fût de la colonne.	17'0,900 = 5,200	₂F 5,1956	
Hauteur des colonnes du péristyle. .	18'8,950"= 5,708	(¹/₂ 2) 5,7034	5,702 18,735'= 5,706

Chapiteau des colonnes du vestibule. (Continuation de l'ouvrage de MM. St. et Rev., Vᵉ vol.)

Hauteur de l'abaque du chapiteau.	7,620"= 0,193	¹/₁ M = 0,1925
— de l'échine..	6,130 = 0,155	¹/₁ N = 0,1572
— du filet d'en haut.	1,000 = 0,026	¹/₂ Z = 0,0275
— du col.	4,000 = 0,100	W = 0,1013
— du filet d'en bas.	0,120 = 0,003	0,0030
Hauteur du chapiteau.	1'6,870"= 0,477	(¹/₂ L) 0,4815

Entablement.

α) Hauteur de la cymaise de la corniche. . . .	1,15"= 0,029	¹/₂ x = 0,0291
β) — du filet en bas de la cymaise. . . .	0,35 = 0,009	¹/₂ d' = 0,0087
γ) — du larmier.	7,35 = 0,186	T = 0,1862
δ) — du 1ᵉʳ filet en bas du larmier. . . .	1,25 = 0,031	¹/₂ Y = 0,0338
ε) — du 2ᵉ filet en bas du larmier. . . .	2,35 = 0,059	₂ C' = 0,0594
ζ) Hauteur de la corniche.	1'0,45" = 0,314	(¹/₂ N) 0,3172 ?
η) Hauteur de la frise.	2'8,55 = 0,826	k = 0,8166 ?
θ) Hauteur de l'architrave. . . .	2'8,90 = 0,835	₂ P = 0,8382 0,836
ι) Hauteur totale de l'entablement. . .	6'5,90" = 1,975	(¹/₂ D) 1,9720

Dans mon dessin, pl. V, fig. 2, les deux filets δ) et ε) sont pris à la corniche et donnés à la frise ; il faut donc les restituer à la partie à laquelle ils appartiennent, et corriger le terme de la hauteur de la corniche de S en celui de (¹/₂ N), et le terme de la hauteur de la frise de ¹/₂ f en celui de k.

Hauteurs générales.

Hauteur de *deux* marches du crépidome. . .	2'4,00" = 0,710	(¹/₂ I) 0,7051	
Hauteur de la colonne du péristyle.	18'8,95 = 5,708	(¹/₂ 2) 5,7034	5,702 18,735'= 5,706
Hauteur de l'entablement extérieur.	6'5,90 = 1,975	(¹/₂ D) 1,9720	
Hauteur de l'ordre.	27'6,85" = 8,393	(₂ b) 8,3805	
Hauteur du pignon.	5'9,75 = 1,770	(¹/₄ Λ) 1,7903	
Hauteur totale du temple.	33'4,60" =10,163	(₂ a) 10,1708	

Les bases des hauteurs des détails sont les suivantes : pour le crépidome, 0,7051 ¹/₂ I = 0,7073 , — pour le chapiteau des colonnes du péristyle, 0,5878 ¹/₂ i = 0,4998 ; — pour le chapiteau des colonnes du vestibule et du posticum, 0,4815 ¹/₂ L = 0,4715 ; — pour la colonne, 5,7034 ¹/₂ 2 = 5,6972 ; — pour la corniche, 0,3172 ¹/₂ N = 0,3143 ; — pour l'entablement, 1,9720 ¹/₂ D = 1,9490 ; — pour l'ordre, 8,3805 ₂ b = 8,2692 ; — enfin, pour la hauteur totale, 10,1708 ₂ a = 10,1278. ₂ a est la base de la hauteur totale dans le temple d'Égine.

Le crépidome déduit de l'ordre, restera, pour la hauteur de celui-ci sans crépidome, 8,393 — 0,710 = 7,683, dont la base est d'' = 7,5958 ; ce même terme est la base de la hauteur de l'ordre du vestibule et du posticum au Parthénon, comme ¹/₂ 2 est aussi la base de la hauteur des colonnes du même endroit dans le Parthénon.

LE PARTHÉNON D'ATHÈNES.

École attique. C'est le produit le plus parfait de cette école, et le monument le plus admirable tant pour ses proportions d'architecture que pour le mérite de ses œuvres plastiques, conservées aujourd'hui dans le musée britannique, et en partie dans les musées du Louvre et d'Athènes. Les maîtres de l'architecture étaient *Ictinus* et *Callicrate*, celui de la sculpture était *Phidias*. Le temple fut construit pendant l'administration de *Périclès*, de 448 à 438 avant notre ère.

OUVRAGES CONSULTÉS. Je dois mentionner, avant tous, M. *Paccard,* qui a bien voulu me communiquer des cotes et des dessins de son relevé, faits avec une exactitude admirable. Le relevé de MM. *Stuart* et *Revett* fut interrompu par leur départ; c'est pourquoi il ne pouvait être terminé pour la cella avec les soins connus chez ces auteurs dans leurs autres travaux. A ce défaut suppléent abondamment les cotes de l'ouvrage déjà cité de M. *Penrose :* « *An investigation of the principles of Athenian architecture*, etc. » Londres, 1851. En consultant ces trois documents, il m'a été possible de pousser plus loin l'analyse de cette construction et d'entrer dans des détails que je n'ai donnés pour aucun autre temple; j'ai trouvé un accord remarquable pour les parties données par les trois travaux mentionnés; où il y a des variantes, je tâcherai d'en expliquer la cause, et de rétablir cet accord qui règne généralement chez mes guides.

Pour le plan, voir notre pl. VIII, fig. 12. Le plan donné à la pl. III, fig 3, date du temps où je ne connaissais pas encore le travail de M. Penrose; il est défectueux, surtout pour la cella et pour l'opisthodome; j'ai reconnu ces fautes par l'étude de l'ouvrage de M. Penrose, et j'y ai remédié par un double plus exact. Pour l'élévation de la façade principale, voir notre pl. V, fig. 3; — pour l'élévation de l'ordre sur une plus grande échelle, pl. X, fig. 3 et 4; — pour les profils des chapiteaux, pl. VII, fig. 6, 7, 8 et 9; — enfin, pour le profil du chapiteau d'ante, pl. VIII, fig. 7.

L'*unité* n'est pas coté, dans l'ouvrage de MM. Stuart et Revett, mais elle résulte de la largeur de l'opisthodome, moins la largeur de deux nefs latérales, savoir : 62' 6" angl. — 13' 11,5" $\times$ 2 = 34' 7" angl. = 10,533. M. Paccard me l'a donnée à 11,028, et chez M. Penrose je trouve, pour elle, la cote de 36,243' angl. = 11,039. J'adopte l'unité de M. Paccard, qui donne les résultats les plus exacts dans la comparaison des cotes relevées avec les termes de la série spéciale du Parthénon; de l'autre côté, cette unité est dans un accord presque parfait avec celle de M. Penrose. L'unité est prise ici, par exception unique, dans nos exemples, non à la largeur totale de la cella, mais seulement à celle de sa nef principale. La raison de cette exception est la largeur *totale* de la cella, de même que du stylobate, dont la dernière devait égaler juste *cent pieds grecs,* pour servir d'étalon à ce pied, et c'est pourquoi on a appelé le Parthénon l'*hecatompedon.* 100 pieds grecs donnent, en mesure métrique, 30,7576.., et, en comparant la somme de 30,7504 qui résulte de l'addition des termes méthodiques des détails, nous voyons que l'architecte a parfaitement atteint son but. Il est encore probable qu'à cette somme de 100 pieds de la largeur devaient correspondre ⁹/₄ de cette même largeur, c'est-à-dire 225 pieds grecs dans la longueur du stylobate, égaux à 69,2049 m.; mais ici le but n'est pas atteint tout à fait, car, d'après M. Penrose, la longueur à l'axe du milieu donne 69,484, et la somme des termes des détails fait 69,5091.

Le Parthénon a un opisthodome supporté par quatre colonnes et un double portique aux façades des pignons; à l'extérieur, c'est un *périptère* de huit à dix-sept colonnes.

Mesure provisoire de la largeur, $\dfrac{30,800}{7} = 4,400$ $_2$K = 4,1068 $\times$ 7 + K = 30,8010.

Mesure provisoire de la longueur, $\dfrac{69,500}{16} = 4,344$ $_2$K = 4,1068 $\times$ 16 + K = 69,8156.

C'est ici la même exception que nous avons déjà rencontrée dans le Parthénon primitif, à savoir que l'on a ajouté, dans la largeur comme dans la longueur, au nombre des entre-colonnements déterminants, un demi-entre-colonnement pour arriver à la somme voulue. Au Parthénon primitif, cette addition de ¹/₂ K $\times$ 2 ne s'est faite que pour la longueur.

Base de la longueur du stylobate. . $_2$ III = 70,1816 } Distance de 29 termes.
Base de la largeur du stylobate. . $_2$ D' = 31,1914 }
Base de la hauteur totale. . . . . .   ¹/₄ VII = 19,7386 } Distance de 17 termes.

La distance de la longueur à la hauteur est de 45 termes.

COTES DE MM. STUART ET REVETT.

α Largeur de la marge du stylobate, $2,45'' + \dfrac{6'\,1,8''}{2}$ . . . . $=$ 3' 3,350'' angl. $=$ 0,998 mètres.

β Largeur du portique latéral (côté nord). . . . . $=$ 12' 0,900 $=$ 3,677

γ Épaisseur du mur latéral de la cella (côté nord). . . . . . $=$ 3' 10,300 $=$ 1,175

δ Largeur de la nef latérale de la cella (côté nord). . . . . $=$ 13' 11,500 $=$ 4,251

ε Largeur de la nef principale, 62' 6'' — 13' 11,5'' × 2. . . $=$ 34' 7,000 $=$ 10,533

ζ Largeur de la nef latérale de la cella (côté sud). . . . . . $=$ 13' 11,500 $=$ 4,251

η Épaisseur du mur de la cella (côté sud). . . . . $=$ 3' 10,300 $=$ 1,175

ϑ Largeur du portique latéral (côté sud). . . . . $=$ 12' 0,900 $=$ 3,677

ι Largeur de la marge du stylobate, $2,45'' + \dfrac{6'\,1,8''}{2}$ . . . $=$ 3' 3,350 $=$ 0,998

$\}$ 19,035

$\varkappa$ *Largeur totale à l'axe du milieu*. . . 100' 11,100'' angl. $=$ 30,735 mètres.

λ Largeur de la marge du stylobate (portique du pignon). . $=$ 3' 3,350'' angl. $=$ 0,998 mètres.

μ 1er entre-colonnement (d'angle, côté nord). . . . . $=$ 11' 11,450 $=$ 3,641

ν 2e — (intermédiaire). . . . . $=$ 14' 1,300 $=$ 4,297

ξ 3e — (intermédiaire). . . . . $=$ 14' 1,300 $=$ 4,297

o 4e — (du milieu). . . . . $=$ 14' 1,300 $=$ 4,297

π 5e — (intermédiaire, côté sud). . . . . $=$ 14' 1,300 $=$ 4,297

ρ 6e — (intermédiaire, côté sud). . . . . $=$ 14' 1,300 $=$ 4,297

ς 7e — (d'angle, côté sud). . . . . $=$ 11' 11,450 $=$ 3,641

τ Largeur de la marge du stylobate (côté sud). . . . . $=$ 3' 3,350 $=$ 0,998

υ *Largeur totale à l'axe du péristyle*. . . 101' 0,100'' angl. $=$ 30,763 mètres.

	COTES DE M. PENROSE.		COTES MÉTHODIQUES DE M. PACCARD.	
Largeur de la marge du stylobate.	3,357'	$=$ 1,022	$_2$ R = 0,9936	0,999
1er entre-colonnement du portique du vestibule.	14,605	$=$ 4,448	$_2$ h = 4,3560	4,465
2e — 15,022' — 2,95' $=$	12,072	$=$ 3,677	1/2 b = 3,6759	3,662
3e —	13,735	$=$ 4,183	1/2 C = 4,2446	4,180
4e —	13,736	$=$ 4,184	1/2 C = 4,2446	4,179
5e —	13,768	$=$ 4,193	1/2 C = 4,2446	4,186
6e —	12,126	$=$ 3,693	1/2 b = 3,6759	3,662
7e —	14,605	$=$ 4,448	$_2$ b = 4,3560	4,464
Largeur de la marge du stylobate.	3,357	$=$ 1,022	$_2$ R = 0,9936	0,999
Largeur aux portiques du vestibule et du posticum.	101,361	30,870	($_2$ D') 30,7848	30,796

On voit bien que les axes des colonnes du portique extérieur ne peuvent pas correspondre à ceux des colonnes du vestibule et du posticum ; l'entre-colonnement du milieu du péristyle ayant 4,293 d'après M. Paccard et 14,108' angl. d'après M. Penrose, tandis que l'entre-colonnement homonyme situé devant le vestibule et le posticum à 4,179 et 13,736' angl.; de même le portique extérieur postérieur a une largeur de 16,935' = 5,158 m., tandis que l'entre-colonnement d'angle au péristyle n'a que 12,124' ou tout au plus 12,183' = 3,711 m. Il résulte de cette différence notable que les poutres du plafond, qui ont des distances égales, ne pouvaient pas être toujours au-dessus des axes des colonnes, défaut de symétrie du plafond dont, comme nous l'avons déjà dit, Vitruve se plaint.

Il y a d'autres petites différences entre les entre-colonnements correspondants ; ainsi nous avons au milieu du péristyle de la façade principale 14,113' et au milieu de la façade postérieure 14,108', au premier entre-colonnement à droite de l'entre-colonnement du milieu à la façade principale 14,106' et à la façade opposée 14,091', au premier entre-colonnement à gauche 14,084', à la façade opposée 14,093', etc., etc. C'est le même cas pour les deux côtés latéraux et pour les entre-colonnements du vestibule et du posticum. Du reste, toutes ces différences ne sont d'aucune importance, et ne résultent que de l'impossibilité d'une exécution mathématiquement parfaite.

THÉNON D'ATHÈNES.

	COTES MÉTHODIQUES.		COTES DE M. PACCARD.	COTES DE M. PENROSE.		
α	$_2$R $=$	0,9936	0,999	3,357' angl. $=$	1,022	mètres.
β	$^1/_2$ b $=$	3,6759	3,665	11,975 $=$	3,653	
γ	$^1/_4$ F $=$	1,1552	1,157	3,830 $=$	1,166	
δ (e)	$\dfrac{D''-U'}{2} =$	4,0365	4,063	13,364 $=$	4,070	
ϵ	U' $=$	11,0280	11,028	36,243 $=$	11,039	
ζ (e)	$\dfrac{D''-U'}{2} =$	4,0365	4,063	13,364 $=$	4,070	
η	$^1/_4$ F $=$	1,1552	1,157	3,830 $=$	1,166	
ϑ	$^1/_2$ b $=$	3,6759	3,665	11,975 $=$	3,653	
ι	$_2$ R $=$	0,9936	0,999	3,357 $=$	1,022	
$\varkappa$	($_2$ D')	30,7504	30,796	101,295' angl. $=$	30,861	mètres.
λ	$_2$ R $=$	0,9936	0,999	3,357' angl. $=$	1,022	mètres.
μ	$^1/_2$ b $=$	3,6759	3,691	12,129 $=$	3,694	
ν	$^1/_2$ C $=$	4,2446	4,288	14,088 $=$	4,291	
ξ	$_2$ h $=$	4,3560	4,288	14,093 $=$	4,292	
o	$^1/_2$ C $=$	4,2446	4,293	14,108 $=$	4,297	
π	$_2$ h $=$	4,3560	4,287	14,091 $=$	4,292	
ρ	$^1/_2$ C $=$	4,2446	4,293	14,108 $=$	4,297	
ς	$^1/_2$ b $=$	3,6759	3,663	12,041 $=$	3,668	
τ	$_2$ R $=$	0,9936	0,999	3,357 $=$	1,022	
υ	($_2$ D')	30,7848	30,803	101,372' angl. $=$	30,875	mètres.

D'' = 19,1010   D'' = 19,179   19,154

Entre-colonnements.

		COTES DE M. PENROSE.	MÉTHODIQUES.	M. PACCARD.	COTES DE MM. ST. ET R.

α) Entre-colonn. d'angle, 15,468'—3,285' $=$ 12,183'$=$ 3,711 $^1/_2$ b$=$3,6759   3,665

Ou $\dfrac{6,019'}{2} + 6,181' + \dfrac{5,878'}{2} \ldots =$ 12,129'$=$ 3,694 $^1/_2$ b$=$ » »   3,665   11'11,45''$=$3,641

β) Entr. ordin. du pér., 197,24' div. par 14 $=$ 14,088'$=$ 4,290 $^1/_2$ C et $_2$ h   4,289   14' 1,30''$=$4,297

γ) Larg. du port. ant. ext., 19,986'—3,285' $=$ 16,701'$=$ 5,087 $_2$ I $=$5,0304

δ) Long. du vestibule, 17,138' + 17,78'— 19,986' + 0,06. . . . . $=$ 14,992'$=$ 4,566   F$=$4,6207 { 3,833 / 501 / 5,304   17' 6, 2''$=$5,335

ϵ) Long. du postic., 18,72'+15,88'—20,22' $=$ 14,380'$=$ 4,380 $_2$ h$=$4,3560 { 5,304 / 501   17' 6, 2''$=$5,335

ζ) Larg. du port. post. ext., 20,22'—3,285' $=$ 16,935'$=$ 5,158 $^1/_2$ B$=$5,1986   3,833

Somme de γ, δ, ϵ et ζ. . . . . $=$ 63,008'$=$19,191   19,2057   19,276

η) Larg. du port. latéral, 15,332'—3,375' $=$ 11,975'$=$ 3,653 $^1/_2$ b$=$3,6759   3,665   12' 0, 9''$=$3,677

ϑ) Entr. ordin. du vestibule et du posticum, moyenne de 13,735, 13,736' et 13,768' $=$ 13,746'$=$ 4,186 $^1/_2$ C$=$4,2446   4,182   13' 9, 0''$=$4,188

ι) Entr. latér. des mêmes, 15,022' — 2,95' $=$ 12,072'$=$ 3,677 $^1/_2$ b$=$3,6759   3,662   12' 0, 3''$=$3,662

$\varkappa$) Entr. extrêmes des mêmes. . . . . . . $=$ 14,605'$=$ 4,448 $_2$ h$=$4,3560   4,465

Portiques intérieurs.

λ) Larg. ant. du port. int., 7,515' + 0,06. $=$ 7,575'$=$ 2,308 $^1/_2$ F$=$2,3103   ?   ?   ?

μ) Larg. post. du port. int., 14,265'—$\dfrac{4,005'}{2}$ $=$ 12,263'$=$ 3,735 $^1/_2$ b$=$3,6759   3,733   12'11,75''$=$3,953

ν) Larg. latér. de ce port., 15,365'—$\dfrac{4,002'}{2}$ $=$ 13,364'$=$ 4,070 $\dfrac{D''-U'}{2}=$4,0365   4,063   13'11,50''$=$4,251

ξ) Entr. d'angle de ce port., 7,518'+$\dfrac{4,005'}{2}$ $=$ 9,520'$=$ 2,900 $_2$ k$=$2,9042   ?   Cote fausse, 8'2''+2'1,4''$=$3,132

o) Entr. ordin. de ce portique, moyenne $=$ 8,452'$=$ 2,574 $^1/_4$ B$=$2,5993   2,602   Moyenne fausse de 3,146

π) Entre-colonnement de l'opisthodome dans le sens de sa longueur. . . . . $=$ 15,600'$=$ 4,752 $^1/_4$ D''$=$4,7752   ?   ?   ?

ρ) Entre-colonnement dans le sens de la largeur, 17' + 5,66'. . . . . $=$ 22,660'$=$ 6,902   D$=$6,9313

Les cotes des trois auteurs sont en très-bon accord pour les entre-colonnements *a*, *β*, *ε* et *i* du péristyle et des rangées des colonnes au vestibule et au posticum; un bon accord se trouve encore chez MM. Paccard et Penrose pour les entre-colonnements du portique intérieur (voir *μ*, *ν* et *ε*); mais ici MM. Stuart et Revett diffèrent considérablement, n'ayant pas reconnu assez bien les centres des colonnes très-endommagées; d'un autre côté, il faut observer que les sept entre-colonnements intermédiaires du portique intérieur ne peuvent pas avoir tous les mesures de 8,56' et 2,602 m. de M. Penrose et de M. Paccard, car, dans ce cas, la cote générale de la longueur de la cella serait dépassée de quelques centimètres; c'est pourquoi j'ai été obligé de prendre la moyenne de ces sept entre-colonnements à 8,452' = 2,574 m. Pour les cotes des entre-colonnements de l'opisthodome *τ* et *ρ*, je n'en trouve pas chez M. Penrose. Il résulte de ces cotes que les colonnes étaient placées d'une manière symétrique par rapport aux murs de l'opisthodome, et d'une manière méthodique en raison d'elles-mêmes. Dans l'opisthodome, il s'agissait de faire supporter simplement par des colonnes un plafond assez lourd; on pourrait donc croire que l'architecte a divisé la longueur et la largeur de cet opisthodome en trois parties égales, et élevé ses quatre colonnes sur les quatre points d'intersection. Il n'en est pas ainsi, l'opération méthodique a prévalu, et il y a des entre-colonnements méthodiquement réguliers, car la cote de distance des colonnes en sens de longueur ayant 15,6' = 4,752ᵐ correspond à ¹/₄ D'' = 4,7752, et la cote de 22,66' = 6,902 correspond à D = 6,9313 de la série méthodique.

		COTES DE M. PENROSE.	MÉTHODIQUES.	M. PACC.	MM. STUART ET REVETT.
a)	Largeur de la marge du stylobate. . . .	3,285' = 1,000	₂R = 0,9936		0,998
β)	Largeur du portique antérieur extérieur.	16,701' = 5,087	₂I = 5,0304	10,638	
γ)	Longueur du vestibule.	14,992' = 4,566	F = 4,6207		?
δ)	Épaisseur du mur, 6,87' — 0,06'. . . . . = 6,810' = 2,074	K = 2,0534	2,052		
ε)	Longueur totale des deux portiques et des				
ζ)	Sept entre-colonnements de la cella. . .	98,042' = 29,861	(¹/₄ IX) 29,9056	29,788	98' 7,5'' = 30,031
η)	Épaisseur du mur postérieur de la cella.	3,785' = 1,153	¹/₄F = 1,1552	1,152	2'11,2'' = 0,893
θ)	Long. de l'opist, 0,054' + 43,003' + 0,051=43,108'	= 13,131	¹/₄ V = 13,1597	13,204	43' 9,75'' = 13,342
ι)	Épaisseur du mur de l'opisthodome. . .	6,810' = 2,074	K = 2,0534	2,052	6' 7,9'' = 2,027
κ)	Longueur du posticum.	14,380' = 4,380	₂h = 4,3560		17' 6,20'' = 5,335
λ)	Largeur du portique postérieur extérieur.	16,935' = 5,158	¹/₂ B = 5,1986	10,638	?
μ)	Largeur de la marge du stylobate. . . .	3,285' = 1,000	₂R = 0,9936		0,998
ν)	*Longueur du stylobate à l'axe du milieu.*	228,133' = 69,484	(₂ III) 69,5202	69,524	?

M. Penrose donne pour longueur générale du centre des colonnes du vestibule au centre des colonnes du posticum la cote de 188,91 angl. = 57,541 m., tandis que la somme des numéros *γ*, *δ*, *ε*, *ζ*, *η*, *θ*, *ι*, *κ* et *λ*, effectuant les 57,541 cités, ne fait que 57,229. Est-ce que M. Penrose n'aurait pas pris le troisième chiffre de son dessin, qui était un *sept*, pour un *huit*? Au moins 187,91' réduits au mètre donnent 57,237, ce qui serait en accord parfait avec la somme des détails, prise à l'axe du milieu.

LONGUEUR DE LA CELLA DANS L'ŒUVRE.

		COTES DE M. PENROSE.	MÉTHODIQUES.	M. PACC.	MM. STUART ET REVETT.
Largeur du portique intérieur antérieur. . .		7,575' = 2,308	¹/₂ F = 2,3103		
1ᵉʳ entre-colonnement (d'angle)		9,520' = 2,900	₂k = 2,9042		
2ᵉ	(intermédiaire). . . .	8,452' = 2,574	¹/₄ B = 2,5993		
3ᵉ	—	8,452' = 2,574	¹/₄ B = 2,5993		
4ᵉ	—	8,452' = 2,574	¹/₄ B = 2,5993		
5ᵉ	—	8,452' = 2,574	I = 2,5152	29,788	98' 7,5'' = 30,031
6ᵉ	—	8,452' = 2,574	¹/₄ B = 2,5993		
7ᵉ	—	8,452' = 2,574	¹/₄ B = 2,5993		
8ᵉ	—	8,452' = 2,574	¹/₄ B = 2,5993		
9ᵉ	—	9,520' = 2,900	₂k = 2,9042		
Largeur du portique intérieur postérieur.		12,263' = 3,735	¹/₂ b = 3,6750		
Longueur de la cella dans l'œuvre. .		98,042' = 29,861	(¹/₄ IX) 29,9056		

Ce qui est frappant dans le plan du Parthénon, c'est qu'on n'a trouvé aucune trace d'un escalier qui aurait conduit aux galeries supposées exister au-dessus des colonnes inférieures intérieures. Pourtant une seule colonne ne pouvait occuper toute la hauteur de la cella jusqu'à l'entablement, comme c'est le cas à Bassæ, parce que le diamètre de la colonne, donné par M. Penrose à 1,113, N = 1,1179, serait trop petit pour une colonne haute de 9 à 10 mètres. A Bassæ, la colonne ionique pouvait être plus frêle ; ou est-ce que les colonnes de la cella du Parthénon n'étaient pas non plus de l'ordre dorique ?

	COTES DE M. PENROSE.		MÉTHODIQUES.	M. PACCARD.	COTES DE MM. ST. ET REV.
Largeur de la marge du stylobate.	3,285' =	1,000	₂ R = 0,9936	0,999	0,998
1er entre-colonn. du péristyle. . .	12,183' =	3,711	½ b = 3,6759	3,689	3,641
2e — — — . . .	14,060 =	4,282	½ C = 4,2446	4,280	
3e — — — . . .	14,109 =	4,298	₂ h = 4,3560	4,295	
4e — — — . . .	14,103 =	4,294	½ C = 4,2446	4,292	
5e — — — . . .	14,075 =	4,287	₂ h = 4,3560	4,286	
6e — — — . . .	14,111 =	4,298	½ C = 4,2446	4,295	
7e — — — . . .	14,084 =	4,290	₂ h = 4,3560	4,287	
8e — — — . . .	14,090 =	4,292	½ C = 4,2446	4,289	14'1,3" = 4,297
9e — — — . . .	14,064 =	4,283	½ C = 4,2446	4,279	4,297 × 14 = 60,163
10e — — — . . .	14,084 =	4,290	₂ h = 4,3560	4,286	
11e — — — . . .	14,087 =	4,291	½ C = 4,2446	4,287	
12e — — — . . .	14,114 =	4,299	₂ h = 4,3560	4,296	
13e — — — . . .	14,056 =	4,282	½ C = 4,2446	4,279	
14e — — — . . .	14,062 =	4,283	₂ h = 4,3560	4,282	
15e — — — . . .	14,141 =	4,307	½ C = 4,2446	4,302	
16e — — — . . .	12,164 =	3,706	½ b = 3,6759	3,670	3,641
Largeur de la marge du stylobate.	3,285 =	1,000	₂ R = 0,9936	0,999	0,998
Longueur à l'axe du péristyle. .	228,157' =	69,493	(₂ III) 69,4318	69,392	69,441

Nous avons remarqué que l'architecte du Parthénon avait eu probablement l'intention de donner ⁹/₄ de la largeur du stylobate à la longueur de cette partie, ce qui fait 225 pieds grecs = 69,2049 mètres. La somme des cotes actuelles, étant plus grande de quelques décimètres, donne lieu à la question de savoir si on ne pouvait pas atteindre une correspondance plus exacte avec le pied grec, par une modification des cotes des détails situés sur l'axe du milieu. Voici la réponse à cette question :

α) Largeur de la marge du stylobate. ₂ R = 0,9936
β) Au mur de la cella. . . . . ½ D″ = 9,5505
γ) Épaisseur du mur antérieur. . . . ₂ m = 1,9362
δ) Longueur de la cella dans l'œuvre. ¼ IX = 29,6079
ε) Épaisseur du mur postérieur. . . . N = 1,1179
ζ) Longueur de l'opisthodome. . . . d″ = 13,5059
η) Épaiss. du mur de l'opisthodome. ₂ m = 1,9362
ϑ) A la marge du stylobate. . . . . ½ D″ = 9,5505
ι) Largeur de la marge du stylobate. ₂ R = 0,9936
Longueur à l'axe du milieu. . . . 69,1923

Dans cette disposition, la différence ne serait que de 1 centimètre. La plus grande déviation de la disposition actuelle est dans la longueur de la cella, pas pour les cotes de 29,6079 et 29,8972, mais pour le principe ; parce que, dans le Parthénon actuel, la longueur de la cella est un composé d'entre-colonnements ; ici, au contraire, elle est prise d'une seule pièce. L'architecte n'a pas subordonné la colonne ; c'est ce qui nous prouve que les anciens considéraient la colonne comme chose principale, à laquelle devaient se subordonner les cotes des autres parties. La somme de deux cotes β et ϑ = D″ = 19,1010 est presque égale à la somme des quatre parties correspondantes (voir les entre-colonnements, γ, δ, ε et ζ) ; ½ D″ se subdiviserait en ₂ h et ½ D″ — ₂ h. L'opisthodome est plus long dans cette disposition qu'il ne l'est dans la disposition actuelle ; on gagne ce surplus en diminuant les épaisseurs surprenantes des murs à 2 mètres dans le Parthénon actuel.

I.   10

PLANS DES COLONNES DU PARTHÉNON.

α) Colonnes d'angle du péristyle.

	COTES DE M. PENROSE.		COTES MÉTHODIQUES.		DE M. PACCARD.	DE MM. ST. ET B.
Côté de l'abaque du chapiteau. . . .	6,855' = 2,087	(Base K =	2,0534)		?	?
Diamètre inférieur de l'échine. . . .	?	?	?		?	?
Saillie de l'ab. sur le diam. supérieur.	1,111 =: 0,338	(2 X) =	0,2936			
Profondeur des cannelures d'en haut.		¹/₂ y =	0,0424			
Diamètre supérieur de la colonne. .	4,655 = 1,417	¹/₄ E =	1,4148	2,0868	1,413	?
Profondeur des cannelures d'en haut.	1,092 = 0,332	¹/₂ Y =	0,0424			
Saillie de l'ab. sur le diam supérieur.		2 X =	0,2936			
Profondeur des cannelures d'en bas.	0,177 = 0,054	¹/₄ V =	0,0550	1,9354	54	
Diamètre inférieur de la colonne. . .	6,028 = 1,834	2 O =	1,8254		1,831	6'3, 5" = 1,916
Profondeur des cannelures d'en bas.	0,177 = 0,054	¹/₄ V =	0,0550	1,939	54	

β) Colonne ordinaire du péristyle.

Côté de l'abaque du chapiteau. . . .	6,751 = 2,054	(Base K =	2,0534)		2,035	6'7,55" = 2,019
Saillie de l'abaque sur l'échine. . .	?	?	(¹/₄O) =	0,2282	226	
Diamètre inférieur de l'échine. . . .	?	?	2 n =	1,5808	2,0372	1,583
Saillie de l'abaque sur l'échine. . . .	?	?	(¹/₄O) =	0,2282	226	
Saillie de l'abaque sur le diam. supér.	?	?	2 X =	0,2936		299
Profond. des cannelures d'en haut.	?	?	2 f' =	(0,0408		40
Diamètre supérieur de la colonne. .	?	?	M =	1,3694	1,4507 / 2,0379	1,357	2,035	4'9,75" = 1,466
Profond. des cannelures d'en haut.	?	?	2 f' =	(0,0408		40
Saillie de l'abaque sur le diam supér.	?	?	2 X =	0,2936		299
Profondeur des cannelures d'en bas.	0,145' = 0,040	¹/₄ W =	0,0450	1,8685	42	
Diamètre inférieur de la colonne. . .	5,880 = 1,799	i =	1,7785	1,879	1,788	1,872	6'1, 8" = 1,873
Profondeur des cannelures d'en bas.	0,145 = 0,040	¹/₄ W =	0,0450		42	

γ) Colonne du posticum.

Côté de l'abaque du chapiteau. . . .	?	?	(Base ¹/₄ D = | 1,7328)	1,719	?	1,72
Saillie de l'abaque sur l'échine. . . .	?	?	(¹/₂ r) =	0,1756	0,172	
Diamètre inférieur de l'échine. . . .	?	?	M =	1,3691	1,7203	1,374	1,718
Saillie de l'abaque sur le diamètre. .	?	?	(¹/₄ r) =	0,1756	0,172	
Saillie de l'abaque sur le diam. supér.	?	?	¹/₄ O =	0,2282	0,230	
Profondeur des cannelures d'en haut.	?	?	E' =	0,0354	0,035	
Diamètre supérieur de la colonne. .	?	?	l =	1,1857	1,7129	1,187	1,717
Profondeur des cannelures d'en haut.	?	?	E' =	0,0354	0,035	
Saillie de l'abaque sur le diam. supér.	?	?	¹/₄ O =	0,2282	0,230	
Profondeur des cannelures d'en bas.	0,174' = 0,053				0,040	
Diamètre inférieur de la colonne. . .	5,283 = 1,609	L =	1,6762	1,715	1,608	1,688	5'6, 5" = 1,688
Profondeur des cannelures d'en bas.	0,174 = 0,053				0,040	

δ) Colonne du vestibule.

Profondeur des cannelures d'en bas.	0,168' = 0,051	¹/₂ x =	0,0514		?	
Diamètre inférieur de la colonne. . .	5,066 = 1,543	¹/₂ H =	1,5400	1,645	?	?
Profondeur des cannelures d'en bas.	0,168 = 0,051	¹/₂ x =	0,0514		?	

ε) Colonne de la cella.

Diamètre inférieur de la colonne. . .	3,656' = 1,113	N =	1,1179	1,126 cote fausse de 2'1,8"

ζ) Colonne de l'opisthodome.

Diamètre inférieur de la colonne. . .	5,300' = 1,614	?		?	?

Mes dates, pour les colonnes, ne sont pas complètes; il y a des différences chez mes trois guides pour les diamètres des abaques, et pour les profondeurs des cannelures; c'est pourquoi on trouvera des petites variantes dans mes dessins. Du reste, l'accord pour la chose principale, c'est-à-dire pour les diamètres des colonnes, est re-

marquable, excepté la cote de MM. St. et R. pour le diamètre inférieur des colonnes de la cella ε qui est manifestement fausse. Pour le diamètre inférieur des colonnes du posticum γ, marqué chez M. Penrose, 5,283' $= 1,609$, et, chez M. Paccard, 1,608, je ne sais s'il était déterminé par un retour à l'ancienne manière, en y comprenant la profondeur des cannelures, ou si on doit voir ici une exception très-rare à la règle, c'est-à-dire le choix d'une moyenne entre deux termes, car $\frac{1}{2}$ f + $_2$ n, divisé par 2, donnerait justement 1,6072. M. Penrose croit qu'on aurait agrandi la cote du diamètre du vestibule pour les colonnes du posticum même, déjà pendant l'exécution de l'œuvre. Les diamètres des quatre colonnes de l'opisthodome diffèrent considérablement chez M. Penrose ; deux d'entre eux étant marqués de 5,86', le troisième de 5,875' et le quatrième de 5,30', je ne puis accepter que ce dernier chiffre, parce que la pierre carrée sur laquelle s'élèvent ces colonnes n'a que 5,66' ; mais ne sachant pas si, dans cette cote de 5,30', les profondeurs des cannelures étaient comprises ou non , je ne suis pas à même de donner la cote méthodique de ce diamètre. Il est à remarquer que les cannelures des colonnes du vestibule et du posticum sont relativement plus profondes chez M. Penrose que les cannelures des colonnes plus grosses du péristyle. Aurait-on donné cette profondeur plus grande pour produire un plus grand effet d'ombre là où il y a moins de lumière ?

Hauteurs des détails au Parthénon.

	COTES DE MM. ST. ET R.			COTES MÉTHODIQUES.		M. PACCARD.	COTES DE M. PENROSE.		
1re marche d'en bas du crépid. extér.	1'8,35''	=	0,516	$\frac{1}{4}$ K =	0,5133	0,517	1,690'	=	0,512
2e — — — .	1'8,35	=	0,516	p =	0,5269	0,521	1,723'	=	0,525
3e — — — .	1'9,70	=	0,550	$\frac{1}{2}$ N =	0,5589	0,560	1,843	=	0,561
Hauteur du crépidome extérieur. .	5'2,40''	=	1,582	($\frac{1}{2}$ f)	1,5991	1,598	5,256'	=	1,598

Hauteurs des colonnes du péristyle.

	COTES DE MM. ST. ET R.			COTES MÉTHODIQUES.		M. PACCARD.	COTES DE M. PENROSE.		
Hauteur de l'abaque du chapiteau. .	1'1,65''	=	0,346	$\frac{1}{4}$ M =	0,3423	0,348			
— de l'échine.	10,80	=	0,274	$\frac{1}{2}$ p =	0,2634	0,268			
— du filet d'en haut.	2,40	=	0,061	$\frac{1}{2}$ w =	0,0636	0,063			
— du col.	6,70	=	0,170	W =	0,1801	0,179			
— du filet d'en bas..	0,35	=	0,009		0,0090				
Hauteur totale du chapiteau. . .	2'9,90''	=	0,860	($_2$ q)	0,8584	0,858	2,830'	=	0,862
Hauteur du fût de la colonne. . . .	31'4,90	=	9,566	$\frac{1}{2}$ D''	9,5505	9,561	31,423	=	9,571
Hauteur de la colonne du péristyle.	34'2,80''	=	10,426	(B)	10,4089	10,419	34,253'	=	10,433

Hauteurs de l'entablement du péristyle.

	COTES DE MM. ST. ET R.			COTES MÉTHODIQUES.		M. PACCARD.	COTES DE M. PENROSE.		
Hauteur du larmier supérieur. . . .	4,20''	=	0,107	$_2$ C' =	0,1064	0,581	1,951'	=	0,591
— de la cymaise.	1,20	=	0,030	d' =	0,0306				
— du larmier inférieur.. . . .	1'2,75	=	0,374	$\frac{1}{2}$ P =	0,3725				
— de la première plate-bande.	3,40	=	0,086	y =	0,0848				
— de la deuxième plate-bande.	3,40	=	0,086	y =	0,0848				
— du filet.	1,05	=	0,027	$\frac{1}{2}$ C' =	0,0266				
— de l'astragale	0,60	=	0,015	$\frac{1}{2}$ d' =	0,0153				
Hauteur de la corniche..	2'4,60''	=	0,725	($\frac{1}{2}$ k)	0,7210				
— de la frise.	4'4,45	=	1,331	$\frac{1}{2}$ g =	1,3288	1,453	4,751'	=	1,447
— de l'architrave.	4'5,10	=	1,348	M =	1,3691	1,342	4,425	=	1,348
Hauteur totale de l'entablement. .	11'2,15''	=	3,404	($_2$ L) =	3,4189	3,376	11,127'	=	3,386

Hauteurs générales.

	COTES DE MM. ST. ET R.			COTES MÉTHODIQUES.		M. PACCARD.	COTES DE M. PENROSE.		
Hauteur du crépidome extérieur.. .	5'2,40''	=	1,582	($\frac{1}{2}$ f)	1,5991	1,598	5,256'	=	1,598
— des colonnes du péristyle. .	34'2,80	=	10,426	(B)	10,4089	10,419	34,253	=	10,433
— de l'entablement extérieur.	11'2,15	=	3,404	($_2$ L)	3,4189	3,376	11,127	=	3,386
Hauteur de l'ordre du péristyle. .	50'7,35''	=	15,412	(D')	15,4269	15,393	50,636'	=	15,417
Hauteur du pignon (total).	13'7,78	=	4,154	$_2$ K =	4,1068	4,107	13,522	=	4,118
Hauteur totale.	64'3,13''	=	19,566	($\frac{1}{4}$ VII) =	19,5337	19,500	64,158'	=	19,535

	COTES DE MM. ST. ET R.		COTES MÉTHODIQUES.		M. PACCARD.	M. PENROSE.
Hauteur de l'abaque du chapiteau. .	11,450″	= 0,290	s =	0,2862	0,290	
— de l'échine —	8,550	= 0,217	$^1/_2$ q =	0,2151	0,212	
— du filet d'en haut.	1,800	= 0,046	b′ =	0,0460	0,046	
— du col du chapiteau. . . .	5,660	= 0,143	$^1/_2$ s =	0,1431	0,144	
— du filet d'en bas.	0,324	= 0,009		0,0080	0,005	
Hauteur du chap. du vestibule.	2′3,784″	= 0,705	($_2$ r)	0,6984	0,697	
Hauteur du fût des colonnes du vestibule et du posticum.	30′8,834	= 9,361	($_2$ F)	9,3601	?	
Haut. des col. du vest. et du post.	33′0,618	= 10,066	($^1/_2$ 2)	10,0585	?	33,076′ = 10,075

Entablement du vestibule.

Haut. de l'att. au-dessus de la corn.	1′ 9,50″	= 0,545	$_2$ U =	0,5408	?	1,780′ = 0,542
— de la cymaise de l'entablement.	1,70	= 0,043	D′ =	0,0434		
— du larmier — — .	6,75	= 0,171	$^1/_2$ r =	0,1756		
— de la doucine —	4,35	= 0,111	$^1/_2$ V =	0,1101		
— de l'astragale — .	0,55	= 0,014	h′ =	0,0136		
— de la corniche de l'entablem.	1′ 1,35″	= 0,339	($^1/_4$ M)	0,3427		1,128′ = 0,343
— de la frise — — .	3′ 3,95	= 1,014	$^1/_2$ K =	1,0267		3,324′ = 1,012
— de l'architrave. — .	3′ 5,05	= 1,042	$^1/_2$ K =	1,0267		3,434′ = 1,046
Hauteur de l'entablement. . . .	7′10,35	= 2,395	($_2$ l)	2,3961		
L'attique au-dessus de la corniche. .	1′ 9,50	= 0,545	$_2$ U	0,5408		
Haut. totale avec l'attique de l'entab.	9′ 7,85″	= 2,940	($_2$ k)	2,9369		9,666′ = 2,943

Hauteurs générales.

Haut. du crépid. du vestib. et du post.	2′4,100″	= 0,713	$^1/_2$ k ? =	0,7260	?2,340′ = 0,713	
— totale des col. du vestibule.	33′0,618	= 10,066	($^1/_2$ 2)	10,0585	33,076′ = 10,075	
— de l'entablem. avec son attique.	9′7,850	= 2,940	($_2$ k)	2,9369	9,666′ = 2,943	
— de l'ordre du vestib. et du post.	45′0,568″	= 13,719	(d″)	13,7214	45,082′ = 13,731	
Ajoutons la haut. du crépid. du pér.	5′2,400	= 1,582	($^1/_2$ f)	1,5991		
et, en haut, l'ab. de la cym. de l'ent. ext.	4,200	= 0,107	$_2$ C′	0,1064		
et nous aurons la haut. de l'ordre ext.	50′7,168″	= 15,408	(D′)	15,4269		

C'est-à-dire l'ordre extérieur est plus haut du crépidome extérieur et de l'abaque de la cymaise située à la place la plus haute de son entablement.

Les petites différences, entre mon dessin et les cotes présentes, proviennent de la différence de hauteur du petit filet d'en bas dans les colonnes du péristyle ; ce filet m'était donné par M. Paccard à 0,005, tandis que chez MM. St. et R. il est marqué à 0,35″ = 0,009 ; d'un autre côté, je ne suis pas sûr si ce filet doit compter dans la valeur du fût ou dans celle du chapiteau. *Les bases pour les hauteurs des détails de l'ordre du péristyle sont les suivantes :* pour le crépidome, 1,5991 $^1/_2$ f = 1,6337 ; — pour le chapiteau, 0,8584 $_2$ q = 0,8606 ; — pour la colonne, 10,4089 B = 10,3973 ; — pour la corniche, 0,7210 $^1/_2$ k = 0,7260 ; — pour l'entablement, 3,4189 $_2$ L = 3,3524 ; — pour l'ordre, 15,4269 D′ = 15,5957 ; enfin, pour la hauteur totale du temple, 19,5337 $^1/_4$ VII = 19,7386. — La hauteur du pignon résulte, chez M. Penrose, de 64,158′, comme hauteur totale, moins l'ordre 50,636′ à 13,522′ = 4,118 m. *Les bases pour les hauteurs des détails de l'ordre du vestibule et du posticum sont les suivantes :* — pour les chapiteaux, 0,6984 $_2$ r = 0,7024′ ; — pour le fût, 9,3601 $_2$ F = 9,2414 ; — pour la colonne, 10,0585 $^1/_2$ 2 = 10,1297 ; — pour la corniche, 0,3427 $^1/_2$ M = 0,3423 ; — pour l'entablement, 2,3961 $_2$ l = 2,3714, y compris l'attique, 2,9369 $_2$ k = 2,9042 ; — pour l'ordre entier, 13,7214 d″ = 13,5956.

En comparant les bases de ces deux ordres, nous trouverons que la base $^1/_2$ f de la base $^1/_2$ k, toutes deux des crépidomes, est à la distance de 29 termes, comme l'est la longueur à la largeur du stylobate ; — le chapiteau $_2$ q est à la distance d'une petite octave de $_2$ r ; — les termes des fûts $^1/_2$ D″ et $_2$ F sont voisins, de même que les termes dès hauteurs des colonnes B et $^1/_2$ 2. Les entablements $_2$ L et $_2$ l ont la raison du grand côté au petit côté du même triangle cubique ; — enfin la raison de la hauteur totale des deux ordres est celle du grand côté D′, au petit côté du triangle supérieur. — La colonne du vestibule a, en outre, la même base pour sa hauteur que la colonne du péristyle du temple de Thésée, à savoir $^1/_2$ 2 est l'ordre entier du vestibule à la base, commun d″ de l'ordre du péristyle du temple de Thésée, sans crépidome.

Si nous déduisons le crépidome extérieur de l'ordre extérieur, il reste 15,412 — 1,582 = 13,830, dont la base est $_2$D = 13,8626, et, si nous déduisons le crépidome du vestibule de son ordre, il reste 13,719 — 0,713 = 13,006 dont la base est $^1/_4$ V = 13,1591, et $^1/_4$ V est à la distance de deux petites octaves ou d'une quinte de la hauteur totale de $^1/_4$ VII.

En faisant la comparaison de ses cotes, M. Penrose a trouvé que la longueur du stylobate faisait justement $^9/_4$ de la largeur du stylobate, que la hauteur entière, sans crépidome, faisait $^7/_{12}$ de la largeur du stylobate, et que la hauteur de la colonne faisait $^7/_{12}$ de la hauteur entière, sans crépidome. Ces proportions sont encore plus frappantes, si on les compare à la mesure du pied grec, parce que $^9/_4$ de 225' de la longueur font justement 100' de la largeur du stylobate, et $^7/_{12}$ de 100' donnent précisément 58 $^1/_3$ pieds grecs = 17,943 m. (chez M. Penrose, 19,535) (haut. tot.) — 1,598 (crépid.) = 17,937 et $^7/_{12}$ de 58 $^1/_3$ p. gr. donnent 34,027 p. gr. = 10,466 (chez M. Penrose, $^7/_{12}$ de 17,937 = 10,465). Ainsi conçue, la proportion paraît très-simple ; mais on se demande, à juste titre, d'où vient précisément l'emploi de ces fractions. Notre série nous en donne la réponse, car l'augmentation à $^9/_4$ se fait toujours au 29ᵉ terme ; ainsi $_2$ III, la base de la longueur du stylobate, est située 29 termes plus haut que $_2$D', la base de la largeur du stylobate. Ce n'est pas si exact pour la diminution à $^7/_{12}$, en descendant dans la série de 20 termes ; pourtant le 20ᵉ terme, en bas de $_2$D', savoir $_2$a = 18,0066, est encore bien rapproché de la cote de 17,937 de M. Penrose, et de même le 20ᵉ terme en bas de $_2$a, savoir B = 10,3919, est bien rapproché de la cote 10,466, et encore plus de la cote réelle de M. Penrose, qui est 10,433. Il faut ajouter que nous avons vu employé $_2$a comme base de la hauteur totale des temples d'Egine et de Thésée, et que nous retrouverons, comme base de la hauteur des colonnes, le terme B aux temples du cap Sunium et de Némée. Enfin remarquons que chaque terme, dans la série, a la raison à son 20ᵉ terme inférieur, laquelle a la diagonale du cube au petit côté du même triangle du cube, à savoir la raison de racine de trois à un.

ANALYSE DES PROPYLÉES D'ATHÈNES ET D'ELEUSIS.

Les propylées d'Athènes. École, attique pure. *Époque de construction :* les propylées ont été construits par l'architecte *Mnesicles*, de 437 à 432 ans avant notre ère.

Ouvrages consultés. Les ouvrages cités de MM. Stuart et Revett, et de M. Penrose.

Voir, pour le plan, pl. III, fig. 4 ; — pour l'élévation de l'ordre, pl. V, fig. 4 ; — pour le galbe des colonnes, pl. X, fig. 5 ; — pour le profil du chapiteau des colonnes, pl. VII, fig. 10 ; — et, pour celui du chapiteau d'ente, pl. VIII, fig. 8.

Les deux rangées des colonnes de l'intérieur des propylées sont trop rapprochées pour que la distance de leurs axes longitudinaux ait pu servir à la détermination de l'*unité* ; c'est pourquoi on a pris, pour cette mesure, la moitié de la largeur de l'intérieur, de mur en mur, chez MM. St. et R., $\frac{59'2,65''}{2}$ = 29'7,325'' angl. = 9,018 mètres. M. Penrose a $\frac{59,527'}{2}$ = 29,763' = 9,066 m. ; mais cette mesure est prise dans une autre place que celle de MM. St. et R.

L'ordre des colonnes extérieures est le dorique, l'ordre intérieur est l'ionique. Les cinq entre-colonnements de la façade antérieure ont, en somme, la largeur de 19,358 ; en y ajoutant deux fois $^1/_2$ h pour la largeur des marges, nous arrivons à la largeur du stylobate de 21,139, dont la longueur est 23,921.

Mesure provisoire pour la largeur $\frac{21,139}{5}$ = 4,228 $^1/_2$B = 4,2510 × 5 = 21,2550.

Mesure provisoire pour la longueur $\frac{23,921}{5}$ = 4,784 $^1/_4$ I = 4,7824 × 5 = 23,9120.

Base de la longueur. . . . . $^1/_4$ IX = 24,2114 } Distance de 6 termes.
Base de la largeur. . . . . . $_2$ A = 20,8260
Base de la hauteur. . . . . . $^1/_2$ 5 = 15,2178 } Distance de 12 termes.

La distance de la longueur à la hauteur est de 17 termes.

Les propylées d'Eleusis ne sont qu'une imitation des propylées d'Athènes, faits à une époque beaucoup plus récente, mais avec une fidélité assez rare dans les temps anciens ; c'est pourquoi les proportions sont, en général, restées les mêmes, mais avec un peu d'augmentation qui dérive de l'*unité*, un peu augmentée. Celle-là est dans le modèle de 9,018 m., tandis que nous trouvons dans la copie, d'après les cotes de MM. St. et Revett, $\frac{59'4,66''}{2}$ = 29'8,33'' angl. = 9,044 mètres. La cause principale du rapprochement de ces deux monuments est qu'il y a des parties qui se sont conservées dans l'un d'eux, tandis qu'elles manquent dans l'autre ; par cela on peut les compléter tous les deux.

LARGEURS DANS LES PROPYLÉES D'ATHÈNES.

	COTES DE MM. ST. ET R.	COTES MÉTHODIQUES.		COTES DE M. PENROSE.
Nef latérale de l'intérieur. . . .	20′11,30″ = 6,378	$\frac{1}{2}$ D' = 6,3766		
Nef du milieu.	17′ 7,50 = 5,368	$_2$U'—D' = 5,2828		
Autre nef latérale de l'intérieur. .	20′ 7,85 = 6,290	$\frac{1}{2}$ D' = 6,3766		
Largeur à l'intérieur. . . .	59′ 2,65″ = 18,036	$_2$ U' = 18,0360	59,527′	= 18,132

Largeurs à l'endroit des piliers.

Au cent. du 1er pili. à dr. 1′7,3″ +

$$4,7,41'' + \frac{3'2,85''}{2} \ldots = 7'10,135'' = 2,389 \quad _2 k = 2,3748 \quad \frac{3,025'}{2} = 7',936' = 2,414$$

avec 1,6′+4,824′+

Au cent. du 2e pili. à dr. $\frac{3'2,85''}{2}$ +

$$9'4,4'' + \frac{4'0,55''}{2} \ldots = 13' 0,100 = 3,961 \quad \tfrac{1}{4}D'—_2k = 4,0018 \quad 9,601' + \frac{3,822'}{2} = 13,024' = 3,967$$

avec $\frac{3,025'}{2}$ +

D'axe en axe des pil. du mil. $\frac{4'0,55''}{2}$

$$+ 13'5,1'' + \frac{4'2,25''}{2} \ldots = 17'6,500 = 5,344 \quad _2 f = 5,3440 \quad 13,751' = 17,573' = 5,352$$

avec 3,822′ +

Au centre du 4e pilier (à gauche). 13′ 0,100 = 3,961 $\tfrac{1}{4}$D'—$_2$k = 4,0018 | 13,024′ = 3,967
Au mur du côté gauche. . . . . 7′10,135 = 2,389 $_2$ k = 2,3748 | 7,936′ = 2,414

Larg. à l'endroit des piliers. . 59′ 2,970″ = 18,044 ($_2$ U') = 18,0972 | 59,493′ = 18,114

Largeur du stylobate.

α) Largeur de la marge du stylob.	?	0,890	$\frac{1}{2}$ h = 0,8906	?	0,890
β) 1er entre-colonnement (d'angle).	10′10,50″ = 3,312	$_2$ K = 3,3586	11,103′ = 3,382
γ) 2e —	11′11,00 = 3,629	$\frac{1}{2}$ a = 3,6815	11,905″ = 3,626
δ) 3^e — (du mili.).	17, 9,85 = 5,427	$_2$ f = 5,3440	17,829′ = 5,431
ε) 4e —	11′10,80 = 3,624	$\frac{1}{2}$ a = 3,6815	11,910′ = 3,627
ζ) 5e — (d'angle).	11′ 0,65 = 3,366	$_2$ K = 3,3586	11,107′ = 3,382
η) Largeur de la marge du stylob.	?	0,890	$\frac{1}{2}$ h = 0,8906	?	0,890
Largeur du stylobate.	21,138	($_2$ A)	21,2054		21,228

On peut considérer la façade principale plus large; en y ajoutant encore les deux entre-colonnements latéraux des ailes plus basses, on déduira donc de la somme 21,138 les deux marches du stylobate α et η et on aura 21,138 — 0,89 × 2 = 19,358; à cette somme il faudra ajouter 9′ 6,9″ = 2,916 ($\frac{1}{2}$ i = 2,9072) multiplié par deux = 25,190, chez MM. Stuart et Revett. La base de cette cote est deux diagonales du carré = 25,5066 pour la somme de sept entre-colonnements, de même que la largeur du stylobate au Parthénon a pour base deux diagonales de carré.

LONGUEURS DU STYLOBATE A L'AXE DU MILIEU.

Largeur de la marge du stylobate.	2′11,06″ = 0,890	$\frac{1}{2}$ h = 0,8906		0,890
1er entre-colonnement.	12′ 9,10 = 3,888	$\frac{1}{4}$ D″ = 3,9049	12,830′ = 3,908
2e —	11′ 9,85 = 3,600	$_2$ h = 3,5626	11,954′ = 3,641
3e —	11′11,60 = 3,645	$_2$ h = 3,5626	11,954′ = 3,641

Au centre du pilier de séparation

$$10'7,95 + \frac{4'2,6''}{2} \ldots = 12' 9,25 = 3,889 \quad \frac{1}{4} D'' = 3,9049$$

A l'axe du portique postérieur extérieur $\frac{4'2,6''}{2} + 21'3,15'' \ldots = 23' 4,45 = 7,118 \quad \frac{1}{4}$ III = 7,1735

Largeur de la marge du stylobate. 2′11,06 = 0,890 $\frac{1}{2}$ h = 0,8906

Longueur du stylobate. . . . 78′06,37″ = 23,920 ($\frac{1}{4}$ IX) 23,8897

Les corrections à faire dans le dessin de la pl. III, fig. 4, ont pour cause cette circonstance que, dans le calcul ci-dessus, tant dans la longueur que dans la largeur, les entre-colonnements ou travées sont prolongés jusqu'aux centres des piliers, tandis que dans le dessin ces travées finissent avec le commencement des piliers, et les piliers entrent comme membres nouveaux dans le compte avec leur épaisseur.

LARGEURS DANS LES PROPYLÉES D'ÉLEUSIS.

		COTES DE MM. ST. ET R.		COTES MÉTHODIQUES.
Largeur de la nef latérale (côté gauche).	20' 9,56" =	6,334	¹/₂ D' =	6,3950
— — du milieu.	17' 9,54 =	5,419	₂ U'—D' =	5,2970
— — latérale (côté droit).	20' 9,56 =	6,334	¹/₂ D' =	6,3950
Largeur de l'intérieur du portique.	59' 4,66" =	18,087	₂ U' =	18,0870

Largeurs à l'endroit des piliers.

Au centre du premier pilier (à droite) 0'10,52" + 6'2,55" +

$\frac{1'4''}{2}$ . . . . = 7' 9,07" = 2,362   ₂ k = 2,3818

Au centre du deuxième pilier (à dr.) $\frac{1'4''}{2}$ + 11'4,31" + $\frac{2'8''}{2}$. = 13' 4,31 = 4,068   ¹/₂ D'—₂ k = 4,0132

D'axe en axe des piliers du milieu $\frac{2'8''}{2}$ + 14'5,90" + $\frac{2'8''}{2}$. = 17' 1,90 = 5,226   ₂ f = 5,3774

Au centre du quatrième pilier (à gauche). . . . . 13' 4,31 = 4,069 ¹/₂ D'—₂ k = 4,0132

Au mur du côté gauche. . . . . 7' 9,07 = 2,362 ₂ k = 2,3818

Largeur à l'endroit des piliers. . . . . 59' 4,66" = 18,087 (₂ U') 18,1674

Largeur du stylobate.

Largeur de la marge du stylobate.	2'11,60" =	0,903	¹/₂ h =	0,8957
1ᵉʳ entre-colonnement (d'angle).	10'10,98 =	3,324	₂ K =	3,3684
2ᵉ — (côté gauche).	12' 0,70 =	3,672	¹/₂ a =	3,7373
3ᵉ — (du milieu).	17' 9,54 =	5,421	₂ f =	5,3774
4ᵉ — (côté droit).	12' 0,70 =	3,673	¹/₂ a =	3,7373
5ᵉ — (d'angle).	10'10,98 =	3,324	₂ K =	3,3684
Largeur de la marge (côté droit).	2'11,60 =	0,903	¹/₂ h =	0,8957
Largeur du stylobate.	69' 8,10" =	21,220	(₂ Λ)	21,3802

Ici il n'y a pas d'ailes à ajouter à la largeur du stylobate, comme dans les propylées d'Athènes. A part cette simplification, on a partout, dans les largeurs, conservé les proportions des propylées d'Athènes. L'entre-colonnement du milieu, considérablement plus large que les autres, permettait le passage aux chars, c'est pourquoi les marches du crépidome doivent discontinuer ici, comme M. Penrose les a dessinées aux propylées d'Athènes.

LONGUEURS DU STYLOBATE A L'AXE DU MILIEU.

Largeur de la marge du stylobate.	2'11,60" =	0,903	¹/₂ h =	0,8957
1ᵉʳ entre-colonnement.	12' 9,30 =	3,890	¹/₄ D" =	3,9110
2ᵉ —	12' 0,46 =	3,666	₂ h =	3,5830
3ᵉ —	12' 0,34 =	3,663	₂ h =	3,5830
4ᵉ — allant jusqu'au centre des piliers de				

séparation, 10'0,2 + $\frac{3'9,4''}{2}$ . . . . = 11'10,90 = 3,627 ¹/₄ D" = 3,9110

A l'axe du portique postérieur extérieur $\frac{3'9,4''}{2}$ + 21'7,93". = 23' 6,63 = 7,173 ¹/₄ III = 7,1944

Largeur de la marge du stylobate. . . . . 2'11,60 = 0,903 ¹/₂ h = 0,8957

Longueur du stylobate. . . . . 78' 2,83" = 23,825 (¹/₄ IX) 23,9738

La cote générale, donnée par MM. Stuart et Revett, est un peu plus petite que notre somme, à savoir, 78' 1,06" angl. = 23,783 m. La base de la largeur 21,3802 est ₂ Λ = 20,8862; la base de la longueur = 23,9738 est ¹/₄ IX = 24,2813, toutes deux comme aux propylées d'Athènes.

PLANS DES COLONNES DES PROPYLÉES D'ATHÈNES.

	COTES DE MM. ST. ET R.	COTES MÉTHODIQUES.	COTES DE M. PENROSE.
Côté de l'abaque du chapiteau.	5' 5,65'' = 1,666	(K) = 1,6793	5,466' = 1,667
Saillie de l'abaq. sur le diam. de l'échine.	6,80 = 0,172	(¹/₂ S = 0,1658	
Diamètre inférieur de l'échine.	4' 4,05 = 1,322 } 1,666	¹/₂ f = 1,3360 } 1,6676	
Saillie de l'abaque.	6,80 = 0,172	(¹/₂ S) = 0,1658	
Saillie de l'ab. sur le diam. sup. des colonn.	0' 9,325''= 0,237	s = 0,2374	
Profondeur des cannelures.		¹/₂ y = 0,0347	0,117' = 0,036
Diamètre supérieur des colonnes. . . . . {	3'11,000 = 1,193 } 1,667	M = 1,1195 } 1,6637	3,735' = 1,137
Profondeur des cannelures.		¹/₂ y = 0,0347	0,117' = 0,036
Saillie de l'abaq. sur le diam. des colonn.	0' 9,325 = 0,237	s = 0,2374	
Profondeur des cannelures d'en bas. . . .	0' 1,350'' = 0,034	¹/₄ W = 0,0369	0,121' = 0,037
Diam. infér. des col. 5'0,63''—0'1,35''×2=	4' 9,930 = 1,470	i = 1,4538	4,868' = 1,482
Profondeur des cannelures d'en bas. . . .	0' 1,350 = 0,034	¹/₄ W = 0,0369	0,121' = 0,037

HAUTEURS DANS LES PROPYLÉES D'ATHÈNES.

Hauteur de l'abaque du chapiteau.	11,35'' = 0,288	r = 0,2872	0,960' = 0,292
— de l'échine du chapiteau.	8,75 = 0,223	U = 0,2211	0,730' = 0,222
— du filet d'en haut.	2,05 = 0,051	¹/₂ w = 0,0518	0,170' = 0,051
— du col et du filet d'en bas. . . .	5,50 = 0,140	₂ y = 0,1406	0,465' = 0,142
Hauteur du chapiteau des colonnes.	2' 3,65 = 0,702	(₂ q) = 0,7007	2,325' = 0,707
Hauteur du fût des colonnes.	26' 6,40'' = 8,081	(₂ d) = 8,0851	26,509' = 8,075
Hauteur totale des colonnes. . . .	28'10,05'' = 8,783	¹/₄ IV = 8,7858	28,834' = 8,782

ENTABLEMENT.

Hauteur de la cymaise 2,40''+0,60. . . . =0' 3,00'' = 0,076		₂ b' = 0,0756	
— du larmier.	0' 8,95 = 0,227	¹/₄ N = 0,2285	
— du petit filet au-dessous.	0' 0,20 = 0,006	= 0,0060	
— de la plate-bande.	0' 2,30 = 0,058	₂ E' = 0,0580	
— du premier filet au-dessous. . . .	0' 0,30 = 0,007	= 0,0070	
— du deuxième filet.	0' 0,80 = 0,020	¹/₄ Z = 0,0200	
Hauteur de la corniche.	1' 3,55'' = 0,394	(¹/₂ m) = 0,3951	1,315' = 0,400
Hauteur de la frise 3'9,85''—0',80''. . . =3' 9,05 = 1,144		¹/₄ E = 1,1570	3,825' = 1,165
Hauteur de l'architrave.	3' 9,00 = 1,142	¹/₄ E = 1,1570	3,754' = 1,143
Hauteur de l'entablement extérieur. . . .	8' 9,60'' = 2,680	(f) = 2,7091	8,894' = 2,708
— de la marche supér. du crépid. .	? = ?	?	1,056' = 0,321

HAUTEURS GÉNÉRALES.

Hauteur du crépidome (trois marches). . .	3' 0,90'' = 0,936	(¹/₄ F) = 0,9446	? 0,963
— de la colonne.	28'10,05 = 8,783	¹/₄ IV = 8,7858	28,834' = 8,782
— de l'entablement.	8' 9,60 = 2,680	(f) = 2,7091	8,894' = 2,708
Hauteur de l'ordre.	40' 8,55 = 12,399	(¹/₂ 4) = 12,4395	12,453
Hauteur calculée du pignon.	? = ?	¹/₄ A = 2,6032	2,570
Hauteur totale.	? = ?	(¹/₂ 5) = 15,0427	15,023

La hauteur de la colonne est marquée, chez M. Penrose, à 28,134' ; mais il paraît que le chiffre doit être 28,834' pour correspondre à 28' 10,05'' de MM. St. et Revett. — M. Penrose remarque que le pignon monte de 1 pied par 4,142 pieds, ce qui donne à peu près 2,57 pour la hauteur du pignon. Les bases des hauteurs des détails sont les suivantes : — pour le crépidome, 0,936 de MM. St. et R. ¹/₄ F = 0,9446 (je ne trouve pas marquées en détail les hauteurs des marches, excepté la marche supérieure, chez M. Penrose); — pour le chapiteau, 0,7007 ₂ q = 0,7034' : — pour le fût de la colonne, qui a ici la valeur complémentaire de 8,0851 ₂ d = 8,0158. La colonne entière est prise d'un seul terme, à savoir : — à ¹/₄ IV = 8,7858; — pour l'entablement, 2,7091 f = 2,6720 ; — pour l'ordre, 12,4395 ¹/₂ 4 = 12,4254, enfin, pour la hauteur totale, 15,0427 ¹/₂ 5 = 15,2617. — L'ordre, sans crépidome, donne 12,4395 — 0,9446 = 11,4949 dont la base est ₂ D = 11,3356.

PLANS DES COLONNES DES PROPYLÉES D'ÉLEUSIS.

	COTES DE MM. ST. ET R.	MÉTHODIQUES.	AUTRE CHAPITEAU.	COTES DE MM. ST. ET R.	MÉTHODIQUES.
Côté de l'abaque.	5' 6,00"=1,675	(K=1,6842)	Côté de l'abaque.	5' 5,60"=1,665	(K=1,6842)

Saillie de l'abaq.	7,04 =0,178	¹/₂ S)=0,1663	Saillie de l'abaq.	7,05"=0,179	(V)=0,1809
Diam. de l'échine.	4' 3,92 =1,318	¹/₂ f=1,3443	Diam. de l'échine.	4' 3,50 =1,308	₂ n=1,2964
Saillie de l'abaq.	7,04 =0,178	¹/₂ S)=0,1663	Saillie de l'abaq.	7,05 =0,179	(V)=0,1809

(accolade droite 1,674 / 1,6769 pour la première; 1,666 / 1,6582 pour la seconde)

Saillie de l'abaq.	0,241	s=0,2379	Prof. des cannel. d'en haut...	0,244	₂ X=0,2412
Prof. des cannel.	0' 1,35"=0,034	¹/₂ y=0,0348	d'en haut...	1,30"=0,033	¹/₂ A'=0,0329
Diam. sup. des col.	3'10,98 =1,124	M=1,1223	Diam. sup. des col.	3' 7,82 =1,112	M=1,1223
Prof. des cannel.	0' 1,35 =0,034	¹/₂ y=0,0348	Prof. des cannel. d'en haut...	1,30 =0,033	¹/₂ A'=0,0329
Saillie de l'abaq.	0,241	s=0,2379	Saillie de l'abaq.	0,244	₂ X=0,2412

(accolade 1,674 / 1,6677 première; 1,666 / 1,6705 seconde)

Prof. des cannel. d'en bas....	0' 1,35"=0,034	¹/₄ W=0,0369	Prof. des cannel. d'en bas....	1,30"=0,033	¹/₂ A'=0,0329
Diamètre infér.	4' 9,90 =1,470	i=1,4586	Diamètre infér.	4' 9,06 =1,448	i=1,4586
Prof. des cannel. d'en bas....	0' 1,35 =0,034	¹/₄ W=0,0369	Prof. des cannel. d'en bas....	1,30 =0,033	¹/₂ A'=0,0329

(accolade 1,538 / 1,5324 première; 1,514 / 1,5244 seconde)

HAUTEURS DANS LES PROPYLÉES D'ÉLEUSIS.

Haut. de l'abaq.	10,85"=0,275	T=0,2716	Haut. de l'abaq.	9,15"=0,232	¹/₄ N=0,2292
Haut. de l'échine.	8,90 =0,226	¹/₄ N=0,2292	Haut. de l'échine.	8,94 =0,226	¹/₄ N=0,2292
Haut. du filet d'en haut......	2,00 =0,051	¹/₂ w=0,0529	Haut. du filet d'en haut......	2,28 =0,058	₂ E'=0,0582
Haut. du col et du filet d'en bas.	5,90 =0,150	W=0,1478	Haut. du col et du filet d'en bas.	5,30 =0,134	¹/₂ T=0,1358
Haut. du chapit.	2' 3,65"=0,702	(₂ q) 0,7015	Haut. du chapit.	2' 1,67"=0,650	(n) 0,6524

HAUTEURS DU CRÉPIDOME.

1ʳᵉ marche d'en haut.	1' 1,20"=0,335	S=0,3326	
2ᵉ — — .	11,50 =0,291	r=0,2880	
3ᵉ — — .	11,30 =0,286	r=0,2880	
4ᵉ — — .	11,65 =0,296	₂ W=0,2956	
5ᵉ — — .	11,50 =0,291	r=0,2880	
6ᵉ — — .	1' 2,51 =0,368	¹/₂ O=0,3742	
Haut. du crépid.	6' 1,66"=1,867	(₂ N) 1,8664	

Les colonnes n'existent plus, et on n'a pas trouvé de fragments de l'entablement.

L'imitation des propylées d'Athènes étant manifeste dans les propylées d'Éleusis, on peut se croire autorisé à suppléer à ce qui était ravagé par le temps en le restaurant d'après le modèle mieux conservé. On peut donc supposer des hauteurs pareilles aux propylées d'Athènes et à celles d'Éleusis; s'il y avait des modifications dans les hauteurs, celles-ci n'étaient probablement pas importantes, comme ne le sont pas les modifications des parties imitées qui nous sont conservées. Il y a des différences entre les diverses planches de l'ouvrage de MM. Stuart et Revett, et de la continuation par les Dilettanti pour les cotes; ces différences en ont produit aussi entre notre analyse et la fig. 11 de la pl. VII; la première se rattache au modèle de propylées d'Athènes. Dans les diamètres de la colonne, fig. 11, il faut compter la profondeur de deux cannelures pour avoir, pour le diamètre supérieur, ¹/₂ y + M + ¹/₂ y = 1,1919, avec la base marquée ¹/₄ E = 1,1603, et, pour le diamètre inférieur, ¹/₄ W + i + ¹/₄ W = 1,5324, avec la base marquée ₂ O = 1,4970.

I.   11

ANALYSE DU TEMPLE DE MINERVE AU CAP SUNIUM.

École, attique pure. *Époque de construction*, incertaine. Les Athéniens ont fortifié le cap Sunium dans la guerre du Péloponèse, en l'an 411, et il est possible que le temple, qui est un des derniers monuments de la bonne époque de l'école, date du même temps.

Ouvrages consultés. « *L'Expédition de Morée* » et la continuation de l'ouvrage de MM. Stuart et Revett. Avec les données de ces deux ouvrages, j'ai pu reconstruire le stylobate en longueur et en largeur, et les largeurs sur l'axe du milieu. Voir, pour l'élévation de l'ordre du péristyle latéral, notre pl. V, fig. 5 ; — pour le profil du chapiteau des colonnes, pl. VII, fig. 13 ; — et, pour le chapiteau et le socle d'ante, pl. VIII, fig. 9.

L'unité est de 6,5 mètres. Le temple est un *périptère* simple, de six à douze colonnes.

Mesure provisoire de la largeur. . . $\dfrac{13{,}455}{5} = 2{,}691$ $\frac{1}{2}$ a $= 2{,}6535 \times 5 = 13{,}2675$.

Mesure provisoire pour la longueur. . $\dfrac{28{,}471}{11} = 2{,}588$ $_2$ h $= 2{,}5678 \times 11 = 28{,}2458$.

Base de la longueur. . . . . $\frac{1}{2}$ VIII $= 28{,}4977$ $\Big\}$ Distance de 27 termes.
Base de la largeur. . . . . $\frac{1}{2}$ 6 $= 13{,}4339$
Base de la hauteur supposée. . . . $\frac{1}{4}$ VII $= 11{,}6341$ $\Big\}$ Distance de 6 termes.

La distance de la longueur à la hauteur est de 32 termes.

LARGEURS AU DEVANT DU VESTIBULE.			LARGEURS A L'AXE DU MILIEU.		
	COTES DE MM. ST. ET R.			COTES MÉTHODIQUES.	
Largeur de la marge du stylob.	1'10,350''=	0,567	Largeur de la marge du stylobate.	m =	0,5706
Au commencement des antes					
$\dfrac{3'4''}{2}$ + 5'0,55''. . . . . . . =	6' 8,550 =	2,044	Largeur du portique latéral. . . .	$\frac{1}{2}$ D =	2,0426
Largeur du socle de l'ante. . .	3' 0,166 =	0,918	Épaisseur du mur latéral de la cella.	$_2$ P =	0,8784
Espace compris entre les antes.	21' 0,000 =	6,395	Largeur de la cella dans l'œuvre.	U' =	6,5000
Largeur du socle de l'ante. . .	3' 0,250 =	0,920	Épaisseur du mur de la cella. . .	$_2$ P =	0,8784
A la marge du stylobate. . . .	6' 8,550 =	2,044	Largeur du portique latéral. . . .	$\frac{1}{2}$ D =	2,0426
Largeur de la marge du stylob.	1'10,350 =	0,567	Largeur de la marge du stylobate.	m =	0,5706
Larg. au devant du vestibule.	44' 2,216''=	13,455	Larg. du stylob. à l'axe du milieu.	($\frac{1}{2}$ 6),	13,4832

M. Blouet ne donne, pour cette largeur, que les deux marges du stylobate et l'espace compris entre celles-ci, c'est-à-dire 0,585 + 12,170 + 0,585 = 13,340 mètres. La difficulté de se décider pour l'un de ces deux relevés vient de la circonstance que les murs latéraux de la cella n'existent plus. En accord avec les données de l'ouvrage anglais, on peut restaurer les parties sur l'axe du péristyle comme il suit :

Largeur de la marge du stylobate. .		m =	0,5706	
1er entre-colonnement (d'angle). .		e =	2,3587	
2e — (intermed.). .		$_2$ h =	2,5678	
3e — (du milieu). .		$\frac{1}{2}$ C =	2,5018	Les entre-colonnements ordinaires des façades la-
4e — (intermed.). .		$_2$ h =	2,5678	térales sont donnés, par M. Blouet, à 2,510.
5e — (d'angle). .		e =	2,3587	
Largeur de la marge du stylobate.		m =	0,5706	
Largeur à l'axe du péristyle. . .		($\frac{1}{2}$ 6)	13,4960	

ENTRE-COLONNEMENTS.

	COTES DE M. BLOUET.	COTES MÉTHODIQUES.	COTES DE MM. ST. ET R.
Entre-colonn. des angles des façades des pignons.	?	e = 2,3587	?
— — des façades latérales. . .	2,315	$\frac{1}{4}$ D' = 2,2981	?
— ordinaires des façades latérales. . .	2,510 et 2,42 (?)	$\frac{1}{2}$ C = 2,5018	8' 3, 4'' = 2,523
Largeur du portique latéral chez M. Blouet. 2,434		$\frac{1}{2}$ D = 2,0426	6' 8,55'' = 2,044
moins la demi-épaisseur du mur. . . .=0,410 =2,024			4'10,40''
			3' 3,85
Distance des colonnes du vestibule et du posticum.	2,420	$_2$ K = 2,4204	8' 2,25'' = 2,491

LONGUEURS A L'AXE DU PÉRISTYLE.

			COTES DE M. BLOUET.	COTES MÉTHODIQUES.	COTES DE MM. ST. ET R.
α)	Largeur de la marge du stylobate.		0,585	m = 0,5706	1′10,35″ = 0,567
β)	1er entre-colonnement (d'angle).		2,315	¼ D′ = 2,2981	2,315
γ)	2e	— moyen calculé et marqué. .	2,510	½ C = 2,5018	
δ)	3e	— — — . .	2,510	₂ h = 2,5678	
ε)	4e	— — — . .	2,510	½ C = 2,5018	
ζ)	5e	— — — . .	2,510	₂ h = 2,5678	
η)	6e	— — — . .	2,510	½ C = 2,5018	2,523 × 9 = 22,707
ϑ)	7e	— — — . .	2,510	₂ h = 2,5678	
ι)	8e	— — — . .	2,510	½ C = 2,5018	
κ)	9e	— — — . .	2,510	₂ h = 2,5678	
λ)	10e	— calculé et trouvé faux. . . .	3,050	½ C = 2,5018	
μ)	11e	— (d'angle) marqué.	2,315	¼ D′ = 2,2981	2,315
ν)	Largeur de la marge du stylobate.		0,585	m = 0,5706	0,567

Brace annotations: {20,080} (γ–ι), {5,95} (μ–ν)

		COTES DE M. BLOUET.	COTES MÉTHODIQUES.	COTES DE MM. ST. ET R.
Longueur totale à l'axe du péristyle. . . . , . .		28,930	(½ VIII) 28,5176	28,5176

La cote de l'entre-colonnement λ) chez M. Blouet est impossible, parce qu'elle diffère de la cote de l'entre-colonnement κ) de 3,050 — 2,510 = 0,540, et de son autre voisin μ) de 3,050 — 2,315 = 0,735 ; une telle différence est tout à fait anormale. Il faut donc prendre l'entre-colonnement λ) à une longueur moindre, tout au plus à 2,56, et avec cela corriger la cote générale de 28,930. Si nous n'accordons à λ) que 2,56, nous aurons à déduire 3,050 — 2,560 = 0,490 de la cote générale, ce qui donnera 28,930 — 0,490 = 28,470, et ainsi les deux auteurs seraient en accord parfait sur la longueur du stylobate.

PLANS DES COLONNES DU PÉRISTYLE.

	COTES DE M. BLOUET.	COTES MÉTHODIQUES.	COTES DE MM. ST. ET R.
Côté de l'abaque du chapiteau.	1,133	(₂ m = 1,1412)	3′7,65″ = 1,108
Saillie de l'abaque sur le diamètre inférieur de l'échine.	0,130	V = 0,1301	
Diamètre inférieur de l'échine.	0,873	₂ P = 0,8784	
Saillie de l'abaque sur le diamètre inférieur de l'échine.	0,130	V = 0,1301	
Saillie de l'abaque sur le diamètre supér. des colonnes.	0,170	s = 0,1690	
Profondeur des cannelures d'en haut.	0,017	½ a′ = 0,0169	0′0,65″ = 0,016
Diamètre supérieur des colonnes.	0,759	₂ o = 0,7606	2′5,35 = 0,746
Profondeur des cannelures d'en haut.	0,017	½ a′ = 0,0169	0′0,65 = 0,016
Saillie de l'abaque sur le diamètre supér. des colonnes.	0,170	s = 0,1690	
Profondeur des cannelures d'en bas.	0,025	D′ = 0,0256	0′1,20″ = 0,030
Diamètre inférieur des colonnes.	0,960	½ f = 0,9629	3′1,90 = 0,962
Profondeur des cannelures d'en bas.	0,025	D′ = 0,0256	0′1,20 = 0,030

Brace annotations: {1,133}, {1,133}, {1,010} (M. Blouet); {1,1386}, {1,1324}, {1,0141} (méthodiques)

PLANS DES COLONNES DU VESTIBULE.

	COTES DE M. BLOUET.	COTES MÉTHODIQUES.
Profondeur des cannelures d'en haut.	0,014	½ b′ = 0,0136
Diamètre supérieur des colonnes du vestibule.	0,642	½ h = 0,6419
Profondeur des cannelures d'en haut.	0,014	½ b′ = 0,0136
Profondeur des cannelures d'en bas.	0,025	D′ = 0,0256
Diamètre inférieur des colonnes du vestibule. . . . ╎. .	0,810	M = 0,8069
Profondeur des cannelures d'en bas.	0,025	D′ = 0,0256

Brace annotations: {0,670}, {0,860} (M. Blouet); {0,6691}, {0,8581} (méthodiques)

Il y a une grande différence entre le diamètre inférieur des colonnes du vestibule marqué par M. Blouet, y compris les cannelures, à 0,860, et celui de l'ouvrage anglais, qui donne 3′3,85″ = 1,011 m. à ce diamètre. Comme les colonnes, en règle plus fortes, du péristyle ont presque la même cote, à savoir 3′4,3″, dans l'ouvrage anglais je devais préférer la donnée de M. Blouet.

HAUTEURS DANS LE TEMPLE DU CAP SUNIUM.

	COTES DE M. BLOUET.	COTES MÉTHODIQUES.	COTES DE MM. ST. ET R.
1re marche d'en haut du crépidome.	0,370	o = 0,3803	
2e — —	0,360	Q = 0,3587	
3e — —	0,360	Q = 0,3587	
Hauteur des trois marches du crépidome. . . .	1,090	($_2$ O) 1,0977	

ÉLÉVATION DU CHAPITEAU DU PÉRISTYLE.

Hauteur de l'abaque du chapiteau.	0,196	T = 0,1969	0″7,800″ = 0,198
— de l'échine —	0,162	$^1/_4$ N = 0,1646	0′6,216 = 0,157
— du filet d'en haut —	0,015	e′ = 0,0149	0′0,900 = 0,022
— du col — —	0,112	u = 0,1127	0′4,350 = 0,111
Hauteur du chapiteau du péristyle.	0,485	($^1/_2$ L) 0,4891	1″7,266″ = 0,488
Hauteur du fût des colonnes du péristyle.	5,652	$^1/_2$ D′′ 5,6291	
Hauteur totale de la colonne.	6,137	(B) 6,1182	

ENTABLEMENT EXTÉRIEUR.

Hauteur de la cymaise de la corniche, plus la hauteur du larmier de la corniche. . . . . }	0,261	$^1/_4$ U = 0,0398 $^1/_2$ P = 0,2196	0′1, 60″ = 0,040 0′8, 90 = 0,226
Hauteur du filet en bas du larmier.	0,054	$_2$ b′ = 0,0544	0′2, 05 = 0,052
Hauteur de la corniche.	0,315	(p) 0,3138	1′0, 55″ = 0,318
Hauteur de la frise.	0,900	$^1/_2$ H = 0,9078	2′8, 45 = 0,824
Hauteur de l'architrave.	0,834	$^1/_4$ E = 0,8339	2′8, 45 = 0,824
Hauteur de l'entablement du péristyle.	2,049	($^1/_2$ D) 2,0555	6′5, 45″ = 1,966

HAUTEURS GÉNÉRALES.

Hauteur des trois marches du crépidome extérieur. . . .	1,090	($_2$ O) 1,0977	
— des colonnes du péristyle.	6,137	(B) 6,1182	
— de l'entablement du péristyle.	2,049	($^1/_2$ D) 2,0555	6′5, 45″ = 1,966
Hauteur de l'ordre extérieur.	9,276	(D′) 9,2714	
Je suppose au temple la hauteur du pignon de.		$_2$ K = 2,4204	
Hauteur totale du temple. . . . :		($^1/_4$ VII) 11,6918	

Pour les hauteurs spéciales, nous avons les bases suivantes : — pour le crépidome, 1,0977 $_2$ O = 1,0760 — (le fût de la colonne a le même terme que celui du Parthénon); — pour le chapiteau, de 0,4891 $^1/_2$ L = 0,4941 ; — pour la hauteur de la colonne, 6,1182 B = 6,1282 (au Parthénon, B est la hauteur réelle); — pour l'entablement, de 2,0555 $^1/_2$ D 2,0426 ; — pour l'ordre entier, 9,2724 D′ = 9,1923 (comme au Parthénon, aux propylées, au temple de Némée, etc., etc.). Les hauteurs de la colonne, de l'entablement et de l'ordre étant presque les mêmes qu'au Parthénon, je me crois en droit de supposer aussi le pignon de la même hauteur que celui du Parthénon, c'est-à-dire de $_2$ K. L'ordre sans crépidome est = 8,186, dont la base est $_2$ D = 8,1704:

HAUTEURS DE L'ORDRE DU VESTIBULE.

Hauteur de l'entablement comme celle de l'entabl. extér.	2,049	($^1/_2$ D) 2,0565	
— du chapiteau d'ante (voir pl. VIII, fig. 9).	0,490	($^1/_2$ L) 0,4918	
— du corps de l'ante.	5,150	complém. 5,1412	($^1/_4$ III = 5,1706)
— du socle de l'ante. . . . . , . . .	0,062	$_2$ C′ = 0,0628	
Marche supérieure du crépidome du vestibule.	0,252	q = 0,2535	
— inférieure — —	0,168	$^1/_4$ N = 0,1646	
Hauteur de l'ordre du vestibule.	8,171	$_2$ D = 8,1704	

Par cet exemple on voit comment les anciens ont tâché d'accorder les deux ordres, en même temps qu'ils donnaient à chacun d'eux la hauteur voulue prise à un seul terme de la série. C'est ici l'abaissement de la marche supérieure du grand crépidome de 0,132, fait vers l'intérieur et vers les murs de la cella, qui a permis de conserver à l'ordre du vestibule la hauteur de $_2$ D précise à côté de la hauteur extérieurement déterminée de l'ordre du péristyle.

ANALYSE DU TEMPLE DE RHAMNUS.

École, attique pure. *Époque de construction*, incertaine. Les proportions et les formes parlent pour la bonne époque du ve siècle ; de même Pausanias, en nous racontant que Phidias a fait la statue de Némésis pour ce temple d'un bloc de marbre de Paros qui avait été apporté par les Persans pour en fonder un souvenir de leur victoire espérée.

OUVRAGE CONSULTÉ. La continuation de l'ouvrage de MM. Stuart et Revett, publiée par les Dilettanti (vi^e volume). Voir, pour le plan, pl. III, fig. 6 ; — pour l'élévation de l'ordre, pl. V, fig. 7 ; — pour le profil du chapiteau, pl. VII, fig. 19.

L'*unité* est donnée à 16'11,5'' angl. = 5,165 m.

Le temple est un simple *périptère* de six à douze colonnes.

Mesure provisoire pour la largeur, $\dfrac{10,025}{5} = 2,005$ $_2h = 2,0404 \times 5 = 10,2020.$

Mesure provisoire pour la longueur, $\dfrac{21,461}{11} = 1,951$ $_2K = 1,9236 \times 11 = 21,1596.$

Base de la longueur. . . . . . . 6 = 21,3495 ⎫
Base de la largeur. . . . . . . $^1/_2$ IV = 10,0643 ⎭ Distance de 27 termes.

LARGEURS A L'AXE DU MILIEU.

	COTES DE MM. ST. ET R.		COTES MÉTHODIQUES.
Largeur de la marge du stylobate.	1' 3,71'' =	0,398	$^1/_2$ L = 0,3927
Largeur du portique latéral.	4'10,29 =	1,480	$^1/_4$ A = 1,4910
Épaisseur du mur latéral de la cella.	1' 9,75 =	0,552	I = 0,5555
Largeur de la cella dans l'œuvre.	16'11,50 =	5,165	U'' = 5,1650
Épaisseur du mur latéral de la cella.	1' 9,75 =	0,552	I = 0,5555
Largeur du portique latéral.	4'10,29 =	1,480	$^1/_4$ A = 1,4910
Largeur de la marge du stylobate.	1' 3,71 =	0,398	$^1/_2$ L = 0,3927
Largeur à l'axe du milieu.	32'11,00'' =	10,025	($^1/_2$ IV) 10,0434

LARGEURS A L'AXE DU PÉRISTYLE.

Largeur de la marge du stylobate.	1' 3,71'' =	0,398	$^1/_2$ L = 0,3927
1er entre-colonnement (d'angle).	5' 8,95 =	1,750	$^1/_2$ b = 1,7214
2e — (intermédiaire).	6' 3,08 =	1,906	$_2$ K = 1,9236
3e — (du milieu).	6' 3,08 =	1,906	$_2$ K = 1,9236
4e — (intermédiaire).	6' 3,08 =	1,906	$_2$ K = 1,9236
5e — (d'angle).	5' 8,95 =	1,750	$^1/_2$ b = 1,7214
Largeur de la marge du stylobate.	1' 3,72 =	0,398	$^1/_2$ L = 0,3927
Largeur du stylobate à l'axe du péristyle.	32'10,57'' =	10,014	($^1/_2$ IV) 9,9990

ENTRE-COLONNEMENTS.

α)	Entre-colonnements d'angle (tous égaux).	5' 8,95'' =	1,750	$^1/_2$ b = 1,7214
β)	— ordinaires des façades de pignons.	6' 3,08'' =	1,906	$_2$ K = 1,9236
γ)	— ordinaires des côtés longs.	6' 2,95 =	1,908	$_2$ K = 1,9236
δ)	Largeur du portique antér. extér., 12'1,47'' —1'3,71'' + $\dfrac{2'4''}{2}$ =	11'11,76 =	3,649	$^1/_2$ D' = 3,6522
ϵ)	Longueur du vestibule, $\dfrac{2'4''}{2}$ + 10'0,63''. . . . . =	8'10,63 =	2,706	$^1/_4$ I = 2,7392
ζ)	Longueur du posticum, 11'5,90'' + $\dfrac{2'4''}{2}$. . . . . =	10' 3,90 =	3,145	$^1/_2$ d'' = 3,1629
η)	Largeur du portique postér. extér., $\dfrac{2'4''}{2}$ + 9'0,43'' —1'3,71'' =	8'10,72 =	2,708	$^1/_4$ I = 2,7392
	Somme de δ), ϵ), ζ) et η).	40' 1,01'' =	12,208	12,2935
	Distance des colonnes du vestibule et du posticum.	?	?	?
	Largeur du portique latéral.	4'10,29 =	1,480	$^1/_4$ A = 1,4910

LONGUEURS A L'AXE DU MILIEU DANS LE TEMPLE DE RHAMNUS.

	COTES DE MM. ST. ET R.		COTES MÉTHODIQUES.
Largeur de la marge du stylobate.............	1′ 3,71″ =	0,398	$\frac{1}{2}$ L = 0,3927
Largeur du portique antérieur extérieur.........	11′11,76 =	3,649	$\frac{1}{2}$ D′ = 3,6522
Longueur du vestibule..................	8′10,63 =	2,706	$\frac{1}{4}$ I = 2,7392
Épaisseur du mur transversal antérieur de la cella......	1′ 9,75 =	0,552	1 = 0,5555
Longueur de la cella dans l'œuvre.	24′ 1,66 =	7,352	D′ = 7,3044
Épaisseur du mur transversal postérieur de la cella......	1′ 9,75 =	0,552	1 = 0,5555
Longueur du posticum.................	10′ 3,90 =	3,145	$\frac{1}{2}$ d″ = 3,1629
Largeur du portique postérieur extérieur..........	8′10,72 =	2,708	$\frac{1}{4}$ I = 2,7392
Largeur de la marge du stylobate.............	1′ 3,71 =	0,398	$\frac{1}{2}$ L = 0,3927
Longueur du stylobate à l'axe du milieu......	70′ 5,59″ =	21,460	(6) 21,4943

LONGUEURS A L'AXE DU PÉRISTYLE.

	COTES		COTES MÉTHODIQUES
Largeur de la marge du stylobate..............	1′ 3,71″ =	0,398	$\frac{1}{2}$ L = 0,3927
1er entre-colonnement (d'angle)................	5′ 8,95 =	1,750	$\frac{1}{2}$ b = 1,7214
2e — (ordinaire)...........	6′ 3,00 =	1,904	2 K = 1,9236
3e — —	6′ 2,90 =	1,901	2 K = 1,9236
4e — —	6′ 2,95 =	1,902	2 K = 1,9236
5e — —	6′ 3,20 =	1,908	2 K = 1,9236
6e — —	6′ 3,20 =	1,908	$\frac{1}{4}$ D′ = 1,8261
7e — —	6′ 2,93 =	1,902	2 K = 1,9236
8e — —	6′ 3,10 =	1,906	2 K = 1,9236
9e — —	6′ 3,10 =	1,906	2 K = 1,9236
10e — —	6′ 3,10 =	1,906	2 K = 1,9236
11e — 7′ 0,67″ — 1′ 3,71″ (d'angle)......	5′ 8,96 =	1,750	$\frac{1}{2}$ b = 1,7214
Largeur de la marge du stylobate.............	1′ 3,71 =	0,398	$\frac{1}{2}$ L = 0,3927
Longueur du stylobate à l'axe du péristyle.....	70′ 4,81″ =	21,439	(6) 21,4431

PLANS DES COLONNES DU PÉRISTYLE.

Côté de l'abaque du chapiteau...........	2′ 5,78″ =	0,756	($\frac{1}{2}$ f = 0,7651)
Saillie de l'abaque sur le diamètre inférieur de l'échine.....	3,17 =	0,081	(2 y) = 0,0804
Diamètre inférieur de l'échine.............	1′11,44 =	0,594	2 o = 0,6042 } 0,7650
Saillie de l'abaque................	3,17 =	0,081	(2 y) = 0,0804
Saillie de l'abaque sur le diamètre supérieur des colonnes. ..		0,099	V = 0,1034
Profondeur des cannelures d'en haut............		0,015	$\frac{1}{2}$ B′ = 0,0152
Diamètre supérieur des colonnes du péristyle..........	1′10,10	0,528	N = 0,5234 } 0,7606
Profondeur des cannelures d'en haut.		0,015	$\frac{1}{2}$ B′ = 0,0152
Saillie de l'abaque................		0,099	V = 0,1034
Profondeur des cannelures d'en bas...........		0,018	e′ = 0,0175
Diamètre inférieur des colonnes du péristyle.........	2′ 4,80	0,695	2 P = 0,6980 } 0,7330
Profondeur des cannelures d'en bas...........		0,018	e′ = 0,0175

Le diamètre inférieur des colonnes du vestibule et du posticum est marqué, dans l'ouvrage anglais, à 2′4″ = 0,710 mètres ; en déduisant de ce diamètre la profondeur des cannelures de 0,018, nous aurons 0,710 — 0,018 × 2 = 0,674, et pour correspondant le premier terme au-dessous du diamètre inférieur des colonnes du péristyle, c'est-à-dire k = 0,6797.—Dans notre plan du temple (pl. III, fig. 6), la déduction des profondeurs des cannelures n'est pas encore faite ; c'est pourquoi on y trouve $\frac{1}{2}$ H pour 2 P, et 2 P pour k, des diamètres inférieurs des colonnes du péristyle et du vestibule.

ÉLÉVATIONS DANS LE TEMPLE DE RHAMNUS.

		COTES DE MM. ST. ET REV.		COTES MÉTHODIQUES.
Hauteur de la 1ʳᵉ marche d'en haut du crépidome. . .		0′10,95″	= 0,278	½ l = 0,2777
— de la 2ᵉ	—	1′ 0,65	= 0,321	½ M = 0,3205
— de la 3ᵉ	—	1′ 0,65	= 0,321	½ M = 0,3205
Hauteur du crépidome extérieur.		3′ 0,25″	= 0,920	(½ e) 0,9187

ÉLÉVATION DU CHAPITEAU DU PÉRISTYLE.

Hauteur de l'abaque du chapiteau.		0′ 5,16″	= 0,131	¼ N = 0,1308
— de l'échine —		0′ 3,94	= 0,100	½ q = 0,1007
— du filet d'en haut —		0′ 0,79	= 0,020	D′ = 0,0201
— du col —		0′ 2,47	= 0,062	½ U = 0,0632
Hauteur du chapiteau du péristyle.		1′ 0,36″	= 0,313	(₂ T) 0,3148
Hauteur du fût des colonnes du péristyle.		12′ 5,09	= 3,784	(₂ e) 3,7938
Hauteur totale des colonnes.		13′ 5,45″	= 4,097	¼ III 4,1086

ENTABLEMENT EXTÉRIEUR.

Hauteur de la cymaise de la corniche.		0′ 2,80″	= 0,070	¼ Q = 0,0712
— de l'astragale.		0′ 0,43	= 0,010	½ D′ = 0,0100
— du larmier.		0′ 4,95	= 0,125	½ p = 0,1233
— du petit filet au-dessous.		0′ 0,24	= 0,006	0,0060
— de la plate-bande.		0′ 1,52	= 0,040	y = 0,0402
Hauteur de la corniche de l'entablement.		0′ 9,94″	= 0,251	(₂ U) 0,2507
Hauteur de la frise —		1′10,60	= 0,574	₂ Q = 0,5700
Hauteur de l'architrave —		1′10,60	= 0,574	₂ Q = 0,5700
Hauteur de l'entablement extérieur.		4′ 7,14″	= 1,399	(½ c) 1,3907

Il y a des erreurs dans les cotes de l'entablement de ce temple, donné à la pl. V, fig. 7 ; aussi ai-je trouvé mieux pour les cotes des marches du crépidome. Le lecteur est prié de corriger ces erreurs du dessin d'après le texte ci-dessus.

HAUTEURS GÉNÉRALES.

Hauteur du crépidome extérieur.		3′ 0,25″	= 0,920	(½ e) 0,9187
— totale de la colonne du péristyle.		13′ 5,45	= 4,097	¼ III = 4,1086
— de l'entablement extérieur.		4′ 7,14	= 1,399	(½ c) 1,3907
Hauteur totale de l'ordre du péristyle.		21′ 0,84″	= 6,416	(₂ D) 6,4180

Le pignon du temple est détruit, c'est pourquoi je ne peux donner la hauteur du temple. Les bases des hauteurs des détails sont les suivantes : — pour la hauteur du crépidome, 0,9187 ½ e = 0,9371 ; — pour la hauteur du chapiteau, 0,3148 ₂ T = 0,3128. Le fût de la colonne n'est pas pris à un terme de la série, mais sa hauteur est le complément de celle de la colonne, prise au terme de ¼ III = 4,1086. La base pour la hauteur de la corniche, 0,2507, est ₂ U = 0,2530 ;—pour la hauteur de l'entablement, 1,3907 ½ c = 1,4056 ; — enfin, pour la hauteur de l'ordre entier, 6,4180 ₂ D = 6,4924. Dans le temple de Bassæ, près de Phigalie, nous trouverons employé le terme de ¼ III pour déterminer la hauteur du fût des colonnes, et le terme ₂ D, comme ici, pour déterminer la hauteur de l'ordre entier, de même que nous avons vu employé le terme ₂ D pour la détermination de la hauteur de l'ordre du vestibule dans le temple du cap Sunium.

En déduisant la hauteur du crépidome de celle de l'ordre, il nous reste 6,416 — 0,920 = 5,496, dont la base est ½ l = 5,4784.

ANALYSE DU TEMPLE DE BASSÆ PRÈS PHIGALIE.

École, attico-dorique. *Époque de construction*, dernier quart du ve siècle, vers 430 avant notre ère.

OUVRAGES CONSULTÉS. « L'*Expédition de Morée*, par M. Blouet, » et le rélevé de ce temple par M. Donaldson, dans la continuation de l'ouvrage de MM. Stuart et Revett. On prétend que c'était Ictinus, le maître du Parthénon, qui a construit le temple de Bassæ ; mais il y a, tant dans les proportions générales, par exemple celle de la longueur très-considérable du stylobate, que dans les formes des détails, des dorismes tels qu'il n'est point vraisemblable qu'on puisse les attribuer au maître éminent de l'école attique.

Voir, pour le plan, notre pl. III, fig. 7 ; — pour l'élévation de l'ordre, pl. V, fig. 8 ; — pour le galbe des colonnes du péristyle, pl. IX, fig. 7 ; — pour les profils des chapiteaux, pl. VII, fig. 15 et 16 ; pour le chapiteau d'ante, pl. VIII, fig. 11.

L'unité est de 6,8 mètres. Le temple est un *périptère* de six à quinze colonnes et à ordre intérieur. L'ordre intérieur est simple, c'est-à-dire qu'une seule colonne occupe toute la hauteur ; les colonnes sont engagées dans des pilastres saillants des murs latéraux. Ces colonnes sont ioniques, et il y avait même une colonne de l'ordre corinthien à l'axe longitudinal de la nef principale. On a trouvé le chapiteau de cette colonne.

Mesure provisoire pour la largeur du stylobate, $\dfrac{15,736}{5} = 3,147$ $_2 I = 3,1018 \times 5 = 15,5090$

Mesure provisoire pour la longueur du stylobate, $\dfrac{39,445}{14} = 2,817$ $F = 2,8492 \times 14 = 39,8888$

Base de la longueur du stylobate . . . . $VI = 39,7515$ ⎫
Base de la largeur du stylobate . . . . $_2A = 15,7038$ ⎬ Distance de 33 termes.
⎭

LARGEURS A L'AXE DU MILIEU.

	COTES DE M. BLOUET.	COTES MÉTHODIQUES.		COTES DE M. DONALDSON.	
α) Largeur de la marge du stylobate.	1,257	$^1/_2 e =$	1,2337	4′ 1,375″ =	1,253
β) Largeur du portique latéral.	2,391	$^1/_4 D' =$	2,4040	7′11,250 =	2,417
γ) Épaisseur du mur latéral de la cella.	0,820	$^1/_2 g =$	0,8224	2′ 7,650 =	0,803
♂) Largeur de la cella dans l'œuvre.	6,800	$U' =$	6,8000	22′ 4,400 =	6,812
ε) Épaisseur du mur.	0,820	$^1/_2 g =$	0,8224	2′ 7,650 =	0,803
ζ) Largeur du portique latéral.	2,391	$^1/_4 D' =$	2,4040	7′11,250 =	2,417
η) Largeur de la marge du stylobate.	1,257	$^1/_2 e =$	1,2337	4′ 1,375 =	1,253
Largeur du stylobate à l'axe du milieu. . .	15,736	$(_2 A)$	15,7202	51′ 8,950″ =	15,758

La largeur de la cella dans l'œuvre ♂) résulte, chez M. Donaldson, de l'addition des trois cotes 5′2,9″ + 11′10,6″ + 5′2,9″ à 22′4,4″. La largeur de la marge du stylobate α) et η) résulte de l'addition de 2′3,5″ + $\dfrac{3′7,75″}{2}$ à 4′1,375. La cote de 3′7,75″ est le diamètre inférieur de la colonne du péristyle. Il est à remarquer que la largeur de la marge du stylobate est ici beaucoup plus grande qu'habituellement.

LARGEURS A L'AXE DU PÉRISTYLE.

α) Largeur de la marge du stylobate.	1,257	$^1/_2 e =$	1,2337	4′ 1,375″ =	1,253
β) 1er entre-colonnement (d'angle).	2,523	$_2 K =$	2,5326	8′ 3,800 =	2,533
γ) 2e — (intermédiaire).	2,708	$^1/_2 a =$	2,7760	8′10,450 =	2,702
♂) 3e — (du milieu).	2,717	$_2 h =$	2,6864	8′11,700 =	2,733
ε) 4e — (intermédiaire).	2,747	$^1/_2 a =$	2,7760	9′ 0,800 =	2,761
ζ) 5e — (d'angle).	2,527	$_2 K =$	2,5326	8′ 3,100 =	2,515
η) Largeur de la marge du stylobate.	1,257	$^1/_2 e =$	1,2337	4′ 1,375 =	1,253
Largeur du stylobate à l'axe du péristyle. .	15,736	$(_2 A)$	15,7710	51′ 8,600″ =	15,750

La différence entre les entre-colonnements intermédiaires correspondants γ) et ε) est plus considérable qu'à l'ordinaire, tant chez M. Blouet γ) = 2,708 et ε) 2,747, que chez M. Donaldson γ) = 2,702 et ε) = 2,761. C'est un défaut d'exécution qui se rencontre parfois dans d'autres monuments.

ENTRE-COLONNEMENTS.

		COTES DE M. BLOUET.	COTES MÉTHODIQUES.	COTES DE M. DONALDSON.
α)	Entre-colonnement d'angle des côtés courts.	2,527	₂K = 2,5326	8′ 3, 80″= 2,533
β)	— — des côtés longs.	?	₂e = 2,4675	8′ 0, 30 = 2,444
γ)	— intermédiaire des côtés courts. .	2,741	¹/₂a = 2,7760	9′ 0, 80 = 2,761
δ)	— du milieu des façades des pignons.	2,717	₂h = 2,6864	8′11, 70 = 2,73?
ε)	— ordinaire des côtés longs.	?	₂h »	moyenne = 2,675
ζ)	Largeur du portique antérieur extérieur.	4,999	¹/₂1 = 5,1000	16′ 6, 00″= 5,025
η)	Longueur du vestibule.	4,827	¹/₂D′ = 4,8081	
θ)	— du posticum.	3,504	E = 3,4897	
ι)	Largeur du portique postérieur extérieur.	5,048	₂e = 4,9350	16′ 6, 90″= 5,048
	Somme de ζ), η), θ) et ι).	18,378	18,3328	
κ)	Distance des colonnes du vestibule et du posticum. .	2,640	¹/₂C = 2,6173	
λ)	1ᵉʳ entre-colonnement de l'ordre intérieur.	1,125	₂O = 1,1270	3′ 7, 30″= 1,099
μ)	2ᵉ — — —	2,622	¹/₂C = 2,6173	8′ 7, 80 = 2,634
ι)	3ᵉ — — —	2,622	¹/₂C = 2,6173	8′ 8, 20 = 2,645
ξ)	4ᵉ — — —	2,622	¹/₂C = 2,6173	8′ 8, 60 = 2,655
o)	5ᵉ — — —	2,737	¹/₂a = 2,7760	8′ 8, 50 = 2,652
π)	6ᵉ — — —	5,185	C = 5,2346	
	Longueur de la cella = λ), μ), ν), ξ), o) et π). . . .	16,913	(₂d″) 16,9895	
ρ)	Profondeur des niches latérales de la cella.	0,850	(M) 0,8500	5′ 2, 90 = 1,596
σ)	Largeur de la nef principale.	5,100	¹/₂1 = 5,1000	11′10, 60 = 3,620
τ)	Profondeur des niches latérales de la cella.	0,850	(M) 0,8500	5′ 2, 90 = 1,596
	Largeur de la cella, somme de ρ), σ) et τ).	6,800	U′ = 6,0000	22′ 4, 40″= 6,812

La largeur de la nef principale = 5,1 est prise ici à un terme positif de la série, c'est-à-dire à ¹/₂1 = 5,1000, et les profondeurs des deux niches font le complément à l'unité.

LONGUEURS A L'AXE DU MILIEU.

Largeur de la marge du stylobate.	1,257	¹/₂e = 1,2337	4′ 1,375″= 1,253
Largeur du portique antérieur extérieur.	4,999	¹/₂1 = 5,1000	16′ 6,000 = 5,025
Longueur du vestibule.	4,827	¹/₂D′ = 4,8081 ⎫	13′ 3,600 = 4,051
Épaisseur du mur transversal antérieur de la cella. . .	0,820	¹/₂g = 0,8224 ⎬	5′ 0,000 = 1,522
1ᵉʳ entre-colonnement de l'ordre intérieur.	1,125	₂O = 1,1270 ⎭	
2ᵉ — — —	2,622	¹/₂C = 2,6173 ⎫	
3ᵉ — — —	2,622	¹/₂C = 2,6173 ⎪	
4ᵉ — — —	2,622	¹/₂C = 2,6173 ⎬ 53′ 0,700 = 16,160	
5ᵉ — — —	2,737	¹/₂a = 2,7760 ⎪	
6ᵉ — — —	5,185	C = 5,2346 ⎭	
Épaisseur du mur transversal postérieur de la cella. . .	0,820	¹/₂g = 0,8224 ⎫	3′ 3,600 = 1,005
Longueur du posticum.	3,504	E = 3,4897 ⎬	9′ 0,900 = 2,764
Largeur du portique postérieur extérieur.	5,048	₂e = 4,9350 ⎪	4′ 1,200 = 1,248
Largeur de la marge du stylobate.	1,257	¹/₂e = 1,2337 ⎭	16′ 6,900 = 5,048
Longueur du stylobate à l'axe du milieu.	39,445	(VI) 39,4345	129′ 1,650″= 39,329

Les cotes générales des deux auteurs sont en bon accord. Il y a pourtant de la différence pour la longueur de la cella, plus longue de 16,913 — 16,160 = 0,753 chez M. Blouet que chez M. Donaldson; mais il faut ajouter, chez ce dernier, la saillie d'un pilastre du mur transversal de la cella qui n'est pas indiqué chez M. Blouet, parce que c'est d'ici que M. Donaldson prend sa cote de la longueur de la cella. Avec cette addition on arrivera à un acccord satisfaisant.

I. 12

LONGUEURS A L'AXE DU PÉRISTYLE.

		COTES DE M. BLOUET.	COTES MÉTHODIQUES.		COTES DE M. DONALDSON.
Largeur de la marge du stylobate		1,257	$\frac{1}{2}$ e = 1,2337	4' 1,375" =	1,253
1er entre-colonnement	(d'angle)		e = 2,4675	8' 0,300 =	2,444
2e —	(ordinaire)		$\frac{1}{2}$ C = 2,6173	8' 7,400 =	2,624
3e —	—		2 h = 2,6864	8'11,000 =	2,716
4e —	—		2 h = 2,6864	8'10,200 =	2,695
5e —	—		2 h = 2,6864	8' 8,200 =	2,645
6e —	—		2 h = 2,6864	8'10,000 =	2,690
7e —	—		2 h = 2,6864	8' 9,350 =	2,673
8e —	—	36,926	2 h = 2,6864	8' 8,900 =	2,662
9e —	—		2 h = 2,6864	8' 9,350 =	2,673
10e —	—		2 h = 2,6864	8' 9,850 =	2,686
11e —	—		2 h = 2,6864	8' 8,350 =	2,648
12e —	—		2 h = 2,6864	8' 8,950 =	2,664
13e —	—		$\frac{1}{2}$ C = 2,6173	9' 0,000 =	2,741
14e —	(d'angle)		e = 2,4675	7'10,480 =	2,398
Largeur de la marge du stylobate		1,257	$\frac{1}{2}$ e = 1,2337	4' 1,375 =	1,253
Longueur du stylobate à l'axe du péristyle		39,440	(VI) 39,5010	129' 7,080" =	39,465

Par les cotes des entre-colonnements des côtés longs chez M. Donaldson, on voit bien que la disposition n'est pas du tout symétrique, et il n'y a que les temples tout à fait du premier ordre, comme le Parthénon, où les entre-colonnements homonymes ont à peu près la même longueur.

PLANS DES COLONNES DU PÉRISTYLE.

Côté de l'abaque du chapiteau de ces colonnes	1,177	(2 m = 1,1938)	
Saillie de l'abaque sur le diam. infér. de l'échine	0,100	($\frac{1}{2}$ T) = 0,1021	
Diamètre inférieur de l'échine	0,977 } 1,177	2 n = 0,9748 } 1,1790	
Saillie de l'abaque sur le diam. infér. de l'échine	0,100	($\frac{1}{2}$ T) = 0,1021	
Saillie de l'abaq. sur le diam. supér. de la colonne	0,134	V = 0,1361	
Profondeur des cannelures d'en haut	0,017	$\frac{1}{2}$ a' = 0,0174	
Diamètre supérieur des colonnes du péristyle	0,874 } 1,176	$\frac{1}{4}$ E = 0,8724 } 1,1794	2'10, 45" = 0,874
Profondeur des cannelures d'en haut	0,017	$\frac{1}{2}$ a' = 0,0174	
Saillie de l'abaque	0,134	V = 0,1361	
Profondeur des cannelures d'en bas	0,035	a' = 0,0349	
Diamètre inférieur des colonnes	1,034 } 1,104	L = 1,0336 } 1,1034	3' 7, 75" = 1,110
Profondeur des cannelures d'en bas	0,035	a' = 0,0349	

PLANS DES COLONNES DU VESTIBULE ET DU POSTICUM.

Côté de l'abaque du chapiteau de ces colonnes	0,989	($\frac{1}{2}$ f = 1,0074)	
Saillie de l'abaque sur le diam. infér. de l'échine	0,083	$\frac{1}{2}$ U = 0,0833	
Diamètre inférieur de l'échine	0,823 } 0,989	$\frac{1}{2}$ g = 0,8224 } 0,9890	
Saillie de l'abaque sur le diam. infér. de l'échine	0,083	$\frac{1}{2}$ U = 0,0833	
Saillie de l'abaq. sur le diam. supér. des colonnes	0,119	u = 0,1179	
Profondeur des cannelures d'en haut	0,014	G' = 0,0146	
Diamètre supérieur des colonnes	0,722 } 0,988	$\frac{1}{4}$ F = 0,7123 } 0,9773	
Profondeur des cannelures d'en haut	0,014	G' = 0,0146	
Saillie de l'abaq. sur le diam. supér. des colonnes	0,083	u = 0,1179	
Diamètre inférieur des colonnes	0,872	$\frac{1}{4}$ E = 0,8724	2'11, 60" = 0,903

Le diamètre inférieur des colonnes du posticum et du vestibule, marqué chez M. Donaldson à 2'11,60" = 0,903, est le diamètre de la périphérie entière; en déduisant de 0,903 — 0,872, il reste 0,031, dont la moitié donne la profondeur des cannelures d'un côté. M. Blouet n'a qu'un seul diamètre inférieur pour toutes les colonnes du péristyle. Il marque le diamètre inférieur des colonnes ioniques de l'ordre intérieur à 0,660, à quoi

répond $^1/_2$ h = 0,6716. Le diamètre inférieur de la colonne corinthienne est marqué, chez M. Donaldson, de 2' 2,7'' = 0,677, dont le terme correspondant est encore $^1/_2$ h = 0,6716. Nous avons trouvé ce même terme de $^1/_2$ h, comme diamètre supérieur de la colonne inférieure dans le temple de Neptune à Pæstum.

ÉLÉVATION DU CRÉPIDOME.

	COTES DE M. BLOUET.	COTES MÉTHODIQUES.	COTES DE M. DONALDSON.
1re marche d'en bas du crépidome.......	0,240	$^1/_2$ n = 0,2437	0' 9, 6'' = 0,243
2e — —	0,250	S = 0,2501	0' 9, 6 = 0,244
3e — —	0,260	$^1/_4$ L = 0,2584	0' 9, 7 = 0,246
Hauteur du crépidome du péristyle....	0,750	(2 Q) = 0,7522	2' 4, 9'' = 0,733

ÉLÉVATION DES COLONNES DU PÉRISTYLE.

Hauteur de l'abaque des colonnes du péristyle..	0,178	s = 0,1768	0' 7, 8'' = 0,198
— de l'échine — — ..	0,178	s = 0,1768	0' 6, 5 = 0,165
— du filet d'en haut — — ..	0,040	B' = 0,0403	
— du col — — ..	0,108	$^1/_2$ r = 0,1082	0' 7, 1 = 0,180
— du filet d'en bas — — ..	0,041	B' = 0,0403	
Hauteur du chapiteau...........	0,545	($^1/_2$ i) = 0,5424	1' 9, 4'' = 0,543
Hauteur des fûts des colonnes du péristyle....	5,405	$^1/_4$ III = 5,4093	17' 9, 4 = 5,419
Hauteur des colonnes du péristyle....	5,950	(2 d) 5,9517	19' 6, 8'' = 5,962

ÉLÉVATION DES COLONNES DU VESTIBULE ET DU POSTICUM.

Hauteur de l'abaque du chapiteau......	0,173	$^1/_4$ N = 0,1723	
— de l'échine..............	0,112	W = 0,1111	
— du filet d'en haut..........	0,028	b' = 0,0284	
— du col...............	0,047	$^1/_2$ v = 0,0481	
— du filet d'en bas...........	0,024	$^1/_2$ A' = 0,0246	
Hauteur du chapiteau..........	0,384	($^1/_4$ I) 0,3845	

Les rapports généraux des bases pour les hauteurs de ces deux espèces de chapiteaux sont remarquables, parce que la base $^1/_4$ I pour la hauteur des chapiteaux du vestibule et du posticum donne le petit côté d'un triangle du cube, dont $^1/_2$ i (la base de la hauteur des chapiteaux du péristyle) est le grand côté. Cette proportion se répète encore dans les hauteurs des deux filets B' et b'. La même proportion se trouve aussi dans les plans des chapiteaux du posticum, où la base du côté de l'abaque $^1/_2$ f donne le grand côté d'un triangle du cube dont $^1/_4$ F (le diamètre supérieur de la colonne) est le petit côté ; — enfin la saillie de l'abaque sur le diamètre inférieur de l'échine est le petit côté $^1/_2$ U, tandis que la saillie de l'abaque sur le diamètre supérieur de la colonne est du grand côté u.

ÉLÉVATION DE L'ENTABLEMENT EXTÉRIEUR.

Hauteur de la cymaise de la corniche......	0,059	$^1/_2$ u = 0,0589	0' 2,40'' = 0,060
— du larmier..............	0,179	2 X = 0,1814	0' 6,35 = 0,161
— du filet..............	0,043	z = 0,0427	0' 2,30 = 0,059
Hauteur de la corniche........	0,281	($^1/_2$ O) 0,2830	0'11,05'' = 0,280
Hauteur de la frise..........	0,845	M = 0,8442	2' 9,25 = 0,844
Hauteur de l'architrave........	0,765	$^1/_2$ I = 0,7754	2' 8,80 = 0,832
Hauteur de l'entablement extérieur......	1,891	(H) 1,9026	6' 5,10'' = 1,936

HAUTEURS GÉNÉRALES.

	COTES DE M. BLOUET.		COTES MÉTHODIQUES.	COTES DE M. DONALDSON.	
Hauteur des trois marches du crépidome	0,750	($_2$ Q)	0,7522	2'4,90" = 0,733	
Hauteur des colonnes du péristyle	5,950	($_2$ d)	5,9517	19'6,80 = 5,962	
Hauteur de l'entablement extérieur	1,891	(H)	1,9026	6'5,10 = 1,956	
Hauteur de l'ordre extérieur	8,591·	($_2$ D)	8,6065	28'4,80" = 8,651	

La proportion de l'ordre entier, dont la base est $_2$ D, est à la hauteur de la colonne, dont la base est $_2$ d, comme la proportion du grand côté au petit côté du même triangle du cube. Les bases des hauteurs des détails sont les suivantes : — pour la hauteur du crépidome 0,7522 $_2$ Q = 0,7504 ; — pour le chapiteau de la colonne du péristyle 0,5424 — $^1/_2$ i = 0,5483 ; — pour la hauteur du chapiteau des colonnes du vestibule et du posticum .0,3845 $^1/_4$ I = 0,3877 ; — pour la hauteur de la corniche 0,2830 $^1/_2$ O = 0,2814 ; — pour la hauteur de l'entablement 1,9026 H = 1,8992 ; — pour la hauteur de la colonne (le fût de la colonne est pris à un seul terme), 5,9517 $_2$ d = 6,0438; — enfin, pour la hauteur de l'ordre entier 8,6065 $_2$ D = 8,5476.

Pour la composition de la corniche, il y a une variante dans mon dessin, pl. IX, fig. 7 ; elle s'y compose de la hauteur du bec de la cymaise à z, du reste de la cymaise à $^1/_2$ D', de la hauteur du larmier à U + f' et du filet d'en bas à z. La somme de ces termes est égale à 0,0427 + 0,0132 + 0,1667 + 0,0122 + 0,0427 = 0,2775.

L'ordre sans crépidome a une hauteur de 8,591 — 0,750 = 7,841, dont la base est A = 7,8519.

ANALYSE DU TEMPLE DE JUPITER A OLYMPIE.

École, attico-dorique. *Époque de construction*, ve siècle. Le temple fut terminé vers 435 par l'architecte *Lybon*. OUVRAGE CONSULTÉ. « L'*Expédition de Morée*, par M. Blouet. » Voir, pour le profil des deux chapiteaux, notre pl. VII, fig. 17 et 18; — pour le chapiteau d'ante, pl. VIII, fig. 11.

Unité, 12,22 m. Le temple est un *périptère* de six à treize colonnes; son état est très-dégradé.

Mesure provisoire pour la largeur, $\dfrac{27,697}{5} = 5,539$ F = 5,5395 × 5 = 27,6975

Mesure provisoire pour la longueur, $\dfrac{63,720}{12} = 5,310$ $\dfrac{2\,h + ^1/_2\,a}{2} = 5,3080 × 12 = 63,6960$

Base de la longueur. . . . .   V = 63,0986
Base de la largeur. . . . . $^1/_2$ 6 = 27,3235

LARGEURS A L'AXE DU MILIEU.

	COTES DE M. BLOUET.		COTES MÉTHODIQUES.
Largeur de la marge du stylobate	1,210	$_2$ R =	1,1912
Largeur du portique latéral.	4,698	$^1/_4$ D' =	4,6739
Épaisseur du mur latéral de la cella.	1,330	N =	1,3401
Largeur de la cella dans l'œuvre.	13,220	U' =	13,2200
Épaisseur du mur latéral de la cella.	1,330	N =	1,3401
Largeur du portique latéral.	4,698	$^1/_4$ D' =	4,6739
Largeur de la marge du stylobate.	1,210	$_2$ R =	1,1912
Largeur du stylobate à l'axe du milieu.	27,696	($^1/_2$ 6)	27,6304
Largeur de la marge du stylobate	1,210	$_2$ R =	1,1912
1er entre-colonnement (d'angle).	4,950	$_2$ K =	4,9238
2e — (intermédiaire).	4,960	$^1/_2$ C =	5,0883
3e — (du milieu).	5,457	$_2$ h =	5,2226
4e — (intermédiaire).	4,960	$^1/_2$ C =	5,0883
5e — (d'angle).	4,950	$_2$ K =	4,9238
Largeur de la marge du stylobate.	1,210	$_2$ R =	1,1912
Largeur du stylobate à l'axe du péristyle. . . .	27,697	($^1/_2$ 6) =	27,6292

ENTRE-COLONNEMENTS.

	COTES DE M. BLOUET.	COTES MÉTHOD.
α) Entre-colonnements d'angles des façades courtes............	4,950	$_2$ K = 4,9238
β) — — des façades longues, $\dfrac{5,04 + 4,53}{2}$, moyenne.	4,785	e = 4,7962
γ) — — ordinaires des façades longues............	5,233	$_2$ h = 5,2226
δ) Moyenne des dix entre-colonnements des façades longues.......	5,173	$_2$ h = »
ε) Entre-colonnement intermédiaire de la façade principale........	4,960	$^1/_2$ C = 5,0883
ζ) Entre-colonnement du milieu de la façade principale...........	5,457	$_2$ h = 5,2226
η) Entre-colonnement intermédiaire de la façade principale........	4,960	$^1/_2$ C = 5,0883
Somme des trois entre-colonnements ε), ζ) et η)......	15,377	15,3992
Largeur du portique antérieur extérieur..................	9,930	$^1/_2$ I = 9,9150
Largeur du portique postérieur extérieur................·.	8,580	$^1/_4$ II = 8,5866
Distance des deux colonnes du vestibule.................	5,024	$^1/_2$ C = 5,0883
Distance des deux colonnes du posticum.................	4,960	$_2$ K = 4,9238

LONGUEURS A L'AXE DU PÉRISTYLE.

		COTES DE M. BLOUET.		COTES MÉTHOD.
Largeur de la marge du stylobate........................		1,210		$_2$ R = 1,1912
1er entre-colonnement (d'angle).....................		5,040		e = 4,7962
2e — (ordinaire......................		5,233		$_2$ h = 5,2226
3e — —		5,234	15,70	$^1/_2$ C = 5,0883
4e — —		5,233		$_2$ h = 5,2226
5e — —		5,184		$^1/_2$ C = 5,0883
6e — —		5,184		$_2$ h = 5,2226
7e — —		5,184	25,92	$_2$ h = 5,2226
8e — —		5,184		$^1/_2$ C = 5,0883
9e — —		5,184		$_2$ h = 5,2226
10e — —		4,870		$^1/_2$ C = 5,0883
11e — (ordinaire)...................		5,240		$_2$ h = 5,2226
12e — (d'angle).....................		4,530	5,74	e = 4,7962
Largeur de la marge du stylobate........................		1,210		$_2$ R = 1,1912
Longueur du stylobate à l'axe du péristyle........		63,720		(V) 63,6636

On voit, par cet exemple, que, lorsqu'on s'écarte des termes de la série, il doit s'ensuivre une dislocation et une confusion générales. Cet écartement provient de ce qu'on n'a pas choisi un terme convenable pour la mesure provisoire de la longueur, car 5,3080 correspondant à 5,310 (chiffre qui résulte de la division de 63,720 par douze) n'est égal ni à $^1/_2$ a ni à $_2$ h, mais est la moyenne de ces deux termes. La conséquence en était que la base de V = 63,0986 est considérablement éloignée de la longueur réelle de 63,720, et que la différence des entre-colonnements homonymes ordinaires est très-saillante; ainsi, par exemple, le troisième diffère du dixième de 5,234 — 4,870 = 0,364. Ou serait-ce que l'état dégradé du temple n'aurait pas permis à M. Blouet de prendre des cotes exactes?

PLANS DES COLONNES.

	COTES DE M. BLOUET.	COTES MÉTHOD.
Côté de l'abaque..	2,416	($^1/_2$ e = 2,3981)
Saillie de l'abaque sur le diamètre inférieur de l'échine.........	0,270	($^1/_4$ O) = 0,2735
Diamètre inférieur de l'échine du chapiteau............	1,876	$^1/_2$ H = 1,8462
Saillie de l'abaque sur le diamètre inférieur de l'échine.........	0,270	($^1/_4$ O) = 0,2735
Saillie de l'abaque sur le diamètre supérieur de la colonne..	0,360	$^1/_2$ Q = 0,3647
Diamètre supérieur de la colonne.	1,696	$^1/_4$ E = 1,6902
Saillie de l'abaque sur le diamètre supérieur de la colonne.	0,360	$^1/_2$ Q = 0,3647
Diamètre inférieur de la colonne du péristyle.	2,244	$^1/_2$ G = 2,2612

ANALYSE DU TEMPLE DE NÉMÉE.

École attique. *Époque de construction*, incertaine. Les proportions et les formes militent par la bonne époque du v⁰ siècle, de même pour l'influence prononcée de l'école attique, quoique ce temple se trouve dans un pays habité par des Doriens.

Ouvrage consulté. « L'*Expédition de Morée*, par M. Blouet. »

Voir, pour le profil du chapiteau, notre pl. VII, fig. 14 ; — pour l'élévation de l'ordre, pl. V, fig 6.

L'*unité* est donnée, par M. Blouet, à 9,29 m.

Le temple est un simple *périptère* de six à treize colonnes.

Mesure provisoire pour la largeur, $\dfrac{20,8182}{5} = 4,1636$ d $= 4,1288 \times 5 = 20,6440$.

Mesure provisoire pour la longueur, $\dfrac{50,505}{12} = 4,209$ ₂I $= 4,2378 \times 12 = 50,8536$.

Base de la longueur . . . . . ¹/₂ IX $= 49,8834$ ⎱ Distance de 31 termes.

Base de la largeur . . . . . . 3 $= 20,9025$ ⎰

Base de la hauteur supposée. . ¹/₄ VII $= 16,6278$ ⎱ Distance de 9 termes.

La distance de la longueur à la hauteur supposée est de 39 termes.

LARGEURS A L'AXE DU MILIEU.

	COTES DE M. BLOUET.	COTES MÉTHODIQUES.
Largeur de la marge du stylobate.	1,000	I $= 0,9983$
Largeur du portique latéral.	?	¹/₂ a $= 3,7926$
Épaisseur du mur longitudinal de la cella.	0,970	¹/₄ F $= 0,9732$
Largeur de la cella dans l'œuvre.	9,290	U' $= 9,2900$
Épaisseur du mur latéral de la cella.	0,970	¹/₄ F $= 0,9732$
Largeur du portique latéral.	?	¹/₂ a $= 3,7926$
Largeur de la marge du stylobate.	1,000	I $= 0,9983$
Largeur du stylobate à l'axe du milieu. . . .	?	(3) 20,8182

(11,230) (11,2364)

LARGEURS A L'AXE DU PÉRISTYLE.

Largeur de la marge du stylobate.	1,000	I $= 0,9983$
1ᵉʳ entre-colonnement (d'angle).	?	₂h $= 3,6700$
2ᵉ — (intermédiaire).	?	¹/₂ a $= 3,7926$
3ᵉ — (du milieu).	3,745	F $= 3,8927$
4ᵉ — (intermédiaire).	?	¹/₂ a $= 3,7926$
5ᵉ — (d'angle).	?	₂h $= 3,6700$
Largeur de la marge du stylobate.	1,000	I $= 0,9983$
Largeur du stylobate à l'axe du péristyle. . .	?	(3) 20,8145

ENTRE-COLONNEMENTS.

Entre-colonnements d'angle des façades courtes.	?	₂h $= 3,6700$
— — — longues.	?	¹/₂ C $= 3,5757$
— intermédiaires des façades des pignons. .	?	¹/₂ a $= 3,7926$
— du milieu de la façade principale. . . .	3,745	F $= 3,8927$
— ordinaires des façades latérales.	?	d $= 4,1288$
Largeur du portique latéral.	?	¹/₂ a $= 3,7926$
Largeur du portique antérieur et postérieur extérieur.	6,800	₂e $= 6,7422$
Longueur du vestibule.	?	₂I $= 4,2378$
Longueur du posticum, 3,79 $+ \dfrac{1,59}{2}$ . . . . $= 4,585$		¹/₂ U' $= 4,6450$
Distance des deux colonnes du vestibule et du posticum. . . .	3,370	e $= 3,3711$

LONGUEURS A L'AXE DU MILIEU.

	COTES DE M. BLOUET.		COTES MÉTHODIQUES.
Largeur de la marge du stylobate.	1,000	l =	0,9983
Largeur du portique antérieur extérieur.	6,800	₂ e =	6,7422
Longueur du vestibule.		₂ I =	4,2378
Épaisseur du mur transversal antérieur de la cella.	} 29,320	l =	0,9983
Longueur de la cella dans l'œuvre.		ll =	24,1354
Épaisseur du mur transversal postérieur de la cella.	? 1,000	l =	0,9983
Longueur du posticum.	4,585	½ U' =	4,6450
Largeur du portique postérieur extérieur.	? 6,800	₂ e =	6,7422
Largeur de la marge du stylobate.	1,000	l =	0,9983
Longueur du stylobate à l'axe du milieu.	50,505	(½ IX)	50,4958

LONGUEURS A L'AXE DU PÉRISTYLE.

	COTES DE M. BLOUET.		COTES MÉTHODIQUES.
Largeur de la marge du stylobate.	1,000	l =	0,9983
1ᵉʳ entre-colonnement (d'angle).		½ C =	3,5757
2ᵉ —		d =	4,1288
3ᵉ — (ordinaire).		d =	4,1288
4ᵉ — —		d =	4,1288
5ᵉ — —		d =	4,1288
6ᵉ — —		d =	4,1288
7ᵉ — —	} 48,505	d =	4,1288
8ᵉ — —		d =	4,1288
9ᵉ — —		d =	4,1288
10ᵉ — —		d =	4,1288
11ᵉ — —		d =	4,1288
12ᵉ — (d'angle).		½ C =	3,5757
Largeur de la marge du stylobate.	1,000	l =	0,9983
Longueur du stylobate à l'axe du péristyle.	50,505	(½ IX)	50,4360

PLANS DES COLONNES DU PÉRISTYLE.

Côté de l'abaque du chapiteau.	1,765	(¼ C =	1,7878
Saillie de l'abaque sur le diamètre inférieur de l'échine.	0,136	(₂ A') =	0,1336
Diamètre inférieur de l'échine.	1,493	i =	1,4983
Saillie de l'abaque sur le diamètre inférieur.	0,136	(₂ A') =	0,1336
Saillie de l'abaque sur le diamètre supérieur de la colonne.	0,231	U =	0,2276
Profondeur des cannelures d'en haut.	0,022	F' =	0,0227
Diamètre supérieur des colonnes du péristyle.	1,260	₂ P =	1,2556
Profondeur des cannelures d'en haut.	0,022	F' =	0,0227
Saillie de l'abaque sur le diamètre supérieur des colonnes.	0,231	U =	0,2276
Profondeur des cannelures d'en bas.	0,037	D' =	0,0362
Diamètre inférieur des colonnes du péristyle.	1,496	i =	1,4983
Profondeur des cannelures d'en bas.	0,037	D' =	0,0362
Diamètre inférieur des colonnes du vestibule et du posticum.	1,400	(L =	1,4120)

CRÉPIDOME.

1ʳᵉ marche d'en bas du crépidome.	0,372	₂ V =	0,3718
2ᵉ marche d'en bas du crépidome.	0,372	₂ V =	0,3718
3ᵉ marche d'en bas du crépidome.	0,372	₂ V =	0,3718
Hauteur du crépidome du péristyle.	1,116	(½ ℮) =	1,1154

HAUTEURS DANS LE TEMPLE DE NÉMÉE.

Chapiteau du péristyle.

	COTES DE M. BLOUET.	COTES MÉTHODIQUES.
Hauteur de l'abaque du chapiteau.	0,260	$\frac{1}{2}$ Q = 0,2563
— de l'échine.	0,181	$\frac{1}{2}$ q = 0,1811
— du filet d'en haut.	0,034	$_2$ f' = 0,0344
— du col..	0,150	W = 0,1517
Hauteur du chapiteau du péristyle.	0,625	(P) 0,6235
Hauteur du fût des colonnes du péristyle.	8,740	B = 8,7586
Hauteur totale des colonnes du péristyle.	9,365	(U') 9,3821

Entablement extérieur.

Hauteur des membres situés au-dessus du larmier.	0,195	t = 0,1972
— du larmier de la corniche.	0,238	$\frac{1}{4}$ N = 0,2354
Hauteur de la corniche.	0,433	($\frac{1}{4}$ K) 0,4326
Hauteur de la frise.	1,241	$_2$ P = 1,2556
Hauteur de l'architrave.	1,024	$_2$ Q = 1,0252
Hauteur de l'entablement du péristyle.	2,698	($\frac{1}{4}$ Λ) 2,7134

Hauteurs générales.

Hauteur des trois marches du crépidome extérieur.	1,116	($\frac{1}{2}$ ϑ) 1,1154
Hauteur totale des colonnes du péristyle.	9,365	(U') 9,3821
Hauteur de l'entablement du péristyle.	2,698	($\frac{1}{4}$ Λ) 2,7134
Hauteur de l'ordre du péristyle.	13,179	(D') 13,2109
Hauteur que je suppose au pignon.	? 3,460	$_2$ K = 3,4596
Hauteur totale supposée du temple.	16,639	($\frac{1}{4}$ VII) 16,6705

Les bases pour les hauteurs des détails sont les suivantes : — pour le crépidome, 1,1154 $\frac{1}{3}$ ϑ 1,1237 ; — pour la hauteur du chapiteau, 0,6235 P = 0,6278 ; — pour la hauteur de la colonne, 9,3821 U' = 9,2900 ; — pour la hauteur de la corniche, 0,4326 $\frac{1}{4}$ K = 0,4324 ; — pour la hauteur de l'entablement, 2,7134 $\frac{1}{4}$ Λ = 2,6818 ; — pour la hauteur de l'ordre, 13,2109 D' = 13,1380 ; — enfin, pour la hauteur totale, 16,6705 $\frac{1}{4}$ VII = 16,6278.

L'ordre sans crépidome a la hauteur de 13,179 — 1,116 = 12,063 dont la base est $\frac{1}{2}$ H = 12,0677.

ANALYSE DU TEMPLE D'ASSOS, EN TROADE.

École, attico-dorique. *Époque de construction*, M. Texier la recule jusqu'au vi^e siècle avant notre ère ; c'est ce que les proportions d'une date plus récente (surtout la hauteur de l'entablement prise, comme c'était habituel dans l'école attique, à la base de $^1/_2$ D), c'est ce que le style des reliefs de ce temple, qui sont au musée du Louvre, ne paraissent pas admettre.

OUVRAGE CONSULTÉ. « *Description de l'Asie Mineure*, faite par ordre du gouvernement français, de 1833 à 1837, et publiée par le ministère de l'instruction publique, par Ch. Texier, grand in-folio ; Paris, 1849. » 3 volumes. M. Texier ne donne pas le plan de ce temple ; je ne suis donc arrivé que par des combinaisons à constater approximativement son *unité*. C'est le diamètre inférieur des colonnes et les entre-colonnements qui m'ont guidé. Le premier est marqué, chez M. Texier, à 1,05 mètre, et l'entre-colonnement d'angle est marqué à 2,2 mètres.

En divisant 1,05 mètre par le terme $^1/_4$ D = 0,15713, j'obtiens 6,618, et en divisant 2,2 par le terme $^1/_2$ b = 0,333..., j'obtiens 6,66.. La moyenne des chiffres obtenus est 6,64 ; elle se rectifie, d'après d'autres cotes de M. Texier, à 6,63, quantité que je prends pour l'*unité* du temple.

Voir, pour l'élévation de l'ordre, notre pl. IV, fig. 4 ; — pour le profil du chapiteau, pl. VI, fig. 11.

Le temple était, probablement, un simple *périptère* de six à douze colonnes.

Mesure provisoire de la largeur, $\dfrac{12,950}{5} = 2,590$ $_2$ h = 2,6192 × 5 = 13,0960

Mesure provisoire de la longueur, $\dfrac{30,100}{11} = 2,736$ $^1/_2$ a = 2,7066 × 11 = 29,7726

Base de la longueur . . . . : 3 × $_2$ = 29,8350 } Distance de 30 termes.
Base de la largeur . . . . : $^1/_2$ IV = 12,9189 }
Base de la hauteur supposée . . . D' = 9,3761 } Distance de 12 termes.

Distance de la longueur à la hauteur supposée de 41 termes.

LARGEURS A L'AXE DU MILIEU.

	COTES DE M. TEXIER.	COTES MÉTHODIQUES.	
Largeur de la marge du stylobate.	?	$_2$ R =	0,5972
Largeur du portique latéral.	?	f =	1,9653
Épaisseur du mur longitudinal de la cella.	?	m =	0,5820
Largeur de la cella dans l'œuvre.	?	U' =	6,6300
Épaisseur du mur longitudinal de la cella.	?	m =	0,5820
Largeur du portique latéral.	?	f =	1,9653
Largeur de la marge du stylobate.	?	$_2$ R =	0,5972
Largeur du stylobate à l'axe du milieu.	?	($^1/_2$ IV)	12,9190

LARGEURS A L'AXE DU PÉRISTYLE.

	COTES DE M. TEXIER.	COTES MÉTHODIQUES.	
Largeur de la marge du stylobate.	0,600	$_2$ R =	0,5972
1er entre-colonnement (d'angle).	2,200	$^1/_2$ b =	2,2099
2e — (intermédiaire).	2,450	e =	2,4058
3e — (du milieu).	2,450	$_2$ K =	2,4694
4e — (intermédiaire).	2,450	e =	2,4058
5e — (d'angle).	2,200	$^1/_2$ b =	2,2099
Largeur de la marge du stylobate.	0,600	$_2$ R =	0,5972
Largeur du stylobate à l'axe du péristyle.	12,950	($^1/_2$ IV)	12,8952

ENTRE-COLONNEMENTS.

M. Texier ne donne que deux entre-colonnements, celui de huit angles du péristyle. . . . . 2,200 $^1/_2$ b = 2,2099

Et les entre-colonnements intermédiaires des façades des . . . . 2,450 $_2$ K ? = 2,4694

13

LONGUEURS A L'AXE DU PÉRISTYLE.

			COTES DE M. BLOUET.	COTES MÉTHODIQUES.
Largeur de la marge du stylobate.			0,600	$_2$ R = 0,5972
1er entre-colonnement (d'angle).			2,200	$^1/_2$ b = 2,2099
2e — (ordinaire).				$^1/_2$ a = 2,7066
3e — —				$^1/_2$ a = 2,7066
4e — —				$^1/_2$ a = 2,7066
5e — —				$^1/_2$ a = 2,7066
6e — —	Neuf entre-colonnements,			I' = 2,7781
7e — —	chacun à 2,7222 × 9 = 24,499			$^1/_2$ a = 2,7066
8e — —				$^1/_2$ a = 2,7066
9e — —				$^1/_2$ a = 2,7066
10e — —				$^1/_2$ a = 2,7066
11e — (d'angle).			2,200	$^1/_2$ b = 2,2099
Largeur de la marge du stylobate.			0,600	$_2$ R = 0,5972
Longueur du stylobate à l'axe du péristyle.			30,099	(3 × $_2$) 30,0451

PLANS DES COLONNES.

	COTES DE M. TEXIER.	MÉTHODIQUES.
Côté de l'abaque du chapiteau.	1,213	(K=1,2347)
Saillie de l'abaque sur l'échine.	0,238	($^1/_2$ n)=0,2376
Diamètre inférieur de l'échine.	0,737	$_2$ Q=0,7316
Saillie de l'abaque sur l'échine.	0,238	($^1/_2$ n)=0,2376
	1,213	(K) 1,2068
Saillie de l'abaque sur le diamètre supér. de la colonne.	0,283	$_2$ t=0,2814
Diamètre supér. de la colonne.	0,646	$^1/_2$ h=0,6548
Saillie de l'abaque.	0,283	$_2$ t=0,2814
	1,212	(K) 1,2176
Diam. infér. des col. du périst.	1,050	$^1/_4$ D=1,0472
Profondeur des cann. d'en bas.	?	$^1/_2$ A'=0,0240

HAUTEURS DES COLONNES.

	COTES DE M. TEXIER.	MÉTHODIQUES.
Hauteur de l'abaque.	0,201	T=0,1990
— de l'échine.	0,177	s=0,1724
— du filet unique. . . .	0,027	b'=0,0277
Hauteur du chapiteau. .	0,405	($_2$ T)=0,3991
Hauteur du fût des colonnes. .	4,295	$^1/_4$ H=4,3062
Haut. de la colonne du périst.	4,700	($^1/_2$ D') 4,7053

CRÉPIDOME.

		COTES DE M. TEXIER.	MÉTHODIQUES.
1re marche du crép. d'en bas. .		0,237	$^1/_2$ n=0,2376
2e — — . .		0,236	$^1/_2$ n=0,2376
3e — — . .		0,237	$^1/_2$ n=0,2376
Hauteur du crépidome. . .		0,710	l=0,7128

Dans son texte, M. Texier donne la hauteur de la colonne à 4,7 m., ce qui est, comme on le voit, par l'accord avec les autres hauteurs, la vraie cote pour celle de la colonne.

ENTABLEMENT EXTÉRIEUR.

	COTES DE M. TEXIER.	COTES MÉTHODIQUES.
Hauteur du quart de rond situé au-dessus du larmier de la corniche.	0,050	y = 0,0510
— du larmier de la corniche.	0,205	$^1/_4$ M = 0,2056
— du premier et du second filet de la corniche 0,068 + 0,075 =	0,143	$_2$ a' + $^1/_4$ R = 0,1426
Hauteur de la corniche.	0,398	($_2$ T) 0,3992
Hauteur de la frise.	0,878	k = 0,8725
Hauteur de l'architrave.	0,818	M = 0,8227
Hauteur de l'entablement.	2,094	($^1/_2$ D) 2,0944

HAUTEURS GÉNÉRALES.

	COTES DE M. TEXIER.	COTES MÉTHODIQUES.
Hauteur du crépidome du péristyle.	0,710	l = 0,7128
Hauteur de la colonne du péristyle.	4,700	($^1/_2$ D') 4,7053
Hauteur de l'entablement.	2,094	($^1/_2$ D) 2,0944
Hauteur de l'ordre du péristyle.	7,504	($^1/_2$ 3) 7,5125

Les bases des hauteurs des détails sont : — pour la hauteur des chapiteaux, 0,3991 $_2$ T = 0,3980 ; — pour la hauteur de la colonne, 4,7053 $^1/_2$ D' = 4,6881 ; — pour la hauteur de l'entablement, 2,0944 $^1/_2$ D = 2,0836 ; — pour la hauteur de l'ordre, 7,5125 $^1/_2$ 3 = 7,4582. Lorsqu'on suppose la hauteur du pignon de f = 1,9265, on arrive à une hauteur totale de 9,4390, dont la base est D' = 9,3761. L'ordre sans crépidome donne 7,504 — 0,710 = 6,794, dont la base est $_2$ E = 6,8050.

ANALYSE DU TEMPLE DE LA CONCORDE, A AGRIGENTE.

École, attico-dorique. *Époque de construction*, incertaine. Les proportions et les formes de ce temple, le font contemporain avec les monuments de l'attique de la période florissante ; d'un autre côté, sa construction ne peut pas aller au delà du commencement du ıve siècle, où Agrigente fut pris par les Carthaginois.

Ouvrages consultés. « 1° L'ouvrage de M. Serra di Falco ; 2° Lusson, *Monuments anciens et modernes de la Sicile ;* 3° *Vues des principaux monuments grecs de la Sicile,* dessinés d'après nature, et lithographiés par Gaertner, 1819 ; impr. et édit. par Zeller. Texte par le comte de Lagarde-Messence. » 1 vol. gr. in-fol.

Voir, pour le plan, notre pl. II, fig. 4 ; — pour l'élévation de la façade latérale, pl. IV, fig. 5 ; pour le profil du chapiteau du péristyle, pl. VI, fig. 12.

Unité. Elle varie dans les trois ouvrages. M. S. di Falco donne la largeur à 29'5″ = 7,5282 m., M. Lusson à 7,58 et M. Gaertner à 7,40. J'accepte une quatrième unité, presque moyenne des trois citées, qui m'a été donnée par M. Labrouste, et qui est de 7,55 mètres, parce que je trouve cette unité en meilleur accord avec les cotes des détails que n'importe quelle autre unité des trois auteurs cités.

Le temple est un simple *périptère* de six à treize colonnes, avec une cage d'escalier assez bien conservée.

Mesure provisoire de la largeur. . . $\dfrac{16,95}{5} = 3,39$ ₂ l = 3,4440 × 5 = 17,2200.

Mesure provisoire de la longueur. . . $\dfrac{39,16}{12} = 3,263$ ¹/₄ D″ = 3,2692 × 12 = 39,2304.

Base de la longueur. . . . . . . ₂ II = 39,2308 } Distance de 30 termes.
Base de la largeur. . . . . . . 3 = 16,9875 }
Base de la hauteur. . . . . . . ¹/₄ VII = 13,7098 } Distance de 9 termes.

La distance de la longueur à la hauteur est de 38 termes.

LARGEURS A L'AXE DU MILIEU.

	COTES DE M. GAERTNER.	MÉTHODIQUES.	M. LUSSON.	M. S. DI FALCO.	
Largeur de la marge du stylobate.	0,734	¹/₂ h = 0,7465	0,820	?	
Largeur du portique latéral.	3,163	¹/₂ a = 3,0823	3,000	?	
Épaisseur du mur latéral de la cella.	0,880	₂ o = 0,8836	0,870	3'4″9‴ = 0,875	
Largeur de la cella dans l'œuvre.	7,400	U′ = 7,5500	7,580	29'5″0‴ = 7,582	
Épaisseur du mur latéral de la cella.	0,880	₂ o = 0,8836	0,870	3'4″9‴ = 0,875	
Largeur du portique latéral.	3,163	¹/₂ a = 3,0823	,3,000	?	
Largeur de la marge du stylobate.	0,734	¹/₂ h = 0,7465	0,820	?	
Largeur du stylobate à l'axe du milieu. .	16,954	(3) 16,9748	16,960	65'8″0‴ = 16,926	

Chez M. S. di Falco, il n'y a, outre la cote générale, que les cotes des murs latéraux de la cella et la largeur de la cella dans l'œuvre.

LARGEURS A L'AXE DU PÉRISTYLE.

Largeur de la marge du stylobate.	0,734	¹/₂ h = 0,7465	0,820
1ᵉʳ entre-colonnement (d'angle).	3,054	¹/₂ a = 3,0823	2,890
2ᵉ — (intermédiaire).	3,104	¹/₂ a = 3,0823	3,100
3ᵉ — (du milieu).	3,181	F = 3,1636	3,150
4ᵉ — (intermédiaire).	3,104	¹/₂ a = 3,0823	3,100
5ᵉ — (d'angle).	3,054	¹/₂ a = 3,0823	2,990
Largeur de la marge du stylobate.	0,734	¹/₂ h = 0,7465	0,820
Largeur du stylobate à l'axe du péristyle.	16,965	(3) 16,9858	16,870	65'8″0‴ = 16,926

Avec une autre composition des entre-colonnements, à savoir, en prenant les deux entre-colonnements d'angle à ₂ h = 2,9862 et les trois entre-colonnements intermédiaires tous au même terme de F, on aura ¹/₂ h + ₂ h + F + F + F + ₂ h + ¹/₂ h = 16,9562 pour largeur méthodique du stylobate à l'axe du péristyle.

ENTRE-COLONNEMENTS.

	COTES DE M. GAERTNER.	MÉTHODIQUES.	M. LUSSON.	M. S. DI FALCO.
Entre-colonn. de quatre angles	0,706 + 1,688 + 0,660 = 3,054	$^1/_2$ a = 3,0823	2,89 et 2,99	
— des façades des pignons	1,32 + 1,784 = 3,104	$^1/_2$ a = 3,0823	3,10	
— du mil. de cette faç.	0,66 + 1,815 + 0,706 = 3,181	F = 3,1636	3,15	
— ordinaires des faç. latérales	1,860 + 1,32 = 3,180	F = 3,1636	3,19 et 3,22	12′5″ = 3,200
Largeur du portique latéral.	?	$^1/_2$ a = 3,0823	3,00	
α) Largeur du portique antér. (M. Luss., 4,59 + 0,635).	?	$^1/_2$ D' = 5,3386	5,225	5,210
β) Longueur du vestibule (M. Lusson, 3,88 + 0,635). .	?	$^1/_2$ A = 4,3589	4,515	4,495
γ) Longueur du posticum (M. Lusson, 3,53 + 0,635). .	?	$_2$H = 4,2180	4,165	4,162
δ) Largeur du portique postér. (M. Luss., 4,57 + 0,635).	?	$_2$G = 5,1660	5,205	5,210
Somme de α), β), γ) et δ).		19,0815	19,110	19,077
Distance des deux colonnes du vestib. et du posticum.	2,728	$^1/_2$ C = 2,9059	2,940	

On peut calculer les cotes de M. S. di Falco, qui correspondent très-bien à celles de M. Lusson pour les entre-colonnements α), β), γ) et δ. On trouvera les éléments, pour ce calcul, dans notre plan du temple, pl. II, fig. 4, à gauche, le long du portique latéral. On aura ainsi, pour α), 4,983 — 0,734 + 0,301 + 0,66 = 5,210; pour β), 5,155 — 0,66 = 4,495; pour γ), 4,822 — 0,66 = 4,162; pour δ), 0,66 + 0,301 + 4,983 — 0,734 = 5,210. Les termes méthodiques $^1/_2$ D', $^1/_2$ A, $_2$ H et $_2$ G, donnés comme base de ces quatre entre-colonnements, diffèrent bien plus que d'ordinaire des cotes réelles, qui sont en bon accord chez MM. di Falco et Lusson; mais il n'y a pas d'autres bases à trouver parmi les termes qui correspondraient tant avec les deux sommes totales de 19,110 et 19,077 qu'avec leurs parties constitutives α), β), γ) et δ), et qui pourraient, en même temps, être mises en accord avec les cotes de la cella et la longueur totale du stylobate prise à l'axe du milieu. C'est pourquoi je dois donner la préférence à ces quatre termes. Il faut attribuer les différences citées au défaut de pierres d'architrave, dont la longueur eût correspondu aux termes méthodiques.

LONGUEURS A L'AXE DU MILIEU.

	COTES DE M. LUSSON.	MÉTHODIQUES.	M. S. DI FALCO.	M. GAERTN.
α) Largeur de la marge du stylobate. . .	0,820	1 = 0,8116	19′4″0‴ = 4,983	
β) Larg. du portique antérieur extérieur.	5,225	$^1/_2$ D' = 5,3386	1 2 0 = 0,301	4,83
γ) Longueur du vestibule.	4,515	$^1/_2$ A = 4,3589	20 0 0 = 5,155	
δ) Mur transversal antérieur de la cella.	0,880 (cage d'escal. = 2,61)	$_2$ 0 = 0,8836		
ε) Vide de la cage d'escalier.	1,110 (cage d'escal. = 2,61; 16,95)		10 2 0 = 2,620	
ζ) Mur de la cage d'escalier.	0,620 (cage d'escal. = 2,61; 16,95)	3 = 16,9875	59 4 6 = 15,304	29,50
η) Reste de la longueur de la cella. . . .	15,220 (16,95)			
ϑ) Mur postérieur de la cella.	0,880	$_2$ 0 = 0,8836	3 4 0 = 0,859	
ι) Longueur du posticum.	4,165	$_2$ H = 4,2180	18 8 6 = 4,822	
κ) Larg. du portique postérieur extérieur.	5,205	$_2$ G = 5,1660	1 2 0 = 0,301	4,83
λ) Largeur de la marge du stylobate. . .	0,820	1 = 0,8116	19 4 0 = 4,983	
Long. du stylobate à l'axe du milieu. .	39,460	($_2$ H) 39,4594	152′7″0‴ = 39,328	39,16

La cage de l'escalier, comprise dans les lettres ε) et ζ), compte dans la longueur totale de la cella ε) + ζ) + η); une partie du mur transversal δ) est commune à cette cage et à la cella; mais dans la profondeur de la porte une saillie bien marquée accuse clairement qu'ici il y avait intention d'indiquer une plus grande épaisseur comme convenable au mur de la cella. Si on prend cette épaisseur du mur transversal antérieur égale à celle des murs latéraux et si, après avoir déduit ces 0,88 de la cote totale 2,61 de la cage, on additionne le reste de cette cage 1,110 + 0,62 à la longueur de la cella dans l'œuvre = 15,220, on aura pour longueur totale méthodique de la cella 16,95, à quoi répond le terme 3 = 16,9875. La cote de M. Gaertner 39,16 diffère considérablement de celle des deux autres auteurs; mais, comme le premier ne marque pas des cotes de détail et comme il y a deux témoins en bon accord entre eux contre lui, enfin comme cet accord s'étend sur les termes méthodiques, notam-

ment la longueur de la cella, je devais donner la préférence à la longueur plus grande du stylobate. La largeur de la marge de ce stylobate paraît être différente, selon qu'on la prend dans le sens de la largeur ou dans celui de la longueur ; dans le premier cas, je trouve, chez M. Gaertner, cette largeur marquée à 0,734, et dans le second, chez M. Lusson, 0,820. Une différence pareille se rencontre au Parthénon d'Athènes, d'après les cotes de M. Penrose ; mais ces différences, n'étant probablement que les résultats d'une exécution imparfaite, ne sont pas même marquées par d'autres auteurs qui ont relevé le Parthénon.

LONGUEURS A L'AXE DU PÉRISTYLE.

	COTES DE M. LUSSON.	MÉTHODIQUES.	M. GAERTN.	M. S. DI FALCO.
Largeur de la marge du stylobate.	0,820	I = 0,8116	0,734	
1er entre-colonnement (d'angle).	3,000	½ a = 3,0823	3,036	
2e — (ordinaire).	3,090	F = 3,1636	3,085	
3e — —	3,190	F = 3,1636	3,185	
4e — —	3,190	F = 3,1636	3,180	
5e — —	3,210	F = 3,1636	3,180	
6e — —	3,220	F = 3,1636	3,180	
7e — —	3,220	F = 3,1636	3,180	
8e — —	3,190	F = 3,1636	3,180	
9e — —	3,220	F = 3,1636	3,180	
10e — —	3,190	F = 3,1636	3,185	
11e — —	3,110	F = 3,1636	3,085	
12e — (d'angle).	2,990	½ a = 3,0823	3,036	
Largeur de la marge du stylobate.	0,820	I = 0,8116	0,734	
Longueur du stylobate à l'axe du péristyle.	39,460	(2 II) 39,4238	39,160	152′ 7″0‴ = 39,329

Ici, chez M. Gaertner, il y a une somme qui résulte de l'addition des cotes détaillées, et, malgré cela, la différence de 0,30 de la cote générale de M. Lusson reste la même ; c'est parce que, comme on le voit bien par la disposition symétrique et régulière, les entre-colonnements n'ont pas été mesurés un par un, mais évalués plutôt et disposés d'après une cote générale qui n'était pas tout à fait exacte.

PLANS DES COLONNES DU PÉRISTYLE.

Côté de l'abaque du chapiteau.	1,740	(I = 1,7229)	1,788	6′ 9″0‴ = 1,739
Saillie de l'abaque sur le diam. infér. de l'échine.	0,222	(T) = 0,2267	0,269	10″3‴ = 0,220
Diamètre inférieur de l'échine.	1,296	½ G = 1,2915	1,250	5 0 6 = 1,299
Saillie de l'abaque.	0,222	(T) = 0,2267	0,269	10 3 = 0,220
	1,740	(I) 1,7449	1,788	6′ 9″0‴ = 1,739
Saillie de l'abaque sur le diam. supér. des colonnes.	0,280	q = 0,2945	0,310	1′ 2″0‴ = 0,301
Diamètre supérieur des colonnes du péristyle.	1,120	L = 1,1479	1,168	4 5 0 = 1,138
Saillie de l'abaque sur le diam. supér. des colonnes.	0,280	q = 0,2945	0,310	1 2 0 = 0,301
Côté de l'abaque. ?	1,680	(I) 1,7369	1,788	6′ 9″0‴ = 1,740
Diamètre inférieur des colonnes du péristyle.	?	2 m = 1,3256	?	?
Diam. supér. des colonnes du vestib. et du posticum.	0,921	½ g = 0,9131	1,320	?
Diam. infér. des colonnes du vestib. et du posticum.	1,270	2 O = 1,2498	1,260	4 11 0 = 1,267
Diamètre inférieur des quatre colonnes d'angle.	1,380	K = 1,4060	1,413	5′ 7″0‴ = 1,439

HAUTEURS DES DÉTAILS.

1re marche d'en bas du crépidome.	0,513	¼ H = 0,5272		2′ 0″0‴ = 0,515
2e — —	0,513	P = 0,5102		1 10 0 = 0,472
3e — —	0,513	P = 0,5102		1 10 0 = 0,472
4e — —	0,513	P = 0,5102		1 11 3 = 0,500
Hauteur du crépidome extérieur.	2,032	(½ c) 2,0578	2,100	7′ 7″3‴ = 1,959

HAUTEURS DES COLONNES DU PÉRISTYLE.

	COTES DE M. LUSSON.	MÉTHODIQUES.		M. GAERTN.	M. S. DI FALCO.
Hauteur de l'abaque du chapiteau. . . .		$q =$	0,2945		$1'1''9''' =$ 0,295
— de l'échine —		$_2 V =$	0,3042		1 2 3 $=$ 0,306
— du filet d'en haut —		$Z =$	0,0671		3 3 $=$ 0,069
— du col —		$_2 \Lambda' =$	0,1096		5 0 $=$ 0,107
Hauteur totale du chapiteau. . . .	0,782	(N)	0,7754	0,778	$3'0''3''' =$ 0,777
Hauteur du fût des colonnes du péristyle. .	5,918	($^1/_4$ III)	5,9356	5,930	23 0 3 $=$ 5,934
Hauteur totale de la colonne. . . .	6,700	$_2 d =$	6,7110	6,708	$26'0''6''' =$ 6,711

ENTABLEMENT DU PÉRISTYLE.

	COTES DE M. LUSSON.	MÉTHODIQUES.		M. GAERTN.	M. S. DI FALCO.
Hauteur de la cymaise de la corniche. . .		$^1/_2 S =$	0,1388		$0'6''6''' =$ 0,140
— du larmier — . . .	0,526	$_2 V =$	0,3042		1 2 0 $=$ 0,300
— du premier filet — . . .		$d' =$	0,0210		1 0 $=$ 0,021
— du deuxième filet — . . .		$_2 b' =$	0,0632		3 0 $=$ 0,064
— du troisième filet — . . .	0,051	$^1/_2 X =$	0,0503		4 9 { 0,051
— du quatrième filet — . . .	0,051	$^1/_2 X =$	0,0503		{ 0,051
Hauteur de la corniche.	0,628	(O)	0,6278		$2'5''3''' =$ 0,627
Hauteur de la frise.	1,097	$t + M =$	1,0976		5 0 0 $=$ 1,288
Hauteur de l'architrave.	1,110	$^1/_2 f =$	1,1185		4 2 6 $=$ 1,084
Hauteur de l'entablement du péristyle.	2,835	$(_2 K)$	2,8439	2,817	$11'7''9''' =$ 2,999

(0,525 bracket alongside larmier through deuxième filet group)

‡ Chez M. Gaertner il y a une faute d'écriture pour la hauteur totale de l'entablement, dont il ne donne pas des détails cotés : il marque cette hauteur à 2,017, de 0,8 moins que M. Lusson ; il faut donc changer le 0 en un 8. La frise, par exception, n'est pas prise ici d'un seul terme, mais de l'addition d'une plate-bande, marquée chez M. S. di Falco 0' 7'' 6''' $= 0,161$, avec le correspondant de $t = 0,1603$ et du corps de la frise $M = 0,9373$: la base de la somme des deux parties est $_2 n = 1,0824$.

HAUTEURS GÉNÉRALES.

	COTES DE M. LUSSON.	MÉTHODIQUES.		M. GAERTN.	M. S. DI FALCO.
Hauteur du crépidome du péristyle. . . .	2,052	($^1/_2 c$)	2,0578	2,100	$7'7''3''' =$ 1,959
— de la colonne —	6,700	$_2 d =$	6,7110	6,708	26 0 6 $=$ 6,711
— de l'entablement —	2,835	$(_2 K)$	2,8439	2,817	11 7 9 $=$ 2,999
Hauteur de l'ordre du péristyle.	11,587	$(_2 C)$	11,6127	11,625	$45'3''6''' =$ 11,669
Hauteur du pignon.	2,108	H	2,1090	2,076	8 1 3 $=$ 2,089
Hauteur totale du temple.	13,695	($^1/_4$ VII)	13,7217	13,701	$53'4''9''' =$ 13,758

Le relevé de ce temple est beaucoup plus exact chez M. Serra di Falco que ne le sont les relevés d'autres temples de son ouvrage : il y a pourtant ici aussi des différences de cotes d'autres auteurs qui ne sauraient s'expliquer : ainsi son crépidome est moins haut de 0,10 que celui de M. Lusson, tandis que la frise est plus haute de presque 0,20 ; enfin l'accord qui règne entre les cotes de MM. Lusson et Gaertner pour la hauteur totale, 13,695 et 13,701, n'est pas rétabli chez M. S. di Falco, quoiqu'il ôte encore quelques centimètres à la hauteur du pignon.

Les bases des hauteurs des détails sont les suivantes : pour le crépidome, de 2,0578 $^1/_2 c = 2,0548$; — pour la hauteur du chapiteau, 0,7754 N $= 0,7653$; — pour la hauteur du fût, 5,9356 $^1/_4$ III $= 6,0059$ (c'est la hauteur totale de la colonne qui est prise à un seul terme $_2 d = 6,7110$) ; — pour la hauteur de la corniche de l'entablement, 0,6278 O $= 0,6249$; — pour la hauteur totale de l'entablement, 2,8439 $_2 K = 2,8120$; — pour la hauteur de l'ordre, 11,6127 $_2 C = 11,6238$; — enfin, pour la hauteur totale du temple, 13,7217 $^1/_4$ VII $= 13,5134$, le même terme qui donne la base pour la hauteur du Parthénon et du temple au cap Sunium.

La hauteur de l'ordre sans crépidome est 11,587 — 2,052 $= 9.535$, dont la base est $_2 D = 9,4908$. Nous trouvons encore la même base pour la hauteur homonyme au Parthénon et au temple du cap Sunium. La somme des marches du crépidome excédant le nombre de trois usité en Grèce, ainsi que la grande hauteur de ce crépidome, sont des particularités siciliennes.

ANALYSE DU TEMPLE DE CÉRÈS, A PÆSTUM.

École, atticò-dorique, avec de l'influence probablement étrusque. *Époque de construction*, incertaine. Quelques auteurs ne placent ce temple qu'au IIe siècle avant notre ère; pourtant il paraît qu'il a été élevé encore dans le temps des Lucanes, qui se sont emparés de Pæstum vers 340 et qui ont possédé cette ville jusqu'à son occupation par les Romains en 274. *Les ouvrages consultés* à son égard sont ceux de MM. Delagardette et Major, et une seule planche détachée de M. Mazois qui donne le plan. Les trois auteurs sont d'un bon accord sur la longueur et la largeur du stylobate, mais ils diffèrent beaucoup sur le portique situé devant la cella.

Voir, pour le plan du temple, notre pl. II, fig. 5; — pour l'élévation de la façade principale, pl. IV, fig. 6; — pour le profil du chapiteau du péristyle, pl. IX, fig. 6.

L'unité du temple est, d'après M. Delagardette, 6,20 m.

Le temple a un portique placé dans le sens de la longueur de la cella, devant celle-ci; il a, en outre, une édicule particulière dans la cella, et, en arrière d'elle, un opisthodome; quant à son péristyle, c'est un *périptère* de six à treize colonnes.

Mesure provisoire pour la largeur, $\dfrac{14,392}{5} = 2,878$ $_2 I = 2,8280 \times 5 = 14,1400.$

Mesure provisoire pour la longueur, $\dfrac{32,592}{12} = 2,716$ $^1/_4 D'' = 2,6848 \times 12 = 32,2176.$

Base de la longueur. . . . . . . $_2 II = 32,5888$ } Distance de 29 termes.
Base de la largeur. . . . . $_2 A = 14,3182$
Base de la hauteur. . . . . . . $2 = 11,3900$ } Distance de 9 termes.

La distance de la longueur à la hauteur est de 37 termes.

LARGEURS A L'AXE DU MILIEU.

	COTES DE M. DELAGARDETTE.	COTES MÉTHODIQUES.
Largeur de la marge du stylobate.	0,696	$^1/_2 I = 0,7070$
Largeur du portique latéral.	2,755	$d = 2,7555$
Épaisseur du mur latéral de la cella.	0,650	$^1/_4 F = 0,6495$
Largeur de la cella dans l'œuvre.	6,200	$U' = 6,2000$
Épaisseur du mur latéral de la cella.	0,650	$^1/_4 F = 0,6495$
Largeur du portique latéral.	2,755	$d = 2,7555$
Largeur de la marge du stylobate.	0,696	$^1/_2 I = 0,7070$
Largeur du stylobate à l'axe du milieu.	14,402	$(_2 A)$ 14,4240

LARGEURS DANS LE VESTIBULE.

Largeur de la marge du stylobate.	0 696	$^1/_2 I = 0,7070$
Largeur du 1er entre-colonnement (latéral).	3,150	$E = 3,1818$
— 2e — (intermédiaire). . . . . }		$^1/_4 D' = 2,1920$
— 3e — (du milieu). . . . . } 6,700		$^1/_4 D' = 2,1920$
— 4e — (intermédiaire). . . . . }		$^1/_4 D' = 2,1920$
— 5e — (latéral).	3,150	$E = 3,1818$
Largeur de la marge du stylobate.	0,696	$^1/_2 I = 0,7070$
Largeur du stylobate dans le vestibule.	14,392	$(_2 A)$ 14,3536

LARGEURS A L'AXE DU PÉRISTYLE.

Largeur de la marge du stylobate.	0,696	$^1/_2 I = 0,7070$
1er entre-colonnement (d'angle).	2,600	$F = 2,5979$
2e — (intermédiaire).	2,600	$F = 2,5979$
3e — (du milieu).	2,600	$F = 2,5979$
4e — (intermédiaire).	2,600	$F = 2,5979$
5e — (d'angle).	2,600	$F = 2,5979$
Largeur de la marge du stylobate.	0,696	$^1/_2 I = 0,7070$
Largeur du stylobate à l'axe du péristyle.	14,392	$(_2 A)$ 14,4035

La cote de 14,292 que M. Delagardette donne pour la largeur ne va que du côté extérieur de la périphérie de l'une des colonnes d'angle au côté extérieur de la périphérie de l'autre colonne d'angle ; il faut ajouter, à partir de cette périphérie jusqu'à la fin de la marche supérieure du stylobate, à peu près 0,05 deux fois, ce qui donne, pour la largeur du stylobate, 14,392. Cette addition, par laquelle la marge du stylobate acquiert la valeur de $\frac{1,292}{2} + 0,05 = 0,696$, est d'autant plus nécessaire, que, sans elle, on ne peut pas mettre en accord les cotes de largeur données par M. Delagardette sur différents axes, et même une telle augmentation ne suffit pas sans qu'on prenne la largeur à l'axe du milieu, donnant, chez M. Delagardette, 14,602 moindre de 0,20. Ainsi notre guide a pour l'épaisseur du mur latéral de la cella et pour l'espace à partir de ce mur jusqu'au côté intérieur de la périphérie de la colonne du péristyle 2,90 m. Si on ôte de cette cote l'épaisseur du mur et si on additionne au restant le rayon de la colonne, on aura, pour le portique latéral, 2,90 — 0,65 = 2,25 + 0,605 = 2,855 ; mais, avec cette largeur du portique latéral, on aurait 0,20 de plus que la cote de la largeur générale de M. Delagardette, c'est-à-dire on aurait 14,602 au lieu de 14,402 : c'est pourquoi la cote de 2,90 chez notre auteur est à corriger en 2,80. Au contraire, pour le portique du vestibule, il faut augmenter deux cotes marquées, celle de 6,60 en 6,70 et celle de 7,40 en 7,60, pour mettre en accord la cote générale de 14,392 avec les cotes des détails cités.

ENTRE-COLONNEMENTS.

	COTES DE M. DELAGARD.	MÉTHODIQUES.
Entre-colonnements du péristyle qui sont tous égaux, d'après M. Delagardette. . .	2,600	F = 2,5979
Largeur du portique latéral de la cella, 2,80 — 0,65 + 0,605.	2,755	d = 2,7555

Les cotes détaillées du portique situé devant la cella sont, dans le sens de la longueur, chez M. Delagard., 0,78 + 0,92 + 1,245 + 0,78 + 0,92 + 0,78 = 5,425 ; mais cette somme ne s'accorde pas avec la cote générale donnée à 6,205. En prenant cette dernière pour base, il faut en ôter les diamètres de quatre colonnes, 6,205 — 0,78 × 4 = 3,085 ; cette somme est à diviser par 3 = 1,028 pour les vides entre les colonnes, et, en ajoutant la cote d'un diamètre, 0,78 à 1,028, on aura l'entre-colonnement du portique devant la cella, dans le sens de la longueur, à . . | 1,808 | f = 1,8369 |

Largeur du portique latéral situé devant la cella, 0,646 + 2,054 + 0,45 =	3,150	E = 3,1818

Un des trois entre-colonnements intermédiaires de ce portique dans le sens de la largeur. . . . . 6,70 divisé par 3 = | 2,233 | ¼ D' = 2,1920 |

Largeur du portique antérieur extérieur, 9,35 — 0,696 = 8,654 — 1,808 × 3 =	3,230	E = 3,1818
Largeur du portique postérieur extérieur.	?	½ B = 2,9227
Longueur du vestibule.	?	½ D = 1,9485

LONGUEURS A L'AXE DU MILIEU.

M. DELAGARDETTE.		COTES MÉTHODIQUES.
0,050	1. Largeur de la marge du stylobate.	½ I = 0,7070
9,350	2. Largeur du portique antérieur extérieur.	E = 3,1818
	3. Trois entre-colonnements, chacun à f.	3 f = 5,5107
9,400		
	4. Longueur du vestibule.	½ D = 1,9485	9,3995
	5. Mur transversal antérieur de la cella.	¼ F = 0,6495
10,200	6. Longueur de la cella jusqu'à l'édicule.	d'' = 7,5933
3,700		
	7. Longueur de l'édicule de la cella.	2 f = 3,6738	10,1913
	Mur transversal postérieur de la cella.	¼ F = 0,6495
?	Longueur de l'opisthodome dans l'œuvre.	½ D' = 4,3840
	Mur transversal de l'opisthodome.	¼ F = 0,6495
	Largeur du portique postérieur extérieur.	½ B = 2,9227
2,105	Largeur de la marge du stylobate.	½ I = 0,7070
32,592	*Longueur du stylobate à l'axe du milieu.*	(2 ll) 32,5773

La somme des positions 1, 2 et 3, de 9,3995, est en accord parfait avec la cote 9,35 + 0,05 de M. Delagardette; c'est le même cas pour la somme des positions 4, 5 et 6 = 10,1913, chez M. Delagardette 10,2; enfin la position 7 = 3,6738 correspond aussi assez bien à la cote 3,7; mais, à partir d'ici, les cotes manquent chez M. Delagardette, et parmi les autres positions on ne trouve qu'une cote de 2,105, qui elle-même ne donne pas toute la largeur du portique postérieur extérieur; c'est pourquoi ma restauration des cotes méthodiques ne peut être considérée que comme un essai. — Il y a une grande différence parmi mes trois guides pour l'arrangement des colonnes situées devant la cella. M. Mazois ne donne que les colonnes α), β), γ) et δ) (voir notre plan, pl. II, fig. 5) et les met dans la deuxième rangée de M. Delagardette; en même temps il avance les murs de la cella jusque dans la troisième rangée des colonnes de M. Delagardette; ainsi il n'a que six colonnes au lieu de dix de M. Delagardette. M. Major donne les colonnes ϵ), η) et ι) du côté gauche et les colonnes ζ) et ϑ) du côté droit; il a donc une rangée de plus que M. Mazois et une rangée de moins que M. Delagardette. Il est naturel que M. Mazois, ayant avancé le mur antérieur de sa cella de la valeur $\frac{1}{2}$ D, cette cella même devait devenir plus longue que celle de M. Delagardette; mais M. Mazois n'a pas donné ce plus de la longueur tout à la cella, il en a réparti quelque peu à l'opisthodome. Chez M. Major, il n'y a aucune trace ni de la cella, ni de l'opisthodome, ni de l'édicule de la cella. Avec cette différence entre les trois auteurs, il était bien difficile de donner des proportions fixes à ce temple; pourtant la variante de M. Delagardette m'a paru la plus vraisemblable, surtout à cause de la largeur anormale qui résulterait, pour le portique antérieur extérieur, de la disposition de M. Mazois.

LONGUEURS SUR L'AXE DU PÉRISTYLE.

	COTES DE M. DELAGARDETTE.	COTES MÉTHODIQUES.
Largeur de la marge du stylobate calculée à.	0,696	$\frac{1}{2}$ I = 0,7070
Douze entre-colonnements, dont chacun donné par M. Delagardette à la valeur de 2,600. . . . . 2,600 × 12 =	31,200	$_{12}$ F = 31,1748
Largeur de la marge du stylobate.	0,696	$\frac{1}{2}$ I = 0,7070
Longueur du stylobate à l'axe du péristyle.	32,592	$_2$ H 32,5888

On voit que l'accord des détails avec la cote générale confirme la détermination de la marge du stylobate à 0,696, et en même temps la détermination de l'espace, à partir de la périphérie des colonnes jusqu'à la fin du stylobate, qui a été évalué à 0,050. Il est à remarquer que dans ce temple il n'y a pas de différence pour les entre-colonnements du péristyle; comme ici, ils sont égaux dans la basilique de Pæstum, circonstance qui parle pour la même époque de construction de ces deux monuments.

PLANS DES COLONNES.

Côté de l'abaque du chapiteau des colonnes du péristyle.	1,710	(H = 1,7319)
Saillie de l'abaque sur le diamètre inférieur de l'échine.	0,305	($_2$ U) = 0,3040
Diamètre inférieur de l'échine. . . . . :	1,100	$_2$ m = 1,0886
Saillie de l'abaque sur le diamètre inférieur de l'échine.	0,305	($_2$ U) = 0,3040
Saillie de l'abaque sur le diamètre supérieur de la colonne. . . .	0,360	o = 0,3628
Diamètre supérieur des colonnes du péristyle.	0,990	i = 0,9999
Saillie de l'abaque sur le diamètre supérieur de la colonne. . .	0,360	o = 0,3628
Diamètre inférieur des colonnes ordinaires du péristyle.	1,210	h = 1,2246
Diamètre inférieur des quatre colonnes d'angle.	1,292	$\frac{1}{2}$ F = 1,2989
Diamètre inférieur des colonnes du vestibule.	0,780	M = 0,7697
Largeur de la marche sur laquelle ces dernières sont posées. . .	0,900	$\frac{1}{2}$ f = 0,9184

(valeurs accolées: 1,710 ; 1,6966 ; 1,710 ; 1,7255)

CRÉPIDOME.

1re marche d'en bas du crépidome.	0,380	$\frac{1}{2}$ M = 0,3848
2e — —	0,380	$\frac{1}{2}$ M = 0,3848
3e — —	0,380	$\frac{1}{2}$ M = 0,3848
Hauteur des trois marches du crépidome.	1,140	K 1,1544

1.

HAUTEURS DES COLONNES DU PÉRISTYLE.

	COTES DE M. DELAGARDETTE.	COTES MÉTHODIQUES.	
Hauteur de l'abaque du chapiteau des colonnes du péristyle.	0,142	$_2$ W =	0,1432
— de l'échine — —	0,116	$_2$ x =	0,1168
— du filet d'en haut — —	0,028	$_2$ e' =	0,0282
— du col — —	0,046	$^1/_4$ T =	0,0465
— du filet d'en bas — —	0,013	G' =	0,0133
Hauteur du chapiteau des colonnes du péristyle. . .	0,345	(Q)	0,3480
Hauteur du fût des colonnes du péristyle.	5,055	a =	5,0622
Hauteur des colonnes du péristyle.	5,400	($^1/_2$ D'')	5,4102

ENTABLEMENT DU PÉRISTYLE.

Hauteur du premier filet supérieur de la corniche.	0,040	$_2$ E' =	0,0400
— du deuxième filet de la corniche.	0,050	$^1/_2$ W =	0,0506
— du larmier.	0,158	$^1/_4$ N =	0,1571
— du filet inférieur de la corniche.	0,073 ⎫ 0,005 ⎭	$_2$ z =	0,0780
— du cavet.	0,078	$_2$ z =	0,0780
Hauteur totale de la corniche.	0,404	($_2$ r)	0,4037
Hauteur de la frise.	1,002	i =	0,9999
Hauteur de l'architrave.	0,990	i =	0,9999
Hauteur de l'entablement du péristyle.	2,396	($^1/_2$ C)	2,4035

HAUTEURS GÉNÉRALES.

Hauteur du crépidome du péristyle.	1,140	K =	1,1544
Hauteur de la colonne du péristyle.	5,400	($^1/_2$ D'')	5,4102
Hauteur de l'entablement du péristyle.	2,396	($^1/_2$ C)	2,4035
Hauteur de l'ordre du péristyle.	8,936	($^1/_4$ VI)	8,9681
Hauteur du pignon.	2,310	$_2$ K	2,3088
Hauteur totale du temple.	11,246	(2)	11,2769

Les bases des hauteurs des détails sont : pour la hauteur du chapiteau, 0,3480 Q = 0,3421 ; — pour la hauteur de la colonne, 5,4102 $^1/_2$ D'' = 5,3693 (la même base a été prise pour la hauteur du fût au Parthénon) ; — pour la hauteur de la corniche, 0,4037 $_2$ r = 0,3950 ; — pour la hauteur totale de l'entablement, 2,4035 $^1/_2$ C = 2,3863 (d'une petite octave entière plus haut que la base $^1/_2$ D de l'école attique) ; — pour la hauteur de l'ordre, 8,9681 $^1/_4$ VI = 9,0608 (d'une petite octave entière plus bas que la base de la hauteur totale $^1/_4$ VII au Parthénon) ; — et pour la hauteur totale, 11,2769, le terme 2 = 11,3900 (terme voisin supérieur de $^1/_4$ VII du Parthénon). La base de $^1/_2$ C pour la hauteur de l'entablement du péristyle caractérise l'école dorique à côté d'autres proportions prises de l'école attique, parmi lesquelles on remarquera aussi $_2$ K de la hauteur du pignon, terme employé pour la détermination de la hauteur homonyme au Parthénon.

La hauteur de l'ordre sans crépidome donne 8,936 — 1,140 = 7,796. La somme du terme $_2$ D = 7,7940 est si rapprochée de 7,796, qu'on peut bien se demander si ce n'a pas été le terme $_2$ D qui a donné ici, par exception, la mesure pour l'ordre sans crépidome. Nous avons trouvé $_2$ D pour base de la hauteur de l'ordre sans crépidome aux propylées d'Athènes et au temple du cap Sunium.

ANALYSE DE LA BASILIQUE DE PÆSTUM.

École, dorique; mais il y entre beaucoup de l'influence de l'école attique, et il y a notamment des proportions prises du Parthénon d'Athènes. *Époque de construction.* M. Kugler, dans son *Histoire d'art*, fait avancer cette époque jusqu'au II⁰ siècle avant notre ère; pourtant il paraît plus probable que c'étaient les Lucanes, maîtres de Pæstum de 340 à 274, qui construisirent cette basilique en même temps que le temple de Cérès.

OUVRAGES CONSULTÉS. Ceux de MM. Delagardette et Major. A côté de ces deux ouvrages, j'ai eu entre les mains plusieurs planches lithographiées préparées pour la publication par M. Mazois. Deux de ces planches donnaient les plans du monument pris aux fondations et à la hauteur du stylobate; d'autres planches représentaient des détails des colonnes et des antes sur une plus grande échelle, et le profil du col même en grandeur naturelle. L'examen de ces planches m'a montré que M. Mazois était en bon accord, pour les parties encore existantes, avec MM. Delagardette et Major, sauf une seule erreur, mais celle-là capitale, à savoir que M. Mazois n'a que dix-sept colonnes dans la longueur du stylobate, tandis que les autres auteurs en ont *dix-huit*. Je cherche à m'expliquer cette erreur par l'oubli, de la part de M. Mazois, de la cote générale, et je dois donner la préférence aux dix-huit colonnes, tant à cause de l'accord de tous les autres auteurs qu'à cause de l'accord de la cote générale avec la somme des dix-sept entre-colonnements.

Pour le plan, voir notre pl. II, fig. 6 ; — pour l'élévation de l'ordre, pl. IX, fig. 5 ; — pour le profil du chapiteau, pl. VI, fig. 13.

L'*unité* ne peut pas être dérivée de la largeur de la cella, parce qu'il n'y en a pas. Je la trouve dans la somme des trois entre-colonnements situés entre les antes, qui ont pour mesure chacune 2,862 : donc 2,862 × 3 = 8,586, et cette *unité* de 8,586 me donne des termes qui démontrent clairement que, dans la construction de notre basilique, on a suivi, comme modèle, le Parthénon, car elle donne pour diamètre inférieur des colonnes du péristyle la même valeur de ce membre du Parthénon à i ; elle donne pour diamètre inférieur des colonnes intérieures ½ f, pour les entre-colonnements du péristyle ½ b, elle donne la largeur du stylobate à ₂ D', etc.

Mesure provisoire pour la largeur. . .	$\frac{24,136}{8} = 3,017$	¼ D' = 3,0356 ×	8 = 24,2848
Mesure provisoire pour la longueur. . .	$\frac{52,938}{17} = 3,114$	F = 3,1156 ×	17 = 52,9652

Base de la longueur.	8 = 53,2335	Distance de 28 termes.
Base de la largeur.	₂ D' = 24,2848	Distance de 25 termes.
Base de la hauteur supposée.	D' = 12,1424	

De la longueur à la hauteur supposée il y a la distance de 52 termes.

Avant que d'entrer dans l'analyse des proportions de ce monument, il faut éclaircir, autant que possible, sa disposition générale en examinant son plan de notre pl. II, fig. 6. Les colonnes du péristyle existent toutes, M. Major en donne, comme M. Delagardette, neuf à chaque façade courte et dix-huit à chaque façade longue ; mais, parmi les colonnes posées à l'axe du milieu dans le sens de la longueur de ce monument, il n'y en a que quatre qui soient incontestables ; je les ai marquées dans notre plan de lettres *α*) *γ*) *δ*) et *ε*). La colonne *β*) n'est donnée ni par M. Major ni par M. Mazois, et moi aussi je la trouve apocryphe. A la place de deux rangées des colonnes intérieures auxquelles appartiennent dans notre plan les colonnes *ζ*) et *η*), *ν*) et *ι*), M. Major ne donne rien, tandis que M. Mazois y met des murs occupant toute la longueur des deux rangées des colonnes de M. Delagardette. M. Major accuse des amorces de pareils murs qui se rattachent à la face postérieure des piliers ou des antes antérieurs (il ne répète pas ces piliers au fond de l'édifice), et il marque l'épaisseur de ces amorces à 28″ = 0,70, mesure qui correspondrait au terme ½ i = 0,6923. En comparant cette épaisseur avec celle des murs des cellas des deux temples de la même ville, on ne peut pas la trouver suffisante pour un mur de cette dénomination, parce qu'au grand temple de Pæstum les murs longitudinaux de la cella ont le 9⁰ terme au-dessus de ½ i, c'est-à-dire N, et au petit temple ils ont même le 10⁰ terme au-dessus de ½ i, c'est-à-dire ¼ F pour mesure de leur épaisseur ; ce ne sont donc pas, à ce qu'il paraît, des murs d'une cella à l'existence de laquelle s'oppose aussi la rangée des colonnes à l'axe longitudinal du monument. Je crois que ce mur, beaucoup

plus mince qu'à l'ordinaire, ne servait qu'à séparer, dans une petite hauteur, les portiques extérieurs de l'intérieur, pour y former un emplacement d'une destination spéciale. A l'appui de cette opinion je trouve, dans le dessin de M. Mazois, l'indication d'un mur transversal qui limite cet emplacement vers l'intérieur, à partir de notre colonne δ) jusqu'à la colonne γ), et de la colonne γ) jusqu'à la colonne ι). Si on fait abstraction de la colonne β), qui, du reste, n'est donnée ni par M. Major ni par M. Mazois, et qui, pour cela, paraît être une fausse restauration de M. Delagardette, on aura un espace limité par les trois murs cités d'à peu près 77 mètres carrés, qui est séparé tant des portiques extérieurs que des portiques intérieurs ; et il est admissible de voir dans cet espace l'endroit où l'on rendait la justice, endroit séparé des autres parties du monument, dans lesquelles se faisaient les affaires de commerce. Il est encore possible que la même disposition se répétât à l'autre extrémité de la basilique, mais l'état dégradé du monument n'en donne pas la certitude. M. Mazois et M. Delagardette ont répété la disposition.

LARGEURS A L'INTÉRIEUR.			LARGEURS A L'EXTÉRIEUR.		
	COTES DE M. DELAG.	MÉTHODIQ.		COTES DE M. DELAG.	MÉTHODIQ.
Largeur de la marge du styl.	0,748	m = 0,7537	Largeur de la marge du styl.	0,748	m = 0,7537
Largeur du portique latéral.	5,596	¼ II = 5,5768	1er entre-colonnement. . .	2,830	½ b = 2,8619
1er entre-colonn. intérieur. .	2,862	½ b = 2,8619	2e —	2,830	½ b = 2,8619
2e — — . .	2,862	½ b = 2,8619	3e —	2,830	½ b = 2,8619
3e — — . .	2,862	½ b = 2,8619	4e —	2,830	½ b = 2,8619
4e — — . .	2,862	½ b = 2,8619	5e —	2,830	½ b = 2,8619
Largeur du portique latéral.	5,596	¼ II = 5,5768	6e —	2,830	½ b = 2,8619
Largeur de la marge du styl.	0,748	m = 0,7537	7e —	2,830	½ b = 2,8619
			8e —	2,830	½ b = 2,8619
Largeur du stylobate. . .	24,136	(₂ D') 24,1086	Largeur de la marge du styl.	0,748	m = 0,7537
			Larg. du stylob. à l'extér.	24,136	(₂ D') 24,4026

Je suppose les entre-colonnements d'angle moins grands que les entre-colonnements intermédiaires, c'est pourquoi je les ai marqués dans le dessin de $_2 i = 2,7694$. En remplaçant les deux ½ b des entre-colonnements d'angle par $_2 i$, on aura, pour la longueur totale du stylobate, 24,2179 méthodiques. Chez M. Delagardette les entre-colonnements sont parfaitement symétriques ; c'est que probablement il ne les a pas mesurés un à un.

ENTRE-COLONNEMENTS.

	COTES DE M. DELAGARD.	MÉTHODIQUES.
Entre-colonnements d'angle aux façades courtes.	2,830	½ b = 2,8619
	ou ?	₂ i = 2,7694
Entre-colonnements d'angle aux façades longues.	3,026	G = 2,9385
Entre-colonnements ordinaires des façades courtes.	2,830	½ b = 2,8619
Entre-colonnements ordinaires des façades longues.	3,026	¼ D' = 3,0356
Largeur des portiques antérieur extérieur et postérieur extérieur.	6,000	½ D' = 6,0712
Largeur du portique latéral.	5,596	¼ II = 5,5768
Longueur du tribunal (qui tient la place du vestibule et peut-être du posticum). . .	7,950	B = 8,0949
Entre-colonnements du portique situé devant le tribunal dans le sens de la largeur. .	2,862	½ b = 2,8619
Entre-colonnements de la rangée des colonnes à l'axe du milieu.	3,310	½ C = 3,3047

La longueur du tribunal, c'est-à-dire l'entre-colonnement des colonnes α) et γ), est donnée par M. Delagardette à 7,95 ; M. Mazois à une plus grande longueur, à savoir celle du terme B, et cette longueur de 8,0949 est nécessaire pour accorder la cote générale de la longueur extérieure du stylobate de M. Delagardette avec la somme de ses cotes des détails prises à l'axe du milieu. Les entre-colonnements du péristyle sont moins grands qu'habituellement, c'est pourquoi on a désigné la basilique comme *pycnostyle*, c'est-à-dire aux entre-colonnements étroits. En opposition avec ces entre-colonnements étroits du péristyle est la largeur très-considérable

de $^1/_4$ II $= 5,5768$, qui ne se rencontre plus dans nos exemples qu'au temple pseudodiptère de l'acropole de Sé-linonte.

LONGUEURS A L'INTÉRIEUR.			LONGUEURS A L'EXTÉRIEUR.		
	COTES DE M. DELAGARD.	MÉTHODIQUES.		COTES DE M. DELAGARD.	MÉTHODIQUES.
Largeur de la marge du styl.	0,748	m = 0,7537	Larg. de la marge du stylob.	0,748	m = 0,7537
Largeur du port. ant. ext. .	6,000	¹/₂ D' = 6,0712	1ᵉʳ entre-colonnem.(d'angle).	3,026	G = 2,9385
Longueur du tribunal. . . .	7,950	B = 8,0949	2ᵉ — (ordin.).	3,026	¹/₄ D' = 3,0356
1ᵉʳ entre-colonn. du port. int.	3,310	¹/₂ C = 3,3047			
2ᵉ — — .	3,310	¹/₂ C = 3,3048			
3ᵉ — — .	3,310	¹/₂ C = 3,3048	Treize entre-colonnements,		
4ᵉ — — .	3,310	¹/₂ C = 3,3047	chacun à 3,026 (¹/₄ D' =		
5ᵉ — — .	3,310	¹/₂ C = 3,3048	3,0356) 3,026 × 13 = 39,338		39,4628
6ᵉ — — .	3,310	¹/₂ C = 3,3047			
7ᵉ — — .	3,310	¹/₂ C = 3,3048			
Long. du tribunal au postic.	7,950	B = 8,0949	16ᵉ entre-colonnem. (ordin.).	3,026	¹/₄ D' = 3,0356
Larg. du port. post. extér. .	6,000	¹/₂ D' = 6,0712	17ᵉ entre-colonn. (d'angle). .	3,026	G = 2,9385
Larg. de la marge du stylob.	0,748	m = 0,7537	Larg. de la marge du stylob.	0,748	m = 0,7537
Long. du stylobate à l'intér.	52,566	? (8) 52,9729	*Larg. du stylob. à l'extér.*	52,938	(8) 52,9184

La vraie longueur du stylobate doit être 52,938 et non 52,566, qui est moindre de la première de 0,372. M. Delagardette marque en plusieurs endroits les entre-colonnements du péristyle dans le sens de la longueur à 3,026 mètres ; en multipliant cette cote par 17, nombre des entre-colonnements, et en ajoutant deux fois la marge du stylobate à 0,748, on aura la somme de 52,938 pour la longueur du stylobate. Pour cette somme, M. Delagardette donne, probablement en transportant les chiffres par un lapsus calami, 52,829 ; mais cette cote même est encore plus grande de 0,263 que la somme obtenue par l'addition des détails à l'axe du milieu ; il faut donc supposer qu'il y a des parties plus longues sur cet axe que ne les donne M. Delagardette, c'est ce qui est prouvé par des mesures prises sur les deux plans de M. Mazois ; ces parties sont la largeur de deux portiques extérieurs et la longueur de deux tribunaux (ou du tribunal et une espèce de posticum dans le cas où il n'y avait qu'un seul tribunal) ; en prenant ces quatre parties aux valeurs méthodiques que je leur ai données, on peut mettre en accord les deux cotes différentes de la longueur du stylobate prise à l'axe du milieu et à l'axe du pé-ristyle chez M. Delagardette.

PLANS DES COLONNES DU PÉRISTYLE.			HAUTEURS DES COLONNES DU PÉRISTYLE.		
Côté de l'abaque du chapit.	1,900	(¹/₂ d = 1,9079)	Haut. de l'abaque du chapit.	0,352	¹/₂ O = 0,3553
Saillie de l'abaq. sur l'échine.	0,331	(q) = 0,3348	Haut. de l'échine du chapit.	0,267	¹/₄ M = 0,2665
Diamètre infér. de l'échine.	1,238	₂ n = 1,2308	Haut. du filet d'en haut du chapiteau.	0,047	¹/₂ Y = 0,0467
Saillie de l'abaque.	0,331	(q) = 0,3348	Haut. du col du chapiteau.	0,109	₂ z = 0,1080
Saillie de l'ab. sur la colonne.	0,416	p = 0,4102	Hauteur du filet d'en bas du chapiteau.	0,025	¹/₂ B' = 0,0253
Diamètre sup. des colonnes.	1,068	M = 1,0659			
Saill. de l'ab. sur le diam. sup.	0,416	p = 0,4102	Hauteur du chapiteau. .	0,800	(¹/₂ K) 0,8018
Diam. inf. des col. du périst.	1,387	i = 1,3847			
Prof. des cannel. d'en haut.	0,022	d' = 0,0239	Haut. du fût des colonnes. .	5,313	(¹/₂ d'') 5,2973
Prof. des cannel. d'en bas. .	0,036	b' = 0,0359			
Diam. supér. des col. intér.	1,022	¹/₂ g = 1,0385	Hauteur totale des co-		
Diam. infér. des col. intér.	1,272	¹/₂ f = 1,2719	lonnes du péristyle. . .	6,113	(¹/₂ D') = 6,0991

Les diamètres des colonnes du péristyle sont les mêmes que ceux du Parthénon, à savoir i pour l'inférieur, M pour le supérieur, et les diamètres inférieurs des colonnes intérieures à ¹/₂ f ne varient que d'un seul terme des diamètres L du posticum du Parthénon.

CRÉPIDOME.				ENTABLEMENT.		
	COTES DE M. DELAGARD.	MÉTHODIQUES.			COTES DE M. DELAGARD.	MÉTHODIQUES.
1re marche d'en bas. . . .	0,285	$\frac{1}{2}$ P = 0,2901		Hauteur de la corniche. .	?	P = 0,5800
2e — —	0,285	$\frac{1}{2}$ P = 0,2901		Hauteur de la frise.	0,970	$\frac{1}{2}$ I = 0,9791
3e — —	0,285	$\frac{1}{2}$ P = 0,2901		Hauteur de l'architrave. .	1,132	k = 1,1306
Haut. du crépid. extér.	0,855	N = 0,8703		*Haut. de l'entabl. extér.*		($\frac{1}{2}$ D) = 2,6897

Il y a un fait frappant dans ces élévations, c'est la diminution des hauteurs en général contre les hauteurs usitées dans les monuments de l'école. Il n'y a que le temple d'Assos qui ait une colonne aussi basse que celle de notre basilique, à savoir, de $\frac{1}{2}$ D', et le temple de Corinthe, dont la colonne a sa base de $_2$ G du terme voisin encore au-dessous de $\frac{1}{2}$ D' ; mais il ne faut chercher des modèles pour notre basilique, ni dans des époques si reculées que celle de la construction du temple de Corinthe, ni dans des pays aussi éloignés que celui de la Troade; c'est plutôt le Parthénon qui a donné le modèle pour le plan, mais pas de même pour les hauteurs, car la colonne du Parthénon est plus haute de 11 termes. De même on doit être étonné de voir des marches, dont la hauteur de 0,285 convient assez à la taille humaine, et qui ne rendent pas nécessaires des marches ajoutées moins hautes, tandis que la moins haute des trois marches du portique du péristyle du Parthénon est prise au 12e terme au-dessus de $\frac{1}{2}$ P, c'est-à-dire à $\frac{1}{4}$ K. — Pour la hauteur de l'architrave, la côte de 0,772 + 0,360 = 1,132 est donnée par M. Delagardette; de même la pierre de la frise est cotée à 0,970, mais la corniche manque ; je prends sa hauteur au terme P = 0,5800 pour arriver à la base de $\frac{1}{2}$ D de la hauteur totale de l'entablement, base qui paraît être demandée par les hauteurs connues de l'architrave et de la frise, et qui, en conservant la hauteur des entablements de l'école attique, supplée quelque peu au défaut dans les autres hauteurs. L'entablement de notre basilique diffère des entablements habituels par son grand tore, qui sépare l'architrave de la frise, et par l'absence des triglyphes. Comme la corniche manque au monument, on ne peut plus savoir si celui-ci avait un pignon, oui ou non. Mais en prenant même ce pignon supposé de la hauteur du pignon du Parthénon $_2$ K on n'arrive avec la hauteur totale qu'au terme 1 = 12,8780 qui est de 7 termes au-dessous de la hauteur du Parthénon, et à la distance, sans exemple, de 23 termes de la largeur du stylobate de $_2$ D'. C'est surtout cette différence énorme qui devait donner un aspect assez bas à notre basilique.

HAUTEURS GÉNÉRALES.

	COTES DE M. DELAG.		MÉTHODIQUES.
Hauteur du crépidome du péristyle.	0,855	N	0,8703
Hauteur de la colonne du péristyle.	6,113	($\frac{1}{2}$ D')	6,0991
Hauteur de l'entablement du péristyle.	?	($\frac{1}{2}$ D)	2,6897
Hauteur de l'ordre du péristyle.		$\frac{1}{2}$ 3 =	9,6591
Hauteur du pignon (supposée).		f =	2,5439
Hauteur totale de la basilique (si elle avait un pignon). . .		(D')	12,2030

Les bases des hauteurs des détails sont : pour le chapiteau des colonnes, 0,8018 $\frac{1}{2}$ K = 0,7993 ; — pour la hauteur du fût, 5,2973 $\frac{1}{2}$ d'' = 5,2578 ; — pour la hauteur de la colonne, 6,0991 $\frac{1}{2}$ D' = 6,0712 ; — pour la hauteur de l'entablement, 2,6897 $\frac{1}{2}$ D = 2,6894. La hauteur de l'ordre était prise probablement d'une seule pièce à $\frac{1}{2}$ 3 = 9,6591 ; j'ai donc placé le complément dans le fût de la colonne.

La hauteur de l'ordre, sans crépidome, serait 9,6591 — 0,8703 = 8,7888 avec la base de $_2$ E = 8,8126, et cet accord vient encore confirmer le choix du terme $\frac{1}{2}$ 3 = 9,6591 pour la hauteur de l'ordre entier. La base de la hauteur totale (en supposant le pignon de la hauteur f), 12,2030, est le terme D' = 12,1424.

M. Major a contesté le droit de notre monument au titre de basilique qu'il portait depuis la renaissance ; plus tard on est revenu sur l'ancienne dénomination, et ce n'est que tout récemment qu'on l'a abandonnée de nouveau pour le nom de double temple ou pour celui d'un temple *pycnostyle* (voir *Weingaretner'' Ursprung und Entuiklung des christlichen Kirchengebaeudes*, Leipzig 1858, page 57). M. Kugler, dans son *Histoire d'art*, n'est pas décidé sur la destination du monument. Dans la deuxième édition de son ouvrage il dit : « Il y a à Pæstum une halle (basilique) avec un péristyle de neuf à dix-huit colonnes, de proportions pareilles (?) à celles du petit temple de la même ville. Le galbe de ses colonnes est encore plus prononcé, l'échine du chapiteau est très-bombée, la frise est sans triglyphes. La disposition de l'intérieur n'est pas claire ; il y a des *colonnes* ou des *murs* terminés par des piliers quadrangulaires qui existent encore, et qui ont des chapiteaux tout à fait particuliers, sur lesquels on remarque une gorge profonde, portant jadis, sans doute, des ornements peints. La circonstance qu'on s'est écarté des formes habituelles place ce monument dans une époque comparativement récente. »

Ici la destination de l'édifice n'est pas énoncée tout à fait, mais le nom de halle et, entre parenthèses, de *basilique* ne s'accorde pas avec l'opinion de la page 178 de la troisième édition du livre de ce savant, où il est dit que notre monument était probablement un *double temple*. Ce qui rend inadmissible le nom de temple, c'est l'*absence de la cella*, qui n'a pas seulement disparu, mais qui n'a jamais existé ; je dis plus, qui ne pourrait pas exister à cause de la rangée des colonnes à l'axe du milieu, qui sont encore debout, et qui sont répétées par tous les auteurs. A côté de cette *objection*, j'en présente une autre *de la même importance*, c'est l'objection des *proportions* : s'il y avait une cella, elle devait avoir, chose assez bizarre et sans autre exemple, *deux nefs*, et son *unité* était déterminée ou par la largeur d'une de ces nefs ou par la largeur de toutes deux : dans le premier cas, cette unité aurait été d'à peu près 6 mètres ; dans le deuxième, d'à peu près 12 mètres. La première de ces deux cotes est trop petite, la deuxième est trop grande pour en dériver les termes convenables aux détails qui, d'autre part, n'auraient aucun rapport avec les mesures des détails des anciens monuments grecs ; pourtant nos analyses nous ont démontré que ces monuments avaient de tels rapports partout, parce qu'ils se développaient l'un de l'autre. Un *troisième fait*, sans autre exemple, est le nombre des colonnes des façades courtes. Dans tous les temples connus, ce nombre est pair, parce qu'on entrait au milieu de la façade principale à la cella, dont la porte, naturellement, ne pouvait pas être placée excentriquement sur un des côtés. Un *quatrième fait* est la grande étendue du monument, tant en longueur qu'en largeur ; avec le même terme de la longueur du stylobate, à savoir $_2$ D', nous avons ici une colonne de plus qu'au Parthénon, et tout autant pour la longueur du stylobate. C'est justement cette grande longueur qui a fait croire à M. Kugler à un temple double dans le sens de la longueur ; mais cette espèce de temple n'était pas usitée chez les Grecs, et ce n'est que plus tard que les Romains l'ont employé, l'ayant probablement reçu en héritage des Étrusques. Le *cinquième* argument dérive des conditions du portique latéral : la largeur de ce portique est déterminée par des points extrêmes du centre des colonnes du péristyle, comme à l'ordinaire ; mais l'autre point est donné par les axes des antes, et non, comme à l'ordinaire, par le mur de la cella, et que c'est ainsi, on le voit par la correspondance de la cote de cette largeur, chez M. Delagardette, de 5,596 avec le terme $^1/_4$ II $= 5,5768$. D'autre part, la grande largeur, déjà mentionnée, de ce portique où convient pas non plus à un temple où destiné à la circulation de la foule, mais avait le but de recevoir les dons faits au sanctuaire, et de ne donner qu'une petite place aux visiteurs peu nombreux qui, avant d'y entrer, étaient sujets à des cérémonies religieuses assez compliquées. Il est de même frappant qu'à côté de sa grande largeur les entre-colonnements de ce portique, dans le sens de sa longueur, soient beaucoup plus étroits qu'à l'ordinaire, en même temps que la hauteur, exceptionnellement petite, des colonnes ne demandait pas cette proportion pour des raisons de construction. Aurait-on trouvé cet espacement moindre suffisant, parce que tous les entre-colonnements étaient ouverts à l'accès, et non, comme dans les temples, fermés d'une grille ?

Enfin je ne peux passer sous silence une singularité frappante des antes, d'après laquelle celles-ci prennent plutôt le caractère des colonnes, en faisant diminuer leurs diamètres inférieurs de 1,272 ($^1/_2$ f $= 1,2719$) jusqu'à 0,948 ($_2$ Q $= 0,9474$) pour les diamètres supérieurs. Cette diminution est de 11 termes, tandis que les colonnes situées entre ces antes ne diminuent que de 8 termes. Je trouve la raison de cette diminution tout à fait exceptionnelle, dans la circonstance que ces antes ne sont pas, comme d'habitude, placées à la tête du mur d'un vestibule, mais à la tête d'une rangée des colonnes, et, s'il n'y avait que cette circonstance, elle donnerait à elle seule raison à la restauration de ces deux rangées de colonnes faites par M. Delagardette.

A ces différences, par lesquelles la disposition du plan de notre monument s'éloigne considérablement de la disposition de tous les temples connus, viennent se joindre les différences dans les élévations. Le petit temple de

Pæstum, qui est à quelques pas de la basilique, et dont l'époque de construction ne peut pas être éloignée de celle de notre monument, a pour base de la hauteur de son ordre le terme $^1/_4$ VI, tandis que $^1/_2$ 3 de l'ordre de notre édifice est de 10 termes au-dessous de $^1/_4$ VI, et $^1/_2$ 3 est encore de 9 termes au-dessous de D' du Parthénon, qui lui-même est le monument le plus bas de l'école attique. La même différence se manifeste aussi pour la hauteur des colonnes, car celle des colonnes du petit temple a pour base la moitié de la diagonale du cube, contre la moitié de la diagonale du carré, que nous trouvons dans la basilique. Enfin cette différence devient encore plus frappante, lorsqu'on compare les hauteurs, des marches du crépidome de ces deux monuments ; chaque marche du petit temple a la hauteur de $^1/_2$ M = 0,3848, tandis que la marche de la basilique prend la hauteur 22 termes plus bas à $^1/_2$ P et, n'ayant que 0,2901, peut être franchie commodément par des hommes ; ce ne sont plus des marches pour des dieux.

Toutes les raisons alléguées prouvent qu'ici il ne s'agit pas d'un monument religieux, mais d'un *monument civil destiné à un usage profane* (*), propre à la circulation de la foule à travers ses portiques spacieux et continus et à l'administration de la justice dans son ou dans ses espaces réservés ; en d'autres termes, que ce monument n'était pas un temple ni simple ni double, mais une basilique, la basilique la plus ancienne qui nous soit restée, et dont nous pouvons apprendre la disposition de la basilique grecque ancienne, pour ne pas dire primitive.

(*) Dans son *Histoire de l'architecture*, « Geschichte der Baukunst von Franz Kugler, » 3 vol. in-8° parus en 1856, 1858 et 1859, ce savant maintient, à la page 225, ses doutes par rapport à notre monument ; il l'appelle ici aussi « un double temple plutôt qu'une basilique, » en ajoutant que la construction de cette bâtisse, de même que celle du temple de Cérès, doit être placée au II° siècle, sinon pas même au I° siècle avant notre ère.

ANALYSE DES CHAPITEAUX D'ANTES, pl. VIII.

TEMPLE DE LA VILLE DE SÉLINONTE (R.), fig. 1.

	COTES DE MM. HITTORF ET Z.	MÉTHODIQUES.		COTES DE MM. HITTORF ET Z.	MÉTHODIQUES.
Saillie de l'abaque sur le corps de l'ante.	0,260	$_2$ Y=0,2584	Hauteur de l'abaque. . . .	0,246	$^1/_4$ O=0,2454
Largeur du corps de l'ante. .	1,649	$^1/_2$ H=1,6565	Hauteur de la cymaise. . . . $\left\{\begin{array}{l} 0,246 \\ 0,239 \end{array}\right\}$ 0,485		$^1/_2$ O=0,4908
Saillie de l'ab. de l'autre côté.	0,260	$_2$ Y=0,2584	Hauteur de la plate-bande.	0,555	$^1/_4$ K=0,5521
Larg de l'abaq. du chapiteau.	2,169	($^1/_2$ e) 2,1733	Hauteur du chapiteau. . .	1,286	(l) 1,2883

Faces de l'ante, plus grande, 2,161 $^1/_2$ e = 2,1518; moyenne, 1,649 $^1/_2$ H 1,6565; plus petite, 1,132 2 p = 1,1330.

Bases de la largeur du chapiteau, 2,1733 $^1/_2$ e = 2, 1518; de la hauteur, 1,2883 l = 1,2751.

ANTE EXTÉRIEURE AU TEMPLE DE NEPTUNE, A PÆSTUM, fig. 2.

	COTES DE M. DELAGARDETTE.	MÉTHODIQUES.		COTES DE M. DELAGARD.	MÉTHODIQUES.
Saillie de l'abaque sur le corps de l'ante.	0,237	$_2$ w=0,2524	Hauteur de l'abaque. . . .	0,170	$_2$ y=0,1680
Largeur du corps de l'ante. .	2,015	K=2,0330	Hauteur de la cymaise. . . . $\left\{\begin{array}{l} 0,170 \\ 0,215 \end{array}\right\}$ 0,385		$^1/_2$ n=0,3912
Saillie de l'ab. de l'autre côté.	0,238	$_2$ w=0,2524	Hauteur de la plate-bande.	0,563	$_2$ s=0,5656
Larg. de l'abaq. du chapiteau.	2,530	(g) 2,5378	Hauteur du chapiteau. . . .	1,118	(N) 1,1248

Faces de l'ante, plus grande, 2,015 $^1/_2$ K = 2,0330; moyenne, 1,669 L = 1,6600; plus petite, 0,898 O = 0,9036.

Bases de la largeur du chapiteau, 2,5378 g = 2,5410; de la hauteur, 1,1248 N = 1,1146.

ANTE DE L'ORDRE INTÉRIEUR AU TEMPLE DE NEPTUNE, fig. 3.

Saillie de l'abaque sur le corps de l'ante.	0,083	$^1/_4$ T=0,0819	Hauteur de l'abaque. . .	0,058	$_2$ F'=0,0574
Largeur du corps de l'ante. .	1,407	$^1/_4$ E=1,4006	Hauteur de la cymaise. . . $\left\{\begin{array}{l} 0,065 \\ 0,090 \end{array}\right\}$ 0,155		v=0,1545
Saillie de l'ab. de l'autre côté.	0,082	$^1/_4$ T=0,0819	Hauteur de la plate-bande.	0,237	$_2$ Y=0,2376
Larg. de l'abaq. du chapiteau.	1,572	($_2$ n) 1,5644	Hauteur du chapiteau. . . .	0,450	($^1/_2$O) 0,4495

Face de l'ante. La cote de M. Delagardette donnée à 1,307 est fausse, parce que la face de l'ante doit être au moins aussi grande que le diamètre inférieur des colonnes correspondantes, et celui-ci est donné à 1,407 $^1/_2$ E = 1,4006.

Bases de la largeur du chapiteau, 1,5644 $_2$ n = 1,5650; de la hauteur, 0,4495 $^1/_2$ O = 0,4518.

TEMPLE DE L'ILE D'ÉGINE, fig. 5.

	COTES DE M. BLOUET.	MÉTHODIQUES.		COTES DE M. BLOUET.	MÉTHODIQUES.
Saillie de l'abaque.	0,1095	$^1/_4$ P=0,1087	Hauteur de la cymaise. . .	0,132	$^1/_4$ O=0,1330
Largeur du corps de l'ante. .	1,280	$_2$ m=1,1288	Haut. de la plate-bande sup.	0,152	$_2$ w=0,1486
Saillie de l'autre côté. . . .	0,1095	$^1/_4$ P=0,1087	Haut. de la plate-bande inf.	0,065	V=0,0649
Larg. de l'ab. du chapiteau.	1,3470	($^1/_2$ F) 1,3462	Hauteur du chapiteau. . . .	0,349	($^1/_2$ l) 0,3465

Faces de l'ante, 1,128 $_2$ m = 1,1288 et L = 0,9773.

Bases de la largeur du chapiteau, 1,3462 $^1/_2$ F = 1,3471; — de la hauteur, 0,3465 $^1/_2$ l = 0,3456

I.   15

LE TEMPLE DE THÉSÉE, fig. 6.

COTES DE MM. STUART ET R.	MÉTHODIQUES.		COTES DE MM. STUART ET R.	MÉTHODIQUES.
Saillie du quart de rond sur le corps de l'ante. 2,95″=0,074	$_2$ B′=0,0734	Haut. du quart de rond. 0,650″=0,016	F'=0,0163
Largeur du corps. 3′2,30 =0,972	$^1/_4$ D=0,9745	— du larmier. 2,066 =0,052	$_2$ b′=0,0520
Saillie du quart de rond de l'autre côté. 2,95 =0,074	$_2$ B′=0,0734	— de la cymaise. 2,368 =0,060	$_2$ C′=0,0594
		— de la plate-bande. 1,050 =0,027	$^1/_2$ Z=0,0275
		— de la baguette. 0,400 =0,010	$^1/_2$ E′=0,0100
Largeur du chapiteau. 3′8,20″=1,120	($^1/_2$ e) 1,1213	Hauteur du chapiteau. 6,534″=0,165	($_2$ X) 0,1652

Faces de l'ante, plus grande, 0,981 et 0,972 $^1/_4$ D = 0,9745 ; — moyenne, 0,950 L = 0,9430 ; — plus petite, 0,217 S = 0,2281.

Bases de la largeur du chapiteau, 1,1213 $^1/_2$ e = 1,1252 ; de la hauteur, 0,1652 $_2$ X = 0,1656.

Le socle de cette ante se compose d'une plate-bande, d'un talon renversé et d'un pied carré avec les cotes 1,95″ = 0,049 + 6,00″ = 0,152 + 3,45″ = 0,087 = 11,4″ = 0,288, méthodiquement $_2$ D′ = 0,0490 + U = 0,1520 + v = 0,0878 = 0,2888 ou $^1/_4$ K = 0,2887.

LE PARTHÉNON, fig. 7.

	COTES DE M. PACCARD.	MÉTHODIQUES.	DE MM. STUART ET R.	DE M. PENROSE.
Saillie de la doucine sur le corps de l'ante.	0,156	v=0,1556		
Largeur du corps de l'ante.	1,542	$^1/_2$ H=1,5400	4′11, 7″=1,515	5,033′=1,533
Saillie de la doucine de l'autre côté.	0,156	v=0,1556		
Largeur du chapiteau d'ante.	1,854	($_2$ O) 1,8512		

Base de la largeur, 1,8512 $_2$ O = 1,8254.

		COTES DE M. PACCARD.	MÉTHODIQUES.	DE MM. STUART ET R.	DE M. PENROSE.
Hauteur de la doucine.		0,024	G′=0,0236	0′ 0,85″=0,022	
— du larmier.		0,082	$^1/_4$ T=0,0826	0′ 3,50 =0,088	
— de la cymaise.	0,060 + 0,032 =	0,092	(Z) 0,0920	0′ 3,35 =0,085	
— du tore.		0,044	D′=0,0434	0′ 2,00 =0,051	
— de la partie située entre le tore et la bag.		0,016	g′=0,0167	0′ 0,35 =0,009	
— de la baguette.		0,024	G′=0,0236	0′ 0,85 =0,022	
— de la plate-bande au-dessous.		0,242	$_2$ Y=0,2404	0′ 9,50 =0,242	
Hauteur du chapiteau d'ante.		0,524	(p) 0,5223	1′ 8,40 =0,519	

Base de la hauteur, 0,5223 p = 0,5269.

Faces de l'ante, grande, 1,542 $^1/_2$ H = 1,5400; petite, 0,461 $_2$ t = 0,4684. La face de l'ante de l'ordre intérieur a, d'après M. Penrose, la largeur de 3,563′ = 1,085 $^1/_2$ h = 1,0890.

LES PROPYLÉES D'ATHÈNES, fig. 8.

COTES DE MM. STUART ET R.	MÉTHODIQUES.		COTES DE MM. ST. ET R.	MÉTHODIQUES.
		Haut. de la doucine.	1,000″=0,0254	$_2$ I′=0,0256
		Haut. du larmier.	3,175 =0,0800	Z=0,0800
		Haut. de la cymaise 2,275″ + 0,575″ =	2,850 =0,0728	(Z) 0,0728
Saillie de la doucine. 0′6,85″=0,174	$^1/_2$ q=0,1758	Haut. du filet d'en haut.	0,900 =0,0228	$_2$ h=0,0224
Larg. du corps de l'ante. 4′6,35 =1,378	L=1,3712	Haut. de la partie en retraite.	0,900 =0,0228	$_2$ h′=0,0224
Saillie de la doucine. 0′6,85 =0,174	$^1/_2$ q=0,1758	Haut. du filet du mil.	0,625 =0,0160	$^1/_4$ A′=0,0164
		Haut. de la partie en retraite.	0,900 =0,0228	$_2$ h′=0,0224
		Haut. du filet d'en bas.	0,625 =0,0160	$^1/_2$ A′=0,0164
		Haut. de la pl.-bande.	8,600 =0,2182	$^1/_2$ p=0,2154
Largeur du chapiteau. 5′8,05″=1,726	(K) 1,7228	Haut. du chapiteau.	1′7,575″=0,4968	(Q) 0,4938

Faces de l'ante, grande, 1,381 L = 1,3712; petite, 0,628 n = 0,6464.

Bases de la largeur du chapiteau, 1,7228 K = 1,6793 ; de la hauteur, 0,4938 Q = 0,4976.

La hauteur de la cymaise est marquée chez MM. Stuart et Revett, 1,7″ + 1,4′ = 3,1″ = 0,0786 Z = 0,0800 comme au Parthénon.

LE TEMPLE DU CAP SUNIUM, fig. 9.

	COTES DE M. BLOUET.	MÉTHODIQUES.		COTES DE M. BLOUET.	MÉTHODIQUES.
			Hauteur de l'abaque.	0,055	$_2$ b'$=$0,0544
			— de la plate-bande. .	0,023	$^1/_2$ A'$=$0,0236
Saillie de l'abaque sur le corps.	0,090	$^1/_4$ Q$=$0,0897	— de la doucine supér.	0,055	$_2$ b'$=$0,0544
Largeur du corps de l'ante. .	0,920	$_2$ n$=$0,9314	— de la plate-bande. .	0,027	b'$=$0,0272
Saillie de l'abaque de l'autre			— de la doucine infér. .	0,065	$^1/_2$ V$=$0,0650
côté.	0,090	$^1/_4$ Q$=$0,0897	— de la baguette. . . .	0,013	$^1/_4$ D$=$0,0128
			— de la plate-bande. .	0,232	$^1/_2$ n$=$0,2328
			— du filet.	0,021	$^1/_4$ X$=$0,0216
Largeur du chapiteau d'ante. .	1,100	($^1/_2$G) 1,1108	Hauteur du chapiteau.	0,491	($^1/_2$L) 0,4918

Face de l'ante, 0,920 $_2$ n $=$ 0,9314.

Bases de la largeur, 1,1108 $^1/_2$ G $=$ 1,0998; de la hauteur, 0,4918 $^1/_2$ L $=$ 0,4991.

LE TEMPLE DE BASSÆ, PRÈS PHIGALIE, fig. 10.

	COTES DE M. BLOUET.	MÉTHODIQUES.		COTES DE M. BLOUET.	MÉTHODIQUES.
			Haut. du larmier.	0,056	$_2$ b'$=$0,0568
Saillie du larmier sur le corps.	0,120	$_2$ Z$=$0,1210	— de la cymaise 0,049		
Largeur du corps de l'ante. .	0,923	$_2$ P$=$0,9190	+ 0,038. . . . . $=$	0,087	$^1/_4$ s$=$0,0884
Saillie du larmier de l'autre			— de la plate-bande supér.	0,174	s$=$0,1768
côté.	0,120	$_2$ Z$=$0,1210	— de la plate-bande infér.	0,069	$_2$ a'$=$0,0698
Largeur du chapiteau.	1,163	($^1/_2$G) 1,1610	Hauteur du chapiteau.	0,386	($^1/_4$ I) 0,3918

Faces de l'ante, plus grande, 0,976 $^1/_2$ H $=$ 0,9496 ; — moyenne, 0,923 $_2$ P $=$ 0,9190 ; — plus petite, 0,503 $_2$ S $=$ 0,5002.

Bases de la largeur, 1,1610 $^1/_2$ G $=$ 1,1632; de la hauteur, 0,3918 $^1/_4$ I $=$ 3877.

LE TEMPLE D'OLYMPIE, fig. 11.

	COTES DE M. BLOUET.	MÉTHODIQUES.		COTES DE M. BLOUET.	MÉTHODIQUES.
Saillie du larmier.	0,2715	$^1/_4$ O$=$0,2735	Hauteur du larmier.	0,200	$^1/_2$ T$=$0,1985
Largeur du corps de l'ante.	1,7800	$_2$ P$=$1,7968	— de la doucine. . . .	0,138	$_2$ a'$=$0,1356
Saillie du larmier..	0,2715	$^1/_4$ O$=$0,2735	— de la plate-bande. .	0,198	$^1/_2$ T$=$0,1985
Largeur du chapiteau. . . .	2,3230	($_2$ m) 2,3438	Hauteur du chapiteau. . . .	0,536	($^1/_2$O) 0,5326

Face de l'ante, 1,780 $_2$ P $=$ 1,7968.

Bases de la largeur, 2,3438 $_2$ m $=$ 2,3230 ; — de la hauteur, 0,5326 $^1/_2$ O $=$ 0,5470.

LE TEMPLE DE LA CONCORDE, A AGRIGENTE.

	COTES DE M. LUSSON.	MÉTHODIQUES.	DE M. S. DI FALCO.
Saillie de l'abaque sur le corps de l'ante.	0,209	$_2$ X $=$ 0,2012	0'10"3"'$=$ 0,220
Largeur du corps de l'ante.	0,921	M $=$ 0,9373	3 7 6 $=$ 0,934
Saillie de l'abaque de l'autre côté.	0,209	$_2$ X $=$ 0,2012	0 10 3 $=$ 0,220
Largeur du chapiteau d'ante.	1,339	($_2$ m) $=$ 1,3397	5' 4"0"'$=$ 1,374
Hauteur de l'abaque de la cymaise.	0,180	U $=$ 0,1849	
Hauteur de la cymaise du chapiteau.	0,235	$^1/_4$ M $=$ 0,2343	
Plate-bande en bas de la cymaise.	0,260	$_2$ u $=$ 0,2618	
Hauteur du chapiteau d'ante.	0,675	($_2$ R) $=$ 0,6810	2' 8"0"'$=$ 0,687

Faces de l'ante, 1,27 $_2$ O $=$ 1,2498 ; 1,055 $^1/_2$ H $=$ 1,0543; 0,785 N $=$ 0,7653.

Bases de la largeur, 1,3397 $_2$ m $=$ 1,3256 ; de la hauteur, 0,6810 $_2$ R $=$0,6794.

Les analyses de deux monuments suivants, qui datent de l'époque romaine, feront voir la décadence de l'art chez les imitateurs des Grecs, dans les siècles subséquents.

ANALYSE DU TEMPLE D'HERCULE A CORA (EN LATIUM).

École, attico-dorique dépravée. *Époque de construction*, probablement le dernier siècle avant notre ère. Le temple paraît être contemporain du tabularium à Rome. Je dois le dessin de ce temple à la complaisance de M. Dufeux, qui a relevé le monument. Voir l'élévation de la façade principale à notre pl. IV, fig. 7.

L'*unité* est la hauteur de la colonne marquée 6,242. Je ne connais pas la longueur du temple ; la largeur du stylobate est $0,635 + 2,272 + 2,250 + 2,272 + 0,635 = 8,064$, à quoi répond $^1/_2$ lJ $= 8,0585$. Le *diamètre inférieur* des colonnes du péristyle est $0,705$ $^1/_2$ I $= 0,7118$; leur *diamètre supérieur* est $0,620$ $^1/_2$ h $= 0,6165$. Les cotes méthodiques ne correspondent pas parfaitement aux cotes réelles, parce qu'on devrait prendre le noyau de la colonne et ajouter la profondeur des cannelures ; mais cette profondeur m'est inconnue.

Entre-colonnement. La moyenne est $2,271$ e $= 2,2651$.

Crépidome. Il y a huit marches de hauteur égale, $\frac{1,562}{8} = 0,195$ $^1/_4$ M $= 0,1937$, et la hauteur totale $_2$M $= 1,5499$. *Chapiteau*. La cote donnée est 0,268 ; sa base est $_2$t $= 0,2653$. *Entablement*. La corniche paraît avoir la même hauteur que l'architrave, qui est considérablement surpassée par celle de la frise ; l'architrave a $0,203$ $_2$W $= 0,2040$, la frise a $0,444$ n $= 0,4474$.

	COTES DE M. DUFEUX.	MÉTHODIQUES.
Haut. du crépidome. . . .	1,562	$_2$M$=$ 1,5499
— totale de la colonne. .	6,242	U'$=$ 6,2420
— de l'entablement. . . .	0,850	($_2$P) 0,8554
Haut. de l'ordre. .	8,654	($^1/_2$ 4) 8,6473
Haut. du pignon.	1,730	H$=$ 1,7437
Haut. du temple. . .	10,384	($^1/_2$ 5) 10,3910

Les bases des hauteurs des détails sont, pour le chapiteau, $0,268$ $_2$t $= 0,2653$; — pour le fût de la colonne, $5,974$ $^1/_4$ IV $= 6,0814$; — pour la hauteur de l'entablement, $0,8554$ $_2$P $= 0,8436$; — pour la hauteur de l'ordre, $8,6473$ $^1/_2$ 4 $= 8,6004$; — enfin, pour la hauteur totale, $10,3910$ $^1/_2$ 5 $= 10,5333$.

Au premier aspect, on voit la grande différence qui existe entre ce temple et les monuments du bon temps des Grecs, quoique, pour quelques parties, on se soit tenu assez strictement aux modèles anciens ; ainsi la hauteur totale de la colonne n'est éloignée que d'un seul terme de la hauteur prise à $^1/_4$ IV des propylées d'Athènes ; de même le pignon H a la même hauteur que celui du temple de la ville de Sélinonte ; enfin la raison de la hauteur totale $^1/_2$ 5 à la hauteur de l'ordre $^1/_2$ 4 nous est aussi connue des propylées. Pourtant les colonnes paraissent beaucoup plus hautes que dans les exemples anciens, parce que leur diamètre décroît rapidement, l'inférieur en descendant d'une demi-grande octave de i (usité dans l'école attique) à $^1/_2$ I. Chose pareille arrive à la hauteur des chapiteaux qui, du terme $_2$q (de l'école attique), tombe de trois petites octaves au terme $_2$t, et par cela perd toute importance. Mais la plus grande aberration se voit dans l'entablement, dont la hauteur de $_2$L de l'entablement du Parthénon descend par quatre petites octaves à $_2$P, et encore dans cet entablement la corniche est beaucoup trop augmentée au détriment de la frise et de l'architrave. La hauteur totale est prise aux modèles du temple de la ville de Sélinonte, et des deux propylées d'Athènes et d'Éleusis. Il paraît naturel que le premier de ces monuments ait influencé le temple de Cora, parce qu'il a servi pour modèle à d'autres temples d'Italie ; d'un autre côté, la construction des propylées d'Éleusis était probablement contemporaine de celle du temple de Cora. La largeur du stylobate, quoique actuellement plus petite que la hauteur (ce que nous n'avons pas encore rencontré dans nos vingt exemples), aurait la distance de 8 termes environ de $^1/_2$ 5, s'il y avait, au lieu de trois entre-colonnements, cinq au terme e.

En déduisant la hauteur du crépidome de la hauteur totale, il reste $10,384 — 1,562 = 8,822$, ce qui correspond à la base de la diagonale du carré D' $= 8,8274$.

ORDRE DU PORTIQUE DU FORUM DE POMPÉI.

Les proportions de ce portique appartiennent à l'*école dorique* plus sévèrement suivie que ce n'était le cas dans l'exemple précédent ; par cette même raison aussi on y voit plus de pureté de caractère ; pourtant, comme la ville de Pompéi eut beaucoup à souffrir de l'éruption du Vésuve en 63, et comme elle était détruite en 79, l'époque de la construction de son forum doit être postérieure à celle de la bâtisse du temple de Cora. M. Dufeux a bien voulu me communiquer ses dessins et ses cotes, d'après lesquels sont faits le profil du chapiteau, pl. IX, fig. 8, et l'élévation des deux colonnes du portique, pl. IV, fig. 8.

L'*unité*, dont dérivent les mesures de détail, égale à 4,985 mètres, est ici la hauteur de l'ordre qui, n'appartenant pas à un temple, n'a pas de crépidome.

	COTES DE M. DUFEUX.	MÉTHODIQUES.		COTES DE M. DUFEUX.	MÉTHODIQUES.
Saillie de l'abaq. sur l'échine.	0,061	$^1/_2$ U=0,0612			
Diamètre infér. de l'échine. .	0,499	N=0,5068	Hauteur de l'abaque.	0,170	$_2$ u=0,1734
Saillie de l'abaq. sur l'échine.	0,061	$^1/_2$ U=0,0612	— de l'échine.	0,106	t=0,1061
Côté de l'abaque du chapit.	0,621	(M) 0,6292	— du filet.	0,030	B'=0,0296
			— du col.	0,036	A'=0,0363
Saillie de l'ab. sur la colonne.	0,068	$^1/_4$ Q=0,0689			
Diamètre supér. des colonnes.	0,485	$_2$ p=0,4778	Hauteur du chapiteau. . . .	0,342	($^1/_4$ H) 0,3484
Saillie de l'ab. sur la colonne.	0,068	$^1/_4$ Q=0,0689	Hauteur du fût.	3,658	$_2$ e=3,6288
Côté de l'abaque du chapit.	0,621	(M) 0,6156	Hauteur de la colonne. . . .	4,000	($^1/_4$ III) 3,9742
Diamètre infér. des colonnes.	0,575	$^1/_2$ I=0,5702			

Le chapiteau a ici encore plus d'importance ; le diamètre de sa hauteur $^1/_4$ H n'est descendue que de 5 termes de la base $_2$ q du Parthénon ; mais la hauteur de l'abaque est trop grande, l'échine n'a plus le profil gracieux de l'école attique. Le diamètre supérieur de la colonne $_2$ p se trouve au-dessous d'un terme du diamètre $^1/_2$ h de Cora, le diamètre inférieur est le même $^1/_2$ I que dans le temple d'Hercule, et pourtant les colonnes de Pompéi ne paraissent pas si minces, parce qu'elles ont un chapiteau plus haut et parce qu'elles sont plus bas de 9 termes. Les entre-colonnements sont plus grands de 9 termes que ceux de Cora ; la multiplication du diamètre inférieur a ici donné la mesure de l'entre-colonnement, tout comme Vitruve le désire.

ENTABLEMENT.			HAUTEURS GÉNÉRALES.		
	COTES DE M. DUFEUX.	MÉTHODIQUES.		COTES DE M. DUFEUX.	MÉTHODIQUES.
			Hauteur de la colonne. . . .	4,000	($^1/_4$ III) 3,9742
Hauteur de la corniche. . . .	0,198	q=0,1950	— de l'entablement. .	0,984	(h) 0,9750
— de la frise.	0,393	$_2$ q=0,3900			
— de l'architrave. . .	0,393	$_2$ q=0,3900	— de l'ordre.	4,984	(U') 4,9492
			— du comble.	2,750	e=2,7216
Hauteur de l'entablement.	0,984	(h) 0,9750	Hauteur totale.	7,734	($_2$ C) 7,6708

Quoique la hauteur de l'ordre à l'unité = 4,985 soit moindre de 13 termes de la base de l'ordre de Cora prise sans crépidome à la diagonale du carré, l'entablement est pourtant beaucoup plus important à Pompéi, ayant pour base h = 0,9876, situé de 14 termes au-dessus de la base $_2$ P de l'entablement du temple d'Hercule. Aussi la hauteur de la corniche n'empiète pas autant sur les hauteurs de la frise et de l'architrave. Le comble pris à e est plus haut de 10 termes que la hauteur H du pignon de Cora, et c'est par cette raison que le portique, même sans crépidome dans sa hauteur totale de $_2$ C = 7,6980, ne se trouve que de 4 termes au-dessous de la base $^1/_2$ 5 du temple de Cora.

SYNTHÈSE DES PROPORTIONS DU STYLE DORIQUE.

LE GRAND ACCORD MUSICAL AU PARTHÉNON.

On a dû remarquer, par l'analyse des exemples précédents et par les observations ajoutées à ces analyses, que le développement des proportions lourdes de l'ancienne école dorique en celles plus sveltes et plus légères de l'école attique s'était fait par degrés ; ces degrés, nous pourrons les suivre et les constater, même dans le peu de monuments qui nous sont restés. Dans ce développement il y a trois faits saillants : le raccourcissement de la longueur excessive des anciens temples doriques, par rapport à leur largeur et à leur hauteur ; la diminution de l'entablement trop haut ; enfin l'exhaussement des colonnes qui gagnent la hauteur prise sur l'entablement diminué, et qui, par cela, acquièrent un aspect plus gracieux d'élancement et de légèreté. Ce sont surtout les deux derniers faits qui complètent l'émancipation de l'influence de la construction ancienne en bois, et par lesquels on a répondu aux exigences et au caractère de la construction en pierre. Nous avons vu que la décroissance convenable du haut entablement dorique s'était produite pour la première fois au Parthénon primitif ; c'est donc de ce monument d'où part la première impulsion qui a inauguré l'époque nouvelle, c'est là le point de départ de l'école attique, dont nous voyons l'apogée dans le monument qui a succédé, sur le même emplacement, au Parthénon primitif, c'est-à-dire dans le Parthénon actuel. Tous les voyageurs, tous les auteurs, tant anciens que modernes, sont d'accord sur ce point, que le Parthénon actuel, surtout à cause de l'effet harmonieux produit par ses proportions, et même malgré son état de dégradation, est le monument le plus parfait de tous les temps.

M'étant aperçu du rapport intime des proportions musicales et architecturales (voir le chapitre sur l'échelle de la musique, page 18 et suivantes), j'ai dû me demander si on ne pouvait pas expliquer les faits harmonieux de l'architecture par les lois plus connues de la musique. Il est naturel que la solution de ce problème, si elle était possible, devait résulter de l'examen du monument reconnu par tous les temps comme le plus parfait, c'est-à-dire de l'examen du Parthénon actuel. Cet examen m'a appris qu'*il était, par toutes ses grandes parties qu'on peut embrasser d'un seul coup d'œil, dans les conditions du grand accord musical, c'est-à-dire que les proportions citées avaient entre elles le même rapport qu'à l'unisson, à la tierce et à la quinte dans la musique.*

Il faut d'abord nous rappeler le mode de composition dont se servaient les anciens architectes. Nous avons vu, par nos analyses, qu'ils ont déterminé la dimension de chaque membre par un terme de notre série, et qu'ils ont additionné, après, la somme de ces termes pour arriver aux dimensions des parties principales, comme à la hauteur de la colonne, de l'entablement, de l'ordre, etc., etc., mais qu'en même temps ils avaient soin de choisir les termes des membres composants de telle sorte, que leur somme se rapprochât d'un seul terme ; ce terme approximatif, nous l'avons appelé *la base* de la partie principale, base qui diffère presque toujours, mais jamais d'une manière considérable de la somme additionnée des parties composantes, base dont l'*identité*, se répétant dans la même école pour les mêmes parties, prouve que cette base n'est pas de mon invention, mais qu'elle existait bien dans l'intention des maîtres.

Il faut se rappeler aussi qu'en comparant l'échelle conventionnelle de la musique avec notre série, à la p. 18 et suivantes, nous avons trouvé que chaque *neuvième* terme au-dessus correspondait à la tierce, et chaque *quinzième* au-dessus à la quinte musicale, en prenant le neuvième et le quinzième au-dessous pour point de départ ou pour l'unisson. Le rapport reste nécessairement le même, soit que nous comptions du haut en bas, des termes plus grands aux termes plus petits de notre série, ou *vice versâ*. Ajoutons encore que l'architecture dorique a la particularité de se servir de tierces et de quintes doublées, c'est-à-dire que les anciens maîtres comptaient neuf termes, et du neuvième en le répétant encore neuf autres termes, et qu'ils comptaient de même quinze termes, et du quinzième en répétant celui-ci encore quinze termes, pour arriver dans le premier cas au *dix-septième*, dans le second à *vingt-neuvième* ; ajoutons, dis-je, à la tierce et à la quinte architecturales correspondant à la *tierce* et à la *quinte* musicales la *double tierce* et la *double quinte* architecturales, et nous aurons toutes les proportions des grandes parties qui se trouvent dans le péristyle du Parthénon vu simultanément d'un de ses côtés longs et d'une de ses façades des pignons.

Nous avons eu pour la longueur du stylobate du Parthénon à l'axe du péristyle, chez M. Penrose, 69,493, pour somme des termes méthodiques 69,4318 ; chez M. Paccard, 69,392 ; chez MM. Stuart et Revett, 69,441 (voir page 73). Le terme de la série qui se rapproche le plus, et que nous avons pris par cette raison pour base

de la longueur, est $_2$ III $= 70, 1816$. Descendons maintenant, à partir de ce terme, jusqu'au 29e terme inférieur de la série, c'est-à-dire à la double quinte, et nous arriverons au terme $_2$ D' $= 31,1914$, qui est la quantité la plus rapprochée de la largeur du stylobate, donnée à l'axe du péristyle par M. Penrose à 30,870, en somme des termes méthodiques à 30,7848, et par M. Paccard à 30,796 (voir page 70). Descendons ensuite de $_2$ D' de la base de la largeur au 17e terme au-dessous, c'est-à-dire à la double tierce, qui est le terme $^1/_4$ VII$=19,7386$, et nous trouverons que ce terme est la base de la hauteur totale du temple, donnée par MM. Stuart et Revett à 19,566, par l'addition des termes méthodiques à 1,5337 ; par M. Paccard à 15,500 et par M. Penrose à 19,535. Voir p. 75 et pl. V, fig. 3, et pl. X, fig. 3 et 4.

Nous avons donc, dans les trois dimensions principales du Parthénon, le grand accord composé de l'unisson (la hauteur), de la double tierce (la largeur) et de la double quinte (la longueur).

En partant de la hauteur totale, on descend de 9 termes, soit de la simple tierce pour arriver à la base D' $= 15,5957$ de la hauteur de l'ordre du péristyle donnée par MM. Stuart et Revett, à 15,412, par la somme des termes méthodiques à 15,4269 ; par M. Paccard à 15,393, et par M. Penrose à 15,417. — De la hauteur de l'ordre du péristyle, on descendra de 15 termes, soit de la simple quinte pour arriver à la base B $= 10,3973$ de la hauteur de la colonne donnée par MM. Stuart et Revett, à 10,426, par la somme des termes méthodiques à 10,4089 ; par M. Paccard à 10,419, et par M. Penrose à 10,433. Voir page 75 et pl. X, fig. 3 et 4.

Nous avons donc, dans les trois dimensions principales de la hauteur, à savoir dans la hauteur de la colonne, dans la hauteur de l'ordre et dans la hauteur totale, encore les proportions du grand accord musical, mais ici simple, non doublé, comme dans les trois grandes dimensions précédentes.

La hauteur du fût de la colonne donnée par MM. Stuart et Revett à 9,566, par M. Paccard à 9,561, par M. Penrose à 9,571, enfin, par notre méthode, à $^1/_2$ D'' $= 9,5505$, est dérivée du diamètre inférieur de la colonne par l'intermédiaire d'un des entre-colonnements ordinaires du péristyle. Le diamètre, y compris la profondeur des cannelures (p. 74), à $0,0450 + 1,7785 + 0,0450 = 1,8685$, chez M. Penrose 1,879, chez M. Paccard 1,872, chez MM. Stuart et Revett 1,873, a pour base $^1/_2$ G $= 1,8865$. Montons de ce terme à la double quinte, soit à $^1/_2$ C $= 4,2446$, et nous aurons la mesure d'un des entre-colonnements ordinaires du péristyle ; d'ici montons encore 29 termes à la prochaine double quinte, et nous arriverons à la hauteur du fût des colonnes du péristyle $^1/_2$ D'' $= 9,5505$. D'un autre côté, ce diamètre à $^1/_2$ G est éloigné de 17 termes, soit de la double tierce de l, voisin supérieur du terme $^1/_2$ F de l'épaisseur des murs latéraux de la cella. En substituant l à $^1/_4$ F, nous aurons donc *la distance de la double tierce du mur de la cella au diamètre des colonnes ordinaires du péristyle, de celui-ci la distance de la double quinte à un des deux entre-colonnements ordinaires ; enfin encore la double quinte de cet entre-colonnement à la hauteur du fût des colonnes du péristyle.*

Le diamètre à $^1/_2$ G a déterminé celui des colonnes de la cella, nous avons ce dernier (p. 74) à N $= 1,1179$, mais sans y compter la profondeur des cannelures ; pour y comprendre cette profondeur, il faut monter de deux termes (nous sommes monté pour le même but de i du diamètre plein des colonnes ordinaires du péristyle par 2 termes à $^1/_2$ G) à l, et nous trouverons l à la distance de la double tierce au-dessous de $^1/_2$ G, et en même temps égal à l'épaisseur du mur de la cella, par supposition prise à l.

L'entre-colonnement à $^1/_2$ C a servi pour déterminer la base de la hauteur de l'entablement, trouvée (p. 75) à $_2$ L $= 3,3524$, soit à la distance de la tierce au-dessous de $^1/_2$ C ; mais la détermination de la hauteur réelle de l'entablement dérive de l'autre des deux entre-colonnements ordinaires du péristyle, dont la longueur est $_2$ h $= 4,3560$. Pour obtenir des métopes carrées, il faut que les triglyphes aient une hauteur égale à la largeur des métopes ; mais cette largeur dépend de la largeur des entre-colonnements dont on doit déduire deux moitiés de la largeur des triglyphes posés dans l'axe des colonnes, plus la largeur totale du triglyphe intermédiaire ; le restant divisé par deux donnera la largeur d'une métope, à laquelle il faut égaler la hauteur du triglyphe y compris son abaque inférieur, nous aurons donc :

L'entre-colonnement du péristyle. .	$_2$ h $= 4,3560$	Hauteur du corps du triglyphe. . . . . l $= 1,1857$
moins la larg. de deux trigl. à $^1/_2$ L $=$ L $= 1,6762$		Hauteur de son abaque inférieur. . . . v $= 0,1556$
Largeur de deux métopes.	2,6798	Hauteur totale du triglyphe. . . . $= 1,3413$

Largeur d'une métope $\dfrac{2,6798}{2} = 1,3399$

De ce calcul, suit la hauteur de la frise donnée par MM. Stuart et Revett, à 1,331 ; par M. Paccard, à 1,453 ; par M. Penrose, à 1,447 ou $^1/_2$ g $= 1,3288$. Voir p. 75 et pl. X, fig. 4.

La hauteur du chapiteau est le résidu' qui reste après la subtraction du fût fait de la hauteur de la colonne, ainsi $B - \frac{1}{2} D'' = 0,8468$, et en réalité, d'après MM. Stuart et Revett, 0,860 ; M. Paccard, 0,858 ; M. Penrose, 0,862 ; méthodiquement, 0,8584 ou $_2 q = 0,8606$ (p. 75). Pour diviser le chapiteau en ses parties principales, l'abaque et l'échine, on prend la moitié de la hauteur totale, et on descend du terme de cette moitié à la tierce inférieure pour la hauteur de l'abaque, et à la quinte pour celle de l'échine. C'est ce qui s'était fait pour les chapiteaux du cap Sunium (p. 84 et pl. VII, fig. 13). La base de la hauteur totale y est $\frac{1}{2} L$, terme voisin inférieur de la base $_2 q$ du Parthénon ; en descendant d'une tierce de $\frac{1}{4} L$, soit de 9 termes, on arrive à T, la hauteur de l'abaque, et en descendant d'une quinte de $\frac{1}{4} L$, soit de 15 termes, on arrive à $\frac{1}{4} N$, la hauteur de l'échine, La hauteur de l'abaque du Parthénon est dans les mêmes conditions, mais, pour la hauteur de l'échine, Ictinus est descendu jusqu'au 18e terme de q, à savoir à $\frac{1}{2} p$.

Les deux crépidomes, l'extérieur et celui du vestibule, sont encore dans un rapport du grand accord musical, parce que la base du premier à $\frac{1}{2} f$ se trouve à la distance de la double quinte de la base de la hauteur $\frac{1}{2} k$ du dernier. C'est le même cas pour la raison de la base de la longueur de la cella $\frac{1}{4}$ IX à la longueur de l'opisthodome $\frac{1}{4} V$; tandis que la hauteur totale du temple à $\frac{1}{4}$ VII se trouve à la distance de la simple quinte au-dessus de la longueur de l'opisthodome, et à la simple quinte au-dessous de la base de celle de la cella.

La saillie du larmier de l'entablement sur l'axe de la colonne d'angle fait, chez MM. Stuart et Revett, 1,542 avec le terme correspondant $\frac{1}{2} H = 1,5400$, et $\frac{1}{2} H$ est à la distance d'une tierce de la base du diamètre inférieur des colonnes d'angle $_2 m$, y compris les cannelures, pl. X, fig. 4.

Il y a enfin la proportion d'une grande octave entre la hauteur du crépidome extérieur et celle de l'entablement des façades des pignons. Nous avons trouvé la base de la hauteur de l'entablement à $_2 L = 3,3524$; mais cette base était celle de l'entablement des côtés longs ; aux façades des pignons, on n'a pas continué, comme on voit, sur notre élévation, pl. V, fig. 3, le membre le plus haut de la corniche ; ici donc l'entablement est plus bas de la hauteur de ce membre, de telle sorte qu'on doit assigner pour base de sa hauteur f le terme inférieur de $_2 L$, ce qui est le double de la base $\frac{1}{2} f$ de la hauteur du crépidome. La base de f trouvée pour la hauteur totale de l'entablement aux façades des pignons, est à la distance d'une tierce au-dessous de la hauteur totale du pignon prise à $_2 K = 4,1068$ (*).

Par cet examen, nous voyons que le maître du Parthénon, Ictinus, avait opéré avec connaissance de cause et avec intention. Mais si l'on pouvait en douter encore, même après les preuves que je viens de donner, et si l'on pouvait encore croire le hasard ou le simple sentiment artistique plus raisonnables que la raison elle-même, je citerais comme preuve ultérieure, et j'espère concluante, une particularité singulière de la hauteur du Parthénon. En comparant cette hauteur avec celle de deux temples encore debout, et qui, comme antérieurs à la construction du Parthénon, devaient avoir leur influence sur les proportions de celui-ci, je fus frappé de ce que la hauteur totale du Parthénon est beaucoup plus petite que celle de ces deux temples, qui sont ceux d'Égine et de Thésée. Dans le premier, la base de la hauteur totale $_2 a$ est à la distance de 10 termes de la base de la largeur du stylobate I ; dans le temple de Thésée, nous avons la même base pour la hauteur totale $_2 a$, mais à la distance de 12 termes de la base de la largeur du stylobate 3, tandis que dans le Parthénon la base de la hauteur $\frac{1}{4}$ VII est à la distance de 17 termes de la base de la largeur du stylobate $_2 D'$. Par cela, nous voyons d'abord que le maître avait tant abaissé la hauteur, en raison de la largeur et de la longueur, *que son monument est devenu, par cette raison, le plus bas parmi tous les autres monuments de l'école attique.* Et pourquoi l'a-t-il fait ? Ne croit-on pas que l'importance des édifices augmente en raison de leur hauteur ? N'a-t-on pas dit même, en vue des monuments du style ogival, que ceux-ci, en montant vers le ciel, ne pouvaient jamais être trop hauts ? Je crois qu'Ictinus avait plus de sagesse ; il avait assez de perspicacité pour savoir que nos forces, nos moyens et nos sens nous posent des limites qu'on ne peut pas dépasser impunément. On avance, à juste titre, que les figures

---

(*) A côté de ces proportions, dont le fondement est l'accord musical, il n'y en a que peu qui prennent pour base les raisons des côtés des triangles du cube. Telles sont la raison de la hauteur du chapiteau au péristyle $_2 q$ à celle du chapiteau au vestibule $_2 r$; la hauteur du pignon $_2 K$, si on la compare à la hauteur de l'entablement des côtés longs $_2 L$: toutes deux sont des raisons du côté d'un triangle du cube au côté homonyme du triangle voisin, soit la distance de la petite octave architecturale. Tels sont la largeur du triglyphe $\frac{1}{2} L$ à la hauteur de son corps l, et le côté de l'abaque K au diamètre supérieur k de sa colonne ; tous deux sont des raisons des deux côtés du même triangle du cube. Telle est la raison de l'épaisseur du mur transversal K de la cella à l'épaisseur du mur longitudinal ; car, si nous prenons ce dernier à l, nous aurons la raison de l'hypoténuse au petit côté du même triangle du cube.

des bandes supérieures de la colonne de Trajan n'étaient plus faites pour les hommes, mais seulement pour les oiseaux, parce que, à moins de pouvoir voler autour de ces bandes, un Mohican lui-même, dont les yeux ont une force proverbiale, ne verrait plus clairement d'en bas ce qu'elles représentent. Les Romains, maîtres du monde, ne se souciaient pas de gaspiller leurs moyens, comme le faisaient pareillement les Égyptiens ; les Grecs, au contraire, n'ayant pas autant à dépenser, pesaient sagement ce qu'ils pouvaient, ce qu'ils devaient produire d'effet. Placez maintenant les chefs-d'œuvre de Phidias plus haut de 4,4362 mètres qu'ils ne l'étaient en réalité, et voyez si vous pouvez encore jouir de la finesse de tous leurs détails ; pourtant cet éloignement nuisible aux œuvres de Phidias devait avoir lieu inévitablement si Ictinus avait gardé les proportions du temple d'Égine, parce que le 10ᵉ terme, en bas de celui de la largeur du stylobate $_2$ D', est $^1/_4$ VIII = 24,1748, et $^1/_4$ VIII est plus grand que $^1/_4$ VII, la hauteur actuelle, de 4,4362 mètres. Cet exemple du maître nous apprend deux choses : 1° il n'est pas vrai que, pour faire un monument plus imposant, on n'a qu'à augmenter *purement* et *simplement* sa hauteur ; 2° l'art bien compris n'admet pas la simple augmentation ou la simple diminution d'un monument plus petit ou plus grand pour en construire un autre.

La diminution de la hauteur des temples qui ont précédé le Parthénon étant devenue nécessaire, Ictinus doit s'être demandé à quel terme il fallait s'arrêter plus ultrà cette hauteur moindre, qui n'avait pas d'autre précédent, comme on avait, par exemple, la distance de 29 termes de la longueur à la largeur dans le temple de Thésée, où elle est la même. Il s'est présenté 2 termes plus saillants que les autres, le 20ᵉ et le 15ᵉ en bas de la largeur $_2$ D' ; le premier étant $_2$ a avait d'autant plus d'attrait qu'il était la base de la hauteur des deux temples d'Égine et de Thésée, et qu'il était dans la proportion de l'unité à la diagonale du cube représentée par $_2$ D' de la largeur, et le 15ᵉ terme $_2$ B se recommandait comme la quinte de $_2$ D' ; malgré la tentation qu'offraient ces deux termes, qui auraient probablement séduit tout autre, Ictinus, en passant outre, s'est arrêté au 17ᵉ terme, parce que celui-ci, comme la *double tierce*, correspondait seul à la *double quinte* (raison de la longueur à la largeur), qui peut former ainsi le grand accord des trois dimensions principales.

Ici se présente une troisième observation à ajouter aux deux déjà faites plus haut. 3° Ictinus avait, en effet, *profondément raisonné* son art, parce que le simple sentiment ne lui paraissait pas suffisant pour qu'il pût laisser la raison au second plan.

Après de telles preuves d'une *combinaison unique*, on ne peut plus se demander pourquoi l'œuvre d'Ictinus a été considérée de tous les temps comme le *nec plus ultrà* des proportions architecturales ; mais, d'un autre côté, on ne peut pas non plus dénier la justesse de cette manifestation clairvoyante émise par J. P. Richter ou Schlegel (je ne sais, au juste, lequel des deux) qui appelait l'architecture *de la musique cristallisée.*

Une autre question est de savoir si l'application des lois de l'harmonie musicale se trouve encore dans d'autres monuments de l'école attique, ou si c'était Ictinus seul qui l'avait trouvée, et qui s'en est servi (*). Les chiffres de nos analyses nous répondent négativement sur la première partie de cette question et affirmativement sur la dernière. Avant la construction du Parthénon, on trouve, çà et là, 2 termes du grand accord mis en rapport entre eux ; la même chose arrive dans les imitations de ce monument, mais nulle part on ne retrouve plus un ensemble raisonné, comme nous l'avons vu mis en pratique par Ictinus. Ces édifices sont donc à ce chef-d'œuvre dans la même raison qui existe entre le simple sentiment artistique, et celui guidé et éclairé par la raison. Nous avons constaté la raison de la double quinte entre la longueur et la largeur du temple de Thésée ; dans le temple du cap Sunium, il y a 9 termes, soit la distance de la simple tierce de la hauteur totale (si ma restauration est la vraie) à la hauteur de l'ordre, et dans le temple de la Némésis, à Rhamnus, il y a 17 termes, soit la double tierce de la hauteur de l'ordre à la hauteur de la colonne. De pareilles proportions se répètent entre les petits membres constituants ; mais le manque de méthode suivie nous prouve qu'on n'est arrivé à ces proportions qu'en imitant le Parthénon, ou par un heureux hasard.

LARGEUR ET LONGUEUR DU STYLOBATE.

Nous avons vu (p. 30) que les deux dimensions du stylobate étaient déterminées, d'abord en général, par les nombres des colonnes, et, en conséquence, par la longueur des entre-colonnements. On trouve dans les analyses précédentes, pour chaque monument, le terme qui, multiplié par le nombre des entre colonnements, donnait la

_____

(*) Il est bien regrettable que l'état du temple de Cérès, à Éleusis, dont la construction est attribuée à Ictinus, ne permette plus de savoir si ce maître a appliqué aussi son système à ce dernier monument.

I.

16

longueur et la largeur du stylobate *provisoirement*. Ces termes sont situés dans la grande octave de $\frac{1}{2}$ U' à $_2$ M, ils sont dans l'école attique :

Pour la largeur du stylobate.		*Pour la longueur du stylobate.*	
d	Temple de Thésée.	d	
$\frac{1}{4}$ D''		$\frac{1}{4}$ D''	Temple de Thésée.
F		F	
$\frac{1}{2}$ a	Parthénon primitif, temple de Sunium.	$\frac{1}{2}$ a	
$_2$ h	Temple de Rhamnus.	$_2$ h	Temple de Sunium.
$\frac{1}{2}$ C		$\frac{1}{2}$ C	
$_2$ K	Parthénon actuel.	$_2$ K	Les deux Parthénons et le temple de Rhamnus.

Les valeurs déterminatives dans l'école attique n'occupent pas une petite octave entière ; généralement, le terme, pour la longueur, est voisin au-dessous du terme pour la largeur, parce qu'il fallait plus d'espacement aux façades des pignons où l'on montait au temple. L'école dorique, tant propre qu'attico-dorique, s'est servie des entre-colonnements plus espacés, car ceux-ci sont compris dans nos exemples pour la largeur de $_2$ I à F, et pour la longueur de d à $\frac{1}{2}$ a ; dans l'école attique, c'est le temple de Thésée qui a les plus grands entre-colonnements. Vitruve classifie les temples d'après la distance de leurs colonnes (du péristyle ?) en temples aux entre-colonnements *espacés (diastylos), justes ou beaux (eustilos)* et *étroits (pycnostylos, systylos)*. Nos analyses ne justifient pas la classification de Vitruve.

Les bases de la longueur et de la largeur totale du stylobate déterminées approximativement par un multiple des termes des entre-colonnements sont :

Pour la longueur (grande octave $\frac{1}{2}$ XI à $\frac{1}{4}$ XI).			*Pour la largeur* (grande octave $\frac{1}{4}$ XI à $_2$ U').		
	$_2$ III	Le Parthénon actuel.	Basilique à Pæstum.	$_2$ D'	Le Parthénon actuel.
	$_2$ II		Bassæ, Cérès à Pæst.	$_2$ A	Les Propylées.
	7	Temple de Thésée.		3	Temple de Thésée.
	$\frac{1}{4}$ XII	Le Parthénon primitif.	T. de Neptune à Pæst.	$\frac{1}{4}$ VIII	
Temple d'Olympie.	V		Égine, Sélinonte R.	I	
Temple de Corinthe.	$\frac{1}{2}$ 10		Corinthe, Olympie.	$\frac{1}{2}$ 6	Le Parth. prim. Sunium.
Égine, Assos.	$_2$ 3			$_2$ U'	
	$\frac{1}{2}$ VIII	Temple du cap Sunium.	Assos.	$\frac{1}{2}$ IV	Temple de Rhamnus.
Temp. de Métaponte.	$_2$ I				
	6	Temple de Rhamnus.			

A l'exception du Parthénon actuel qui, pour sa longueur et sa largeur, et des Propylées qui, pour leur longueur, sont tout à fait dans d'autres conditions que le reste des temples de l'école attique, ces derniers ont un très-petit mouvement de longueur et de largeur dans la série, car ces deux dimensions sont comprises chacune dans une petite octave, laquelle contient également plusieurs temples doriques. Les anciens temples doriques pèchent par leur longueur excessive en raison de leur largeur, et c'est surtout le cas en Sicile, où nous voyons dans plusieurs temples une distance de 35 termes de la longueur à la largeur.

La cause de cette disposition est le grand nombre des colonnes des façades latérales joint encore à leur espacement plus grand que celui de l'école attique, en même temps que le nombre six des colonnes des façades des pignons reste constant ; ainsi nous trouvons dix-sept colonnes au temple de l'Acropole et quinze au temple de la ville de Sélinonte, à leurs façades latérales ; le temple de la Concorde, à Agrigente, construit déjà sous l'influence dominante de l'école attique, n'a que treize colonnes sur six avec la distance de 30 termes de la longueur à la largeur. En Italie, c'est le temple de Neptune, à Pæstum, qui, étant le plus ancien de cette ville, a quatorze colonnes sur six avec une distance de 32 termes de la longueur à la largeur. En Grèce, dans l'école attico-dorique, nous voyons arriver le contraire ; ici ce sont justement les temples d'une date plus récente qui, à l'imitation de l'ancien dorisme, s'étendent davantage en longueur ; comme le temple de Bassæ qui, avec quinze sur six colonnes, a sa longueur à la distance de 33 termes de sa largeur, le temple de Némée, treize sur six colonnes, distance de 31, et celui d'Olympie, treize sur six colonnes, distance de 30 termes.

Parmi les temples doriques plus anciens de la Grèce, nous avons celui de Corinthe, où, si ma supposition est la vraie, paraît pour la première fois la distance de 29 termes de la longueur à la largeur, et cette distance dimi-

nue même jusqu'à 27 termes dans le temple d'Égine ; elle reparaît dans l'école attique, au temple de Thésée, reste au Parthénon actuel, et diminue encore à 27 termes dans les temples de Sunium et de Rhamnus. A Métaponte, cette distance n'est que de 20 termes. Sous des conditions qui se rapprochent de celles du Parthénon, nous avons dans la basilique de Pæstum dix-huit sur neuf colonnes, avec la distance de 28 termes. L'acceptation du même terme pour base des parties homonymes nous prouve aussi bien le mode d'opérer en vue de ces bases, que l'imitation du monument antérieur par le postérieur, par rapport au temps.

Hauteurs totales grande octave $_2$U' à U'.			*Hauteur de l'ordre grande octave de $_2$U' à U'.*		
	$_2$B		T. de la Concorde.	$_2$C	
T. de Cérès à Pæst.	2			1	
Némée, Concorde.	$^1/_4$VII	Parthénon, Sunium.	T. de Cérès à Pæst.	$^1/_4$VI	
	D''		Némée, Sélinonte R.	D'	Parthénon, Sunium.
T. de Sélinonte R.	$^1/_2$5	Les Propylées.		$^1/_2$4	Les Propylées.
T. d'Égine.	$_2$a	T. de Thésée.		$_2$b	T. de Thésée.
T. de Neptune à Pæst.	$^1/_2$III		T. d'Égine.	$^1/_2$II	
	$_2$C		Bassæ, Neptune.	$_2$D	T. de Rhamnus.

Ici le mouvement, dans les hauteurs totales, se borne à 6 termes, et, dans l'école attique, même à 4 termes. L'école dorique aime les hauteurs relativement plus grandes, parce que le terme de la hauteur n'est qu'à la distance de 9 termes, soit à la tierce de celui de la largeur du stylobate dans les temples de la ville de Sélinonte, de la Concorde à Agrigente et de Cérès à Pæstum ; cette distance est de 6 termes à Égine et de 12 termes uniquement dans le temple de Neptune. Dans l'école attique, elle est de 12 termes au temple de Thésée et aux Propylées, et même de 17 termes, mais sous d'autres conditions, au Parthénon. *Donc les monuments de l'école attique sont relativement moins hauts que ceux de l'école dorique.* En déduisant la hauteur du pignon de la hauteur totale, nous arrivons à la hauteur de l'ordre. Le mouvement de la hauteur du pignon, à l'exception de celui du temple de l'acropole de Sélinonte, se fait par 11 termes, à partir de $_2$K, Parthénon, Cérès à Pæstum (e, $^1/_4$D') G, Égine ($^1/_2$b) $_2$i, Neptune à Pæstum ($^1/_2$D, $_2$L, f) $^1/_4$A, Thésée, Propylées, jusqu'à H, Sélinonte R. et Concorde à Agrigente. Voici le tableau des hauteurs des pignons connues, avec leurs distances des bases de la hauteur totale et de celle de l'ordre :

	SÉLIN. R.	NEPT. PÆST.	ÉGINE.	THÉSÉE.	PARTHÉNON.	PROPYL.	CONC. AGR.	CÉRÈS PÆSTUM.
Ordre.	D'	$_2$D	$^1/_2$II	$_2$b	D'	$^1/_2$4	$_2$C	$^1/_4$VI
	57	48	47	54	47	55	60	48
Pignon.	H	$_2$i	G	$^1/_4$A	$_2$K	$^1/_4$A	H	$_2$K
	63	56	55	61	55	62	65	56
Hauteur totale. . . .	$^1/_2$5	$^1/_2$III	$_2$a	$_2$a	$^1/_4$VII	$^1/_2$5	$^1/_4$VII	2

Le pignon du temple de la Concorde est donc le plus bas, et les pignons les plus hauts sont ceux du temple d'Égine et celui du Parthénon.

Le mouvement de l'ordre est renfermé, pour nos exemples, dans la petite octave de $_2$C à $_2$D, et on voit comment l'ordre devient plus haut avec le développement du style, en partant de $_2$D du temple de Neptune à Pæstum et en montant jusqu'à D' au Parthénon ; il dépasse encore de 4 termes cette hauteur dans $_2$C du temple de la Concorde. Les deux temples de Bassæ et de Rhamnus font exception à cette règle.

COLONNES.

Hauteurs des colonnes grande octave U' à $^1/_2$U'.

U'	(Temple de Némée).	$^1/_2$D''	(Sélinonte R., temple de Cérès à Pæstum.)
$^1/_4$IV	Les Propylées.	$_2$F	
B	Le Parthénon, le temple de Sunium.	a	(Temple d'Égine.)
$^1/_2$2	Temple de Thésée.	$^1/_4$III	(Temple de Métaponte, temple de Neptune à Pæstum), temple de Rhamnus.
$_2$d	(Temple de Bassæ, temple de la Concorde Agr.)		

L'augmentation de la hauteur de la colonne est en raison directe avec le progrès de l'école attique, et cela

d'autant plus que cette hauteur se trouve placée plus haut dans la série que celle de l'école dorique, malgré la hauteur totale moindre des monuments attiques. Les colonnes gagnent en hauteur ce qu'en perdent l'entablement et le crépidome, trop hauts dans l'école dorique. Vitruve nous enseigne à déterminer la hauteur de la colonne par un multiple de son module. Les architectes grecs ne se sont pas servis de cette méthode arbitraire; elle n'est employée qu'une seule fois dans nos exemples, à savoir dans l'ancien temple de Corinthe, où la hauteur de la colonne $=_2$ G est l'octuple de son module $^1/_4$ G ; à Pæstum, le fût de la colonne supérieure de l'ordre de la cella a quatre fois son diamètre supérieur pour hauteur.

Dans la colonne même, c'est le *fût* qui devient plus élancé à côté du décroissement du chapiteau ; ainsi la distance de la hauteur du fût de celle de la colonne est toujours de 4 termes dans l'école attique (Thésée, Sunium, Parthénon, Propylées et Rhamnus), tandis que cette distance est de 5 et de 6 termes dans l'école dorique et seulement, par exception, de 4 termes dans le temple d'Assos et de 3 termes dans les temples plus récents de Némée et de Cérès. Cette hauteur du fût est prise, dans la plupart de nos exemples, à un seul terme de la série ; dans d'autres, où un seul terme est le déterminatif de l'ordre, elle n'a qu'une valeur complémentaire, comme c'est le cas dans les temples de Neptune à Pæstum, de Rhamnus, de la Concorde à Agrigente et dans les Propylées.

Pour le fût des colonnes, la proportion la plus importante est celle des deux diamètres d'en bas et d'en haut. Il a été dit (page 22) que l'école dorique avait déterminé le diamètre de toute la périphérie des colonnes, les profondeurs des cannelures comprises, tandis que l'école attique, à partir du Parthénon actuel, ne prenait à un seul terme de la série que le diamètre du noyau plein, à l'exclusion des profondeurs des cannelures; il faut donc, pour pouvoir comparer *les diamètres* des deux écoles, ou déduire la profondeur des cannelures doriques du diamètre total et chercher après dans la série, comme base, le terme le plus rapproché du reste, ou, *vice versâ*, ajouter aux diamètres de l'école attique les profondeurs des cannelures et trouver le terme le plus rapproché de la somme obtenue. Dans le tableau suivant, je me sers de la deuxième méthode, parce que le nombre des monuments doriques est plus grand, parmi nos exemples, que celui de l'école attique. Les termes des deux diamètres inférieur et supérieur sont situés dans les deux grandes octaves de $_2$ M à $^1/_2$ M.

Diamètre inférieur des colonnes ordinaires du péristyle.   *Diamètre supérieur des colonnes ordinaires du péristyle.*

			Temple de Némée.		$_2$ P	Parthénon primitif.
T. de Cérès à Pæstum.	h		T. de Neptune à Pæst.	k		Parth. act. et Propylées.
	$^1/_4$ C		Corinth., Olymp. Bassæ.	$^1/_4$ E		
T. de Neptune à Pæst.	K		Basilique de Pæstum.	M		T. de Sunium, de Thésée.
T. de Sélinonte R.	$^1/_2$ e			$^1/_2$ G		
Concorde à Agrigente.	$_2$ m	Parthénon primitif.	Temple de Métaponte.	$_2$ o		
Corinthe, Olympie.	$^1/_2$ G	Parth. act. Propylées.	Temple d'Égine.	$^1/_2$ I		
T. de Métaponte.	$_2$ O			$_2$ Q		
Nem. Basil. (Cérès *d*).	i	Temple de Thésée.		l		Temple de Rhamnus.
Temple d'Assos.	$^1/_4$ D	Temple du cap Sunium.		$^1/_4$ F		
Égine, Bass. (Sélin. *d*).	L			N		
	$^1/_2$ f		Temple d'Assos.	$^1/_2$ h		
Concorde diam. supér.	$_2$ n	Temple de Rhamnus.				
	$^1/_2$ H					

A part le temple de Rhamnus, la proportion des deux diamètres est très-constante dans l'école attique; elle l'est beaucoup moins dans l'école dorique. Quant à la distance des termes des deux diamètres dans la série, elle varie, dans l'école dorique, à partir de 7 termes (Sélinonte, R.) et de 8 termes (Concorde, Cérès) jusqu'à 17 termes (Assos). Dans l'école attique elle est habituellement de 10 termes, dans le temple de Sunium de 9 et dans celui de Rhamnus de 11 termes. Plus les termes des deux diamètres sont éloignés entre eux, plus la colonne prend un aspect conique. Parmi nos exemples, ce sont les colonnes du temple d'Assos qui se rapprochent le plus de la forme du cône. On a prétendu que cette forme était une marque d'antiquité, et on a placé, pour cette seule raison, ce temple au vi^e siècle; mais on ne peut pas accorder une si grande importance à cette particularité, lorsqu'on réfléchit que la distance du diamètre inférieur au supérieur n'est que de 10 termes, tout autant qu'au Parthénon actuel, dans les colonnes d'angle du temple le plus ancien que nous connaissons, à savoir celui de l'acropole de Sélinonte.

La hauteur de l'ordre et la hauteur totale n'ont que peu d'influence sur le choix des diamètres de leurs colonnes. Il ne faut pas non plus trop accorder à l'influence de la longueur des entre-colonnements ordinaires du péristyle sur la grandeur des diamètres, parce que cette longueur reste aussi assez peu variable dans la plupart de nos exemples. En voici le tableau :

ENTRE-COLONNEMENTS ORDINAIRES DU PÉRISTYLE.

Temple de Thésée.	F	Temple de la Concorde à Agrigente, et de Cérès à Pæstum.
Les Propylées.	$^1/_2$ a	Neptune, Concorde, Assos, Égine, Bassæ et Némée.
Parthénon act. Sunium.	$_2$ h	Sélinonte R., Neptune, Égine, Bassæ et Olympie.
Parth. act. et prim. Sun.	$^1/_2$ C	Corinthe et Olympie.
Parth. prim. Rhamnus.	$_2$ K	Corinthe.

Dans les temples les plus anciens, comme ceux de l'acropole de Sélinonte et de Métaponte, la longueur des entre-colonnements monte jusqu'aux termes d, $_2$ I et même E; le terme d revient, par exception, au temple de Némée. En général, dans les monuments plus récents, nous trouvons aussi des entre-colonnements plus courts : par exemple à $^1/_4$ D', et même à $^1/_2$ b dans la basilique de Pæstum.

Vitruve veut qu'on détermine arbitrairement, par un multiple du module de la colonne, la longueur de l'entre-colonnement. Parmi nos exemples, il n'y en a qu'un seul où l'on s'est servi de ce procédé, et encore cet exemple n'est plus de la bonne époque, car c'est le temple de Cérès à Pæstum, où le terme du module est $^1/_4$ F et celui de la longueur de l'entre-colonnement F. La bonne école, au contraire, cherche ses déterminations ailleurs; ainsi, au Parthénon, la distance du terme de l'entre-colonnement $^1/_2$ C est à la distance de 29 termes, soit à celle de la double quinte du diamètre $^1/_2$ G. Dans d'autres monuments de l'école attique, les entre-colonnements ordinaires du péristyle deviennent encore plus courts de 1 ou de 2 termes.

Les entre-colonnements ordinaires du péristyle ne sont pas égaux ; ceux des quatre angles diminuent de 1 terme et ceux des façades des pignons augmentent souvent de 1 terme. La diminution de la longueur des entre-colonnements d'angle est motivée plutôt par la disposition des triglyphes que par l'intention de donner plus de solidité à cet endroit, parce que, pour ce but, on augmente le diamètre des colonnes d'angle de 1 terme sur celui du diamètre des colonnes ordinaires.

Pour mieux s'expliquer le peu d'influence qu'ont la hauteur totale du monument et la longueur des entre-colonnements sur la modification des diamètres des colonnes en général, il faut remarquer que la grosseur de ces diamètres dépasse de beaucoup le strict nécessaire. On a calculé que, si les anciennes colonnes étaient de $^4/_5$ moins fortes, elles suffiraient encore à leur destination ; et, en effet, l'examen de la construction des colonnes du Parthénon a démontré qu'Ictinus en avait l'expérience. Ces colonnes sont composées chacune de douze tambours superposés, mais les tambours ne se touchent pas dans toute leur superficie ; il n'y a, pour ce but, que deux anneaux plus saillants, l'un à la périphérie de la colonne, l'autre autour de son centre, et entre ces deux anneaux, comme aussi au milieu du dernier, les tambours sont creux. Ils ne portent donc que par leurs anneaux, dont celui de la périphérie n'a que $^1/_6$ de la superficie entière du diamètre. Voici la différence entre l'œuvre de l'architecte et celle du géomètre constructeur : celui-ci se contente de faire le strict nécessaire, tandis que celui-là, en dépassant ce nécessaire, accuse le caractère monumental. Cet emploi du surplus de force a, d'un autre côté, permis aux maîtres grecs de choisir librement parmi les termes de la série, sans être gênés pour savoir si telle valeur qu'ils voulaient donner à tel membre suffirait au but proposé. Par cette latitude, ils étaient à même de diminuer les diamètres des colonnes du vestibule, quoique les entre-colonnements y soient beaucoup plus grands qu'au péristyle.

Le mouvement est très-grand pour la longueur des *portiques extérieurs*, tant *antérieurs* que *postérieurs;* pour les premiers, il occupe une partie considérable de la grande octave, de U' à $^1/_2$ U', à savoir, en commençant au temple de Thésée avec le terme $^1/_4$ III et en finissant dans la grande octave inférieure, de $^1/_2$ U' à $_2$ M, avec le terme $_2$ I du Parthénon. Pour les portiques postérieurs, il commence avec le terme $_2$ G, encore dans le temple de Thésée, et il finit avec $^1/_2$ B du Parthénon. Les longueurs des *vestibules* et des *posticums* vont presque parallèlement avec les largeurs des portiques, mais elles descendent encore davantage, par exemple au Parthénon, où la longueur du posticum est identique, avec les entre-colonnements du péristyle, à $_2$ h. Dans ces quatre genres d'entre-colonnements, les anciens ne pouvaient pas suivre une loi rigoureuse, parce que leurs mesures dépendaient de la longueur totale du stylobate et de la cella, de la présence ou de l'absence d'autres parties,

comme l'opisthodome et le pronaos, enfin de la longueur matérielle des pierres d'architrave. Au Parthénon, elles étaient réduites au minimum par la présence simultanée de l'opisthodome et du pronaos, tandis que l'absence de ces deux parties au temple de Thésée les a portées au maximum. L'importance de la façade principale voulait que la largeur du portique antérieur et la longueur du vestibule fussent plus grandes que n'étaient ces dimensions au posticum et au portique postérieur.

La largeur du *portique latéral* est ou correspondant à celle de l'entre-colonnement d'angle de la façade principale, ou elle diffère de cette dernière d'un seul terme; une plus grande variation est une exception à la règle.

Le terme de la *distance des colonnes situées au vestibule et au posticum* n'est pas habituellement trop éloigné du terme des entre-colonnements ordinaires du péristyle. Des exceptions se trouvent dans les temples, où, au lieu de deux colonnes usitées, il y a un véritable portique, comme au Parthénon, au temple de Cérès, à Pæstum, etc. Ordinairement les diamètres des colonnes du vestibule et du posticum diminuent de 1 ou de 2 termes de celui des colonnes ordinaires du péristyle, et il se rencontre encore le fait curieux que les diamètres du posticum, quoique ici les entre-colonnements soient plus courts, augmentent de 1 terme sur les diamètres des colonnes du vestibule. Au temple d'Égine, les diamètres des colonnes du vestibule et du posticum descendent d'une petite octave au-dessous des diamètres ordinaires du péristyle.

Parmi nos exemples, nous n'avons que quatre temples qui aient un *ordre intérieur*, et même, parmi ceux-ci, il n'y en a que deux dont les colonnes soient conservées, à savoir dans le temple de Neptune à Pæstum et dans celui de Bassæ ; dans le Parthénon et au temple d'Égine, nous n'avons plus que les emplacements des colonnes, et des chapiteaux de cet ordre à Égine. A Bassæ, la colonne intérieure est simple, tandis qu'au temple de Pæstum il y a deux colonnes superposées; au Parthénon et au temple d'Égine les colonnes étaient probablement aussi doubles. Quant aux entre-colonnements et à leur raison au diamètre inférieur des colonnes, les temples d'Égine et de Bassæ se rangent dans une classe, et celui de Neptune avec le Parthénon dans l'autre, parce que les deux premiers ont pour distance, du diamètre à la longueur des entre-colonnements, le temple de Bassæ, de $\frac{1}{2}$ h à $\frac{1}{2}$ a, 50, et, de $\frac{1}{2}$ h à $\frac{1}{2}$ C, 48 termes, et le temple d'Égine, de O à $\frac{1}{4}$ D', 51, et, de O à G, 50 termes, tandis qu'au temple de Pæstum il y a, de $\frac{1}{4}$ E à $_2$ i, 33, et, de $\frac{1}{4}$ E à $_2$ L, 31 termes, et au Parthénon, de N à $\frac{1}{4}$ B, 30 termes. Dans la première classe, cette distance dépasse deux grandes octaves; à Pæstum et au Parthénon elle se rapproche de la double quinte. A Bassæ, ces grands entre-colonnements n'ont rien de surprenant, parce que les colonnes sont engagées dans des piliers saillants des murs latéraux; mais ils nous étonnent au temple d'Égine, où les colonnes sont tout à fait libres. Aux quatre exemples cités, j'ajoute celui de la basilique de Pæstum, où la rangée des colonnes, à l'axe du milieu, a quelque analogie avec un ordre intérieur. Ici le terme des entre-colonnements est, comme à Bassæ, $\frac{1}{2}$ C, et sa distance, du diamètre de la colonne $\frac{1}{2}$ f, de 34 termes ; par ce rapport, la basilique est donc plus rapprochée de la classe du Parthénon que de celle de Bassæ.

Dans les temples à ordre intérieur, c'est la somme des entre-colonnements qui décide *de la longueur de leurs cellas;* la base de cette somme est, pour les temples de Neptune, $_2$ d''; pour celui d'Égine, $\frac{1}{2}$ 6; pour le Parthénon, $\frac{1}{4}$ IX; et pour celui de Bassæ, comme à Pæstum, $_2$ d''. Les longueurs des cellas, en général, sont très-variables; elles occupent presque une grande octave entière, à partir de la plus longue cella du Parthénon, à $\frac{1}{4}$ IX, jusqu'à la plus courte, à *Rhamnus*, de D'. Dans les temples doriques, elles sont plus longues, parce que leur stylobate est plus long que celui des temples de l'école attique. La *largeur* de la cella est proportionnellement toujours égale, car c'est ici d'où vient l'*unité*; il n'y a que le Parthénon qui fasse exception à cette règle, car au Parthénon l'unité n'est prise qu'à la largeur de la nef principale, à cause de la grande largeur du stylobate.

Nous n'avons que quatre *opisthodomes* parmi nos exemples, à savoir ceux des temples de l'acropole de Sélinonte à la longueur de $\frac{1}{2}$ U', de la ville de Sélinonte à E, de Cérès à Pæstum à $\frac{1}{2}$ D' et du Parthénon à $\frac{1}{4}$ V. Ces quatre exemples nous apprennent qu'il n'y avait pas de règles arrêtées pour la longueur des opisthodomes; Un seul de ces opisthodomes avait des colonnes dans son intérieur, c'est celui du Parthénon. Les entre-colonnements sont pris ici aux termes $\frac{1}{4}$ D'' et D, et les colonnes ont pour diamètre inférieur la valeur de L. La distance des colonnes dans le sens de la largeur est D et dans le sens de la longueur $\frac{1}{4}$ D''; de L à D nous avons 50 termes, et de L à $\frac{1}{4}$ D'' 37 termes; les entre-colonnements de l'opisthodome sont considérablement plus grands que ceux de la cella, mais ses colonnes sont aussi beaucoup plus grosses.

Les fûts des colonnes doriques sont tous *cannelés.* Ces cannelures ne sont pas terminées dans tous les temples, parce qu'on a commencé à indiquer d'abord la cannelure aux deux tambours, le plus bas et le plus haut, et on ne l'a terminée qu'en place et après que les tambours étaient devenus polis en les faisant tourner l'un sur l'autre. Nous trouvons encore des cannelures ainsi commencées sur les tambours du Parthénon primitif et sur ceux du

temple de Métaponte. La profondeur de la cannelure varie à chaque moment; elle a sa plus grande profondeur en bas et sa plus petite en haut, où elle touche le filet inférieur du col; dans tout son parcours, il y a transition de la profondeur inférieure à la profondeur d'en haut. D'après les relevés des cannelures du grand temple de Pæstum faits par M. Delagardette et reproduits sur notre pl. VI, fig. 5, 6 et 7, il paraît que le rayon formant les cannelures conserve toujours son centre sur la même ligne perpendiculaire, et c'est pourquoi l'arc décrit par ce rayon s'aplatit au fur et à mesure qu'il monte sur le fût; on a joint cet arc aux deux tranchants qui limitent la cannelure de chaque côté au moyen de deux petits arcs dont le rayon est beaucoup plus court que celui de l'arc du milieu. Les profondeurs des cannelures sont déterminées par les diamètres des colonnes; mais il y a ici une grande latitude, parce que dans les temples anciens, qui ont, en général, des cannelures plus profondes, la distance du terme, pour cette profondeur, se trouve de la quatrième à la cinquième grande octave en dessous de l'octave du diamètre de la colonne, tandis que, dans les temples plus récents, on est descendu encore d'une grande octave pour trouver cette profondeur. La raison de la profondeur d'en bas à celle d'en haut est aussi très-variable; je trouve la raison de la diagonale du carré à l'unité, dans le temple de Métaponte, $_2$ F' à $_2$ f'; la raison de la quinte à l'unisson, à Némée, D' à F', et dans la basilique de Pæstum b' à d'. Au Parthénon et au temple de Thésée, il n'y a que la distance de 4 termes; au premier, de $^1/_4$ W à $_2$ f'; au deuxième, de $_2$ F' à C'; tandis qu'au temple de la ville de Sélinonte il y a, de $_2$ b' à $_2$ e', la distance de 22 termes, et au temple de Neptune même, de Λ' à $^1/_2$ C, celle de 38 termes. Il est encore à remarquer que la profondeur des cannelures dans le vestibule et le posticum est relativement et quelquefois même absolument plus grande que celle des cannelures du péristyle, et cela malgré le diamètre moindre des colonnes des parties intérieures. Les colonnes étant ici moins éclairées, on a peut-être tâché d'augmenter l'effet d'ombre par le moyen indiqué.

Le mouvement est très-grand dans la série pour *la hauteur des chapiteaux* du péristyle; il se fait par une grande octave entière, de $_2$ Q à Q.

$_2$ Q Temple de la ville de Sélinonte.	$_2$ q Le *Parthénon* et les *Propylées*.
1 Temple de Neptune à Pæstum ($^1/_4$ F).	$^1/_2$ L Temple de *Sunium* ($_2$ S, n, $^1/_4$ H).
N Temple de la Concorde à Agrigente ($^1/_2$ h).	P Temple de Némée ($^1/_2$ k, $_2$ r, $^1/_2$ M).
$_2$ p Temple de Corinthe et d'Égine.	$_2$ T Temple de Rhamnus et d'Assos (o, $^1/_4$ I).
$^1/_2$ K T. de Métaponte, basil. de Pæstum ($_2$ R, m, $^1/_4$ G, O).	Q Temple de Cérès, à Pæstum.
$^1/_2$ i Temple de *Thésée* et de Bassæ.	

Cette grande octave est occupée par les chapiteaux de l'école dorique à partir de $_2$ Q du temple de la ville de Sélinonte jusqu'à Q du temple de Cérès à Pæstum. C'est que cette école n'était pas si sûre de ses proportions que l'école attique, qui, à l'exception du chapiteau de Rhamnus, s'est bornée à 3 termes seuls pour ces hauteurs, à savoir à $^1/_2$ i, $_2$ q et $^1/_2$ L. En général, les chapiteaux sont les parties qui subissent le plus de variations dans l'école dorique.

HAUTEUR DE L'ABAQUE.	HAUTEUR DE L'ÉCHINE.
r Temple de Thésée, les Propylées d'Athènes.	s Temple de Thésée.
$^1/_4$ M Le Parthénon.	$^1/_4$ N Temple du cap Sunium, Propylées d'Éleusis.
T Temple du cap Sunium, les Propylées d'Éleusis.	U Les Propylées d'Athènes.
	$^1/_2$ p Le Parthénon.

Le terme de l'abaque du temple de Rhamnus se trouve de 7 termes au-dessous de celui du cap Sunium, à $^1/_4$ N, et le terme de l'échine $^1/_2$ q de 8 termes au-dessous de $^1/_2$ p du Parthénon. Les termes pour ces deux membres varient dans l'école dorique de plus d'une grande octave. Ici l'échine est habituellement plus haut que l'abaque, tandis que l'école attique a mieux reconnu l'importance de l'abaque, sur lequel reposent l'entablement et tout le hyperoon; l'abaque est donc toujours plus haut que l'échine dans cette école. La hauteur du *col* est plus variable que celle de l'abaque et de l'échine; le plus haut col est celui du temple de Thésée, à $^1/_2$ S; le plus bas, celui du temple de Rhamnus, à $^1/_2$ U. A l'exception de ce terme de $^1/_2$ U et de l'abaque r du temple de Thésée, toutes les mesures des abaques, des échines et des cols des chapiteaux du péristyle dans l'école attique sont renfermées dans la grande octave de $^1/_4$ M à $_2$ y. Les *deux filets* qui limitent le col en haut et en bas perdent, dans cette école, l'aspect lourd du dorisme, le premier devenant plus mince, le dernier se contractant peu à peu jusqu'à une simple ligne creuse qui sépare le col du fût de la colonne.

Quant aux *plans* des chapiteaux du péristyle, le côté de l'abaque n'est pas pris à un seul terme de la série, mais c'est un résultat du diamètre supérieur de la colonne et de la *saillie* de l'abaque de chaque côté de ce diamètre; on ne trouvera donc, parmi les termes, que des bases rapprochées de la longueur du côté de l'abaque. De même la saillie de l'abaque sur le diamètre inférieur de l'échine ne correspond pas parfaitement à un seul terme de la série, parce qu'ici la valeur fixée par un tel terme est le diamètre de l'échine; il fallait pourtant, pour pouvoir comparer les saillies différentes de l'abaque, chercher la valeur la plus rapprochée des mesures réelles parmi les termes, parce que cette saillie est un des principaux éléments dans la construction des échines.

Les proportions de l'échine et la forme de sa courbe sont les marques les plus distinctives entre le dorisme et l'atticisme. Pour se rendre bien compte de cette différence, il faut construire les échines sur le cadre d'un triangle, comme je l'ai fait pour chaque chapiteau sur les pl. VI et VII. Le côté perpendiculaire de ce triangle mesure la hauteur de l'échine, le côté horizontal la saillie de l'abaque sur le diamètre inférieur de l'échine, tandis que l'hypoténuse sert pour rendre compte de la courbe de l'échine, ayant la forme plus ou moins bombée, selon qu'elle dépasse cette hypoténuse ou se resserre davantage sur elle. En général, le dorisme veut une saillie beaucoup plus grande de l'abaque; ainsi la ligne horizontale du triangle n'est pas seulement plus longue que dans l'école attique, mais elle est encore plus longue que la ligne perpendiculaire, c'est-à-dire que la saillie de l'abaque dépasse la hauteur de l'échine, comme la courbe de l'échine dépasse aussi considérablement l'hypoténuse du triangle. Dans l'atticisme, au contraire, elle est plus petite, dès le commencement de l'école, par la ligne perpendiculaire, à savoir par la hauteur de l'échine, dont la courbe se rapproche de plus en plus de l'hypoténuse du triangle régulatif jusqu'à la coïncidence parfaite, cas dans lequel, comme au chapiteau du temple de Délos (pl. VII, fig. 20), l'échine devient un cône tronqué.

La base de la saillie des abaques sur les échines est prise parmi 14 termes de la grande octave $\frac{1}{2}$ M à $\frac{1}{4}$ M, notamment pour le temple de Cérès, à $_2$ U, au temple de Neptune et à Métaponte $\frac{1}{2}$ m, à Corinthe $\frac{1}{2}$ O, à l'acropole de Sélinonte $_2$ V, à la basilique de Pæstum q, au temple d'Assos $\frac{1}{2}$ n et au temple de la ville de Sélinonte à $\frac{1}{2}$ P. Dans les 14 termes suivants et intermédiaires il n'y en a qu'un seul, à savoir T, qui mesure la saillie dans les temples d'Égine et de la Concorde, lesquels, sous d'autres rapports aussi, sont intermédiaires entre le dorisme et l'atticisme. La saillie de l'école attique a son mouvement dans les 14 termes suivants compris dans la grande octave de $\frac{1}{4}$ M à $_2$ y, elle commence justement au terme voisin du 14e terme intermédiaire, $\frac{1}{2}$ R à $_2$ Y, pour le temple de Thésée; le temple d'Olympie et le Parthénon ont leur saillie à $\frac{1}{4}$ O, le temple de Sunium à V, les Propylées d'Athènes à $\frac{1}{2}$ S; le temple de Rhamnus est, avec $_2$ y, à la limite de l'octave, laquelle est encore dépassée de 1 terme $\frac{1}{2}$ T à Bassæ, et de 2 termes $_2$ A' à Némée.

Dans le chapiteau dorique, la moindre distance de la saillie de l'abaque à la hauteur de l'échine est de 4 termes au-dessous de celui de la saillie, comme on le voit au temple de la ville de Sélinonte; elle est deux fois de 9 termes, soit de la tierce, au grand temple de Pæstum et à la basilique; mais, au temple de Cérès, cette distance est tout à fait anormale, c'est-à-dire de 34 termes. Dans les chapiteaux de l'école attique, cette distance commence au-dessus de la saillie, à Égine, avec 4 termes; elle monte à 6 termes au Parthénon, à 9 termes au temple de Sunium, à 10 termes au temple de Rhamnus, à 11 termes dans les Propylées d'Athènes, et même à 20 termes dans les temples de Bassæ et d'Olympie. Ainsi, pour cette proportion, les temples d'Olympie et de Bassæ se trouvent parfaitement dans l'école attique.

Il n'en est de même de leurs échines qui ont la grande convexité de l'école dorique. La ligne courbe et en saillie sur l'hypoténuse du triangle régulatif est le produit de plusieurs rayons décroissants à mesure que la courbe monte en haut de l'échine. L'arc inférieur qui touche au diamètre inférieur de l'échine a le parcours le plus long, il est en même temps le plus plat; le parcours des autres arcs diminue, et leur convexité augmente en même temps à mesure qu'ils sont placés plus haut; le centre de chaque arc suivant se trouve toujours sur le rayon qui limite le segment de l'arc inférieur précédent; c'est le moyen de rendre le galbe continu. Les échines de l'école dorique sont produites au moins par trois, quelquefois même par quatre arcs, tandis que dans l'école attique il n'y a que deux arcs. J'ai trouvé un rapport remarquable entre les deux arcs inférieurs des échines dans plusieurs temples de la Sicile :

TEMPLES DE	SEGESTE.	SYRACUSE.	CONCORDE.	DE JUPITER.	JUNON.	SÉLINONTE R.
1er rayon.	H	H	H	H	H	H
Distance des termes. .	99	82	92	69	70	70
2e rayon.	W	$_2$ X	V	q	$\frac{1}{4}$ L	$\frac{1}{4}$ L

Les temples 3, 4 et 5 sont à Agrigente. Les six temples cités ne sont pas tous contemporains (la plus grande époque intermédiaire est entre celui de la ville de Sélinonte et le temple colossal de Jupiter Olympien, à Agrigente); et pourtant la tradition dorique s'y est très-bien conservée; tandis qu'en Grèce la méthode de l'école attique a prévalu sur le dorisme de l'échine de l'ancien temple de Corinthe. En Italie (Pæstum, Métaponte) et en Asie (Assos), les échines sont restées tout à fait doriques. En Grèce, il n'y a que le rayon inférieur qui ait de l'importance (à l'exception des temples d'Olympie et de Bassæ), et ce rayon descend du rayon sicilien H˝ d'une petite octave à I dans le temple d'Égine, de 13 termes à h dans le temple de Thésée, de 14 termes à ¹/₄ C dans le Parthénon (*), de 15 termes à K dans le temple de Sunium, de 22 termes à L, à Bassæ et dans les Propylées, et même de 34 termes à l dans le temple de Rhamnus.

Les profils des échines du même genre de colonnes et dans le même temple sont *tous pareils*; on ne s'en étonnera pas, quand on se rappellera le passage de Pline (Hist. nat. XXXVI, 19) où il est dit que les colonnes (ou plutôt leurs chapiteaux) étaient faites par le tour (**).

Pour les rapports de la hauteur de l'ordre du péristyle à l'ordre du vestibule et du posticum, je ne cite que trois exemples; au Parthénon, le second est pris à d″, à la distance de 6 termes de D′ du premier; au cap Sunium, la distance de ₂D à D′ est de 5 et au temple de Neptune de ¹/₂ 3 à ₂ D aussi de 5 termes. La hauteur de la colonne et de son fût est prise dans les vestibules et les posticums; du Parthénon et du cap Sunium au terme voisin inférieur des membres homonymes du péristyle; c'est le même cas pour les deux genres de colonnes à Pæstum, mais leurs fûts paraissent avoir la même hauteur (***).

Quant aux proportions de la hauteur de l'ordre intérieur nous n'en avons qu'un seul exemple dans le temple de Neptune à Pæstum. Ces proportions ont été exposées dans l'analyse spéciale de ce temple.

ENTABLEMENT.

De même que la colonne, l'entablement dorique subit une modification très-remarquable chez les Athéniens. La grande octave de la hauteur des entablements est celle de ¹/₂ U′ à ₂ M; dans cette octave les entablements des deux écoles ont un mouvement de ¹/₂ C à ¹/₂ c par 13 termes.

¹/₂ C Temples de la ville de Sélinonte et de Cérès.	¹/₂ D Temples du *Parthénon primitif*, d'Égine, de *Thésée*, de *Sunium*, d'Assos, de la basil. de Pæstum.
₂ K Temple de la Concorde, à Agrigente.	
e	₂ L *Le Parthénon actuel.*
¹/₄ D′	f *Les Propylées.*
G Temple de Neptune, à Pæstum.	¹/₄ A Temple de Némée.
¹/₂ b	H Temple de Bassæ.
₂ i	¹/₂ c *Temple de Rhamnus.*

A part le temple de Rhamnus, les entablements attiques n'ont, pour variation de leur hauteur, que 3 termes, tout autant que les chapiteaux de cette école, à savoir ¹/₂ D, ₂ L et f; ces termes sont situés à deux grandes octaves au-dessus des termes ¹/₂ i, ₂ q et ¹/₂ L de la hauteur de chapiteau. La plus grande distance parmi nos exemples est celle de ¹/₂ C à ¹/₂ c; elle a la raison de la diagonale du carré à l'unité, tandis que ¹/₂ C décroît à ¹/₂ D d'une petite octave. La raison de la hauteur de l'entablement à la hauteur de l'ordre est très-constante dans l'atticisme; dans le temple de Thésée qui est le plus ancien dont nous connaissions les mesures pour ces deux parties, il y a encore

(*) M. Penrose veut que la partie supérieure de l'échine au péristyle du Parthénon soit une ligne hyperbolique, et seulement la partie inférieure le segment d'un cercle dont le rayon aurait 10 pieds anglais. 10 pieds anglais sont égaux à 3,283 mètres; cette longueur, étant plus grande de 1,161 que ¹/₄ C = 2,122, me donne un rayon par lequel le profil de l'échine deviendrait trop plat pour qu'il pût correspondre aux points déterminés par M. Paccard et reproduit sur notre pl. VII, fig. 6. D'un autre côté, on sait que les Grecs n'ont commencé à connaître les sections coniques, par l'école de Platon, qu'après la construction du Parthénon.

(**) Je ne peux passer sous silence le remarquable rapport qui existe entre le vase peint des Grecs et leurs échines des chapiteaux. Dans chacun de ces deux produits d'art, la forme bombée évasée est une preuve de leur antiquité, et la forme gracieuse de l'amphore, avec la hauteur dominant la largeur et le galbe moins convexe, correspond parfaitement, comme une marque de progrès, au profil de l'échine attique, qui est également un progrès sur les formes plus lourdes de l'ancien dorique.

(***) Le portique devant le vestibule, dans le temple de Cérès, à Pæstum, a cette particularité que ses colonnes, quoique doriques, s'élèvent sur des socles. Ces socles sont reproduits, d'après M. Delagardette, sur notre pl. VII, fig. 8.

de $_2$ b (hauteur de l'ordre) à $^1/_2$ D (hauteur de l'entablement) la distance de 51 termes, mais de D' à $_2$ L du Parthénon, de $^1/_2$ 4 à f des Propylées et de $_2$ D à $^1/_2$ c du temple de Rhamnus il y a les mêmes distances de 54 termes, et cette distance diminue seulement dans le temple de Sunium, où elle est, D', à $^1/_2$ D, de 53 termes. Si on ne s'était pas servi de la série, on aurait pu choisir simplement $^1/_4$ de la hauteur de l'ordre pour hauteur de l'entablement. Pour l'école dorique, le mouvement des hauteurs de l'entablement et leurs distances de la hauteur de l'ordre sont nécessairement beaucoup plus variés. Le cas est le même pour les parties constituantes de l'entablement.

Hauteurs des architraves grande octave de $_2$ M à M.

i Cérès, à Pæstum ($^1/_4$ D, L).
$^1/_2$ f Sélinonte R, Concorde ($_2$ n, $^1/_2$ H).
$_2$ P *Thésée*, Neptune, à Pæstum.
k Égine, Pæstum basilique.
$^1/_4$ E *Sunium, les Propylées.*
M *Le Parthénon actuel*, Assos ($^1/_2$ g).
$_2$ o *Le Parthénon primitif.*
$^1/_2$ I Bassæ.
$_2$ Q *Rhamnus*, Némée.

Hauteurs des frises grande octave de $_2$ M à M.

i Cérès, à Pæstum ($^1/_4$ D, L, $^1/_2$ f).
$_2$ n Sélinonte R, Concorde.
$^1/_2$ H *Sunium*, Corinthe.
$_2$ P Neptune, à Pæstum ; Némée.
k *Thésée*, Assos.
$^1/_4$ E *Les Propylées.*
M *Parthénon primitif*, Égine, Bassæ.
$^1/_2$ g *Parthénon actuel* * ($_2$ o).
$^1/_2$ I Pæstum basilique $_2$ Q, *Rhamnus*.

Le mouvement des deux membres principaux de l'entablement va par 14 termes ; dans l'école attique il y a 5 termes pour les architraves et 6 pour la hauteur des échines. La distance de la hauteur de ces deux membres, pour la plupart des exemples des deux écoles, ne va pas plus loin qu'au 1er ou 2e terme voisin. Quelquefois ils ont le même terme pour déterminatif. Les bases de la hauteur du troisième membre de *la corniche* occupent une plus grande place dans la série ; elles commencent pour l'école dorique à $_2$ R dans la grande octave de M à $^1/_2$ M et descendent par 28 termes jusqu'à $^1/_2$ O. Dans le Parthénon primitif (n) et le Parthénon actuel ($^1/_2$ k) il y a les plus hautes corniches.

Le mouvement, pour les termes *de la largeur des triglyphes* est assez restreint, car il n'occupe que six places de la grande octave, de M à $^1/_2$ M, à savoir O pour les temples de la Concorde et d'Égine $^1/_2$ i, Sélinonte R, Neptune, Assos, $_2$ q, *Sunium Propylées*, Bassæ, Némée, $^1/_2$ L *les deux Parthénons*, $_2$ S Cérès et Thésée, enfin n Corinthe et *Rhamnus*. La largeur des triglyphes dépend, comme nous le verrons, de la longueur des entablements du péristyle, bien plus encore que de la hauteur de la frise ; c'est pourquoi le mouvement se fait pour la largeur des triglyphes par 6 termes, par la longueur des entre-colonnements par 5 termes.

Les deux saillies principales de l'entablement sont la *saillie de l'architrave* correspondant à celle de la frise et *la saillie de la cymaise* de la corniche, toutes deux sur l'axe continué de la colonne. La première est presque égale au rayon inférieur de la colonne, tandis que la seconde paraît être réglée par le diamètre entier.

CRÉPIDOME.

Le crépidome est le plus haut dans les temples de la Sicile, où il est composé même de plus de trois marches habituelles en Grèce ; ainsi il y a dans le temple de la Concorde quatre marches proportionnelles avec la base de la hauteur de $^1/_2$ c, et dans le temple de la ville de Sélinonte quatre marches proportionnelles, et neuf marches auxiliaires, avec la base de i. Le crépidome est très-haut dans le temple de Cérès, où il a la base de la hauteur de K pour ses trois marches ; au temple de Rhamnus, il a pour trois marches le terme voisin inférieur de K, à savoir $^1/_2$ e ; dans le Parthénon, la base de la hauteur des trois marches $^1/_2$ f se trouve de 4 termes plus bas que i ; d'ici la base du crépidome du temple de Thésée $^1/_2$ I tombe de 13 termes, parce que le crépidome ne se compose que de deux marches ; il tombe encore de 4 termes à $^1/_2$ F pour les trois marches de Propylées, parce que ces marches ne sont pas proportionnelles dans le sens des marches des temples, mais proportionnelles à la taille humaine (voir page 26). C'est le même cas pour les trois marches de la basilique de Pæstum (voir l'analyse de ce monument), et c'est pourquoi la base de leur hauteur totale descend encore du terme $^1/_4$ F à son voisin inférieur N. Parmi les temples, ceux d'Assos et de Bassæ ont les crépidomes les moins hauts, le premier à l, terme voisin au-dessus de $^1/_4$ F, le deuxième à $_2$ Q, terme voisin au-dessus de l.

ANTES.

Dans les *grandes faces* des antes il y a assez de concordance, car leur mouvement n'occupe que 12 termes en général, et celui de l'école attique seulement 6, K Neptune, $^1/_2$ e Sélinonte R ($_2$ m, $^1/_2$ G), — $_2$ O Concorde (i), — $^1/_4$ D *Thésée*, — L Égine, les *Propylées*, — $^1/_2$ f Cérès et basilique à Pæstum, — $_2$ n *Sunium*, — $^1/_2$ H le *Parthénon*, Bassæ, — $_2$ P *Rhamnus* et Olympie.

Les *faces moyennes*, où il y en a, sont comprises dans 5 termes L, Neptune, *Thésée* ($^1/_2$ f, $_2$ n), — $^1/_2$ H Sélinonte R, Concorde, — $_2$ P Bassæ; mais, pour les *petites faces,* il paraît qu'il n'y a plus de limites fixées.

La *largeur des têtes d'antes* est réglée par les faces, plus les saillies de l'abaque des deux côtés. Les bases de la largeur de ces abaques; du côté des grandes faces, sont : pour Égine, $^1/_2$ F à la distance de 12 termes de la face L; — pour les Propylées, K 8 termes de L; — pour le temple de Sélinonte R, $^1/_2$ H 10 termes de $^1/_2$ e; — pour le temple de Thésée, $^1/_2$ e 6 termes de $^1/_4$ D; — pour Sunium, $^1/_2$ G 7 termes de $_2$ n; — pour Bassæ, $^1/_2$ G 8 termes de $^1/_2$ H; — enfin, pour le Parthénon, $_2$ O 7 termes de $^1/_2$ H.

Les *hauteurs* des chapiteaux d'antes sont d'une irrégularité étonnante; leur mouvement se fait par plus de deux grandes octaves, et ce ne sont que quelques monuments en Grèce, dont les bases de ces hauteurs sont un peu plus rapprochées, notamment : $^1/_4$ I, Bassæ; — Q, les Propylées; — $^1/_2$ I, Égine ($_2$ s, $^1/_2$ N, $_2$ U); — p, le Parthénon. Il paraît que, pour la détermination de cette hauteur, il régnait la plus grande liberté.

MURS DES CELLAS.

On doit être encore plus étonné en voyant la grande variation dans les épaisseurs des murs de la cella, tant longitudinaux que transversaux. Nous sommes aujourd'hui habitués à considérer les épaisseurs des murs comme la chose la plus essentielle et la moins variable dans les proportions architecturales ; que faut-il donc penser lorsqu'on voit que, dans nos vingt exemples, le mouvement d'épaisseur des murs se fait par 30 termes, ou en excluant, comme pas tout à fait certains, les murs du temple d'Assos et de la basilique de Pæstum, encore par une grande octave entière de K (murs transversaux au Parthénon) à $^1/_2$ K (murs longitudinaux des Propylées)? Je ne trouve pas d'autre explication que celle-ci : les anciens donnaient à dessein un surplus de force à tous leurs membres d'architecture pour ne pas être gênés dans leur choix parmi les termes ; ainsi le $^1/_2$ K $=$ 0,8396 mètres dans les Propylées est encore toujours plus que ce que nous choisirions dans des circonstances pareilles, et l'étonnante épaisseur de K $=$ 2,0534 des murs transversaux du Parthénon serait tout à fait inexplicable, si on ne pensait qu'Ictinus l'avait choisie pour donner plus de développement aux portes par lesquelles ces murs épais étaient percés.

Pour faciliter la comparaison, je répète dans le tableau synoptique placé à la fin de ce volume les termes des grandes parties trouvées par nos analyses dans les monuments doriques.

LE GALBE DES COLONNES, L'INCLINAISON DE LEURS AXES, ET LES COURBES DU CRÉPIDOME
ET DE L'ENTABLEMENT.

Ces trois « subtilités, » comme M. Penrose les appelle, du style dorique, n'affectent pas trop les proportions ; mais leur existence démontre que les Grecs ont raisonné leur art très-minutieusement. En voyant ce raffinement on ne pourra plus rester étonné de l'application sévère de la série, fondement organique des proportions. Vitruve a reconnu le galbe et nous en a parlé, ainsi que de l'inclinaison et des courbes dont les Grecs se sont servis au lieu des lignes droites tendues ; mais la déflexion de la ligne horizontale, quoique constante, est si exiguë, qu'il n'a pas fallu moins de trois siècles pour la découvrir dans les monuments de la Grèce ; et, pour comprendre après cette découverte, au moins à moitié, les passages de Vitruve relatifs à ces particularités. L'inclinaison des axes et les courbes du crépidome et de l'entablement ne nous sont donc connues que depuis peu de temps, tandis que le galbe des colonnes était déjà connu aux maîtres de la renaissance, qui l'ont même exagéré dans leurs œuvres. On trouve ce galbe défini et dessiné dans les livres sur la géométrie, publiés par Albrecht Durer, à Nuremberg, en 1525 (*). Malgré cette application assez ancienne, résultat des observations faites sur les monuments romains, ce n'est que plus tard qu'on a découvert le galbe des colonnes dans les monuments de la *Grèce*. MM. Stuart et Revett

_____

(*) « Underweysung der messung, mit dem zirckel und richtscheyt, in Linien ebuen unnd gantzen corporen, durch Albrecht

n'en parlent pas encore, et c'est M. Cockerell qui, le premier, l'a relevé en 1810. La découverte de l'inclinaison des axes des colonnes du péristyle vers la cella, et des antes vers les colonnes du péristyle, était faite en 1829 par M. Donaldson, professeur d'architecture à l'université de Londres; enfin la découverte de la courbe des horizontales est due à M. John Pennethorne, en l'an 1837. M. Pennethorne n'a communiqué ses observations qu'à quelques amis, et ce n'est qu'en 1838 que MM. Hoffer et Schaubert en ont donné un aperçu dans le journal d'architecture de M. Foerster de Vienne, en Autriche. L'exactitude de ces découvertes a été constatée et rigoureusement définie pour les monuments d'Athènes par les relevés de M. Penrose, qui en a publié les résultats en 1851, dans son livre maintes fois cité.

Le premier galbe qui ait été mesuré avec quelque exactitude, en dehors de la Grèce, est celui de la basilique de Pæstum, donné par M. Delagardette, d'après le relevé de M. Paoli; je l'ai reproduit à la pl. IX, fig. 5. Sur notre pl. X on voit les galbes et les inclinaisons des monuments d'Athènes, notamment fig. 2, du temple de Thésée, fig. 3 et 4 du Parthénon (la fig. 3 ne donne pas l'inclinaison) et fig. 5 des Propylées (ici il n'y a pas non plus d'inclinaison), auxquels sont ajoutés à la fig. 1 l'inclinaison de l'axe et le galbe des colonnes du temple d'Égine. Tous ces exemples sont pris de la continuation de l'ouvrage de MM. Stuart et Revett par les Dilettanti, excepté la fig. 3 dont les cotes m'ont été communiquées par l'obligeance de M. Paccard. A la pl. IX, fig. 1, nous avons le galbe des colonnes de Métaponte d'après le relevé de l'ouvrage de M. le duc de Luynes, et, fig. 7, le galbe du temple de Bassæ, d'après le relevé de M. Blouet. Pour le grand temple de Pæstum, fig. 2, ordre extérieur, et, fig. 3 et 4, ordre intérieur, M. Delagardette ne reconnaît pas du galbe à ses colonnes, tandis que M. Penrose a trouvé; ce galbe me paraît exigé par le galbe antérieur des colonnes de Métaponte. A Bassæ, l'inclinaison des axes doit se trouver, parce que la construction de ce temple était influencée par l'école attique; c'est le même cas pour la basilique de Pæstum, mais, quant au temple de Métaponte et les temples les plus anciens de la Sicile, il faudrait un examen nouveau et approfondi pour s'assurer si l'inclinaison des axes apparaît dès la première époque de la construction grecque en pierre, ou si elle n'a été introduite que plus tard. Pour rendre sensible la déflexion de la ligne horizontale dans le crépidome et dans l'entablement, il nous aurait fallu une beaucoup plus grande échelle que celle des dessins de nos élévations, pl. IV et V. Je n'en donnerai donc que quelques aperçus tirés de l'ouvrage de M. Penrose.

Je trouve deux faits saillants dans les exemples de nos *galbes* : l'un, que ce galbe est *plus prononcé, plus convexe*, en raison de l'âge plus reculé du monument; l'autre, que dans une hauteur donnée de la colonne, il apparaît comme un *troisième diamètre*, dont le terme est intermédiaire entre ceux des diamètres d'en haut et d'en bas. Le galbe le plus prononcé est celui des colonnes de Métaponte, pl. IX, fig. 1; vient ensuite le galbe du temple de Thésée, pl. X, fig. 2; au Parthénon, pl. X, fig. 3 et 4, il est le plus aplati, et le galbe ne reprend une forme plus bombée qu'à la basilique de Pæstum, où il y a la double influence de l'école dorique propre pour le galbe des colonnes et des chapiteaux, de l'école attique pour la détermination des diamètres des colonnes.

Quant au diamètre intermédiaire, je le trouve dans nos exemples constamment, à la demi-hauteur de la colonne entière, y compris son chapiteau, ce qui prouve qu'il était dans l'intention du maître. Cette demi-hauteur est dans notre colonne de *Métaponte*, pl. IX, fig. 1, au centre du quatrième tambour d'en bas; nous avons ici $\frac{0,862 + 0,910}{2} = 0,886$ pour diamètre du noyau de la colonne, à quoi il faut ajouter, parce que c'est une colonne dorique propre, pour la profondeur des cannelures de deux côtés, $2\frac{f' + {}_2F'}{2} = 0,044$ multiplié par deux, ce qui donne 0,886 + 0,088 = 0,974; le terme qui répond à cette somme est ¹/₂ f = 0,9700, et ce terme est à la distance de 5 termes du diamètre inférieur ₂O, et à la distance de 9 termes du diamètre supérieur ₂o. Au temple d'*Égine*, pl. X, fig. 1, la demi-hauteur de la colonne est située dans la partie inférieure du quatrième tambour d'en bas; ici le diamètre total de la colonne mesure 1,240 (le côté de l'abaque) — 0,216 et — 0,181 = 0,843, à quoi répond k = 0,8461, distant du diamètre inférieur L et du diamètre supérieur ¹/₂ I, également de 6 termes. Au temple de *Thésée*, pl. X, fig. 2. Demi-hauteur dans la partie supérieure du quatrième tambour; donc, 1,136 — 0,156 et — 0,145 = 0,835, terme correspondant ₂P = 0,8382 distant de i de sept et de M de 4 termes. *Parthénon*, pl. X, fig. 3. Demi-hauteur au joint entre le sixième et le septième tambour; donc 2,040 (côté de l'abaque) — 0,175 et — 0,236 = 1,629, terme correspondant ¹/₂ f = 1,6337, distant de i de quatre et de M de 7 termes. C'est la raison inverse des distances du temple de Thésée, et le terme de Méta-

ponte pour le diamètre intermédiaire (*). Dans les *Propylées*, pl. X, fig. 5. Demi-hauteur au centre du sixième tambour d'en bas. Ici la distance des deux perpendiculaires entre elles est 0,336 + 1,193 (diamètre total supérieur) + 0,336 = 1,865; de cette somme il faut déduire 0,261 et 0,246 = 0,507 (les deux distances de la colonne des deux perpendiculaires); il reste, pour le diamètre total en cet endroit, 1,358 : de cette somme il faut déduire deux fois la moyenne de la profondeur des cannelures d'en haut et d'en bas, c'est-à-dire $\frac{1}{2}$ y + $\frac{2}{4}$ W (voir le texte, p. 80) = 0,0714 ; donc 1,358 — 0,0714 = 1,286, ce qui est la mesure du diamètre intermédiaire; à cette somme correspond le terme $_2$ n = 1,2928, terme voisin inférieur de celui du diamètre intermédiaire trouvé au Parthénon, et par cela distant de i de cinq et de M de 6 termes. Au temple de *Bassœ*, pl. IX, fig. 7. Demi-hauteur de la colonne dans la partie supérieure du quatrième tambour d'en bas. Ici nous avons pour diamètre total 1,020, dont il faut déduire pour la profondeur des cannelures $\frac{1}{2}$ a' + a' = 0,0174 et 0,0349 ; il reste donc, pour le noyau plein, 1,020 — 0,0523 = 0,9677, $_2$ n = 0,9748 (comme aux Propylées) distant de 3 termes de L, le diamètre inférieur, et de 5 termes de $\frac{1}{4}$ E, le diamètre supérieur. Enfin, dans la *basilique de Pœstum*. Demi-hauteur de la colonne entre le quatrième et le cinquième tambour d'en bas. Le diamètre total a ici 1,302, terme correspondant L = 1,3055 distant de i de 3 et de M de 8 termes, presque comme au Parthénon, ce qui prouve encore l'influence de l'école attique dans la construction de ce monument.

Dans le VIIe chapitre de son livre, M. Penrose énonce que la courbe du galbe des colonnes du Parthénon est une *ligne hyperbolique*. Il revient sur cette observation à la page 81, en disant : « Il n'est pas nécessaire de développer au long les raisons pour lesquelles les Grecs ont employé si souvent les sections coniques dans leurs profils. J'ai signalé, dans plusieurs exemples, la supériorité de ces figures sur le cercle comparativement monotone. Une courbe mathématique est plus belle, par sa continuité parfaite, qu'une ligne construite arbitrairement à la main (en supposant que toutes deux remplissent les conditions qui leur sont posées par l'architecture). La même régularité dans la continuité qui rend possible de découvrir les éléments de la courbe produit aussi une harmonie plus correcte de lumière et d'ombre dans les profils des figures solides. C'est spécialement le cas pour les courbes des sections coniques, à cause de la loi simple de leur construction. »

On peut pourtant se demander si la simplicité du calcul se prête avec autant de facilité à l'exécution pratique, surtout à celle des cannelures qui, à cause de la transition du simple au triple arc, changent de profil à chaque moment. Il me paraît plus probable que les anciens architectes se sont servis de la méthode employée encore aujourd'hui par nos sculpteurs, c'est-à-dire qu'ils ont déterminé plusieurs points de profondeur des cannelures à différentes hauteurs, en mesurant d'un côté la hauteur du site de ces points, et de l'autre côté leurs distances d'une perpendiculaire qu'ils faisaient tomber de la largeur de l'abaque. C'est la même méthode dont on se sert pour trouver la courbe du galbe, comme cela se voit sur nos planches IX et X. En outre, il faut répéter ici ce qui a été déjà dit dans la note 1 de la page 129, que les Grecs n'ont commencé à connaître les sections coniques qu'après la construction du Parthénon. Enfin je dois encore une fois appuyer, quoique cela soit bien connu des praticiens, sur l'impossibilité de rendre parfaitement les mesures du calcul dans l'exécution, et cela surtout pour les cannelures et les diamètres des colonnes qui changent à tout moment. Afin de s'en bien pénétrer, on n'a qu'à examiner les ouvrages différents où ces mesures sont marquées. Encore faut-il considérer que les anciens n'ont pas opéré par le calcul (ils n'ont pas connu notre système décimal), mais, selon toute probabilité, uniquement par le dessin. Il y a donc double raison de l'aberration des termes de la série, produite d'un côté par l'inexactitude du dessin des triangles cubiques, et de l'autre côté par les difficultés dans l'exécution ; je considère la première cause comme engendrant des aberrations plus grandes de 1 à plusieurs centimètres, tandis que la seconde, en général, n'a produit que des variations plus petites.

Dans l'*inclinaison des axes des colonnes du péristyle vers la cella*, on s'aperçoit d'une raison inverse de celle de la convexité du galbe, c'est-à-dire l'inclinaison est moins sensible dans les monuments plus anciens, par exemple au temple d'Égine ; elle le devient davantage au temple de Thésée, où nous avons l'aberration de la ligne perpendiculaire de 0,122 — 0,078 = 0,044, à quoi répond A' = 0,0450, et elle est la plus grande, parmi nos exemples, au Parthénon, à savoir de 0,180 — 0,072 = 0,108 avec le terme correspondant de $_2$ C ; = 0,1064. La distance de ce terme de i, qui est le terme du diamètre inférieur de la colonne, est de quatre grandes octaves, plus 3 termes. Je n'ai aucune cote pour l'inclinaison des axes des antes, mais comme le chapiteau d'ante du Parthé-

(*) Il faut que je signale deux erreurs de la pl. X : dans la fig. 4, colonne du Parthénon, les deux diamètres de la colonne sont marqués de $\frac{0,788}{2}$ et de $\frac{0,873}{2}$, tandis qu'ils devaient être marqués $\frac{1,788}{2}$ et $\frac{1,873}{2}$, et dans la fig. 3 la distance de la profondeur des cannelures de la perpendiculaire doit être à la hauteur du joint entre le troisième et le quatrième tambour, marquée 0,156, au lieu de 0,256.

non (pl. VIII, fig. 7), dessiné d'après le relevé de M. Paccard, est fait sur une échelle de grandeur considérable, on peut bien se rendre compte de son existence en examinant la ligne rentrante du larmier. D'après les observations de M. Penrose, les antes du Parthénon et des Propylées sont inclinées vers les colonnes du stylobate, tandis que les antes du temple de Thésée sont parfaitement perpendiculaires. Selon M. Penrose, la raison qui a induit les Grecs à faire dévier leurs colonnes de la ligne perpendiculaire est une raison d'optique; la diminution du diamètre supérieur des colonnes et, par conséquent, l'élargissement des entre-colonnements en haut auraient donné à ceux-ci un aspect d'éventail; pour remédier à cet inconvénient, on faisait incliner les axes des colonnes vers les antes, et *vice versâ*, les axes des antes vers les colonnes. M. Bœtticher va plus loin en remarquant que, par cette disposition, pour ainsi dire pyramidale, les parties où elle était appliquée ont acquis plus de stabilité.

C'est M. Penrose qui a examiné le premier avec exactitude les monuments d'Athènes par rapport à la *déviation du crépidome et de l'entablement de la ligne horizontale en une ligne courbe montant de deux côtés vers le milieu.* Il a trouvé que cette déviation est plus petite dans les monuments plus anciens et augmente avec le développement du style, et il classifie les monuments par rapport au plus ou moins de cette déviation comme il suit : le crépidome du temple de Jupiter Olympien, à Athènes, appartenant encore au temps de Pisistrate, le soubassement du Parthénon primitif, contenu dans le Parthénon actuel, le soubassement et l'entablement des temples de Thésée, du Parthénon actuel et des Propylées, mais ici à l'entablement des façades des pignons seulement, tandis que les marches du crépidome sont parfaitement horizontales, parce qu'elles sont interrompues au milieu. En dehors d'Athènes, M. Penrose a trouvé ces courbes à Némée, et en Italie et en Sicile, aux temples de Ségeste et de Neptune à Pæstum; mais, dans le dernier, uniquement aux façades des pignons. Il n'a pas trouvé de courbes aux temples de Corinthe, d'Égine, de Rhamnus et de Bassæ. En outre, il observe que tous les trois côtés du triangle du fronton du temple de Thésée étaient des courbes légères. M. Pennethorne prétend que les crépidomes des monuments d'Athènes décrivaient une double courbe, l'une dans le sens perpendiculaire, l'autre dans le sens horizontal, c'est-à-dire que le crépidome est non-seulement plus haut dans son milieu, mais aussi un peu plus long qu'à ses angles; il est vrai qu'il y a des différences, d'après les cotes des auteurs, dans les crépidomes, selon que l'on prend leur longueur et leur largeur à l'axe du milieu ou à l'axe du péristyle, mais ces différences sont si petites, qu'on doit s'en prendre plutôt aux défauts de l'exécution qu'à une intention spéciale dans la construction ; et c'est pourquoi M. Penrose aussi met la courbe dans le sens horizontal. D'après son relevé (pl. X de son ouvrage) la courbe du crépidome du Parthénon monte aux façades des pignons, dans son milieu, de 0,065 au-dessus d'une ligne horizontale parfaite, et la courbe de l'entablement monte de 0,051 ; les colonnes du milieu doivent donc être moins hautes à peu près de 0,065—0,051 = 0,014 que ne le sont les colonnes d'angle. Nous avons trouvé, dans l'analyse du Parthénon (page 75), la hauteur de la colonne du péristyle méthodiquement à 10,4089 ; ajoutons maintenant 0,014 à cette somme, et nous aurons 10,4229 pour correspondant des relevés de MM. Penrose à 10,433, Paccard 10,419 , et Stuart et Revett 10,426. Du dessin de ces courbes, donné par M. Penrose aux planches X et XI de son ouvrage, il résulte que la courbe du côté nord, dans sa continuité, est la plus régulière, tandis que celles des autres côtés paraissent plus ou moins brisées. Par la découverte de ces courbes on a cru pouvoir parfaitement expliquer le « Scamillus » de Vitruve, à l'emploi duquel il attribue la formation de ces lignes ; mais la différence qui existe encore aujourd'hui parmi les auteurs, par exemple, M. Bœtticher et M. Penrose dans l'explication de ce « Scamillus, » nous prouve que le véritable sens de ce mot, qui a tant occupé les commentateurs, n'est pas encore trouvé. En contradiction avec Vitruve, croyant que la courbe commençait à paraître aux crépidomes, et n'a été que plus tard transportée à l'entablement, M. Penrose trouve que c'est justement le rapport de l'étendue horizontale de l'épistyle aux lignes inclinées du pignon qui a exigé la courbe, parce que, à côté des dernières, une horizontale parfaite devait paraître en déflexion des angles, et par cela même, comme si elle était une courbe, et cela d'autant plus que les angles du pignon étaient plus aigus. Une autre raison citée par M. Penrose à l'appui de son opinion est le fait que, dans les Propylées, il n'y a de courbe qu'à l'entablement, tandis que les marches sont horizontales, sans doute, parce qu'elles sont interrompues à leur milieu par le chemin des chars. M. Penrose donne la préférence, en général, aux lignes courbes, lignes qu'il croit plus belles que les droites, qui ont toujours une apparence de roideur. Il suppose enfin que la seule grande ligne, presque horizontale de la nature, l'horizontale de la mer dont la convexité légère est appréciable à la hauteur de l'acropole d'Athènes, n'a pas été sans influence sur les courbes de l'architecture attique. A ces observations on pourrait en ajouter une autre tirée des lois de la perspective linéaire. Lorsqu'on se met en face et à peu de distance d'un édifice à colonnes de hauteur égale, les colonnes d'angle, parce qu'elles sont plus éloignées, doivent paraître moins hautes que celles du milieu et, par cela même, l'horizontale du crépidome nous paraît concave et celle de l'entablement convexe. Il est vrai que la plus grande hauteur de 0,014 trouvée aux

colonnes d'angle du Parthénon ne suffit pas à remédier tout à fait à cette illusion d'optique ; mais si on était allé plus loin, et si on avait parfaitement répondu aux exigences de la perspective linéaire pour les façades des pignons, on n'aurait pas pu les metttre dans une harmonie d'optique avec les façades des côtés plus longs, et conséquemment on n'aurait jamais pu se placer en face d'une colonne d'angle pour avoir un coup d'œil à la fois de deux façades sans avoir une vue désagréable.

ARCHITECTURE ÉGYPTIENNE.

LES PYRAMIDES.

Les Égyptiens ont commencé à construire les pyramides, situées aux environs de leur première capitale, Memphis, dans le temps de la III⁰ dynastie des Pharaons. L'avénement de cette dynastie, originaire de Memphis, est placé, par M. Bunsen (*), à l'an 3453, par M. Lepsius (**) à l'an 3703 et par M. Brugsch (***) à l'an 3900 ans avant notre ère.

D'après les témoignages des anciens auteurs, on attribue à l'époque de cette III⁰ dynastie l'arrêt définitif de l'écriture, l'invention de construire avec des pierres taillées en rectangle, et la rédaction scientifique des notions de l'astronomie. Nous ne serons donc pas étonnés en entendant M. Champollion-Figeac nous dire, par rapport à la construction et à l'orientation de la grande pyramide, celle de Chéops, premier roi de la IV⁰ dynastie :

« L'emploi des matériaux est remarquable en ce qu'on reconnaît sans peine qu'il est difficile d'appareiller avec plus d'exactitude, d'établir des lignes plus droites et des joints plus parfaits que ceux que présente la construction intérieure de la grande pyramide. Chaque pierre, de quatre arêtes, est incrustée dans la suivante ; la pierre inférieure, creusée de 2 pouces, reçoit une saillie égale de la pierre supérieure, et chaque arête est ainsi liée de toute sa hauteur ; aussi n'a-t-on remarqué sur aucun point ni le plus léger écart ni la moindre dégradation. » Et :

« La grande pyramide est exactement orientée ; chacun de ses quatre angles fait face à l'un des quatre points cardinaux ; ce n'est encore aujourd'hui qu'avec de grandes difficultés qu'on réussirait à tracer une méridienne d'une aussi grande étendue sans dévier, et de cette orientation de la grande pyramide on a tiré ce fait d'une haute importance pour l'histoire physique du globe, c'est que depuis plusieurs milliers d'années la position de l'axe terrestre n'a pas varié d'une manière sensible. La grande pyramide est le seul monument sur la terre qui, par son antiquité, puisse fournir l'occasion d'une semblable observation. »

Quant à l'arrêt de l'écriture, M. Champollion-Figeac dit : « Il paraît que, à l'époque où elles (les pyramides) ont été élevées, l'usage de l'écriture n'était pas connu, que le système graphique n'était pas constitué ; enfin qu'on ignorait encore l'art de fixer la parole et de parler aux yeux. » Des découvertes plus récentes nous prouvent le contraire. Sur plusieurs tombeaux des musées de Londres et de Berlin datant, sans contredit, de la IV⁰ dynastie, nous voyons une écriture alphabétique parfaite, puisque nous y lisons les noms propres des personnes auxquelles étaient consacrés ces tombeaux. MM. Vyse et Prring (****) ont trouvé dans la grande pyramide de Gizeh le nom de Chéops, et dans la pyramide moyenne les noms de Saophis, Chefrem, exprimés par Chufu et Chnemu-Chufu, en toutes lettres ; enfin, sur les fragments du cercueil en bois conservé dans le musée britannique et contenant encore aujourd'hui les ossements de Mycerinus, on voit écrit son nom égyptien Men-keu-ra.

Les découvertes précitées ont donné occasion à M. Lepsius d'avancer, avec raison, que le système de l'écriture hiéroglyphique devait être parfaitement développé du temps de la première dynastie, témoins les représentations des scribes, munis du papyrus et de tout l'appareil de l'écriture, aux plus anciens tombeaux ; témoins les annales historiques dont le prêtre égyptien Manethos avait fait usage pour composer son histoire. M. Lepsius recule de même la rédaction scientifique de l'astronomie, en nous prouvant, dans sa « *Chronologie*, » que le calendrier égyptien, fixant l'année à 365 jours et reconnaissant l'année bissextile, devait être arrêté au moins 3282 ans avant notre ère (voir page 212 et suiv.) (*****).

(*) « Aegyptens Stelle in der Weltgeschichte. Hamburg, 1844, bei Fr. Perthes. » Voir le II⁰ et le III⁰ livre.
(**) « Die Chronologie der Aegypter von Richard Lepsius. Einleitung u. 1ter Theil. Berlin bei Nicolaï, 1849. »
(***) « Histoire d'Égypte dès les premiers temps de son existence, etc.; par le docteur Henri Brugsch ; 1re partie ; chez J. C. Hinrichs. Leipsic, 1859, gr. in-4°. »
(****) « Operations carried on at the Pyramides of Gizeh in 1837 by colonel Howard Vyse. London, James Fraser, 1840. »
(*****) Je peux ajouter un autre fait assez curieux, qui nous apprend entre autres en combien de choses les Égyptiens nous ont

À côté de ces témoignages d'une civilisation et d'une science aussi avancées, à côté d'une sculpture déjà parfaitement développée dans les tombeaux qui entourent les pyramides et qui, pour la plupart, sont contemporains à celles-ci, nous devons être frappés par la simplicité de la forme des pyramides, par le manque de presque toute ornementation architecturale tant à leur extérieur qu'à leur intérieur, enfin par le matériel primitif des plus anciennes de ces pyramides, qui est la brique crue.

C'est que les pyramides ne sont pas des œuvres d'art, mais des œuvres de la science, inspirées, par celle-ci, dans un but d'utilité publique, et que leur emploi comme tombeaux des pharaons, qu'on a cru être le principal et même le seul, n'était que secondaire.

C'est à M. Fialin de Persigny que nous devons la découverte et la démonstration scientifique de cette grande vérité (*). Dans un mémoire adressé à l'Académie et publié en 1845, M. de Persigny a prouvé que « les pyramides avaient à protéger la vallée du Nil contre les irruptions sablonneuses, » et que notamment les plus grandes pyramides, celles de la province de *Gizeh,* devaient répondre à ce but en s'opposant aux sables, dont l'envahissement menaçait cette province du côté de la vallée du désert, appelée la vallée des *Lacs de Natron.*

En renvoyant mes lecteurs à cet ouvrage très-remarquable, autant par ses idées ingénieuses et originales que par leur développement scientifique, j'en citerai quelques passages qui ont plus de rapport avec le sujet qui nous occupe. Page 86 : « Chacune des (grandes) pyramides, dit M. Jomard, suppose presque autant de matériaux, et peut-être autant de travail et de dépense que la construction des plus grandes villes modernes. Qu'on se figure cent mille ouvriers (trois cent soixante au rapport de Pline le naturaliste) travaillant à la fois pendant quelque trente années pour une seule pyramide ; toute la contrée autour de Memphis encombrée d'hommes et d'animaux, de machines et de matériaux ; des montagnes mises en mouvement sur une rive du fleuve pour aller se reformer sur l'autre ; la navigation du Nil gênée, interrompue peut-être par cet immense passage ; enfin le pays entier ému de ce grand travail, et tout ce dérangement dans l'économie d'une nation sans autre objet que de couvrir la chétive momie d'un roi ! » — Page 87 : « Il n'est pas supposable que chacune des pyramides qui existent en Égypte ait été commencée et achevée par le même prince ; on doit même présumer qu'entre la pose de la première et de la dernière pierre d'une grande pyramide plusieurs règnes ont pu s'écouler. Dans ce cas, à quel prince le monument servit-il de tombeau ? Est-ce à qui le commença ou à qui le termina ? à qui en arrêta le projet ou à qui l'exécuta ? » — Page 90 : « La construction d'une pyramide commencée par un prince n'a pu être interrompue à sa mort ; une seule pyramide a pu être l'ouvrage de différents rois et servir de sépulture à tous ses fondateurs. Nous voyons, par une relation d'Abdoul-Rahhman, qu'une des grandes pyramides ouvertes par le calife Al-Mamoun renfermait quatre momies royales : voilà donc plusieurs princes, plusieurs règnes intéressés à une œuvre commune. Nous savons, d'ailleurs, d'une manière positive, par le grand nombre de momies découvertes dans la huitième de Gizeh et surtout dans la grande de Saccarah, que ces pompeuses sépultures n'ont pas toujours gratifié la vanité d'un seul homme. » — Page 97 : « Il est un fait irrécusable, c'est que la vallée du *Fleuve sans eau* est la première que les sables aient envahie. Le col de la vallée des Lacs de Natron, où se trouvent les pyramides de Gizeh, n'a pu, par conséquent, devenir une ouverture dangereuse qu'après l'occupation de la première vallée. Selon mon hypothèse, les pyramides placées aux divers débouchés de la vallée du *Fleuve sans eau* auraient donc précédé celles qui occupent le col de la vallée des Lacs de Natron. Eh bien! l'antériorité des pyramides d'Abousir, de Saccarah et de Dachour sur celles de Gizeh est incontestable. La supériorité, la magnificence de ces dernières constructions n'en laissent aucun doute. La critique historique a, d'ailleurs, parfaitement résolu cette question ; c'est un fait admis de tous les archéologues. Continuons. — Les pyramides du Fayoum, d'Abousir, de Saccarah et de Dachour sont construites quelques-unes en briques, la plupart en pierres; celles de Gizeh sont toutes en pierres. Mais, ce qui est encore l'objet de l'étonnement du monde savant, les matériaux de ces colossales constructions n'ont pas été entièrement empruntés à la chaîne calcaire sur laquelle elles reposent; ils ont été tirés, en grande partie, de la chaîne Arabique, c'est-à-dire de l'autre côté du Nil, et, comme il est aujourd'hui reconnu, des carrières de Thourah et de Messarah. Ainsi les Égyptiens avaient sous la main les matériaux nécessaires, et ils ont été les chercher loin de là, malgré les énormes difficultés du transport et du passage du fleuve! — Les pyramides n'ont pas été et ne pouvaient être construites uniquement avec des

devancés. Nous voyons, dans la 2ᵉ section (contenant les monuments de l'ancien royaume), à la pl. 77 des « *Monuments de l'Égypte et de l'Éthiopie expliqués par M. Lepsius,* » représenté un taureau dont une des jambes de devant est courbée et prise dans un piége. C'est la même méthode de dompter les animaux récalcitrants que M. Rarey vient de nous enseigner.

(*) « De la destination et de l'utilité permanente des pyramides d'Égypte et de Nubie contre les irruptions sablonneuses du désert. Développement du mémoire, etc. Paris, 1845, » gr. in-8°.

matériaux tirés de la chaîne libyque par des raisons intimement liées à la question du désert. Ce n'est pas, assurément, que la montagne dont il s'agissait de fortifier les parties faibles n'eût pu fournir des masses bien autrement considérables que toutes les pyramides réunies. Mais nous connaissons la configuration de cette partie de la chaîne libyque ; nous savons qu'elle se rattache au bassin du Nil par des pentes douces et insensibles ; que ces pentes, couvertes de collines de sable, forment la lisière de terrain désert qui borde la vallée du Nil. Or ces ramifications intérieures étaient évidemment trop faibles pour se prêter aisément aux vastes projets des constructeurs. L'encombrement des sables eût, d'ailleurs, augmenté singulièrement les difficultés de l'exploitation. Il restait, il est vrai, à s'attaquer au cœur de la montagne, où naturellement devaient se rencontrer les plus belles veines; mais, pour y aborder, il fallait prendre la route des grands débouchés et, par conséquent, s'exposer à des embarras de sable encore plus considérables, puisque ces débouchés sont les principaux passages du fléau. — En présence des grandes difficultés d'exploitation de la chaîne libyque, qu'avaient donc à faire les Égyptiens? exactement ce qu'ils ont fait; leur conduite a été conforme à la plus sage économie : ne pouvant ouvrir de vastes carrières dans le cœur de la chaîne libyque, ils se sont contentés d'enlever, près des points à fortifier, tout ce qui se prêtait à une exploitation facile et ne pouvait causer de dérangements nuisibles à la ligne de défense. »

Tolhmès IV, pharaon de la XVIIIᵉ dynastie, est monté sur le trône, d'après M. Brugsch, en 1677; d'après M. Rosellini, en 1702 avant notre ère. C'est lui qui a fait tailler dans le roc, en avant de la deuxième pyramide de Gizeh, le grand sphinx aujourd'hui, à l'exception de sa tête, couvert de sable. Mais ce sphinx était encore libre en 1378 de l'ère vulgaire, époque à laquelle les pyramides étaient encore en assez bon état. Telle est la conséquence qu'on doit tirer du passage suivant, page 110 : « Macrizi, l'un des plus *sages* historiens arabes, nous raconte la mutilation qu'un cheik fanatique a fait subir à la figure du sphinx, l'an 780 de l'hégire (1378-1379 de l'ère vulgaire). « Nous avons vu, dit l'écrivain, ce saint personnage aller aux pyramides mutiler la figure « du sphinx et en disperser les morceaux. Cette figure est restée dans cet état jusqu'à présent, et depuis cette « époque les sables inondent le territoire de Gizeh. Les habitants attribuent ce fléau à la mutilation du sphinx. » « Ceci est clair ; les Arabes ont connu un temps où la province de Gizeh était garantie du fléau. Étonnés de la sécurité de cette province en présence des grands débouchés du désert qui la menacent, ils l'ont attribuée à des causes surnaturelles; puis, quand l'envahissement des sables est venu se faire sentir, la superstition, qui ne s'embarrasse jamais de rien, a continué l'interprétation du phénomène. Ce n'étaient pas les Arabes qui pouvaient deviner qu'en démolissant les pyramides, en renversant ces montagnes artificielles, ces grands agents modificateurs des causes météorologiques ils détruisaient de leurs propres mains les véritables talismans de la protection du territoire. » — Page 137 : « Savary, frappé de voir le sphinx enseveli sous 40 pieds de sable, concluait de ce fait qu'on ne pouvait connaître la véritable élévation des pyramides, et qu'une prodigieuse masse nous était dérobée par les sables. « Si le sphinx, disait-il, quoique placé derrière les pyramides et protégé par ces « monuments contre les vents de la Libye, a cependant été couvert de 40 pieds de sable, quelle énorme quan- « tité a dû s'amonceler au pied d'un édifice qui présente une base de 700 pieds de long ! » Mais Savary était dans une étrange erreur. Quand on a voulu trouver la base de la grande pyramide, il a suffi d'enlever quelques pieds de décombres ; et, pendant que 40 pieds de sable couvrent le sphinx, la plate-forme de la deuxième pyramide, qui, creusée dans le roc, forme, à l'ouest et au nord du monument, comme une espèce de fossé d'environ 20 pieds de profondeur, est encore visible aujourd'hui. — Ainsi les sables ne peuvent pas aborder les pyramides. »

La base tout à fait scientifique sur laquelle repose leur construction, et que j'ai ultérieurement développée dans l'ouvrage de M. de Persigny, m'a fait conclure que leurs *proportions* aussi étaient déterminées par des notions géométriques. J'ai donc essayé l'application de la série ; mais cet essai n'a pu aboutir, ce qui constitue une contre-preuve très-claire, en ce sens que la série n'explique les proportions que dans le cas où elle se trouve véritablement appliquée.

C'est à M. Daniel Ramée que nous devons la découverte du système, différent de notre série, d'après lequel les proportions des pyramides ont été déterminées. Il expose ce système dans son « *Histoire d'architecture*, » ouvrage en cours de publication. Pour notre but, il suffira de répéter les remarques et de reproduire le dessin que ce monsieur a eu l'obligeance de me communiquer. Ce dessin se trouve à notre pl. XII, fig. 1. En voici l'explication rédigée par M. Ramée lui-même :

« Sur l'extrémité de la ligne C B, base de la pyramide, au point B, élevez la perpendiculaire B A. Ayant divisé la ligne horizontale C B en quatre parties égales, prenez trois de ces parties et faites-en la hauteur de la perpendiculaire B A ; joignez ensuite le point C, extrémité de la ligne C B, avec le point A, extrémité de la perpendiculaire B A. La ligne C A ou l'hypoténuse se trouvera avoir la longueur de cinq parties des quatre divisées sur C B et de trois rapportées sur la perpendiculaire B A.

I.   18

« Inscrivez le triangle C B A dans un cercle, de telle sorte que la périphérie touche les trois points au sommet des angles C, B, A. La moitié de l'hypoténuse C A donnera la hauteur verticale de la pyramide, soit C T ou T A ; mais une autre mesure donnera également cette hauteur par la détermination des apothèmes C D et D B. Cette mesure en question, qui donne la longueur de chacun des apothèmes, est C S, obtenue par une perpendiculaire menée de l'angle droit B sur l'hypoténuse.

« L'inclinaison du canal d'entrée descendant est parallèle à une ligne menée de l'angle C au tiers supérieur de la perpendiculaire B A ; cette ligne est C O. L'inclinaison du grand passage ascendant est parallèle à une ligne menée du haut du tiers inférieur de la perpendiculaire B A aux deux cinquièmes supérieurs de l'hypoténuse C A ; cette ligne est Q P. »

« Le point S sur l'hypoténuse se trouve encore en traçant un cercle sur la base C B, ayant pour point du centre X et pour diamètre C B. »

Si nous coupons le grand triangle C D B de la pyramide en deux triangles égaux C X D et D X B, nous aurons les proportions suivantes : la base C B du grand triangle, prise à 4, donnera, pour chacun des petits côtés des deux triangles nouveaux, 2, le grand côté commun ou la hauteur de la pyramide reste 2,5, et conséquemment l'hypoténuse, qui est l'apothème, aura 3,2, parce que $\sqrt{2^2 + 2,5^2} = 3,201..$).

M. Perring nous donne, dans l'ouvrage cité de M. Vyse, pour la base de la pyramide de Chéops, sur laquelle M. Ramée vient de baser son examen, 764 pieds anglais. Divisez cette somme par 4 ou la moitié de la base par 2, et vous aurez 191′ angl. Multipliez, pour trouver la hauteur, cette somme par 2,5, et vous aurez 477,5′ angl. ; chez M. Perring, approximativement, 480′9″ angl. Multipliez ensuite, pour trouver la longueur de l'apothème, 191′ par 3,2, et vous aurez 611,2′ angl. ; chez M. Perring, 611′ angl.

La même proportion se répète dans les pyramides suivantes de Gizeh, dont M. Perring a donné assez d'éléments pour que je puisse avec eux constater l'exactitude de la découverte de M. Ramée.

Pyramide de Chephrem, Chnemu-Chufu.

Demi-base, $\dfrac{353,88'}{2} = 176,94' \times 2,5$ pour la hauteur = 442,35′ chez M. Perring,   454′ 3″ angl.

Demi-base, $176,94' \times 3,2$ pour l'apothème = 566,20′   —   572′ 6″ —

Pyramide de Micerinus, Men-keu-ra.

Demi-base, $\dfrac{177,38'}{2} = 88,69' \times 2,5$ pour trouver la hauteur = 221,725′ chez M. Perring,   218′ 0″ angl.

Demi-base, $88,69' \times 3,2$ pour trouver l'apothème = 283,808′   —   278′ 2″ —

Huitième pyramide de M. Vyse.

Demi-base, $\dfrac{86,25'}{2} = 43,125' \times 2,5$ pour trouver la hauteur = 107,812′ chez M. Perring,   111′ 0″ angl.

Demi-base, $43,125' \times 3,2$ pour trouver l'apothème = 138,000′   —   140′ 0″ —

Neuvième pyramide de M. Vyse.

Demi-base, $\dfrac{80,00'}{2} = 40,00' \times 2,5$ pour trouver la hauteur = 100,000′ chez M. Perring,   101′ 9″ angl.

Demi-base, $40,00' \times 3,2$ pour trouver l'apothème = 128,000′   —   130′ 6″ —

Il y a des différences entre les chiffres trouvés et ceux que donne M. Perring ; mais ce monsieur ne prétend pas être absolu en disant que « ses dimensions *supposées* sont une affaire d'appréciation, parce que l'extérieur de la construction des pyramides se trouve très-dégradé. » C'est aussi la raison pour laquelle M. Perring a trouvé l'angle de la pyramide de Chéops à 52° 20′ différent de l'angle de la huitième pyramide, qui n'a que 52° 15′.

Nous pouvons donc dire en toute assurance que les proportions des pyramides étaient réglées par le triangle, qui démontre le plus clairement, d'une manière arithmétique, le théorème d'après lequel le carré de l'hypoténuse, dans un triangle rectangle, est égal à la somme des carrés des deux côtés, parce que $4^2 + 3^2 = 25$ et $5^2 = 25$.

La découverte de M. Ramée prouve en même temps que ce théorème n'est pas de l'invention de Pythagore,

mais que les Égyptiens ont connu sa solution plus de 3,000 ans avant notre ère. Le triangle en question diffère de notre triangle du cube, et c'est pourquoi les proportions des pyramides ne peuvent pas s'expliquer de ce dernier; l'autre est formé d'une figure géométrique in-plano, tandis que le triangle du cube résulte d'un corps solide.

M. Lepsius croit avoir trouvé le nom du maître de la grande pyramide, qui serait celui du plus ancien architecte connu. Voici les paroles du docteur, traduites par M. Maxime Du Camp dans son « *Égypte, Nubie, Palestine et Syrie*, Paris, 1852 » (fol. 11) : « J'ai découvert sous le sable un tombeau dont les peintures sont aussi fraîches et aussi parfaites que si elles venaient d'être terminées. C'était la demeure dernière du prince Merhet, qui, comme prêtre de Chufu (Chéops), nomma un de ses fils Chufu-mer-nuteru; il possédait huit mille villages, dont les noms sont tous des composés de Chufu. La position de la tombe à l'ouest de la pyramide de Chufu, de même que la similitude parfaite du style des sculptures, font présumer, avec une presque certitude, que Merhet était fils de Chufu. Ce prince fut *surintendant général des bâtiments royaux* et avait aussi le rang de grand architecte de la cour, poste fort élevé dans ce temps de magnificence architecturale et qui était souvent confié à des princes ou à des membres de la famille royale. Nous pouvons donc conjecturer que ce prince dirigea la construction de la grande pyramide. »

L'INFLUENCE DES PYRAMIDES SUR L'ARCHITECTURE ÉGYPTIENNE.

La pyramide est le plus simple des corps géométriques, elle garantit le plus de stabilité possible; c'est pourquoi elle était partout employée par les peuples les plus différents quand ils faisaient leur premier pas vers la civilisation. Nous reconnaissons ainsi la pyramide tronquée dans les terrasses de l'Assyrie et dans celles des Mexicains, et nous la reconnaissons même, et ici malgré son apparence moins régulière, dans les tumuli des peuples celtes. Cette forme simple se prête le mieux à l'exécution et correspond parfaitement à l'emploi de la terre dans les tumuli ou de la brique crue, que la forme de la pyramide empêche le mieux de changer de place. La propriété de stabilité de cette forme a un autre attrait pour des peuples primitifs qui aspirent à élever des monuments durables et qui, pour atteindre ce but, n'ont encore que des forces matérielles. Mais si la pyramide, en Égypte comme ailleurs, ne rend témoignage que des premiers pas dans l'architecture monumentale *en pierre*, l'architecture *en bois* était déjà bien développée à l'époque de la construction des pyramides; c'est ce qui est prouvé par la représentation de colonnes en bois parfaites qui se trouvent dans des tombeaux contemporains des pyramides ou au moins pas de beaucoup plus récents que celles-ci.

Le désir de la variété fait que l'on recherche davantage les grandes masses architecturales dans les pays plats que dans les pays accidentés; dans les endroits montagneux, ces masses ne pourraient pas lutter avec les masses naturelles, et, où il y a des collines, celles-ci, comme c'est le cas avec les acropoles grecques, élèvent naturellement les temples en leur prêtant une base plus ou moins considérable, tandis que, en Égypte et en Assyrie, il fallait où élever artificiellement et cette base et l'édifice qui la couronne, ou faire l'édifice plus haut pour qu'il pût se passer de la base. De plus, en Égypte, les deux chaînes de montagnes bordant la vallée du Nil pouvaient bien entraîner à ériger, en imitation, deux autres chaînes de grands monuments aux bords du fleuve, afin d'interrompre ainsi l'uniformité de cette vallée large et trop peu ondoyante pour sa largeur. M. Lepsius nous dit, dans sa « *Chronologie égyptienne*, » page 29, que les villes et les temples étaient construits, pour la plupart, aux limites de l'inondation, d'une part pour pouvoir utiliser sans restriction toutes les terres fertiles, d'autre part pour pouvoir mettre les fondations des édifices dans un terrain sec et à l'abri des eaux du Nil. Ajoutons qu'en Égypte, dès les premiers temps historiques, qui commencent avec la 1re dynastie et son chef Mènes, la société devait avoir été déjà parfaitement réglée; cette circonstance et la facilité de se procurer les premiers besoins de la vie dans un pays aussi fertile doivent avoir augmenté considérablement la population; il y avait donc les forces matérielles pour exécuter ces ouvrages surprenants par leurs masses. Pas beaucoup plus tard, et déjà sous la IIIe dynastie, les Égyptiens apparaissent comme conquérants; leurs victoires, poursuivies au delà des frontières, devaient accroître les richesses domestiques par les tributs des peuples soumis; les triomphes de la guerre leur fournissaient aussi, dans les vaincus, des ouvriers, et devaient inspirer le désir de manifester la gloire de l'Égypte de prime abord et dans toute l'étendue de leur patrie civilisée. Voici les raisons pour lesquelles la tendance d'en imposer dans l'architecture par les masses, commencée avec les pyramides, non-seulement n'a jamais fléchi, mais, au contraire, a toujours augmenté, en atteignant son apogée dans le plus grand lustre politique, à partir de la XVIIIe jusqu'à la XXIe dynastie, temps qui coïncide avec la plus brillante époque de l'architecture grandiose de ce peuple.

Il faut pourtant bien se garder de confondre les masses avec le *caractère du colossal*. Tous deux, il est vrai, ont beaucoup en commun, mais les masses en elles-mêmes ne donnent que la conscience des forces matérielles, tandis que le colossal est un caractère d'art dont l'effet sur le spectateur doit surpasser l'action des moyens par lesquels l'œuvre était produite. Ici, c'est l'apparence optique qui décide. Nos yeux, habitués dans la vie à la vue perspective, transportent cette habitude à la vue des œuvres d'art; ils n'aperçoivent pas les détails dans les objets éloignés, c'est pourquoi nous éloignons et, par cela, nous agrandissons involontairement les objets dont nous ne voyons pas les détails; de l'autre côté, les contours des objets naturels deviennent moins déterminés au fur et à mesure qu'ils s'éloignent, tandis que l'objet d'art peu éloigné conserve son contour bien accusé et, par cela, doit nécessairement grandir dans notre imagination pour que les limites de ses formes précises puissent être mises en harmonie avec le manque de détails. C'est la raison pour laquelle les objets vus à travers un brouillard qui permet encore de distinguer bien leurs masses totales, mais qui efface leurs détails, paraissent plus grands que quand ils sont éclairés par une lumière vive, et cela même abstraction faite de l'augmentation, produite par le brouillard, de l'angle visuel. *Donc, pour éveiller l'idée abstraite du colossal, il faut que les masses bien et nettement accusées l'emportent sur le fini du détail.* C'est ce qui arrive dans une bonne esquisse, c'est ce qui se produit dans les œuvres plastiques égyptiennes, qui, même quand elles sont d'une petite dimension, ont quelque aspect de grandeur; c'est ce qui arrive dans l'architecture égyptienne, où c'est toujours la disposition des grandes masses qui prévaut sur le détail. *La source et le modèle immédiat d'où dérive ce caractère du colossal sont les pyramides.*

Mais le caractère colossal a sa contre-partie très-difficile à éviter, c'est le *caractère, l'aspect du lourd*, et les Égyptiens étaient enclins d'autant plus à tomber dans ce défaut, que leur architecture libre en pierre se rattachait par trop de liens à sa génératrice, à savoir à l'architecture creusée souterraine. Les liens entre ces deux genres d'art étaient si forts, que même l'influence de la légère construction en bois, quoique assez puissante pour la forme, ne pouvait pas les rompre pour les proportions. Voici la cause pour laquelle, en Grèce, où l'architecture souterraine n'était pas trop en pratique, les proportions purent assez tôt acquérir de la légèreté et devenir, plus tard, majestueuses, même sans l'emploi de ces masses énormes qui n'ont abouti, en Égypte, que jusqu'au caractère du colossal.

Un autre caractère de cette architecture, dont on doit aussi rapporter l'origine jusqu'aux pyramides et aux hypogées funéraires, c'est celui *du sombre, du sérieux, du mystique*. Il est tout naturel que ce caractère convînt parfaitement aux pyramides et aux tombeaux; mais est-ce qu'il convenait de même aux temples considérés comme vraies demeures des dieux et de leurs animaux sacrés? Il y a un fait qui paraît contribuer à l'explication de cette contradiction. Sur les tablettes funéraires et dans les tombeaux datant du temps des douze premières dynasties qui nous sont conservés et dont le nombre n'est pas petit, nous ne trouvons point de représentations des dieux, tandis que ces représentations abondent sur les monuments analogues du nouveau royaume. Là il y a tout au plus les noms des dieux Osiris, Anubis, etc., etc. Ici, à côté des noms, nous voyons partout aussi les figures des dieux qui les portaient. Serait-ce donc que dans l'ancien royaume l'élément prévalant de la religion égyptienne consistait dans le culte des ancêtres, et que son autre élément relatif aux dieux était, dès son origine, plus transcendantal, pour qu'il eût admis des représentations de ces dieux? En tout cas, il paraît que le développement de l'architecture funéraire a précédé celui des temples, la première étant souterraine et creusée, tandis que la dernière devait être une architecture libre. C'est pour cela que la disposition de la façade principale des temples se trouve déjà dans les façades à pylône des plus anciens tombeaux, et ce même pylône n'est à la fin que la face d'une pyramide tronquée, dont il imite aussi l'inclinaison. Ce n'est pas à l'architecture à laquelle on avait recours pour décorer l'extérieur ni des tombeaux ni des temples, elle y reste muette, et c'est à la sculpture et à la peinture de remplir ces surfaces dans les temples, pour la plupart trop gigantesques pour s'y pouvoir prêter, et n'excitant par leurs masses architecturales que de l'ébahissement. Quand on avait envie d'agrandir un lieu sacré, on commençait non-seulement par étendre son enceinte, mais aussi par exhausser ses murs, qui cachaient l'intérieur. Point de portiques extérieurs (le peu de tels portiques conservés sont d'une époque comparativement récente) qui, comme en Grèce, invitent à y entrer, et c'est pourquoi les allées de sphinx et de béliers deviennent importantes pour conduire de loin à la porte principale, par laquelle on pénètre dans la salle hypostyle, sombre et peu éclairée, et au delà au sanctuaire, qui présente encore un air plus mystérieux tant par son obscurité que par son éloignement.

Et c'est pourtant à l'intérieur si peu éclairé des temples, et à l'intérieur des tombeaux tout à fait dépourvu de lumière, que les Égyptiens ont rapporté et restreint le luxe de leurs formes architecturales, en donnant à cet art le caractère d'*une architecture de l'intérieur*. C'est dans l'intérieur des tombeaux et des temples que nous trou-

vons le luxe, l'apogée de l'art, *la colonne*. C'est parce que l'architecture libre de l'Égypte dérive de l'architecture souterraine, de l'architecture des tombeaux, et parce que, d'après les vues des Égyptiens sur la continuation de la vie après la mort, c'est l'intérieur du tombeau qui l'emporte sur l'extérieur apparent; c'est dans cet intérieur donc qu'ils ont accumulé tout ce qu'ils pouvaient produire par leurs arts. Les salles, les couloirs et même les colonnes et les piliers sont peints avec une profusion de richesse qui ne pouvait pas servir aux morts, et qui semble presque exclusivement destinée à nous dévoiler, après des milliers d'années, les mœurs égyptiennes, et à nous initier dans la vie privée de cette nation à jamais mémorable. C'est un fait bien curieux que nous trouvons cette richesse de sculpture et de peinture déjà dans les tombeaux des particuliers qui vivaient à l'époque des premières dynasties, tandis que les pyramides des souverains contemporains sont dépourvues de représentations. Tout au contraire, les tombeaux des Pharaons du nouveau royaume nous développent de grandes séries des images relatives à la vie à venir, séries qui sont si lucidement expliquées par Champollion le jeune dans ses lettres.

Le cinquième caractère de l'architecture égyptienne, *sa tendance ascendante, la prédilection pour la hauteur*, doit être encore dérivé du modèle des pyramides. Cette tendance, abandonnée par les Grecs, ne revient que dans l'ère chrétienne avec les dômes et, plus encore, avec les tours des architectures romane et ogivale. Dans les doubles tours des cathédrales se reproduit la façade égyptienne à double pylône; mais aucune de nos tours n'atteint la hauteur de la pyramide de Chéops, quoiqu'elles doivent être, en général, considérées plus hautes par rapport à leur base.

On a attribué un autre caractère à l'architecture égyptienne, le *caractère symbolique*, probablement en se rappelant la forme symbolique de la croix des églises chrétiennes; mais le rôle de symboliser était dévolu, chez les Égyptiens, plutôt à la sculpture et à la peinture, tandis que l'architecture avait assez à faire pour vaincre les difficultés présentées par le travail des matériaux et par la production des masses qu'on lui demanda. Les lois de la stabilité ont certainement eu plus d'influence sur le choix de la forme pyramidale que sa similitude avec la flamme; de même on peut bien se douter que les obélisques, cette forme intermédiaire entre celles du pilier et de la pyramide, et dont nous avons des exemples datant déjà de l'époque de la XIIe dynastie, étaient, comme on l'a dit, faits en imitation des rayons du soleil. En général, il n'y a que très-peu de parties auxquelles on pourrait donner une signification symbolique; ce sont, comme nous le verrons, les chapiteaux des colonnes, et peut-être les deux pylônes qui, joints par l'entrée abaissée, peuvent rappeler, en quelque sorte, les deux bras du cynocéphale tendu vers le ciel en signe d'adoration; mais ces deux pylônes aussi dérivent plus naturellement de la pyramide, qui reste pour nous le formatif et la racine dans toute l'architecture égyptienne.

Et cette *forme pyramidale* n'apparaît pas seulement dans les pylônes et dans les murs dont la face extérieure est presque toujours inclinée, mais elle se voit aussi dans le plan général qui, d'ordinaire, se rétrécit en s'éloignant de la façade; les élévations nous montrent un décroissement analogue dans le sens de la hauteur, leurs colonnes et leurs murs étant abaissés au fur et à mesure qu'ils sont plus éloignés de l'entrée principale. Nous en verrons des exemples dans le spéos d'Ibsamboul et dans le temple de Khons, à Karnak.

LE TOMBEAU DE NUM-HOTEP A BENI-HASSAN.

Champollion le jeune, d'immortelle mémoire, a le premier signalé l'importance et l'intérêt des tombeaux de Beni-Hassan : « Nous vîmes, dit-il, se dérouler à nos yeux, la plus ancienne série de peintures qu'on puisse imaginer, toutes relatives à la vie civile, aux arts et métiers, et, ce qui fait neuf, à la *caste militaire*. J'ai fait dans les deux premiers hypogées une moisson immense, et cependant une moisson plus riche nous attendait dans les deux tombes les plus reculées vers le nord. Ces deux hypogées offrent cela de particulier, que la porte est précédée d'un portique taillé à jour dans le roc et formé de colonnes qui ressemblent, à s'y méprendre, au *dorique* grec, de Sicile et de l'Italie. Elles sont cannelées, à base arrondie, et presque toutes d'une belle proportion.—Les deux hypogées, les plus beaux de tous, portent leur date, et appartiennent au règne d'Osortasen, deuxième roi de la XXIIIe dynastie (Tanite), et par conséquent remontent au IXe siècle avant Jésus-Christ. J'ajouterai que le plus beau des deux portiques, encore intact, celui de l'hypogée d'un chef d'administration des terres orientales de l'Héptanomide, nommé Néhôthph (d'après M. Lepsius, Num-Hôtep), est composé de ces colonnes doriques, *sans bases*, comme à Pæstum et dans tous les beaux temples gréco-doriques. Les peintures du tombeau de Néhôthph sont de véritables *gouaches*, d'une finesse et d'une beauté de dessin fort remarquables. — J'ai trouvé là un tableau du plus haut intérêt. Il représente quinze prisonniers, hommes, femmes et enfants, pris par un des fils de Néhôthph, et présentés à ce chef par un scribe royal, qui offre en même temps une feuille de papyrus, sur laquelle est relatée la date de la prise, et le nombre des captifs, qui est de trente-sept. Ces captifs, grands et

d'une physionomie toute particulière, à nez aquilin, pour la plupart, étaient blancs comparativement aux Égyptiens, puisqu'on a peint leur chair en jaune-roux, pour imiter ce que nous appelons la *couleur de chair*. Les hommes et les femmes sont habillés d'étoffes très-riches, peintes (surtout celles des femmes) comme le sont les tuniques des dames grecques, sur les vases grecs du vieux style. La tunique, la coiffure et la chaussure des femmes captives peintes à *Beni-Hassan* ressemblent à celles des Grecques des vieux vases; et j'ai retrouvé, sur la robe de l'une d'elles, l'ornement enroulé si connu sous le nom de *grecque*, peint en rouge, bleu et noir, et tracé verticalement. Les hommes captifs, à barbe pointue, sont armés d'arcs et de lances, et l'un d'entre eux tient en main une lyre grecque de vieux style. Sont-ce des Grecs? je le crois fermement: mais des Grecs ioniens, ou un peuple d'Asie Mineure. Ce serait une chose bien curieuse que des Grecs du ixᵉ siècle avant Jésus-Christ, peints avec fidélité par des mains égyptiennes. »

Le docteur Lepsius est d'une opinion différente, tant pour la date du tombeau que pour la nationalité des soi-disant Grecs; il dit encore dans la traduction de M. Ducamp : « A Beni-Hassan, j'ai fait faire une copie exacte d'une tombe complète. Elle sera le spécimen du style grandiose de l'architecture et de l'art de la seconde époque du vieil empire, pendant la puissante XIIᵉ dynastie. Les égyptologues s'étonneront quand ils apprendront pourquoi j'ai divisé les tables d'Abydos, et pourquoi j'ai renvoyé du nouvel empire dans le vieux Sesurtesen et Amenemha ces Pharons si connus à Héliopolis, au Fayoum, à Beni-Hassan, à Thèbes et jusqu'à Wadi-halfa. Ces tombes seules prouvent combien cette époque fut glorieuse pour l'Égypte. On peut voir également dans ces riches représentations décoratives le pronostic de la catastrophe qui courba l'Égypte pendant plusieurs siècles sous le joug de ses ennemis du nord. Ces tableaux nous montrent le degré d'avancement des arts de la paix, ainsi que le luxe raffiné des grands de cette époque. Dans les tableaux des jeux guerriers, qui occupent des parois entières dans certaines tombes, ce qui nous donne la conviction de leur usage *général* à cette époque, usage disparaissant ensuite; dans ces tableaux nous trouvons souvent, parmi les hommes au teint rouge ou brun foncé des races égyptiennes et méridionales, des gens de teint très-clair, ayant, pour la plupart, un costume étranger, et généralement la barbe et les cheveux roux, avec les yeux bleus; on les y voit quelquefois seuls, quelquefois en petits groupes. Ils paraissent aussi dans la suite des nobles, et sont évidemment d'origine septentrionale : probablement sémitique. Nous trouvons, sur les monuments de cette époque, des victoires sur les Éthiopiens et sur les Nègres, ce qui nous fait rencontrer sans surprise des esclaves et des domestiques noirs. Nous n'apprenons rien, au contraire, des guerres contre les voisins du nord ; mais il paraît que l'émigration du nord-est commençait déjà, et que beaucoup d'étrangers cherchaient un asile dans la fertile Égypte en retour des services rendus. J'ai encore présente à l'esprit la scène remarquable dans la tombe du parent royal Neherasi-Numhôtep, la deuxième du nord, qui déroule sous les yeux l'émigration de Jacob et de sa famille, de la manière la plus vive, et de façon à établir un rapport entre le tableau et le fait, si réellement Jacob n'était venu bien plus tard, et si nous ne savions pas que de semblables arrivées de familles ne devaient pas être rares. Ce furent là cependant les précurseurs des Hyksos , et ils leur préparèrent le chemin sous plus d'un rapport. J'ai attentivement examiné tout ce tableau, qui a environ 8 pieds de long sur 1 pied et demi de haut ; il est très-bien conservé partout, quoique seulement peint. Le scribe royal Nefruhotep, qui conduit le groupe étranger en présence du haut fonctionnaire auquel appartient la tombe, lui présente une feuille de papyrus, où la sixième année du roi Sésortesen II est mentionnée, année dans laquelle cette famille de trente-sept personnes arriva en Égypte. Leur chef et seigneur s'appelait Absha, les autres Aama. Une désignation de nation qui se rencontre dans la race à teint clair, souvent représentée dans les tombes royales de la XIXᵉ dynastie, forme avec trois autres races les quatre principales divisions de l'espèce humaine connues par les Égyptiens. En eux Champollion reconnut des Grecs, quand il vint à Beni-Hassan ; mais il ne savait pas alors l'extrême antiquité des monuments qu'il voyait, Wilkinson les prit pour des prisonniers, mais cette idée disparaît en les voyant avec des armes, des lyres, des femmes, des enfants, des ânes et du bagage. C'est une famille d'émigrés hyksos, demandant à être reçue dans cette terre favorisée, et dont la postérité ouvrit peut-être plus tard les portes de l'Égypte aux tribus victorieuses de leurs parents sémitiques.

Voici enfin le passage relatif aux tombeaux de Beni-Hassan dans le livre de M. Wilkinson (*), page 322 : « A Beni-Hassan, l'endroit supposé du spéos d'Artémis (le spéos était situé un peu plus vers le sud), il y a plusieurs catacombes élégantes, dans lesquelles on trouve peinte une variété de scènes plus intéressantes par la lumière qu'elles jettent sur les usages et coutumes de l'Égypte que par leur style et les proportions de leurs

---

(*) « Topography of Thebes, et general view of Egypt., etc.; by J. G. Wilkinson, esq. London, John Murray, 1835. » In-8°.

figures. Mais ce n'est pas la peinture seule qui est digne d'être remarquée, la symétrie architecturale et le style chaste de ces grottes se partagent avec les peintures l'admiration du voyageur. Les excavations du nord diffèrent considérablement de celles du sud, qui sont surpassées par les premières, tant par l'élégance du plan que par la grâce de leurs piliers, *qui paraissent avoir engendré l'idée de la colonne dorique.* Ce sont des polygones à seize pans; chaque pan est légèrement cannelé (chaque cannelure a 8 pouces de largeur, et à peine $\frac{1}{2}$ pouce de profondeur), excepté le pan intérieur, lequel est laissé à plat pour une ligne d'hiéroglyphes à y sculpter. Le fût a 16' 8,5'' de hauteur, ce qui répond à cinq diamètres; le fût diminue très-peu en haut, et il reçoit un abaque, dont le diamètre excède à peine celui d'en haut de la colonne. Le plafond est taillé en forme de voûte, laquelle jadis avait des représentations variées en peintures; les quatre piliers intérieurs sont tellement disposés, que la chambre est divisée en une nef principale et deux nefs latérales. » — « Les colonnes des catacombes du sud présentent *aussi le plus ancien style égyptien;* elles sont composées de quatre tiges de plantes aquatiques liées ensemble, et surmontées par un chapiteau à forme de bourgeon de lotus, qui est divisé, comme le fût, en quatre lobes saillants. La section transversale de ces grottes est très-élégante; elle présente un entablement peu élevé, saillant au delà des colonnes, et supporté de chaque côté par un pilastre. » — « Tous les tombeaux souterrains de Beni-Hassan sont ornementés de figures peintes, ou plutôt d'ornements, et les colonnes des grottes du nord sont teintes d'une couleur rouge, pour imiter le granit, et pour leur donner une apparence de plus grande solidité; mais on s'est contenté de la peinture, sans sculpter les hiéroglyphes des murs, en remplissant les places défectives du roc avec du mortier. Dans chacun des tombeaux il y a un puits où les morts étaient déposés, et la situation de ces puits est fréquemment indiquée par une table d'hiéroglyphes posée immédiatement au-dessus sur les parois. »

Nous avons vu que Champollion classe les tombeaux de Beni-Hassan dans une époque beaucoup plus récente que ne l'est celle à laquelle ils appartiennent véritablement; parce que le roi Sésortesen ou Osortasen II était de la XIIe dynastie, et régna, d'après M. Bunsen, pendant cinquante-cinq ans, de 2752 à 2697 avant notre ère. Sur ce point les égyptologues d'aujourd'hui sont d'accord, si on en excepte ceux des savants anglais qui subordonnent la chronologie scientifique à la chronologie religieuse. Pour cette raison aussi l'opinion de M. Wilkinson, qui avance le règne de Sésortesen II jusque vers 1650 avant Jésus-Christ, ne peut avoir pour nous aucune valeur, et cela d'autant moins que nous voyons M. Wilkinson s'accuser lui-même en disant à la page 505 de sa « Topographie : » « Je sais que l'époque de Mènes pourrait être placée dans une période beaucoup plus reculée que celle que je lui ai assignée, mais je ne l'ai pas mise dans un temps antérieur, de peur de me mettre en contradiction avec le déluge de Noé survenu en 2348. »

Après avoir signalé la date du tombeau de Num-Hôtep, selon la science avancée d'aujourd'hui, j'ai à vider la question de savoir si les proportions de ce monument sont méthodiques ou arbitraires, et si, dans le premier cas, la méthode était celle des pyramides, celle de la série ou une autre différente de toutes deux? Nos dessins, pl. XI, fig. 1, 2, 3 et 4, sont calqués sur ceux de ce tombeau, publiés par M. Prisse d'Avennes, tandis que les cotes, qui manquent chez M. Prisse, sont prises des dessins de M. Jomard, publiés dans la grande « Description de l'Égypte, » IVe vol. *des Antiquités*, pl. 64. On pourra se convaincre que les deux auteurs sont d'un très-bon accord, excepté sur un seul point, dont nous parlerons tout à l'heure. J'ai donc le droit d'accepter les cotes pour exactes.

Cela posé, nous trouvons, en additionnant les deux cotes générales 19,93 et 8,00, la somme de 27,93; cette somme correspond à 6 $\frac{1}{2}$ fois la mesure de 4,30, que je trouve prise pour distance des centres des quatre colonnes de la salle principale. Cette mesure de 4,30, qui est l'unité, est celle de M. Prisse; elle est de 0,20 plus grande qu'elle ne l'est dans le plan de la « Description » où nous avons 11,50 moins deux fois 3,20 + 0,5 = 4,10. En ajoutant l'épaisseur de la base de la balustrade située en avant de la cour ou de l'atrium à la somme de 27,93, nous aurons pour toute la longueur du monument, à partir du fond de la nef, dans laquelle s'est trouvée la momie, jusqu'au commencement des gradins, 30,10 m. ou 30,13, ce qui répond parfaitement à sept unités = 30,10. Si nous déduisons de 11,50 (longueur du côté de la salle carrée) l'unité 4,30, nous aurons 7,20, et la moitié de cette somme 3,60 pour chacune des deux nefs latérales; à cette somme correspond dans la série le terme $_2F = 3,6034$ dans la série spéciale du tombeau. Pour la longueur de l'atrium, nous avons 2,31 + 1,10 + 0,80 + 8,0 = 012,21 m., avec le correspondant de $_2D' = 12,1822$. La profondeur de la niche est marquée à 2,10, à quoi répond $_2g = 2,0804$. La différence notable qui existe entre les deux auteurs se rapporte à la hauteur des colonnes, dans la « Description » marquée de 7,2 y compris l'abaque, tandis que la mesure au compas, chez M. Prisse, ne me donne que tout au plus 5,58 y compris le socle, le fût et l'abaque. L'erreur de la « Description » est manifeste au premier aspect, parce que ces colonnes apparaissent comme si elles étaient des colonnes du style

ogival, c'est-à-dire trop hautes, et nullement en rapport avec la hauteur beaucoup moindre d'autres colonnes égyptiennes de la même époque, et même des époques plus récentes. De plus, la présence de cette erreur est confirmée par la cote donnée, comme nous l'avons vu, par M. Wilkinson, à 16' 8,5'' angl. = 5,073 mètres (probablement sans abaque et socle). Il est donc évident que, dans la « Description, » il y a une faute de 2 mètres, comme faute d'écriture. En substituant 5,20 pour 7,20, nous aurons, pour le socle, mesuré chez M. Prisse, 0,15 ; pour le fût, plus l'abaque 5,20 et pour toute la colonne 5,35 ; en plus pour les parties situées au-dessus 0,70 et 0,40 jusqu'au point le plus haut du plafond qui est en guise de voûte ; ce qui donne pour hauteur totale intérieure la somme de 6,60, correspondant à $_2C = 6,6202$. En prenant ces $_2C$ pour le petit côté d'un triangle du cube, la base du côté carré de la salle $^1/_2$ IX sera justement l'hypoténuse de ce même triangle, c'est-à-dire que la proportion de la hauteur de cette salle à sa largeur ainsi qu'à sa longueur est celle de l'unité à la diagonale du cube. Les Égyptiens pouvaient bien être amenés à changer le triangle déterminatif des pyramides, qui était dérivé d'une figure dessinée *in plano*, en un triangle dérivé du cube par la considération du contenu cubique à évider dans le creusement.

Ainsi il serait démontré que les proportions principales de longueur, largeur et hauteur du tombeau de Num-Hôtep sont prises de la série dérivée d'un triangle du cube dont l'unité est la distance des centres des colonnes de sa salle carrée. Il s'ajoute ici un fait très-remarquable. Dans un tombeau égyptien, c'est la momie qui doit être considérée comme la chose la plus essentielle ; on peut donc se demander si cette momie n'avait pas de rapport avec les proportions architecturales. La hauteur de cette momie est marquée dans la « Description » à 3,20 m. Cette somme correspond à six fois M = 3,2028 ; et M est justement à la distance de 73 termes de l'unité, c'est-à-dire avec M commence la troisième grande octave au-dessous de l'unité. Nous verrons plus tard que les artistes égyptiens ont pris la largeur du bassin pour l'unité du corps humain, auquel ils ont donné six fois cette largeur pour hauteur ; de là les six M correspondant à la cote de 3,20 qui est donnée pour hauteur à la momie, dans la « Description, » de même que chez M. Prisse (voir fig. 2 de notre pl. XI). C'est donc la taille du mort déposé dans le tombeau qui a déterminé les proportions architecturales de sa dernière demeure, ce qui est encore prouvé par la longueur de ce tombeau, laquelle, prise des pieds de la momie à partir du point α (fig. 1), mesure jusqu'à la balustrade, c'est-à-dire au point β, justement six unités architecturales, comme la momie a six unités organiques.

Quant à la forme pyramidale, celle-ci ne se trouve pas dans le sens de la décroissance des hauteurs du monument ; mais elle se trouve bien dans la diminution des largeurs vers l'extérieur. Comparez, dans notre fig. 1, les lignes auxiliaires γ δ et ε ζ, et surtout la dernière qui, passant par le centre d'une des colonnes intérieures et par l'épaisseur de la balustrade, détermine la place du centre de la colonne de l'atrium.

L'analyse spéciale des détails nous donne pour la

Longueur du tombeau.

	COTES DE LA « DESCRIPTION. »	MÉTHODIQUES.	
Profondeur de la niche de la momie.	2,10	$_2$ g = 2,0804	
Épaisseur du mur situé entre la niche et la salle principale, 0,34 + 0,08. . =	0,42	$^1/_2$ h = 0,4246	
Nef latérale de la salle principale.	3,60	$_2$ F = 3,6034	
Nef du milieu.	4,30	U' = 4,3000	11,5068
Nef latérale de l'autre côté.	3,60	$_2$ F = 3,6034	
Épaisseur du mur situé entre la salle principale et l'atrium (mesurée au compas).	1,70	$_2$ h = 1,6986	
Longueur de l'atrium dans l'œuvre, 2,31 + 1,10 + 0,80 + 8,00.	12,21	$_2$ D' = 12,1822	
Épaisseur de la base de la balustrade (mesurée au compas).	2,20	E = 2,2067	
Longueur totale du tombeau de Num-Hôtep.	30,13	(7 U') 30,0993	

La base de la longueur totale était trouvée à 7 U' = 30,10, celle d'un côté de la salle carrée 11,50, et 11,5068 est $^1/_4$ IX = 11,5446. La largeur de la niche de la momie est de 2,70, soit D = 2,7027 ; celle de l'atrium, à défaut des cotes dans la « Description, » ne peut pas être déterminée avec assurance ; je la prends approximativement à $^1/_2$ d'' = 2,6334 + $^1/_2$ D' = 3,0455 + $^1/_2$ d'' = 2,6334 = 8,3123 avec la base de $^1/_2$ IV = 8,3787 ; cette largeur serait de $^1/_4$ IX à la distance de 12 termes, tandis que la longueur de l'atrium à $_2$ D' n'est qu'à la distance de 3 termes de $^1/_4$ IX.

Les Égyptiens n'ont pas pris toujours, comme le faisaient les Grecs, la longueur de leurs monuments d'un seul terme de la série ; mais ils l'ont prise assez souvent à un multiple de l'unité ; nous sommes donc obligé, pour pou-

voir comparer les édifices des deux genres, de chercher le terme le plus rapproché de 7 U' ; nous le trouvons dans $\frac{1}{2}$ 12 $=$ 29,9938, ce terme est distant de 3 termes de $\frac{1}{4}$ XIV, de la base de la longueur du temple de l'acropole de Sélinonte, et de 4 termes de la base $_2$ III du Parthénon actuel. La longueur de l'atrium à $_2$ D' est parfaitement égale, proportion gardée, à la largeur du stylobate du Parthénon, et le côté de la salle carrée à $\frac{1}{4}$ IX est égal à la longueur du stylobate des Propylées d'Athènes et d'Éleusis; enfin ce terme de $\frac{1}{4}$ IX est encore la base de la longueur de la cella du Parthénon.

La *disposition* de notre tombeau est presque celle des temples égyptiens ; le tombeau commence comme les temples, par une cour extérieure, un *atrium*, qui a des analogies avec les impluviums des maisons grecques, à en juger par les maisons d'Herculanum et Pompéi. Dans les temples du nouveau royaume cet atrium a ou deux portiques latéraux, ou même quatre, comme les impluviums, tandis que dans la tombe de Num-Hôtep il n'y a que deux colonnes, comme précurseurs du temple prostyle. De l'atrium, on entre dans les tombeaux simples, à la *salle principale* qui répond à la *salle hypostyle* des temples; dans la dernière il y a ordinairement plus de quatre colonnes, à cause de son étendue plus grande; dans les temples suit ici habituellement un *pronaos* dont l'analogue manque à notre tombeau. Du pronaos du temple on entre dans le *sanctuaire*, dans la *cella*, à laquelle dans les tombeaux répond *la niche de la momie*, comme partie de la même importance. Toutes les autres parties doivent être considérées comme des dépendances ou comme introduction à l'endroit le plus essentiel, la cella ou la case de la momie. De même que, dans les temples du nouveau royaume, les dépendances augmentent et se multiplient, de même dans les tombeaux de cette époque, les vestibules, les chambres, les couloirs et les salles, souvent superposés, se répètent à l'infini.

Dans notre monument il y a deux espèces de colonnes, savoir deux colonnes de l'atrium et quatre colonnes de la salle carrée. Le diamètre inférieur des premières est de 1,10 $\frac{1}{2}$ E $=$ 1,1033, celui des dernières 1,00 $\frac{1}{4}$ B $=$ 1,0135 ; pour le diamètre supérieur il n'y a, dans la « Description, » que celui des dernières qui est marqué, et cela à 0,93 $_2$ l $=$ 0,9244.

Les hauteurs des colonnes et des parties situées au-dessus d'elles se composent de :

Dans l'atrium.			*Dans la salle principale.*		
	COTES DE LA « DESCR. »	MÉTHODIQUES.		COTES DE LA DESCR.	MÉTHODIQUES.
Hauteur du socle (mesurée chez M. Prisse).		$_2$ u $=$ 0,1490	Hauteur du socle. .	0,15	$_2$ u $=$ 0,1490
Hauteur du fût (— —).		$_2$ b $=$ 5,7333	Hauteur du fût. . .	5,20	$\frac{1}{4}$ V $=$ 5,2492
Haut. de l'abaque —).		$_2$ u $=$ 0,1490	Haut. de l'abaque.	0,15	$_2$ u $=$ 0,1490
Hauteur totale de la colonne. .		(D') 6,0313	*Haut. de la colonne.*	5,50	($\frac{1}{2}$ II) $=$ 5,5472
Exhaussement au-dessus des colonnes.	0,80	K $=$ 0,8007	Exhaussement. . . .	0,70	i $=$ 0,6935
Hauteur du semblant de voûte. . . .	?	$\frac{1}{2}$ K $=$ 0,4003	Semblant de voûte. .	0,40	$\frac{1}{2}$ K $=$ 0,4003
Hauteur totale. . . .		($\frac{1}{2}$ 5) 7,2323	*Hauteur totale.* . .	6,60	($_2$ C) 6,6410

Les bases pour les hauteurs des colonnes sont : pour celles de l'atrium, 6,0313 D' $=$ 6,0911 ; — pour celles de la salle carrée, 5,5472 $\frac{1}{2}$ II $=$ 5,5859 ; — pour la hauteur totale dans l'atrium, 7,2323 $\frac{1}{2}$ 5 $=$ 7,2562 ; — pour celle de la salle carrée, 6,6410 $_2$ C $=$ 6,6202. Les parties hautes de la façade (fig. 3) sont très-endommagées ; il paraît pourtant, à en juger par les restes encore reconnaissables, que la hauteur de la façade ne différait pas trop de la hauteur de 7,2323 dans l'atrium.

Champollion le jeune fut le premier à reconnaître le rapport très-remarquable qui existe entre les colonnes du tombeau de Num-Hôtep et la colonne dorique ; c'est pourquoi il a appelé les premières, à juste titre, *protodoriques;* il ajoute, comme observateur très-ingénieux, qu'elles ressemblent, à s'y méprendre, au dorique de la Sicile et de l'Italie. M. Wilkinson dit aussi que ces « piliers » paraissent avoir engendré l'idée de la colonne dorique ; enfin M. Lepsius développe, dans un article publié dans les « Annali di corrispondenza archeologica, » déjà en 1837, la formation de la colonne dorique, en la dérivant aussi des colonnes de Beni-Hassan. C'est en abattant les quatre angles du pilier carré de l'atrium que celui-ci a été transformé en prisme octogone, et c'est de la duplication de ces huit faces que sont nées les seize faces des colonnes de la salle carrée. Il y a mieux, ces seize faces ne sont pas restées plates, mais on les a cannelées; enfin on a diminué le diamètre supérieur déjà en Égypte, comme l'ont fait plus tard les Grecs. Il ne manque donc à ces colonnes, pour être parfaitement doriques, que les parties situées entre l'abaque et le fût, soit l'échine, les filets et le col; et ces parties aussi, qui man-

quent encore à Beni-Hassan, nous les trouvons développées dans d'autres colonnes égyptiennes de l'ancien royaume ; témoin le dessin de M. F. Falkener (*Museum of classical antiquities*, 1851, I, p. 87), reproduit par M. Kugler dans son « Histoire de l'architecture, vol. I, p. 28. » Les Grecs ont multiplié plus tard le nombre des cannelures, jusqu'à vingt et vingt-quatre ; mais les colonnes de la façade du plus ancien temple dorique que nous connaissons, celles de l'acropole de Sélinonte et d'autres colonnes du style en Sicile, ont conservé encore le nombre seize de cannelures de Beni-Hassan.

La base de la hauteur totale de l'atrium dans notre tombeau $^1/_2$ 5 est celle du temple de la ville de Sélinonte et des Propylées d'Athènes, et, comme il n'y a pas de pignon, pas d'entablement développé et pas de crépidome, il est nécessaire que ces colonnes soient plus hautes que les colonnes grecques ; mais, comme le diamètre des colonnes égyptiennes est plus grand, sa raison à la hauteur ne varie pas beaucoup de celle des colonnes doriques ; ainsi nous avons, de $^1/_4$ B à $^1/_2$ H, la distance de 60 termes, et, de $^1/_2$ E à $_2$ b, la distance de 58 termes, en Égypte ; et, en Grèce, de $^1/_2$ G à B, aussi 60 termes au Parthénon ; de $^1/_2$ d à U', 53 termes à l'acropole de Sélinonte ; de K à $^1/_2$ D'', 54 termes au temple de la ville de Sélinonte ; et, de $^1/_2$ G à $^1/_4$ IV, 61 termes aux Propylées d'Athènes. La distance de $^1/_2$ E (le diamètre des colonnes plus fortes à Beni-Hassan) à $^1/_2$ G (le diamètre ordinaire de l'école attique, y compris les cannelures) est de 15 termes ; mais elle est seulement de 6 termes du diamètre $^1/_2$ d des colonnes de l'acropole de Sélinonte. De plus, on voit un pareil décroissement du diamètre des colonnes de l'atrium au diamètre de la salle carrée, comme nous en avons vu des diamètres des colonnes d'angle au diamètre des colonnes ordinaires du péristyle, et des colonnes du vestibule et du posticum dans les monuments grecs.

Il est donc évident que la colonne dorique grecque dérive de la colonne analogue égyptienne, et cela non-seulement quant à la forme, mais aussi quant à ses proportions. Et d'où dérive la colonne proto-dorique égyptienne ? De son matériel, de la pierre, parce qu'elle naquit du pilier laissé pour supporter le plafond dans les souterrains creusés.

Dans son « Manuel de l'histoire générale de l'architecture 1843, » M. Daniel Ramée a recueilli, à la p. 301 et aux suivantes, les exemples des *arcs voûtés* et des *voûtes* qui nous sont conservés en Égypte. La plus ancienne des voûtes véritables, dans ce recueil, est celle d'un tombeau de la vallée Biban-el-Molouk. M. Wilkinson dit, à la page 81 de la « Topographie : » « Il y a un autre tombeau dans lequel on voit le nom du même Pharaon (Amenoph), et dont le plafond, construit en briques crues, prouve l'existence de l'arc dans la période reculée de 1540 avant Jésus-Christ. » Les Amenophs sont des rois de la XVIIIe dynastie, qui régnait, d'après M. Bunsen, de 1638 à 1410. Pourtant il paraît que la voûte est encore bien plus ancienne en Égypte, parce que 1° le principe de la voûte en plein cintre dérivant de la taille des pierres, dont les joints convergent au même centre, la première voûte devait être conséquemment construite en pierre, et la voûte en brique, et surtout en brique non cuite, ne peut être que l'imitation d'une telle voûte modèle ; 2° la voûte en question n'a pas la forme primitive, soit le plein cintre, mais la forme dérivée elliptique ; de plus, elle n'a pas, comme M. Hoskins nous le dit, le but ordinaire de la voûte ; elle forme, au contraire, un faux plafond, entre lequel et le véritable plafond formé par le roc il y a un vide ; 3° parce que le semblant de voûte que nous rencontrons dans le tombeau de Num-Hôtep, régulier comme il est dans sa forme, suppose le précédent d'une véritable voûte en plein cintre, sur le modèle de laquelle il était formé en abaissement. Nous avons donc à chercher la première voûte de l'Égypte, sinon plus tôt, au moins dans la XIIe dynastie.

Il nous reste à expliquer les parties situées à l'extérieur au-dessus des colonnes de l'atrium (fig. 3). Nous y reconnaissons une architrave ionique divisée en plusieurs bandes horizontales superposées avec des denticules qui se voient à distance régulière au-dessous de chacune de ces bandes. Ces denticules ne sont pas des gouttes, parce que, dans un pays comme l'Égypte, des gouttes ne seraient pas motivées par la pluie ; mais ils sont là en imitation des têtes de clous qui, autrefois, dans l'architecture en bois, servaient à maintenir les parties superposées l'une sur l'autre. On ne peut plus reconnaître si cette architrave était couronnée d'une corniche, oui ou non.

A côté du tombeau de Num-Hôtep il y a un autre tombeau très-remarquable par les ornements d'architecture peints sur ses murs. La « Description » reproduit ces ornements sur la planche 64 du IVe vol. *des Antiquités*. C'est la *grecque*, le *méandre* rectiligne à côté de la *volute*. On a dérivé la forme de la grecque du cours tortueux du fleuve Méandre de la Troade, et on a raconté que le dieu de ce fleuve regrettait de quitter le pays ; c'est pourquoi il se retournait tant de fois. Malgré cette explication qui paraît assurer l'acte de naissance tout à fait grec à cette figure, nous voyons qu'elle est beaucoup plus ancienne qu'on ne le croyait, et qu'elle est parfaitement égyptienne. Il y a plus, le rapprochement de la grecque à la volute prouve que ce sont des motifs de con-

struction de la dernière qui ont produit la première. Pour construire la volute au compas, on se sert encore aujourd'hui de points des centres disposés sur deux lignes diagonales, qui s'entrecoupent en forme de croix d'André ; joignez ces points de centres par des lignes à angles droits, et vous aurez la grecque rectangulaire. Donc les Égyptiens se servaient de la même méthode que nous pour construire la volute ; mais ils ne disposaient pas les points des centres comme nous le faisons sur une croix d'André, mais sur la figure qu'on appelle à tort grecque. Du reste, la grecque égyptienne doit être encore beaucoup plus ancienne que ne le sont les tombeaux de Beni-Hassan, parce qu'elle est un signe de l'écriture hiéroglyphique. La volute, qui n'était qu'assez rarement employée par l'architecture égyptienne, n'est qu'une grecque curviligne ; ce sont les Assyriens qui s'en servaient plus souvent, et qui sont même arrivés à la création du chapiteau ionien. L'ouvrage de MM. Botta et Flandin sur les monuments assyriens de Khorsabad ne nous en laisse aucun doute, parce que nous y voyons, à la planche CXIV du IIᵉ volume, le dessin d'une espèce de pavillon qui se trouvait autrefois dans la septième salle du palais, et dont le toit est supporté par deux colonnes avec des chapiteaux à double volute superposée ; la volute inférieure est un peu plus grande que la volute supérieure, mais toutes deux sont placées horizontalement en constituant ainsi, comme dans l'architecture grecque, le chapiteau ; c'est ici tout à fait un membre essentiel, et non-seulement décoratif, comme plus tard à Persépolis, où les volutes sont placées verticalement en haut des colonnes, et où, par conséquent, elles ne fonctionnent pas. Ainsi ni la grecque, ni la volute, ni la colonne ionienne ne peuvent être considérées comme des inventions grecques ; la création des deux premières appartenant à l'Égypte, et celle de la troisième, pour son chapiteau, à l'Assyrie et, pour son socle, en grande partie à la Perse.

LE PORTIQUE OU PROMENOIR DE THOTHMÈS III, A KARNAK.

(Voir le plan, pl. XII, fig. 2 ; les colonnes, pl. XIII, fig. 1, 2 et 3.)

Thothmès III était le plus renommé des rois de la XVIIIᵉ dynastie ; c'est lui qui a chassé à jamais les Hyksos de l'Égypte, dont ils ont occupé encore une partie jusqu'à ce roi qui était, d'après M. Bunsen, le cinquième, et d'après M. Brugsch, le sixième dans sa dynastie, et qui a régné pendant trent-neuf ans, depuis 1557 jusqu'à 1518 avant notre ère. Son nom propre était, en langue égytienne, Tothmes ; nous voyons ce nom dans le cartouche de la colonne de son promenoir, écrit par l'Ibis, pl. XIII, fig. 2 ; ses surnoms étaient Nefru-ter-u, Men-ter, Men-ter-ke ; le surnom de Men-ter se trouve dans le cartouche de l'architrave, pl. XIII, fig. 3, et l'autre, Men-ter-ke, dans un autre cartouche, pl. XII, fig. 6. Les anciens auteurs l'appelaient Mephra-Thuthmosis.

M. Maxime du Camp, dans son « Nil, Égypte et Nubie, Paris, 1855, in-8°, » nous décrit le promenoir à la page 257, dans ces termes : « De nombreuses galeries formées extérieurement par des piliers carrés et intérieurement par cinquante-six colonnes à bouton de lotus retourné étaient jadis les appartements privés du palais ; on les appelle *le promenoir de Thothmès III.* Au fond une chapelle dédiée à ce Pharaon est à demi détruite (dans notre plan, cette chapelle est marquée de la lettre *ε*) ; dans l'angle sud-est de ces grandes constructions existait la chambre des rois (marquée *α*) ; M. Prisse d'Avennes l'enleva courageusement au mépris de sa liberté, et peut-être de sa vie, et en fit don à la bibliothèque impériale. Dans ces appartements, tout était sculpté et peint : les murailles, le plafond, les piliers, les colonnes et les portes. Ce sont, comme toujours, des représentations royales et divines. Les petites salles latérales, appuyées au mur d'enceinte, sont encore habitables. »

M. Wilkinson, page 175 de sa « Topographie, » décrit aussi ce monument : « Le mur extérieur de l'édifice à colonnade de Thothmès III est tout à fait détruit, excepté vers l'angle nord-est ; ces murs d'autrefois sont suivis d'un portique de trente-deux piliers ; dans le carré formé par ces piliers, il y a vingt colonnes disposées en deux rangs parallèles aux murs extérieurs et aux piliers. Indépendamment de la position irrégulière de ces derniers par rapport aux colonnes, un caprice inusité a changé l'ordre établi des détails d'architecture, en renversant les chapiteaux et les corniches (il y a quelque excuse pour l'innovation par rapport aux corniches, parce que, grâce à elle, les fenêtres des parties supérieures admettaient plus de lumière), sans que pour cela on ait augmenté la beauté ou la solidité de l'édifice. Une série de petites salles et chambres termine l'extrémité du temple (temple ?), l'une desquelles est remarquable à cause des noms des prédécesseurs de Thothmès le fondateur. Dans l'adytum de l'ouest (marqué *β*) il y a des vestiges d'un épervier colossal assis sur un piédestal élevé ; les sculptures à l'intérieur et à l'extérieur contiennent le nom d'Alexandre, par lequel cet adytum a été restauré. »

A côté de ce soi-disant adytum il y a un sanctuaire marqué dans notre plan de *γ*, et hors de l'enceinte à

l'ouest se trouve marquée de *f* une chapelle consacrée par Thothmès III au culte des auteurs de ses jours. L'ensemble de cet édifice est situé derrière le grand temple de Karnak, et dans une même enceinte avec ce monument admirable, à la construction duquel ont contribué presque toutes les dynasties à partir du roi Osortasen de la XII° dynastie. Dans la grande « Description » le promenoir est reproduit au III° vol. *des Antiquités*. Les cotes qui y sont données par M. le Père diffèrent considérablement des cotes de nos dessins, qui m'ont été données par M. Prisse ; il fallait donc faire un choix, et, si j'ai choisi de préférence les dernières, j'y crois être autorisé, autant par leur date plus récente que par l'exactitude connue comme qualité éminente de leur auteur, et démontrée maintes fois dans le cours de nos analyses. Nous n'examinerons que les trois portiques du monument. L'unité, c'est-à-dire la largeur de la nef du milieu de la salle ou du portique principal, est marquée, par M. Prisse, à 3,99 mètres ; nous la prendrons, en somme ronde, à 4 mètres. Quant aux dépendances, j'ai mis à côté des cotes de M. Prisse les lettres correspondantes de la série dérivée de cette unité de 4 mètres.

	COTES DE M. PRISSE.	MÉTHODIQUES.		COTES DE M. PRISSE.	MÉTHODIQUES.
1ᵉʳ entre-colonnement. .	2,595	¹/₄ II = 2,5955	1ᵉʳ entre-colonnement. .	2,595	¹/₄ II = 2,5955
2° — . .	2,490	D = 2,5141	2° — . .	3,285	a = 3,2659
3° — . .	2,900	₂ e = 2,9030	3° — . .	3,500	₂ d = 3,5555
4° — . .	2,930	₂ e = 2,9030	4° — . .	3,240	¹/₄ III = 3,1819
5° — . .	2,920	₂ e = 2,9030	5° — . .	3,400	¹/₂ D″ = 3,4640
6° — . .	2,930	₂ e = 2,9030	6° — . .	3,460	¹/₂ D″ = 3,4640
7° — . .	2,920	₂ e = 2,9030	7° — . .	3,640	¹/₂ D″ = 3,4640
8° — . .	3,450	₂ F = 3,3520	8° — . .	3,460	¹/₂ D″ = 3,4640
9° — . .	2,920	₂ e = 2,9030	9° — . .	3,400	¹/₂ D″ = 3,4640
10° — . .	2,930	₂ e = 2,9030	10° — . .	3,240	¹/₄ III = 3,1819
11° — . .	2,920	₂ e = 2,9030	11° — . .	3,500	₂ d = 3,5555
12° — . .	2,930	₂ e = 2,9030	12° — . .	3,285	a = 3,2659
13° — . .	2,900	₂ e = 2,9030	13° — . .	2,595	¹/₄ II = 2,5955
14° — . .	2,490	D = 2,5141			
15° — . .	2,595	¹/₄ II = 2,5955			
Long. à l'axe des piliers.	42,820	(IX) 42,6012	Long. à l'axe des colonn.	42,600	(IX) 42,5176

La cote générale de la longueur dans l'œuvre est donnée par M. Prisse à 42,60, à quoi correspond parfaitement la somme des entre-colonnements prise à *l'axe des colonnes*. La « Description » nous donne pour cette longueur 44,164 ; pour cotes des détails, nous n'y trouvons marqués que le premier entre-colonnement à 2,598 et celui du milieu à 3,68, ce qui répond, pour le premier parfaitement, pour le second approximativement, aux cotes de M. Prisse. Ce portique est placé dans le sens de sa longueur, presque au milieu de l'enceinte qu'il a en commun avec le grand temple de Karnak et qui était construite probablement par Thothmès, désirant donner une plus grande étendue à l'aréal ancien. Ce qui rend cette opinion encore plus probable, c'est l'espace contenu entre les deux murs septentrional et méridional, de la largeur de l'enceinte ; cet espace nous est donné par M. Prisse à 91,97 mètres, soit à 23, *unité* = 92 mètres de la salle principale du promenoir. La « Description » a pour mesure totale de la largeur de l'enceinte, y compris l'épaisseur de ses murs, 98,015, tandis que chez M. Prisse nous n'avons avec cette épaisseur que 2,70 + 91,97 + 2,70 = 97,37 mètres. La différence de deux auteurs tient probablement à l'état dégradé des murs d'enceinte, sans cela nous aurions *ici* une concordance exacte, de laquelle il résulterait encore que la cote de la longueur de la salle principale, à 44,164, est trop grande dans la « Description. »

	COTES DE M. PRISSE.	MÉTHODIQUES.	DE LA « DESCR. »
Du mur oriental aux centres des piliers (nef latérale extérieure).	2,265	¹/₂ A = 2,3094	2,598
Aux centres des colonnes orientales (nef latérale intérieure). . .	3,450	¹/₂ D″ = 3,4640	?
Largeur de la nef du milieu.	3,990	U′ = 4,0000	4,330
Aux centres des piliers occidentaux (nef latérale intérieure). . .	3,450	¹/₂ D″ = 3,4640	?
Au mur occidental (nef latérale extérieure).	2,265	¹/₂ A = 2,3094	2,598
Largeur de la salle principale dans l'œuvre.	15,420	(IV) 15,5468	18,402 ?

Dans « la Description, » la largeur totale est marquée à 18,402, ce qui donnerait à chacune des nefs latérales intérieures, dont la largeur n'est pas marquée, pour celle-ci 4,38. La cote de la largeur des nefs latérales extérieures n'est qu'une répétition des deux entre-colonnements extrêmes dans le sens de la longueur; en somme, toutes les cotes sont trop grandes par rapport à celles de M. Prisse, et il paraît que la cote générale de 18,402 est née d'une faute d'écriture et qu'on devait lui substituer 15,402.

La base de la longueur dans l'œuvre, 42,5176, est IX = 42,9567; celle de la largeur, 15,5468, est IV = 15,5884, avec la distance de 36 termes. Nous avons trouvé la distance de 35 termes de la longueur à la largeur du stylobate des temples les plus anciens en Sicile; nous avons, de plus, trouvé le terme $\frac{1}{2}$ IX pour la longueur du stylobate du temple de Neptune à Pæstum; voici donc une autre raison pour laquelle des observateurs clairvoyants, comme Champollion, même sans la connaissance de la série et par le sentiment seul des proportions, pouvaient entrevoir *les rapports qui existent entre les monuments de l'Égypte et ceux de la Sicile et de la grande Grèce;* voici encore une raison qui pouvait faire supposer que c'était Pythagore qui y avait apporté de l'Égypte ces proportions et la connaissance de la série.

A l'angle intérieur et vers le sud du *grand portique* il y en a *un autre plus petit*, composé de huit colonnes (la « Description » en a dix), dont les proportions sont :

		Longueur.			Largeur.		
		COTES DE M. PRISSE.	MÉTHODIQUES.			COTES DE M. PRISSE.	MÉTHODIQUES.
1er entre-colonnement.	. . .	2,06	E = 2,0532				
2e	—	2,93	$_2$ e = 2,9030	1er entre-colonnement.	. . . .	3,21	a = 3,2659
3e	— (du milieu).	2,93	$_2$ e = 2,9030	2e —	. . . . .	3,40	a = 3,2659
4e	—	2,93	$_2$ e = 2,9030	3e —	. . . . .	3,21	a = 3,2659
5e	—	2,06	E = 2,0532				
Long. totale dans l'œuvre.		12,91 (III)	12,8154	Largeur dans l'œuvre.	. . .	9,82 $_2$ d''	9,7977

La base de la longueur, 12,8154, est III = 12,7279, qui est à la distance de 10 termes de la largeur $_2$ d''; ce portique a, pour sa longueur, la diminution de six petites octaves (de IX à III) de son voisin plus grand, et il prend sa longueur à une petite octave inférieure de la largeur du grand portique. Comme le temple de Neptune à Pæstum a la moitié de IX (IX est la base de la longueur du grand portique) pour longueur de son stylobate, le Parthénon d'Athènes a pour cette longueur le double de III de la longueur du petit portique.

Le *troisième portique* est situé vers le nord de celui que nous venons d'examiner; neuf colonnes forment un angle droit dont chaque côté paraît composé de cinq colonnes; mais, à cause de la dégradation de l'angle de ce portique, la disposition qu'avaient les colonnes ici n'est pas tout à fait sûre; nous avons cependant, chez M. Prisse, trois cotes d'entre-colonnements : 2,97 correspondant à $\frac{1}{2}$ 1 = 3,0000, 3,52 correspondant à $_2$ d = 3,5555, et 3,27 correspondant à a = 3,2659. La « Description » nous donne, pour cote du premier de ces entre-colonnements, 2,923 et, pour celle du deuxième, 3,572.

Parmi les *colonnes* de notre pl. XIII, appartiennent celles de la fig. 1 au petit portique, de la fig. 2 au grand portique, et celle de la fig. 3 au portique angulaire.

La colonne fig. 1 est très simple; ce n'est pas même une colonne, à proprement parler, mais un parallélipipède à seize pans non cannelés, ayant le même diamètre, dans toute sa hauteur, de 0,93. Si on prend le polygone comme inscrit dans un cercle, le diamètre de celui-ci aura $\frac{1}{4}$ B = 0,9423; c'est le même diamètre que nous avons trouvé en bas des colonnes de la salle carrée de Num-Hôtep. Ce polygone n'a pas de socle, et son abaque simple, étant carré, est en saillie sur les quatre coins du polygone; aussi compte-t-il dans la hauteur totale de 5,86, à quoi correspond, dans la série, $\frac{1}{4}$ VI = 5,8456. L'entablement situé au-dessus de l'abaque ne consiste qu'en deux parties, d'une architrave et d'une corniche, toutes deux de la même hauteur, en somme 1,54, à laquelle répond, dans la série, $\frac{1}{2}$ C = 1,5396; ce $\frac{1}{2}$ C est le terme que nous avons trouvé employé comme déterminatif de la hauteur de l'entablement des anciens temples doriques propres. La hauteur totale de l'ordre est 7,40, méthodiquement 7,3852, avec la base de 2 = 7,3484. Nous avons trouvé la moitié de cette base, soit $\frac{1}{4}$ 2, comme hauteur de la colonne du péristyle du temple de Thésée, et comme hauteur des colonnes du vestibule et du posticum au Parthénon. La distance du diamètre du polygone, $\frac{1}{4}$ B à sa hauteur $\frac{1}{4}$ VI, est de 64 termes ou de neuf petites octaves; au Parthénon, cette distance est de 60 termes, et au tombeau de Num-Hôtep également de 60 termes.

La colonne de la fig. 2, prise du grand portique, est une de celles dont M. Wilkinson dit que pour elle, par un caprice singulier, l'ordre établi était interverti; et, en effet, le diamètre inférieur de son fût est moins grand que le diamètre supérieur; de même le chapiteau est renversé, en présentant, au lieu d'une fleur close ou épanouie, comme c'est le cas ordinaire, la forme d'une cloche. Un autre fait curieux que M. Prisse a observé est que ces colonnes, qui, aujourd'hui, sont peintes en rouge, avaient originairement un enduit jaune. M. Prisse en conclut à la prédilection de la couleur rouge en Égypte et suppose, en même temps, que cette couleur dérive d'un pays conquis seulement après que le promenoir de Thothmès était terminé. Le diamètre supérieur, pris à la base de la cloche, a 1,45 e = 1,4515; l'inférieur, 1,02 $^1/_2$ E = 1,0266. Il y a donc la distance de 13 termes entre eux; c'est la raison du grand côté au petit côté du même triangle du cube. L'abaque a la mesure du diamètre inférieur pour son côté. Ces colonnes ont un socle, avec le diamètre inférieur de 1,70 $^1/_4$ D'' = 1,7320 et le diamètre supérieur de 1,40 $^1/_4$ D' = 1,4142; il y a donc, du premier au second, juste la décroissance d'une petite octave.

Hauteurs.

	COTES DE M. PRISSE.	MÉTHODIQUES.
Hauteur du socle.	0,45	$^1/_2$ I = 0,4561
— du fût (partie inférieure).	3,77	B = 3,7712
— — (partie supérieure).	1,05	$^1/_2$ E = 1,0266
— du chapiteau.	0,89	$^1/_2$ d = 0,8888
— de l'abaque.	0,45	$^1/_2$ I = 0,4561
Hauteur de la colonne.	6,61	($_2$ a) 6,5988

Dans la « Description, » le socle de la colonne ne se trouve pas dessiné; la cote de la hauteur jusqu'à la cloche est marquée de 5,41. D'après le relevé de M. Prisse, nous avons 0,45 + 3,77 + 1,05 = 5,27; la hauteur du chapiteau est marquée également à 0,89, mais l'abaque a une cote plus grande, à savoir celle de 0,92. La base de la hauteur totale de la colonne, 6,5988, est $_2$ a = 6,5318, ce qui est à la distance de 65 termes du diamètre inférieur $^1/_2$ E, et, comme nous avons trouvé la distance de 64 termes pour la raison homonyme de la colonne précédente, nous pouvons affirmer que c'est $^1/_2$ E qui est le diamètre véritable de notre colonne, et que ce diamètre devrait diminuer en montant et non pas augmenter.

Le fût de *la colonne du portique angulaire,* fig. 3, a trois diamètres distincts, à savoir, à sa base, un diamètre de 0,94 $^1/_4$ B = 0,9423; le diamètre du renflement mesuré, à la hauteur de 0,45 à partir de la base, 1,09 $^1/_2$ c = 1,0886, et le diamètre supérieur à 0,907 I = 0,9123. Le renflement du chapiteau de la colonne a le diamètre du renflement du fût; en haut et en bas, le chapiteau de même que l'abaque ont les diamètres 1. Le socle au-dessous du fût a pour diamètre inférieur 1,58 $_2$ h = 1,5802 et, pour diamètre supérieur, 1,425 $^1/_4$ D' = 1,4142.

Hauteurs.

	COTES DE M. PRISSE.	MÉTHODIQUES.
Hauteur du socle.	0,35	m = 0,3511
— du fût.	4,54	$^1/_2$ 3 = 4,5000
— du chapiteau et de l'abaque.	1,66	F = 1,6760
Hauteur de la colonne.	6,55	($_2$ a) 6,5271

La hauteur de la colonne est la même que celle de la colonne précédente. Le vrai diamètre inférieur est $^1/_4$ B, qui est le voisin supérieur de I du diamètre supérieur. Ainsi le fût de la colonne serait, sans le renflement, presque cylindrique. Le noyau de la colonne n'a pour diamètre que 0,60, soit $^1/_4$ D = 0,6285. La distance de $^1/_4$ B à la hauteur de $_2$a est de 68 termes, et au diamètre du renflement $^1/_2$ c de 63 termes. Les exemples des colonnes citées qui ont précédé celle dont nous parlons sont (à l'exception du chapiteau de la fig. 2 de notre pl. XIII) des colonnes qui doivent leurs formes à la pierre, tandis que la dernière prend ses formes dans le règne végétal et ne diffère que par les proportions de la colonne en bois *de la salle du jugement,* tiré d'un papyrus des morts et reproduit pl. XII, fig. 3.

LE SPÉOS D'IBSAMBOUL, pl. XII, fig. 4 et 5.

Ce monument appartient à Rhamsès II, le grand Sésostris des Grecs, pharaon de la XIXe dynastie, qui a régné,

au xvᵉ siècle avant J. C., pendant 66 ans. De ce long règne, on trouve marquées dans le spéos la troisième et la trente-cinquième année.

Voici la description du spéos que nous donne M. Wilkinson dans sa « *Topographie*, » page 495 et suivantes : « Le grand temple est remarquable par les plus beaux colosses de l'Égypte. Ils sont assis sur des trônes attachés au roc, et leurs visages, dont quelques-uns sont heureusement conservés, ont une beauté d'expression d'autant plus surprenante, qu'on ne s'y attend pas dans des œuvres d'une telle dimension. Je n'avais pas l'occasion de mesurer leur hauteur, mais, par la longueur du bras, je la calcule à 60 pieds (elle est de 61 pieds d'après les lettres de Champollion). La hauteur totale de la façade est de 90 à 100 pieds (anglais). La grande salle est supportée par huit piliers osiriaques ; elle est suivie d'une autre salle à quatre piliers carrés, d'un corridor et de l'adytum avec deux chambres latérales. Huit autres appartements s'ouvrent dans la grande salle ; mais ils sont très-irrégulièrement creusés, peut-être joints à une époque postérieure ; quelques-uns de ces appartements ont de hauts bancs en saillie des murs. Dans le centre de l'adytum il y a un autel, et dans le fond quatre statues en relief (Champollion le jeune les appelle Ammon-Ra, Phré, Phtha et Rhamsès le Grand). — Les principaux objets représentés à l'intérieur sont historiques, concernant les conquêtes de Rhamsès II. »

Ces tableaux muraux ont été décrits et expliqués par Champollion.

Les cotes de la fig. 4 de notre plan m'ont été données par M. Prisse, ainsi que les dessins des fig. 4 et 5 en entier. J'ai comparé les proportions de ces dessins avec le dessin (sans cote) de M. Gau, dans son ouvrage « *Antiquités de la Nubie, ou Monuments inédits du Nil*, etc. ; 1822, Paris, Firmin Didot, grand in-fol., » et j'ai comparé encore les cotes de M. Prisse aux cotes principales de ce monument, que M. Maxime du Camp m'a bien voulu communiquer. J'ai trouvé un très-bon accord entre les trois auteurs.

L'*unité* est égale à la largeur de la cella, donnée par M. Prisse à 3,68 et par M. du Camp à 3,72 mètres. J'ai choisi l'unité de M. du Camp à 3,72.

	COTES DE M. PRISSE.		COTES MÉTHODIQUES.	
Longueur de la cella dans l'œuvre	7,000		$_2$ B = 7,0144	
Épaisseur du mur qui sépare la cella du pronaos	1,110		f = 1,1022	
Longueur du pronaos dans l'œuvre	2,800		$^1/_2$ 1 = 2,7900	
Épaisseur du mur qui sépare le pronaos de l'hypostyle	1,530		F = 1,5587	
1ᵉʳ entre-colonnement de la salle hypostyle	2,405		$^1/_4$ II = 2,4162	
2ᵉ — — —	3,080	8,070	$_2$ F = 3,1174	8,0797
3ᵉ — — —	2,585		$_2$ G = 2,5461	
Épaisseur du mur qui sépare l'hypostyle de l'atrium	2,432		$^1/_4$ II = 2,4162	
1ᵉʳ entre-colonnement de l'atrium	2,885		$^1/_4$ III = 2,9592	
2ᵉ — —	3,915		$^1/_2$ I = 3,9456	
3ᵉ — —	3,860	17,420	$_2$ E = 3,8182	17,4022
4ᵉ — —	3,775		U′ = 3,7200	
5ᵉ — —	2,985		$^1/_4$ III = 2,9592	
Jambage intérieur de la porte	1,330		e = 1,3499	
Épaisseur intermédiaire de la porte	3,120		$_2$ F = 3,1174	
Jambage extérieur de la porte	1,150		$_2$ L = 1,1313	
Au commencement du gradin supérieur, 4,55 + 4,55 = 9,100			$_2$ d″ = 9,1120	
Longueur totale du spéos d'Ibsamboul	55,062		55,0740	

M. du Camp a, pour la *longueur de la cella* ($_2$ B = 7,0144), la cote de 7,20 ; pour celle du *pronaos* ($^1/_2$ 1 = 2,7900), la cote de 2,78 ; pour celle de la *salle hypostyle* (8,0797), la cote de 7,95 ; et, pour celle *de l'atrium* (17,4022), la cote de 17,50. Les deux bases de longueur sont, pour celle de la salle hypostyle, $^1/_4$ VIII = 8,1347 et, pour celle de l'atrium, $^1/_2$ 10 = 17,2987.

La largeur de l'atrium est, chez M. du Camp, marquée à 15,83, dont la moitié est donnée à la nef principale et un quart à chaque nef latérale. Ainsi nous avons :

	COTES DE M. PRISSE.	MÉTHODIQUES.	COTES DE M. DU CAMP.

Largeur de la nef latérale, $\dfrac{7,93}{2}$ . . . . $= 3,965$ $\quad$ $\frac{1}{2}\,1 = 3,9456$ $\quad$ 3,957

Largeur de la nef principale, $3,14 \times 2 + 1,65$ . . . . . $= 7,930$ $\quad$ $1 = 7,8913$ $\quad$ 7,915

Largeur de la nef latérale, $\dfrac{7,93}{2}$ . . . . $= 3,965$ $\quad$ $\frac{1}{2}\,1 = 3,9456$ $\quad$ 3,957

Largeur totale de l'atrium . . . . 15,860 $\quad$ $_2\,1$ $\quad$ 15,7825 $\quad$ 15,829

La largeur de la salle hypostyle se décompose en

Largeur de la nef latérale . . . . 3,395 $\quad$ $\frac{1}{2}\,2 = 3,4170$

— $\quad$ — $\quad$ principale . . . . 5,010 $\quad$ $_2\,b = 4,9599$

— $\quad$ — $\quad$ latérale . . . . 3,395 $\quad$ $\frac{1}{2}\,2 = 3,4170$

Largeur totale de la salle hypostyle . . . . . 11,800 $\quad$ (III) $\quad$ 11,7939 $\quad$ 11,800

La base de la largeur de la salle hypostyle est le terme III $= 11,8369$. M. Prisse n'a pas de cote pour la largeur du *pronaos* ; il l'a faite égale à celle de la salle hypostyle, tandis que M. du Camp donne la cote de 11,67.

La *cella* a pour largeur, chez M. Prisse, 3,68 et, chez M. du Camp, notre *unité* de 3,72 mètres.

Il y a plusieurs *espèces d'entre-colonnements* ; dans l'atrium, la largeur de la nef principale à 1 et la largeur de la nef latérale à $\frac{1}{2}\,1$. La moitié de la dernière mesure $\frac{1}{4}\,1$ se retrouve dans les entre-colonnements des temples doriques, de Sélinonte, de l'acropole de Sélinonte, de Neptune à Pæstum, de Thésée et de Rhamnus. Dans la salle hypostyle, la largeur de la nef latérale est de $\frac{1}{2}\,2$ et celle de la nef principale de $_2\,b$; $_2\,b$ est le quadruple des entre-colonnements moindres doriques situés aux quatre angles du péristyle.

En sens de la longueur, il y a des entre-colonnements à $\frac{1}{4}\,1$, à U' (la même mesure se trouve au tombeau de Num-Hôtep et au promenoir de Thothmès), à $_2\,E$ (à E au promenoir, aux deux temples de Sélinonte et à celui d'Égine, etc., etc.), à $\frac{1}{4}\,$III (au promenoir et au temple de Thésée), à $_2\,G$ (dans les temples de Thésée et de la Concorde à Agrigente), à $\frac{1}{4}\,$II (dans le promenoir, dans les temples de Neptune et d'Olympie et dans la basilique de Pæstum, etc., etc.).

Les *grands piliers de l'atrium* ont 1,68 et 1,65, $_2\,1 = 1,6968$ et d $= 1,6533$ pour longueur, et 1,93, 1,92, E $= 1,9091$ pour largeur (dans le tombeau et dans le promenoir, le côté des piliers et le diamètre inférieur des colonnes sont pris à la moitié de ces mesures, à $\frac{1}{4}\,$B et à $\frac{1}{2}\,$E). Les *piliers de l'hypostyle* ont pour longueur 1,13, $_2\,L = 1,1313$, et pour largeur 1,19, $_2\,i = 1,1999$, et 1,17, $\frac{1}{2}\,D = 1,1703$. Les piédestaux des statues osiriaques ont 1,55, F $= 1,5587$ pour longueur, et 1,30, $\frac{1}{4}\,D' = 1,3152$ pour largeur.

La ligne $\alpha\,\beta$ de notre plan, fig. 4, nous fait voir la décroissance de la largeur régulière et *pyramidale* que les parties du monument subissent au fur et à mesure qu'elles s'éloignent de la façade.

Pour les *hauteurs*, je n'avais de cotes chez aucun de mes trois guides ; cependant l'exactitude du dessin de M. Prisse peut donner de la confiance pour les termes trouvés comme correspondant aux hauteurs. Celles-ci montent dans chaque salle, à partir de la cella, d'une petite octave ; c'est pourquoi j'ai construit, dans la cella et dans le pronaos, des triangles du cube semblables, dont les petits côtés répondent aux hauteurs des salles : notamment, à celle de la cella, le terme B $= 3,5072$; à celle du pronaos, A $= 4,2954$; à celle de la salle hypostyle, le terme D' $= 5,2608$. Si nous y ajoutons la hauteur de l'entablement, nous aurons pour base de la hauteur totale $_2\,a = 6,0746$, et de même, dans l'atrium, la base de la hauteur totale probablement au terme 3 $= 8,3700$.

Les *hauteurs de la façade* se composent de la hauteur de la porte, y compris sa corniche, II $= 9,6648$; de celle de l'étage intermédiaire, $_2\,D' = 10,5216$, et de celle de l'étage supérieur, y compris la corniche et le piédestal des cynocéphales, $_2\,1 = 11,1600$; en tout 31,3464 mètres, ou peut-être, sans le socle sur lequel sont placés les cynocéphales, en tout $_2\,6 = 30,7666$. La somme de termes II et $_2\,D' = 20,1864$ paraît être confirmée par les 61 pieds franç. $= 19,18$ que Champollion donne pour hauteur aux quatre colosses assis devant la façade, probablement sans y compter leurs couronnes supérieures, soit jusqu'au cordon de l'étage intermédiaire ; de même la hauteur totale de 30,7666 est confirmée par M. Wilkinson, qui nous dit qu'elle doit avoir de 90 à 100 pieds anglais, 100' anglais étant égaux à 30,4.. mètres.

Il paraît que les deux grandes mesures de la longueur totale et de la hauteur perpendiculaire du triangle de

construction et de même les mesures des statues osiriaques et des colosses du devant étaient prises *d'une unité différente de celle de la largeur de la cella*. Cette seconde unité serait la largeur de la nef principale de l'atrium en somme ronde de 7,9 mètres. Je la distingue, dans notre dessin et dans le texte, en mettant avant l'U' un accent, à savoir 'U' ; je place cet accent de même avant tous les termes qui sont dérivés de cette unité plus grande.

Nous avons trouvé la longueur totale du monument jusqu'au commencement des gradins, qui est indiquée, chez M. Gau et dans notre dessin, à 55,0740. La base de cette longueur est 7,9 × 7 = 55,30, c'est-à-dire 7 'U', tout de même que la longueur homonyme du tombeau de Num-Hôtep a sept unités.

Lorsqu'on continue l'inclinaison du mur de la façade du spéos jusqu'à ce qu'elle touche à une perpendiculaire faite en prolongation de la ligne ζ ʜ (voir notre fig. 5), on arrive au point ƌ, et on aura la hauteur de la perpendiculaire ζ ♪ à 5 'U' = 39,5000. En transportant la mesure ☞ ζ à l'intérieur du monument à partir du point ζ, on arrive au point ι, et, en joignant le point ι avec le point ♪, on aura les apothèmes de la pyramide de construction ☞, ♪, ι. La hauteur totale trouvée au terme ₂6 = 30,7666 correspond au terme ' IV = 30,7870, qui donne, comme nous le verrons, la mesure, laquelle détermine la hauteur des pylônes du temple de Khons à Karnak.

Aux grands piliers de l'atrium sont adossées, de chaque côté, quatre figures osiriaques, dont M. Wilkinson nous donne la hauteur totale à 17'8" = 5,38 mètres et les hauteurs des détails suivantes : de l'épaule au coude, 4'6" = 1,37 mètres ; du coude au poignet, 4'3" = 1,30 mètres ; du nez au menton, 8" = 0,20 mètres ; l'oreille, 13,5" = 0,34 mètres ; le nez, environ 10" = 0,25 mètres ; le visage, presque 2' = 0,60 mètres. Il faut d'abord rectifier la cote de 17'8" de la hauteur totale, parce que je trouve, chez M. Prisse, la hauteur de ces statues, à partir de leur socle jusqu'à leur coiffure, prise à environ 5,75, ce qui donne, avec la partie du crâne cachée par la coiffure, pour hauteur totale, de 5,85 à 5,90. Il est donc probable qu'il y a une erreur de chiffre chez M. Wilkinson et qu'il devait avoir, pour 17'8", peut-être 18'7" = 5,66 mètres. Si nous divisons la hauteur, chez M. Prisse, 5,85 par 6, nous aurons 0,975, à quoi répond 'M = 0,9808, le même terme que nous avons trouvé pour l'unité de la momie dans le tombeau de Num-Hôtep. Si nous construisons de cette unité, égale à la largeur du bassin, un triangle du cube, nous aurons, pour sa diagonale du carré, '₂m = 1,3870 et, pour sa diagonale du cube '₃1 = 1,6988. En mesurant avec la diagonale du carré de ce triangle, nous trouverons égales à elle la largeur des épaules des statues, la longueur du bras (donnée par M. Wilkinson à 1,37) et la longueur de l'avant-bras, à partir du coude jusqu'au commencement des phalanges des doigts. Si nous mesurons avec la diagonale du cube, nous trouverons égales à elle la longueur du fémur, à partir du grand trochanter jusqu'au centre de la rotule, et la longueur de la jambe inférieure, à partir du centre de la rotule jusqu'au centre de la malléole extérieure. Six 'M = 5,8848 nous donnent la hauteur totale ; cette somme, divisée par 8 = 0,7356 = '½ K, devrait nous donner la hauteur de la tête ; mais celle-ci est plus grande, parce que, comme il est connu, les Égyptiens faisaient les têtes, les mains, les pieds, les oreilles et autres parties encore excessivement grandes. L'unité des statues est, comme dans le tombeau de Num-Hôtep l'unité de la momie, '⁄₆ de l'unité du monument, et cela peut être parce que les statues sont celles du dieu des morts Osiris ; mais, si on ne veut pas admettre cette hypothèse, il reste hors de doute qu'il y a la même raison entre les deux unités du monument et des statues, ou de la momie, dans le spéos et dans le tombeau, et la longueur du spéos, à partir du mur intérieur de la porte jusqu'à l'autel, ne surpasse pas de beaucoup la hauteur de la statue prise six fois, de même que nous avons trouvé six fois la longueur de la taille de la momie dans la longueur, à partir de la balustrade jusqu'aux pieds de cette momie même, la longueur entière des deux monuments ayant 7 unités architecturales ou 56 unités de la momie et de la statue osiriaque.

M. Birch, du musée britannique, donne, dans son « *Choix d'antiquités égyptiennes* » tiré de ce musée, un dessin représentant le roi Thothmès III, dont il dit, à la page 81 : « On y trouve un autre monument de ce roi dans un dessin fait par un artiste égyptien sur une planche préparée avec de la toile et du stuc. Le fond était, plus tard, divisé en carrés, pour faciliter le travail de l'artiste. Les lignes de division sont tirées en rouge et adaptées à la loi (au « canon ») des proportions égyptiennes. C'est là un point de recherche à faire, et il est clair, par la planche même, comment la méthode était appliquée. » Nous voyons la copie de ce dessin sur notre pl. XII, fig. 6. Il y a encore un autre monument au musée britannique, décrit, sous le n° 579 du catalogue de 1848, « Tablette sépulcrale dédiée à Osiris, Anubis et aux dieux d'Abydos, pour User-ur, le sculpteur, qui est assis avec sa femme Neter-tep devant une table d'offrande ; de l'autre côté de cette table se trouve une autre femme, Amenu ; de l'autre côté sont le père, la mère et les frères du défunt. En bas (dans une série inférieure) se trouvent le fils et cinq filles d'User-ur. Cette tablette n'est pas terminée ; mais elle est remarquable par sa division en carrés au moyen des lignes rouges, ce qui donne « un canon » servant à aider le sculpteur. »

La division en carrés ne constitue pas encore un modèle pour les proportions, elle ne sert qu'à aider, comme

le dit M. Birch, l'artiste (pas trop habile), tandis que « le canon » marqué les proportions des membres et leurs raisons mutuelles. M. Lepsius, qui donne parmi ses monuments plusieurs où se trouvent des dessins divisés en carrés, parle de trois modèles (« canons ») égyptiens différents selon les époques, et moi aussi je connais un tel « canon » de la période d'Adrien représentant le torse d'Antinoüs. Ce « canon » s'est trouvé autrefois dans la collection distinguée d'antiquités de mon ami feu M. Fejérváry, laquelle était exposée dans le salon de la Société des antiquaires, à Londres, en 1853. Je l'ai décrit dans le catalogue sous le n° 35 : « Torse d'un homme en marche, pierre calcaire. Très-intéressant comme « canon, » dans lequel il paraît qu'un tiers de la tête a donné l'unité. » Dans ces temps-là, je n'ai pas encore connu le rapport intime entre les statues et les œuvres de l'architecture égyptienne; aussi ai-je à tort attribué ce torse à l'époque des Ptolémées. La figure en question a des proportions beaucoup plus sveltes, plus élancées que ne l'étaient celles du nouveau royaume des pharaons, dont comme effigie de Thothmès III est notre fig. 6, pl. XII. Ici nous retrouvons les mêmes proportions qu'on a suivies encore plus d'un siècle plus tard dans le spéos d'Ibsamboul, c'est-à-dire on a pris là, comme ici, du sommet de la tête jusqu'à la clavicule, l'unité égale à la largeur du bassin, et de là jusqu'au nombril 1 $\frac{1}{2}$ U' la diagonale du carré pour la largeur des épaules, etc., etc.

Les *colosses de la façade* ont les mêmes proportions. Je trouve leur unité à `$\frac{1}{2}$ C = 3,0407, et plus de trois fois plus grande que l'unité des statues osiriaques. La diagonale du carré `c = 4,3002 nous donne encore la longueur du bras et de l'avant-bras, plus la main jusqu'aux doigts, et la diagonale du cube `b = 5,2666, prise deux fois, nous donne la longueur de la jambe. Si on s'imagine ces colosses debout, ils auraient six unités de hauteur, et ils toucheraient avec leurs têtes le cordon de l'étage intermédiaire. C'est ce qui résulte de la somme de II + ₂D', moins la hauteur du socle à c, soit 20,1864 — 2,0249 = 18,1615 et $\frac{1}{2}$ C × 6 = 18,2442. On voit, par cela, dans quel rapport ces colosses se trouvent avec la hauteur du monument. Nous avons eu ₃U' = 55,3000 pour la longueur totale, multipliez la hauteur totale des colosses ₃C par 3, et vous aurez 54,7326 mètres; on a donc donné presque $\frac{1}{3}$ de la longueur totale pour hauteur aux colosses, tandis qu'on n'a donné qu'environ $\frac{1}{8}$ de la longueur intérieure pour hauteur aux statues osiriaques. M. du Camp a mesuré plusieurs détails de ces colosses; on en trouvera les chiffres au folio 60 de son « *Égypte, Nubie, Palestine et Syrie*, etc. Paris, 1852. » Je répète celle de ces cotes qu'on pourra mesurer sur notre dessin : « hauteur de la tête, y compris le pchent, 5,65 ; hauteur du pchent, 3,60. » Par le « pchent, » il ne faut entendre que la partie inférieure de la couronne, sans la couronne supérieure en forme de boisseau; ainsi on arrivera, avec la mesure de 5,65, du menton jusqu'à la hauteur de la cape inférieure, avec la mesure de 2,05, du menton jusqu'à la marge inférieure de cette cape, et, avec la mesure 3,60, de cette marge inférieure à la marge supérieure de la couronne de la basse Égypte. « Hauteur de l'uræus, 1,60. » L'uræus est plus haut d'après M. Prisse. « Hauteur du visage, 2,05; fente des yeux (longueur), 0,70; largeur des yeux, 0,25; longueur du nez, 1,20 (trop grande); longueur du nez à la hauteur des glandes lacrymales, 0,75; hauteur de la bouche, 0,35; hauteur des oreilles, 0,90; longueur de l'avant-bras, 4,55; longueur des mains, 2,45. » Les chiffres 4,55 + 2,45 donneraient 7 mètres pour la mesure du coude jusqu'au bout du doigt du médium, ce qui est impossible, malgré les grandes mains égyptiennes.

J'ai donné trois exemples appartenant à la sculpture égyptienne qui prouvent le rapport entre les termes de notre série et les proportions des statues égyptiennes; je dirai plus, j'ai mesuré le squelette humain, et j'ai trouvé les mêmes proportions de la diagonale du carré et de celle du cube à l'unité; toutefois je ne veux pas insister sur ces dernières expériences, parce que leur nombre n'est pas assez grand pour être concluant; aussi ne les ai-je mentionnées que pour provoquer un examen ultérieur auquel je n'ai pas l'occasion de me livrer moi-même, parce que mon but principal est dans les proportions de l'architecture, et parce qu'il ne suffit pas de mesurer le squelette où toutes les parties sont desséchées et contractées. Pour arriver à un résultat concluant, il faut prendre les mesures sur le cadavre frais et sur l'homme vivant; seulement, si on voulait appliquer notre série, le point de départ sera l'unité égale à la largeur du bassin et non, comme on l'a cru jusqu'ici, la tête ou la longueur du pied. Les anciens ont pris de cette unité analogue, ou de la cella ou de sa nef principale. Quant à la sculpture égyptienne, je crois pouvoir être plus affirmatif, parce que dans nulle autre sculpture les statues ne font une partie aussi liée à l'architecture, aussi concrète avec elle, aussi dépendante d'elle. Cette assertion est prouvée par la difficulté qu'on aura à trouver une statue égyptienne qui ne se rattache pas à la construction architecturale, au moins par une espèce de stèle accolée à son dos. Pour la rigueur des lois de la statuaire milite la fable, transportée en Grèce, mais, selon toute apparence, d'origine égyptienne, qui raconte que deux artistes, en différentes places, auraient fait les deux moitiés d'une même statue, et ces deux moitiés, rapprochées l'une de l'autre, auraient été d'un accord parfait. Plus que cette fable encore, pèse le témoignage de Platon, qui, dans ces « lois, » dans la traduction de M. Grou, Paris, 1852, page 45, nous dit : « Il y a longtemps, à ce qu'il paraît,

qu'on a reconnu, chez les Égyptiens, la vérité de ce que nous disons ici, que, dans chaque état, la jeunesse ne doit employer habituellement que ce qu'il y a de plus parfait en figure et en mélodie. C'est pourquoi, après en avoir choisi les modèles, on les expose dans les temples, et il est défendu aux peintres et aux artistes qui font des figures, ou d'autres ouvrages semblables, de rien innover, ni de s'écarter en rien de ce qui a été réglé par les lois du pays : la même chose a lieu en tout ce qui appartient à la musique. Et, si on veut y prendre garde, on trouvera chez eux des ouvrages de peinture ou de sculpture faits depuis dix mille ans (quand je dis dix mille ans, ce n'est pas pour ainsi dire, mais à la lettre), qui ne sont ni plus ni moins beaux que ceux d'aujourd'hui, et qui ont été travaillés sur les mêmes règles. »

LE TEMPLE DE KHONS A KARNAK.

M. du Camp nous dit dans son « Nil, » voir p. 243, à propos de ce monument : « Le temple que la commission de l'Égypte avait désigné sous le nom de *Temple du sud* a été reconnu depuis pour être dédié au dieu Khons, fils d'Ammon, commencé par Rhamsès VIII (III) de la XX⁰ dynastie ; il fut achevé par deux prêtres d'Ammon, Péhor et Pionk, qui usurpèrent le pouvoir royal et furent les premiers pharaons de la XXI⁰ dynastie. Les deux pylônes disjoints, enfouis à la base par les exhaussements du sol, égrenés de vieillesse, étaient couverts de légendes hiéroglyphiques et d'offrandes royales. Deux grandes niches effondrées, qu'on remarque de chaque côté de leur porte, pouvaient bien servir jadis à contenir des colosses, aujourd'hui absents. Tout le temple, au reste, a été secoué par un grand bouleversement, car les pierres séparées semblent sur le point de s'écrouler, ses terrasses se sont abattues dans les salles, des décombres embarrassent ses abords ; au fond un palmier a germé au milieu de l'adytum, mis au jour par l'éboulement de ses murailles. La porte construite entre les deux pylônes conduit à un portique soutenu par vingt-huit colonnes, sur les chapiteaux desquelles s'encadre le cartouche : L'AIMÉ D'AMMON, PÉHOR, FILS D'AMMON. « Une d'elles gît en trois morceaux sur le sol ; toutes les sculptures qui les décoraient ont été martelées avec soin. Le portique fut habité, car on y voit des traces de maisons en briques crues. Le Pronaos est *plano Jove*, son plafond renversé l'encombre de débris. Lorsque j'y entre, je fais enfuir une bande de moineaux francs qui piaillaient en sautillant. Sur la corniche du secos, je vois une grande quantité de personnages faisant chacun offrande d'une petite divinité accroupie, qui porte sa croix ansée sur les genoux, à Ammon-Ra, également accroupi. — Il serait possible que ce temple eût été construit avec d'anciens matériaux égyptiens, car en gravissant l'escalier des pylônes, je remarque des pierres entaillées d'inscriptions plates, d'un style beaucoup plus fin que celui des sculptures. »

M. Brugsch, dans son « Histoire d'Égypte, » remarque, à propos de ce temple, page 197 : « C'est Rhamsès III probablement qui avait posé les premiers fondements du temple de Chonsou, tandis que les successeurs, les pharaons des XX⁰ et XXI⁰ dynasties, terminèrent ses constructions. Des peintures murales, dans une des dernières chambres nord du temple, nous montrent le roi présentant ses hommages au dieu Chonsou, » page 215 : « Les inscriptions gravées sur les architraves qui surmontent les colonnes du péristyle du vestibule au temple de Chonsou glorifient d'abord le roi Herhor d'avoir embelli Thèbes par des constructions magnifiques, érigées en l'honneur des divinités Ammon, Mont et Chonsou. Puis elles ajoutent que le roi avait élargi l'Égypte. — Un autre tableau du temple de Chonsou montre l'inauguration d'Herhor comme roi de la haute et de la basse Égypte. Le dieu Séti d'Ombos lui donne la couronne de la basse Égypte ; le dieu Horus la couronne de la haute Égypte, en lui promettant des victoires sur les peuples, et un règne heureux sur le trône de ce pays. » Page 216 : « C'est Paianch, que les monuments font connaître comme successeur d'Herhor dans le sacerdoce d'Ammon. Cependant il n'osa pas entourer son nom propre du cartouche royal, preuve évidente que le Rhamsès inconnu, son contemporain, après le décès d'Herhor, fit prévaloir le pouvoir royal sur le sacerdoce d'Ammon.

Les dessins relatifs à ce temple dans la « Description, » vol. III *des Antiquités*, pl. 54 et suivantes, sont de M. le Père. L'unité de la « Description » est égale à 4,816, tandis que celle de M. Prisse n'a que 4,67. J'adopte la dernière pour mes dessins copiés d'après ceux que M. Prisse a bien voulu me communiquer. Voir le plan, pl. XI, fig. 5 ; l'élévation de la coupe longitudinale, pl. XI, fig. 6 ; et, fig. 7, la méthode pour déterminer la hauteur et l'inclinaison des faces des pylônes, faite sur la photographie de M. du Camp.

	COTES DE M. PRISSE.	MÉTHODIQUES.	COTES DE LA « DESCR. »
α Jambage extérieur du pylône.	1,80	½ C = 1,7974	5,305 = 5,305
β — intérieur —	4,32	½ 2 = 4,2894	
γ Longueur de l'atrium dans l'œuvre.	23,33	₅ U' = 23,3500	?
δ Mur situé entre l'atrium et l'hypostyle.	2,00	¼ D'' = 2,0221	1,894
ε Longueur de la salle hypostyle.	9,49	(½ 6) = 9,5066	?
ζ Mur situé entre l'hypostyle et la cella.	1,60	G = 1,5976	1,948
η Longueur de la cella dans l'œuvre.	14,69	(III) = 14,6926	14,884
ϑ Mur situé entre la cella et l'opisthodome.	1,50	₂ i = 1,5062	1,299
ι Longueur de l'opisthodome dans l'œuvre.	6,95	(1) = 6,9180	7,063
κ Mur de l'opisthodome..	1,12	ε = 1,1296	?
λ *Longueur totale du temple.*	66,80	(₂ VII) = 66,8095	
μ Cour située derrière l'opisthodome. . . . :	2,74	₂ f = 2,7674	
ν Épaisseur du mur d'enclos.	1,96	F = 1,9567	1,624
Longueur totale de l'édifice.	71,50	71,5336	71,875

La particularité de la présence d'un opisthodome pourrait nous faire supposer que le temple avait originairement une orientation contraire à celle d'aujourd'hui, et que l'opisthodome avait formé alors une salle hypostyle, comme nous la trouvons en avant de la cella des autres temples égyptiens. En parlant de la salle hypostyle du Ramesseum à Medinet-Habou, Champollion nous donne la traduction de l'épigraphe inscrite sur son architrave : « Rhamsès (II) a fait construire *la grande salle d'assemblée*, en bonnes pierres blanches de grès, soutenues par de *grandes colonnes...,* salle qu'il voue au seigneur des dieux pour la célébration de sa panégyrie gracieuse. » A quoi, ajoute M. du Camp dans son « Égypte, » fol. 25 : « Il n'est donc pas douteux que ces salles hypostyles servaient à tenir de grandes assemblées soit politiques, soit religieuses, c'est-à-dire les *panégyries* ou réunions générales. » Cette destination même nous enseigne la cause pour laquelle la salle hypostyle devait précéder, et non pas suivre le sanctuaire. Aussi avons-nous vu que Rhamsès III a placé son cartouche royal dans une des chambres contiguës à cet hypostyle originaire. Péhor et Pionk, en continuant et en agrandissant le temple, avaient donc retourné sa façade. En tout cas, ils ont commencé la disposition nouvelle, seulement à partir du mur extérieur de l'opisthodome, ce mur y compris, en laissant en dehors de leur compte la cour, comme partie non essentielle, ou peut-être même en ajoutant cette cour plus tard. Cette opinion m'est prouvée par le fait qu'aucune base ne se trouve dans la série pour une longueur totale qui comprendrait cette cour seule, ou cette cour et le mur d'enclos général, tandis que la longueur totale sans ces deux parties, 66,80 et 66,8095, a sa base dans ₂ VII = 66,8693. En prenant les longueurs de la cella et de l'opisthodome dans l'œuvre, plus l'épaisseur du mur qui les sépare, nous aurons η + ϑ + ι = 23,14 et 23,1168 ; cette somme correspond à ₅ U' = 23,3500 qui étaient donnés dans l'agrandissement subséquent à la longueur de l'atrium. Je crois que cette disposition est la cause pour laquelle cet atrium, étant déterminé dans toute sa longueur d'une seule mesure, les valeurs de ses entre-colonnements n'étaient pas et ne pouvaient pas être toutes prises de la série. Du reste, ni M. Prisse ni la « Description » n'ont marqué ces valeurs spécialement.

La largeur de la grande salle hypostyle se résume en :

	COTES DE M. PRISSE.	MÉTHODIQUES.	« DESCRIPTION »
Entre-colonnement du sud.	?	₂ H = 2,6086	
— du milieu.	?	½ 2 = 4,2894	4,293
— du nord.	?	₂ H = 2,6086	
Longueur totale de cette salle.	9,49	(½ 6) 9,5066	

La « Description » donne pour l'entre-colonnement du milieu 4,923, tandis que celui-ci, mesuré au compas chez M. Prisse, n'atteint pas 4,30. Est-ce qu'il y aurait une faute de transposition des chiffres ? La base de la longueur totale de la salle hypostyle, 9,49 et 9,5066, est ½ 6 = 9,6517.

Cella.

	COTES DE M. PRISSE.	MÉTHODIQUES.	« DESCRIPTION. »
Circuit du côté sud de la cella.	2,170	¹/₂ B = 2,2014	?
Épaisseur du mur de ce côté.	1,080	¹/₄ B = 1,1007	?
Longueur de la cella dans l'œuvre.	8,190	D'' = 8,0884	?
Épaisseur du mur du côté nord.	1,080	¹/₄ B = 1,1007	?
Circuit du côté nord de la cella.	2,170	¹/₂ B = 2,2014	?
Longueur totale de la cella.	14,690	(III) 14,6926	14,884

Opisthodome.

	COTES DE M. PRISSE.	MÉTHODIQUES.	« DESCRIPTION. »
Entre-colonnement sud.	2,10	d = 2,0753	?
— du milieu.	2,75	₂ f = 2,7674	?
— nord.	2,10	d = 2,0753	?
Longueur de l'opisthodome.	6,95	(1) 6,9180	7,063

La base de la longueur totale de la cella, 14,69 et 14,6926, est III = 14,8598, et celle de l'opisthodome, 6,95 et 6,9180, est 1 = 7,0050.

Les deux salles latérales et parallèles à la cella ont chacune la longueur, chez M. Prisse, de 3,21 correspondant à ₂ G = 3,1952 + 3,05 correspondant à b = 3,1135 + 3,21, soit ₂ G = 3,1952 ; en somme, chez M. Prisse, 9,47 ; méthodiquement 9,5039 avec la même base de ¹/₂ 6 = 9,6517 qui a déterminé la longueur de la salle hypostyle.

La *largeur de l'atrium* est égale à sa longueur ; M. Prisse la marque à 23,32, soit ₅ U' = 23,35 ; la « Description » nous donne cette largeur à 2,571 (correspond. e = 2,5417) + 3,274 (correspond. ₂ G = 3,1952) + 11,853 (correspond. ¹/₂ 7 = 11,8209) + 3,274 (correspond. ₂ G = 3,1952) + 2,571 (correspond. e = 2,5417). En somme 23,543 et méthodiquement 23,2947.

Largeur de l'hypostyle.

	COTES DE M. PRISSE.	MÉTHODIQUES.	« DESCRIPTION. »
Entre-colonnement extérieur (côté ouest).	4,19	₂ d = 4,1504	4,420
— intérieur (côté ouest).	?	₂ E = 4,7932	4,628
— du milieu.	?	A = 5,3924	5,466
— intérieur (côté est).	?	₂ E = 4,7932	4,628
— extérieur (côté est).	4,19	₂ d = 4,1504	4,420
Largeur totale de l'hypostyle.	23,32	(₅ U') 23,2796	23,562

Cella.

	M. PRISSE.	MÉTHODIQUES.	« DESCRIPTION. »
Circuit extérieur (ouest).	2,985	D = 2,9350	3,058
Épaisseur du mur (ouest).	1,030	¹/₂ d = 1,0376	1,299
Largeur de la cella propre.	4,670	U' = 4,6700	4,670
Épaisseur du mur (est).	1,030	¹/₂ d = 1,0376	1,299
Circuit extérieur (est).	2,985	D = 2,9350	2,192
Largeur de la cella.	12,700	(4) ·12,6152	12,518

J'ai pris la détermination des entre-colonnements de la salle hypostyle sur la base des deux seuls que j'ai trouvés marqués chez M. Prisse et de la valeur de celui du milieu, qui est marqué dans la « Description » à 5,466. Dans le dessin de la « Description, » la moitié de la largeur de la cella est marquée à 6,332, dont le double 12,664 diffère de 0,146 de la somme de détails = 12,518. La base de la largeur de la salle hypostyle est ₅ U',

parce que sa largeur est égale à celle de l'atrium. La base de la largeur totale de la cella, 12,7 et 12,6152, est le terme $4 = 12,8686$.

La *largeur de l'opisthodome* est donnée par M. Prisse à 11,4; par la « Description » à 11,555 avec la base correspondante de $_2 d'' = 11,4390$. Ce qui est inusité, c'est que la largeur de l'opisthodome est moindre que celle de la cella ; en général, nous trouvons le contraire pour les salles hypostyles qui précèdent la cella.

La *largeur d'une des salles latérales* est donnée, chez M. Prisse, à 4,15, soit $_2 d = 4,1504$; les deux colonnes de cette salle sont justement placées à son axe du milieu, l'entre-colonnement dans le sens de la largeur est donc $d = 2,0752$. Dans la « Description » il n'y a aucune trace de ces salles latérales.

LES PYLONES.

Dans un article de « l'Edinburgh Review » de l'an 1851, M. Patmore, du musée britannique, avance que les deux pylônes des temples égyptiens n'étaient que la découpure d'une pyramide dont les apothèmes correspondraient aux faces extérieures latérales de ces pylônes prolongées en hauteur jusqu'au point d'intersection; selon cette théorie, les deux inclinaisons devraient se rencontrer à un point situé dans une perpendiculaire élevée au milieu de la façade. La sévérité avec laquelle les Égyptiens ont appliqué les principes une fois adoptés m'a fait, du premier abord, trouver l'opinion de M. Patmore très-plausible. En conséquence, j'ai examiné la méthode de détermination proportionnelle des pylônes de notre temple ; M. du Camp en donne la photographie prise de face (pl. 30). En faisant monter les inclinaisons des faces extérieures latérales de deux pylônes (voir pl. XI, fig. 7), j'ai trouvé que les deux lignes prolongées se touchent sur l'axe du milieu, à la hauteur d'environ 122 mètres, ce qui correspond à $_2 X = 122,8466$. La base totale de la façade se compose de :

	M. PRISSE.	MÉTHODIQUEMENT.	« DESCRIPTION. »
Rayon de la baguette marginale du pylône. . .	0,185	$^1/_4 i = 0,1883$	0,370
Épaisseur du mur jusqu'à l'escalier.	1,600	$G = 1,5976$	
Largeur de l'entrée de l'escalier.	0,910	$h = 0,9223$	
Épaisseur du mur jusqu'à l'atrium.	2,335	$^1/_2 U' = 2,3350$	
Largeur de l'atrium dans l'œuvre.	23,320	$_5 U' = 23,3500$	16,416
Jusqu'à l'entrée de l'escalier.	2,335	$^1/_2 U' = 2,3350$	16,416
Largeur de l'entrée de l'escalier.	0,910	$h = 0,9223$	
Épaisseur du mur latéral du pylône.	1,600	$G = 1,5976$	
Rayon de la baguette marginale du pylône. . .	0,185	$^1/_4 i = 0,1883$	0,370
Largeur de la base totale des pylônes. .	33,380	$(^1/_4$ XIV) 33,4364	33,572

Je prends pour base de la largeur totale $33,4364 \ ^1/_4 XIV = 34,5506$, parce que, comme nous le verrons par les cotes de la hauteur de la « Description » M. Prisse n'a pas déblayé les décombres jusqu'à la ligne fondamentale. Nous avons donc pour base de chacun des deux triangles qui forment la pyramide de construction, et dont un est désigné dans notre dessin par β, γ, δ, la longueur de $\beta \gamma = \ ^1/_8 XIV = 17,2753$ mètres, et pour la hauteur perpendiculaire, commune aux deux triangles et désignée par $\gamma \delta$, le terme $_2 X = 122,8466$; la mesure de l'apothème de la pyramide constructive sera donc de $\sqrt{(17,2753^2 + 122,8466^2)} = 124,055..$ mètres. Divisons cet apothème en neuf parties égales, et nous aurons, pour une partie, 13,784.. ; prenons-en quatre parties à partir de la base, c'est-à-dire 55,136.. sur l'apothème, et laissons tomber du point marqué 4 une perpendiculaire à la base du pylône; cette perpendiculaire coupera le pylône en deux parties égales, dont chacune aura à la base, pour mesure, $_2 a = 7,6260$; cette perpendiculaire aura la hauteur de $_2 VI = 54,5985$, parce que $\sqrt{55,136^2 - 7,6260^2} = 54,606$. En prenant cinq parties de l'apothème, et la base entière d'un des pylônes, soit $_2 a + _2 a = 15,2520$, et en joignant les deux points 5 et α de notre dessin, nous aurons la direction suivie par la face intérieure du pylône. Il paraît aussi que les jambages extérieurs de la porte s'entrecoupent avec les inclinaisons intérieures des pylônes à la hauteur de la corniche de la porte.

Chaque pylône est découpé de la grande pyramide constructive, y compris sa corniche, à la hauteur du terme $IV = 18,1995$; parce que cette hauteur se compose de :

	COTES DE M. PRISSE.		MÉTHODE.		COTES DE LA « DESCR. »
Exhaussement du sol par des décombres qui n'ont pas été déblayés par M. Prisse. . . . . ?	0,550		Gradin $\frac{1}{2}$ n $=$ 0,1673		0,550
Corps du pylône jusqu'à la corniche de la porte, 9,17 + 2,48 + 1,53. . . . . $=$	10,120	10,67	3 $=$ 10,5075	10,6748	10,131
Hauteur de la baguette de la corniche de la porte. . . .	0,250		$\frac{1}{2}$ l $=$ 0,2510		0,217
— de la gorge — —	0,880	1,53	K $=$ 0,8695	1,5304	0,866
— du filet — —	0,400		m $=$ 0,4099		0,433
Hauteur de la porte du milieu de la façade. . . .	12,200		(II)	12,2052	12,197
Corps du pylône situé au-dessus de la porte.	4,800		$_2$ E $=$ 4,7932		4,671
Baguette de la corniche du pylône.	0,200		$\frac{1}{2}$ m $=$ 0,2049		0,244
Gorge — —	0,750	1,20	i $=$ 0,7531	1,2090	0,974
Filet — —	0,250		$\frac{1}{2}$ l $=$ 0,2510		
Hauteur totale du pylône.	18,200		(IV)	18,2074	18,086

Les bases des hauteurs des deux corniches sont : pour celle de la porte, 1,53 et 1,5304 $_2$ i $=$ 1,5062, et, pour celles des pylônes, 1,20 et 1,2090 $\frac{1}{2}$ E $=$ 1,1983.

La hauteur de la perpendiculaire érigée au milieu de la face latérale du pylône (voir fig. 6) paraît avoir pour mesure, là où les deux inclinaisons s'entrecoupent, le terme $\frac{1}{2}$ 12 $=$ 32, 57465.

Colonnes.

Les *colonnes de l'atrium* ont pour diamètre inférieur, chez M. Prisse, 1,60 G $=$ 1,5976; pour diamètre supérieur, dans « la Description, » 1,461 $\frac{1}{2}$ D $=$ 1,4675. Nous avons trouvé le terme $\frac{1}{2}$ G employé pour le diamètre inférieur des colonnes du péristyle dans le temple de Corinthe, et $\frac{1}{2}$ d pour le diamètre inférieur dans le péristyle à l'acropole de Sélinonte ; par cela, on voit la raison de diminution des diamètres dans les temples doriques, qui devient encore plus saillante quand on remarque que l'entre-colonnement reste presque dans la même proportion que celui du temple de Corinthe ; mais aussi la colonne de Corinthe n'a-t-elle que $_2$ G pour hauteur, tandis que celle de notre atrium prend la sienne à la distance de 37 termes plus haut, soit à $\frac{1}{2}$ IV, soit à la moitié de la hauteur du pylône. Cette hauteur de $\frac{1}{2}$ IV se compose de :

	M. PRISSE.	MÉTHODIQ.	« DESCRIPT. »
Hauteur du socle de la colonne de l'atrium.	0,70	L $=$ 0,7100	
— de son fût.		$_2$ D $=$ 5,8700	
— de son chapiteau.	7,70	$_2$ h $=$ 1,8446	7,40
— de son abaque.	0,77	$_2$ O $=$ 0,7730	
Hauteur totale de la colonne de l'atrium. .	9,17	($\frac{1}{2}$ IV)	9,1976

L'architrave et la corniche ont la hauteur, chez M. Prisse, de 2,31, ce qui donne, pour l'architrave, $_2$ i $=$ 1,5062 et, pour la corniche, $\frac{1}{2}$ G $=$ 0,7988, en somme 2,3050, et avec la colonne, chez M. Prisse, 11,48, et méthodiquement, 11,5026, avec la base de $_2$ d" $=$ 11,4390. La base de la hauteur de la colonne, 9,17 et 9,1976, est $\frac{1}{2}$ IV $=$ 9,0997. Le socle de ces colonnes a pour diamètre inférieur E $=$ 2,3966 et pour diamètre supérieur $_2$ l $=$ 2,1302.

Dans l'hypostyle, il y a deux espèces de colonnes ; celles du milieu, qui sont plus grosses (pl. XIII, fig. 4), et les colonnes de deux rangées latérales (pl. XIII, fig. 5). Le socle des premières a, chez M. Prisse, pour diamètre inférieur 2,40 E $=$ 2,3966, et pour diamètre supérieur $\frac{1}{2}$ B $=$ 2,2014 (c'est le double de la salle angulaire et des piliers à seize faces du promenoir de Thothmès et le double du diamètre inférieur de l'hypostyle au tombeau de Num-Hôtep). Le socle des colonnes moindres a, chez M. Prisse, pour diamètre inférieur 1,60 G $=$ 1,5976, et pour diamètre supérieur 1,36 et 1,31 $\frac{1}{4}$ A $=$ 1,3481. Le diamètre inférieur des grosses colonnes a $_4$ k $=$ 1,2290, et le diamètre supérieur $\frac{1}{4}$ B $=$ 1,1007. Le diamètre inférieur des petites colonnes a, de même que le diamètre supérieur, $\frac{1}{4}$ C $=$ 0,8987. Le renflement des grosses colonnes a pour diamètre $\frac{1}{4}$ A $=$ 1,3481, et celui des pe-

tites colonnes $^1/_4$ B 1,1007. Sans ce renflement, le fût des petites colonnes serait parfaitement cylindrique. Dans es grosses colonnes, le diamètre supérieur décroît, à partir de $_2$ k jusqu'à $^1/_4$ B, de 5 termes. Le diamètre du chapiteau des petites colonnes est égal en haut et en bas; il est aussi égal au côté de l'abaque et au fût; de même le renflement du chapiteau est égal au renflement du fût. Ces conditions reviennent maintes fois dans les colonnes égyptiennes et font, par cela, une loi pour les colonnes à chapiteau de fleurs en bourgeon. Ces fleurs non ouvertes, dont nous avons des exemples pl. XIII, fig. 3 et 5, et pl. XII, fig. 3, sont des fleurs de lotus, symbole de la haute Égypte, tandis que les fleurs épanouies des chapiteaux, dont nous avons des exemples pl. XIII, fig. 4, 6 et 7, représentent les fleurs de papyrus, symbole de la basse Égypte, et, dans ce sens, on peut appeler *symboliques* les chapiteaux des colonnes. Ces deux symboles de la basse et de la haute Égypte s'unissent, dans les deux parties de la double couronne, portée par des pharaons qui ont régné sur toute l'étendue du pays (voir les colosses de Rhamsès assis devant le spéos d'Ibsamboul, pl. XII, fig. 5). Les entre-colonnements de l'hypostyle sont, dans le sens de la longueur, $_2$ H = 2,6086 ($_2$ h est la mesure que nous avons rencontrée très-souvent comme déterminatif des entre-colonnements ordinaires du péristyle des temples doriques) et $^1/_2$ 2 = 4,2894 (nous trouvons $^1/_2$ 1 à Bassæ et à Olympie comme longueur du portique antérieur extérieur). Dans le sens de la largeur, nous avons les entre-colonnements pris à $_2$ d = 4,1504 (d est l'entre-colonnement ordinaire du péristyle à l'acropole de Sélinonte, de Métaponte, de Némée, etc., etc.), à $_2$ E = 4,7932 (E, longueur de l'opisthodome dans la ville de Sélinonte et longueur du posticum à Bassæ) et à A = 5,3924 ($^1/_2$ A, longueur du vestibule à l'acropole et du vestibule et du posticum dans la ville de Sélinonte, et du vestibule du temple de la Concorde à Agrigente).

Petites colonnes.	M. PRISSE.	MÉTHODIQUEMENT.	*Grandes colonnes.*	M. PRISSE.	MÉTHODIQUEMENT.
Hauteur du socle	0,40	m = 0,4099	Hauteur du socle	0,50	l = 0,5020
— du fût	2,93	D = 2,9350	— du fût	4,40	B = 4,4028
— du chapiteau	1,20	$^1/_2$ E = 1,1983	— du col	0,36	$^1/_2$ i = 0,3765
— de l'abaque	0,40	m = 0,4099	Haut. du chapit., 0,62 + 0,27 = 0,89		k+o = 0,8876
Hauteur de la colonne.	4,93	($^1/_2$ I) 4,9531	Haut. des grandes colonnes.	6,15	($_2$ b) 6,1689

	M. PRISSE.	MÉTHODIQUEMENT.
Hauteur des petites colonnes	4,93	($^1/_2$ I) = 4,9531
Hauteur de la corniche	0,90	$^1/_4$ C = 0,8987
— de l'architrave	0,90	$^1/_4$ C = 0,8987
— de la partie des fenêtres	1,08	I = 1,0651
Hauteur totale de la salle hypostyle	7,81	($^1/_2$ 5) 7,8156

	M. PRISSE.	MÉTHODIQUEMENT.
Hauteur des grandes colonnes	6,15	($_2$ b) 6,1689
Hauteur du dé situé au-dessus des colonnes	0,70	L = 0,7100
Hauteur de l'architrave	0,96	$_2$ N = 0,9468
Hauteur totale de l'hypostyle	7,81	($^1/_2$ 5) 7,8257

Dans la « Description, » pl. LV, fig. 5, je trouve marquée la hauteur du chapiteau de la grosse colonne à 0,731 + 0,217 = 0,948, tandis que M. Prisse n'a que 0,89. Le diamètre inférieur de la grosse colonne $_2$ k est à la distance de 12 termes du diamètre inférieur $^1/_4$ C de la petite colonne, tandis que la hauteur de la première, avec sa base de $_2$ b = 6,2270, est à la distance de seulement 9 termes de la hauteur $^1/_2$ I = 4,9532 de la dernière; la grosse colonne est donc proportionnellement plus haute. La hauteur de la petite colonne est à la distance de 22 termes de la hauteur des colonnes de l'atrium, à $^1/_2$ IV, et celle de la grosse colonne est à la distance de 14 termes. Parmi les colonnes doriques, celles du péristyle du Parthénon et du temple de Sunium ont la hauteur B du fût de la grosse colonne. Les parties situées au-dessus des petites colonnes ont pour hauteur 2,88, soit 2,8625, avec la base de $^1/_2$ d" = 2,8597, ce qui surpasse encore de 9 termes l'entablement dorique le plus haut, à savoir celui à $_2$ g du temple de l'acropole de Sélinonte. Cette énorme hauteur s'explique par la nécessité d'éclairer d'en haut la salle hypostyle. Les deux parties inférieures, qui forment à elles seules l'entablement, ont

le même terme $^1/_2$ C que nous avons trouvé au promenoir de Thothmès, lequel a réglé la hauteur de l'entablement dorique propre. L'ordre habituel des parties ici est interverti, parce que la corniche se trouve placée immédiatement au-dessus des colonnes, et l'architrave est superposée à la corniche. Le moyen d'éclairer, comme c'est le cas ici, par de petites ouvertures d'en haut fut, plus tard, adopté dans les édifices grecs et romains, lesquels ont été appelés pour cela *œci œgyptiaci*. Ici toutes les cinq nefs de l'hypostyle ont la même hauteur, et les rayons de lumière viennent d'en haut et du côté des nefs latérales éclairer la nef du milieu, tandis que dans d'autres exemples, notamment celui de la salle principale du promenoir de Thothmès, ce sont les nefs du milieu qui sont plus élevées, et les fenêtres au-dessus de leurs colonnes transmettent les rayons du soleil d'abord aux nefs principales, et seulement en seconde ligne aux nefs latérales. C'est de ce dernier genre d'œcus œgyptiacus que dérive *la basilique tant païenne que chrétienne* (*). La hauteur totale de la salle hypostyle, de 7,81 et 7,8156, a pour base $^1/_2$ 5 $=$ 7,8806, base que nous avons trouvée employée pour la hauteur totale du temple de la ville de Sélinonte et pour celle des Propylées d'Athènes. Dans la coupe longitudinale (voir pl. XI, fig. 6), M. Prisse marque la hauteur totale de la nef principale à 7,54. Est-ce que peut-être les nefs latérales seraient plus hautes de 0,27 à cause de leurs fenêtres?

La *hauteur de la cella*, mesurée dans le dessin de M. Prisse au compas, est d'environ 7,0 ou 1 $=$ 7,0050. Pour la largeur totale de la cella, nous avons trouvé la base de 4 $=$ 12,8686 à la distance de 22 termes du terme 1, et pour longueur 14,6926, il y a à la base de III $=$ 14,8598 à la distance de 6 termes de la largeur et de 27 termes de la hauteur. La distance de la hauteur à la largeur et à la longueur est de 20 termes au tombeau de Num-Hôtep. Dans le spéos d'Ibsamboul, la cella a, de la hauteur à la largeur $^1/_2$ B, la distance de 3 termes, et à la longueur $_2$ d 25 termes. Il y a, dans cette cella, de véritables fenêtres qui pourtant, à cause de leur position élevée et de leur peu de largeur, ne devaient donner qu'une lumière assez faible.

Dans l'opisthodome, M. Prisse marque le diamètre de quatre colonnes à 1,00 $_2$ l $=$ 1,0040; leur hauteur totale donne environ 5,25 $^1/_2$ 3 $=$ 5,2537; elles ne sont donc que de 3 termes plus hautes que les petites colonnes de l'hypostyle, dont elles ont les formes. La hauteur totale de l'opisthodome paraît être prise à la moitié de la largeur totale de la cella, soit $^1/_2$ 4 $=$ 6,4343. L'architrave, l'unique partie de l'entablement, aurait donc la différence entre $^1/_2$ 4 et $^1/_2$ 3, soit 1,1806 ou $_2$ I $=$ 2,1302. Ici il n'y a pas de fenêtre pour éclairer l'appartement.

Dans les deux *salles latérales* et parallèles à la cella, le diamètre de leurs colonnes est marqué à 0,82, soit $_2$ m $=$ 0,8198, et l'entre-colonnement à 3,05 b $=$ 3,1135. C'est la moitié du terme b que nous avons trouvé employé pour déterminatif des entre-colonnements d'angle dans plusieurs temples doriques.

Pour démontrer la *décroissance pyramidale* des parties au fur et à mesure qu'elles sont plus éloignées de la façade, j'ai tiré les lignes α β; celle-ci fait voir comment monte le sol ; γ δ, celle-ci démontre la décroissance des hauteurs des différentes pièces ; et ε ζ, celle-ci fait voir la décroissance des portes à mesure qu'elles sont plus loin des pylônes.

Colonnes du dromos de Ptolémée (île de Philæ).

M. du Camp nous décrit ce dromos à la page 195 de son « Nil » : « Une longue colonnade irrégulière s'allonge et forme dromos en avant des premiers pylônes (du temple d'Isis). Les rangs des colonnes ne se suivent pas parallèlement ; l'allée qui les sépare s'élargit à mesure que l'on se rapproche du temple. Seize colonnes s'alignent sur la rive orientale et trente-quatre sur le côté occidental ; elles sont toutes surmontées de chapiteaux dont les formes variées sont empruntées aux lotus et aux palmiers. Entre la douzième et la treizième colonne de la rangée occidentale, s'ouvre l'entrée d'un escalier qui circule dans l'épaisseur des murailles et conduit à une poterne débouchant sur les bords du Nil, au milieu des rochers de granit rose. Tout le dromos, terni, noirci, souillé par le temps et la poussière, est enterré jusqu'au tiers de sa hauteur dans des monticules de poteries et des briques crues. »

Les deux colonnes de notre pl. XIII, fig. 6 et 7, dont le dessin est reproduit d'après une communication de M. Prisse, appartiennent à la rangée occidentale. L'unité pour ces colonnes est, d'après la « Description, » la largeur du portique dans l'œuvre, 3,40 ; plus le rayon du socle, d'après M. Prisse, 0,61 $=$ 4,01 ; en somme ronde,

(*) M. Fergusson adopte, dans sa restauration des palais assyriens, les moyens décrits pour les éclairer, en supposant toute la partie supérieure construite en bois ; mais il ne se contente pas d'un simple entablement, et superpose aux murs en brique crue un véritable ordre de colonnes hautes et minces en bois, entre lesquelles la lumière trouve de grands espaces ouverts à sa diffusion.

I.

21

4 mètres. Le socle inférieur de chacune de ces colonnes a pour diamètre 1,22, soit $_2$ L = 1,2160 ; le socle supérieur 1,04, soit $_2$ k = 1,0532. Le diamètre inférieur du fût a h = 0,7901, et le diamètre supérieur $_2$ m = 0,7033 ; il y a donc la distance de 5 termes entre les deux diamètres. L'entre-colonnement a 2,55 D = 2,5141.

	Hauteur de la colonne fig. 6.			*Hauteur de la colonne fig. 7.*	
	M. PRISSE.	MÉTHODIQUES.		M. PRISSE.	MÉTHODIQUES.
Hauteur du dé du socle infér.	0,300	$_2$ S = 0,2940	Hauteur du dé du socle infér.	0,300	$_2$ S = 0,2940
Hauteur du dé du socle supér.	0,145	S = 0,1470	Hauteur du dé du socle supér.	0,145	S = 0,1470
Hauteur du plan incliné. . . .	0,055	$^1/_4$ Q = 0,0551	Haut. du plan incl. du dernier.	0,055	$^1/_4$ Q = 0,0551
Hauteur du fût.	3,770	B = 3,7712	Hauteur du fût.	3,700	$(^1/_2$ 2) = 3,6884
Haut. du chapit., 0,70+0,17 =	0,870	$_2$ l = 0,8600	Haut. du chapit., 0,80+0,14 =	0,940	$^1/_4$ B = 0,9428
Hauteur de la colonne. . .	5,140	$(^1/_2$ 11) 5,1273	*Hauteur totale de la colonne.*	5,140	$(^1/_2$ 11) 5,1273

La hauteur totale est donnée par la colonne fig. 6, parce que la hauteur de son fût, 3,77, est prise d'un seul terme, à savoir à B, terme de la hauteur du fût trouvé aux grosses colonnes de l'hypostyle du temple de Khons. Le fût de la colonne fig. 7 au chapiteau du palmier ne peut pas atteindre cette hauteur, à cause de son chapiteau plus haut ; il n'a donc que le complément à la hauteur totale 5,14. Ce complément est de 3,7, soit 3,6884 avec la base de $^1/_2$ 2 = 3,6742. La hauteur totale de 5,1273 a pour base $^1/_2$ 11 = 5,1960. Avec cette hauteur, les colonnes du dromos surpassent celle des colonnes doriques, et ne sortent pas des conditions des colonnes égyptiennes ; mais elles se rapprochent des colonnes doriques par la diminution de leurs diamètres, l'inférieur à h, n'étant plus que le voisin supérieur de $^1/_4$ C, du diamètre des colonnes angulaires au péristyle du grand temple de Pæstum, et même à la distance de 5 termes au-dessous de $^1/_2$ d, le terme du diamètre des colonnes angulaires de l'acropole de Sélinonte. Le terme du diamètre supérieur $_2$ m est le voisin supérieur de $^1/_2$ G du diamètre inférieur des colonnes de Corinthe. De même nous trouvons un entre-colonnement correspondant à D dans la longueur du portique extérieur postérieur du grand temple de Pæstum.

Au-dessus des chapiteaux il y a des dés qui supportent l'architrave surmontée par la corniche ; c'est ainsi que nous trouvons ici les trois parties de l'entablement grec, seulement encore en ordre interverti, parce que les dés tiennent lieu des triglyphes de la frise. Le dessin de M. Prisse n'avait que la cote des dés à 0,33, soit O = 0,3310. Je trouve la hauteur de l'entablement dans la « Description, » à environ 1,67 avec la base correspondante de F = 1,6760 ; ce qui donne pour la hauteur totale de l'ordre 6,81 ; soit 6,8033 avec la base de $^1/_2$ 5 = 6,7500, ce qui correspond de même à la base de la hauteur de l'hypostyle au temple de Khons, comme a répondu le terme B de la hauteur du fût des colonnes du dromos à la même hauteur du fût des grosses colonnes au même temple.

LES UNITÉS DES TEMPLES ÉGYPTIENS.

Dans nos exemples, les unités ne diffèrent pas de 1 mètre entre elles, et on trouve, dans la série générale, des chiffres qui sont très-rapprochés de ces unités. Pour en faciliter l'aperçu, je place, dans le tableau suivant, nos unités en rang de leurs valeurs numériques et en comparaison avec ceux des termes de la série générale qui leur sont les plus rapprochés ; j'y ajoute de plus l'unité de la cella en granit du grand temple d'Ammon à Karnak, qui a été commencé du temps de la XIIe dynastie, et l'unité ou la largeur de la cella du petit temple d'Ammon de la même localité, qui date de la XXe dynastie, ayant été construit par Rhamsès III.

	UNITÉS.	TERMES ET CHIFFR. CORRESP.	D. L. SÉRIE GÉN.	DIFFÉRENCES.
Spéos d'Ibsamboul.	3,72 mètres.	$^1/_2$ 9	3,79	0,07
Promenoir de Thothmès III.	3,99 —	$^1/_4$ XI	4,02	0,03
Dromos de Ptolémée Évergète.	4,00 —	$^1/_4$ XI	4,02	0,02
Cella en granit, à Karnak.	4,22 —	$_2$ I	4,24	0,02
Tombeau de Num-Hôtep.	4,30 —	$_2$ I	4,24	0,06
Temple de Khons, à Karnak.	4,67 —	$^1/_2$ 10	4,65	0,02
Petit temple d'Ammon, à Karnak.	4,68 —	$^1/_2$ 10	4,65	0,03

La cause qui explique et ce peu de différence et le rapport à la série générale est le désir de se faciliter le travail pendant la conception du projet, car, par ce double rapprochement, les Égyptiens pouvaient utiliser avec

beaucoup de facilité les modèles antérieurs, et ils pouvaient en même temps rester dans la méthode graphique sans être obligés de recourir au calcul, opération assez difficile pour qui ne connaît pas le système décimal. On peut s'en convaincre par l'exposé de la manière de faire les opérations fondamentales de l'arithmétique usitée chez les Grecs, qui est mis en tête du second volume de l'*Histoire de l'astronomie*, par M. Delambre.

Dans les devis ordinaires des constructions, il faut calculer la masse cubique des matériaux à placer; pour les constructions souterraines des Égyptiens, avec lesquelles l'architecture en pierre commence, on avait le cas contraire, c'est-à-dire il fallait calculer la masse cubique des matériaux à enlever.

Il était dit, page 16, que, en prenant où que ce soit parmi les termes de la série deux facteurs, le produit de leur multiplication se trouvera à une *certaine* distance d'eux-mêmes parmi les termes. Pour mieux préciser ce fait, j'ajoute que le produit de la multiplication est éloigné d'autant de termes d'un des facteurs que l'autre facteur en est éloigné de l'unité; par exemple, nous avons à multiplier le terme $\frac{1}{2}$ 3 = 1,1250 avec le terme 1 = 1,5000; au lieu de faire la multiplication elle-même, nous compterons, de l'unité au terme $\frac{1}{2}$ 3 (l'un des facteurs), cinq termes, et nous trouverons dans le cinquième terme au-dessus du terme 1 (l'autre facteur), c'est-à-dire dans le terme $\frac{1}{2}$ 5, le produit demandé = 1,6875. Autre exemple : ayant à multiplier $\frac{1}{2}$ 1 = 0,75 avec le terme 3 = 2,25, vous compterez, en descendant de l'unité à $\frac{1}{2}$ 1, onze termes, et, en descendant du terme 3 au onzième, vous aurez dans $\frac{1}{2}$ 5 = 1,6875 le produit cherché.

En choisissant des chiffres contenus dans la série générale pour les unités spéciales, on pouvait donc, rien qu'en comptant et sans élévation en puissance, arriver à connaître les contenus cubiques et, en ne s'éloignant que peu de ces valeurs, on arriva à les connaître par cette méthode, au moins approximativement, par exemple dans la

Cella du spéos d'Ibsamboul.

Unité spéciale, 3,72; unité approximative dans la série générale, $\frac{1}{2}$ 9 = 3,79.

	$_2$ B Longueur.	U' Largeur.	Espace carré.	B Hauteur.	Contenu cubiq.
Cotes mesurées.	7,0144 $\times$	3,7200 =	26,0935 $\times$	3,5072 =	91,515..
Valeur approx. de la série gén.	$\frac{1}{2}$ 12 = 6,9753	$\frac{1}{2}$ 9 = 3,79 . .	$_2$ X = 26,3055	$\frac{1}{2}$ VII = 3,5797	$_2$ 18 = 94,166..

Le terme $\frac{1}{2}$ 9 est de l'unité = 1,00 à la distance de 47 termes, et le terme $_2$ X est du terme $\frac{1}{2}$ 12 également à la distance de 47 termes.

Le terme $\frac{1}{2}$ VII est de l'unité = 1,00 à la distance de 45 termes, et le terme de $_2$ 18 est du terme $_2$ X également à la distance de 45 termes.

Les valeurs de la série générale sont ici plus grandes que celles de la série spéciale; on peut donc descendre pour le résultat final, d'un terme de $_2$ 18, et on trouvera à côté de $\frac{1}{2}$ XXIII la somme de 91,744. La proportion de la largeur (base $\frac{1}{2}$ 9) de la cella à sa hauteur (base $\frac{1}{2}$ 12) ne diffère que de 3 termes de la raison du petit côté à l'hypoténuse du même triangle du cube.

Hypostyle du spéos d'Ibsamboul.

	$\frac{1}{4}$ VIII Longueur.	III Largeur.	Espace carré.	$_2$ a Hauteur.	Contenu cubiq.
Cotes mesurées.	8,1547 $\times$	11,8369 =	96,5263 $\times$	6,0746 =	586,358..
Val. appr. de la sér. gén.	$_2$ 6 = 8,267 .	$_2$ VI = 11,691.	$\frac{1}{2}$ 25 = 97,309.	$\frac{1}{4}$ XIII = 6,040.	$_2$ 27 = 583,858..

$_2$ 6 de l'unité = 1,00 à 74 termes, et $\frac{1}{2}$ 25 de $_2$ VI, également à 74 termes.

$\frac{1}{4}$ XIII de l'unité = 1,00 à 63 termes, et $_2$ 27 de $\frac{1}{2}$ 25, également à 63 termes.

Ici la différence n'est que de 3 mètres. La longueur (base $_2$ 6) est à la largeur (base $_2$ VI) comme le petit côté au grand côté du même triangle du cube.

Atrium du spéos d'Ibsamboul.

	$\frac{1}{2}$ 10 Longueur.	$_2$ I Largeur.	Espace carré.	3 Hauteur.	Contenu cubique.
Cotes mesurées. . . .	17,2987 $\times$	15,7825 =	273,0167 $\times$	8,3700 =	2285,1497
Val. app. de la sér. gén.	13 = 17,085.	$\frac{1}{2}$ 16 = 15,694 .	$\frac{1}{2}$ 30 = 268,154 .	$\frac{1}{2}$ 13 = 8,543 .	$_2$ XXXII = 2275,361 .

$\frac{1}{2}$ 16 de l'unité = 1,00 à 96 termes, et $\frac{1}{2}$ 30 de 13, également à 96 termes.

$\frac{1}{2}$ 13 de l'unité = 1,00 à 75 termes, et $_2$ XXXII de $\frac{1}{2}$ 30, également à 75 termes.

Ici la différence de 10 mètres provient de l'espace carré, plus petit, dans la série générale, de 5 mètres. La hauteur $\frac{1}{2}$ 13 est prise à la moitié de la longueur 13.

Hypostyle du tombeau de Num-Hôtep.

Unité spéciale, 4,20 ; unité approximative de la série générale, $_2$ I $= 4,24$.

	$\frac{1}{4}$ IX Longueur.	$\frac{1}{4}$ IX Largeur.	Espace carré.	$_2$ C Hauteur.	Contenu cubiq.
Cotes mesurées......	11,5446 $\times$	11,5446 $=$	133,2777 $\times$	6,62002 $=$	882,3250
Val. approx. de la sér. gén.	11 = 11,390 .	11 = 11,390 .	$_2$ 3 = 129,746 .	$_2$ 5 = 6,750 .	$_2$ 29 = 875,787 .

La hauteur de $_2$ C est au côté du carré comme le petit côté à l'hypoténuse, dans le même triangle du cube.

Du tableau qui précède on peut tirer la conséquence que l'idée originaire des architectes égyptiens était de rester, pour le choix de leurs unités, dans la valeur des termes, et que les différences de 2 ou 3 centimètres ne sont dues qu'à l'imperfection de la méthode graphique ou à l'imperfection de l'exécution. Du reste, nous ne possédons pas encore des relevés aussi exacts pour les monuments égyptiens que nous en avons pour les constructions grecques ; dans la grande « Description » il y a des fautes capitales ; c'est la raison pour laquelle je ne pouvais pas pousser mon examen plus loin, où je n'avais des nouveaux et des plus sûrs relevés pour correctif, et c'est pourquoi je n'ai donné les quelques analyses précédentes qu'en forme d'appendice.

La même méthode qui servait à déterminer par une observation du travail le contenu cubique des excavations pouvait s'employer à trouver les masses cubiques des supports, par exemple :

Masse cubique des colonnes de l'hypostyle de Num-Hôtep.

Unité spéciale, 4,30 ; unité approximative dans la série générale, $_2$ I $= 4,242$.

	$_2$ l Diam. supér.	$\frac{1}{2}$ Périphérie.	Carré de la base.	$\frac{1}{2}$ II Hauteur.	Masse cubiq.
Cotes mesurées.......	0,924 $\times$	1,57.. $=$	1,4506 $\times$	5,586 $=$	8,1030
Valeur approx. de la sér. gén.	$\frac{1}{2}$ 2 = 0,918	($\frac{1}{2}$ III = 1,59)	$\frac{1}{4}$ VI = 1,461 .	$_2$ 4 = 5,511	$\frac{1}{2}$ XI = 8,054 .

Distance de $\frac{1}{2}$ XI à l'unité, $_2$ I = 4,242 de vingt-trois termes. 23

Masse cubique des colonnes de la salle principale dans le promenoir de Thothmès III.

Unité spéciale, 4,00 ; unité approximative dans la série générale, $\frac{1}{4}$ XI $= 4,027$.

	$\frac{1}{2}$ E Diam. inf.	$\frac{1}{2}$ Périphérie.	Carré de la base.	$_2$ a Hauteur.	Masse cubique.
Cotes mesurées.......	1,026	1,57.. $=$	1,6108 $\times$	6,531 $=$	10,5201
Val. approx. dans la sér. gén.	$_2$ E = 1,026	($\frac{1}{2}$ III = 1,59.)	$\frac{1}{2}$ III = 1,590 .	$\frac{1}{2}$ X = 6,576	$_2$ 14 = 10,462 .

Distance de $_2$ 14 à l'unité approximative, $\frac{1}{4}$ XI de trente-quatre termes. 34

Ici ce n'est pas le diamètre supérieur qui est pris comme facteur de la multiplication, mais le diamètre inférieur, parce que la colonne est renversée.

Masse cubique des piliers de l'hypostyle du spéos d'Ibsamboul.

La largeur de la nef du milieu donne l'unité de 5 mètres, soit 7 $= 5,062$.

	$\frac{1}{2}$ d Longueur.	$\frac{1}{4}$ B Largeur.	Base carrée.	$_2$ E Hauteur.	Masse cubique.
Cotes mesurées........	1,124.. $\times$	1,193.. $=$	1,3409 $\times$	5,193 $=$	6,966
Valeur approx. de la série gén.	$\frac{1}{2}$ 3 = 1,125	$\frac{1}{4}$ V = 1,193	$_2$ b = 1,333	$_2$ II = 5,196	$\frac{1}{2}$ 12 = 6,975

Distance de $\frac{1}{2}$ 12 à l'unité approximative, 7 de douze termes. 12

Masse cubique des piliers de l'atrium du spéos d'Ibsamboul.

La largeur de la nef principale donne l'unité à 7,9 ., soit $_2$ IV $= 7,794$.

	$\frac{1}{2}$ F Longueur.	g Largeur.	Base carrée.	$\frac{1}{2}$ 2 Hauteur.	Masse cubique.
Cotes mesurées..	1,632 $\times$	1,885. $=$	3,078 $\times$	7,159 $=$	22,039
Valeur approx. de la série génér.	$_2$ a = 1,632	$_2$ B = 1,885	$\frac{1}{2}$ 8 = 3,100	VII = 7,159	$\frac{1}{2}$ XVI = 22,195

Distance de $\frac{1}{2}$ XVI de l'unité approximative, $_2$ IV de trente-sept termes. 37

Il est extrêmement probable que les Égyptiens ont pris la largeur des nefs principales de l'atrium et de l'hypostyle pour des unités nouvelles, d'après lesquelles se déterminaient les proportions des supports de ces espaces agrandis. Ce qui milite pour cette opinion, c'est la différence très-considérable, par exemple, dans les spéos d'Ibsamboul, entre la largeur de la cella et la nef principale de l'atrium, qui est de 7,794 — 3,372 = 4,074 mè-. tres. D'un autre côté, si on tient compte de ce changement d'unité, on trouve, par exemple, pour la largeur du pilier de l'hypostyle d'Ibsamboul, le même terme $^1/_4$ B qui a servi à déterminer le diamètre d'une de deux espèces de colonnes au tombeau de Num-Hôtep, et qui n'est éloigné que de 4 termes de $_2$ I au-dessous et de $^1/_2$ E au-dessus des termes qui déterminent les diamètres des colonnes de l'hypostyle de Num-Hôtep et du promenoir de Thothmès. De même g la largeur du pilier dans l'atrium du spéos est le terme voisin supérieur de $^1/_4$ B, terme de l'hypostyle du spéos.

Voici la raison pour laquelle je dérive ici les mesures de longueur, de largeur et de hauteur des piliers de l'atrium et de l'hypostyle de leurs unités respectives changées, et pour laquelle je me sers de la même méthode pour les colonnes du temple de Khons qui est dans les mêmes conditions.

Masse cubique des grandes colonnes dans l'hypostyle du temple de Khons.

La largeur de la nef principale donne l'unité de 5,3, soit $^1/_2$ IX = 5,369.

	$_2$ N Diam. sup.	$^1/_2$ Périphérie.	Carré de la base.	A Hauteur.	Masse cubiq.
Cotes mesurées..........	1,088	× 1,57.	= 1 708	× 6,199	= 10,588
Valeur approx. de la série génér.	$_2$ c = 1,088	($^1/_2$ III = 1,59)	D″ = 1,732	8 = 6,200	IX = 10,739

Distance de IX de l'unité approximative, $^1/_2$ IX de vingt-cinq termes......... 25

Masse cubique des petites colonnes dans l'hypostyle du temple de Khons.

	$_2$ O Diam. sup.	$^1/_2$ Périphérie.	Carré de la base.	$^1/_2$ 2 Hauteur.	Masse cubiq.
Cotes mesurées........	0,888	× 1,57	= 1,373	× 4,931	= 6,770
Valeur approx. de la série gén.	$_2$ d = 0,888	($^1/_2$ III = 1,59)	$^1/_4$ 4 = 1,377	$^1/_4$ XII = 4,932	$_2$ 5 = 6,750

Distance de $_2$ 5 de l'unité approximative, $^1/_2$ IX de neuf termes............. 9

Masse cubique des colonnes du dromos de Ptolémée Évergète.

Unité du dromos, 4,00 ; unité approximative de la série générale, $^1/_4$ XI = 4,027.

	$^1/_2$ G Diam. sup.	$^1/_2$ Périphérie.	Carré de la base.	$^1/_2$ 11 Haut.	Masse cubiq.
Cotes mesurées........	0,684	1,57.	= 1,073	× 5,127	= 5,501
Valeur approx. de la série gén.	$_2$ G = 0,684	($^1/_2$ IV = 1,59)	$_2$ c = 1,088	7 = 5,062	$_2$ 4 = 5,511

Distance de $_2$ 4 de l'unité approximative, $^1/_4$ XI de douze termes............ 12

D'après le tableau qui précède, on peut classer les supports égyptiens comme il suit : 1° supports dont le terme de la masse cubique se trouve dans la deuxième octave au-dessus de l'unité ou de la largeur de la nef qu'ils forment : exemples, les piliers de l'atrium du spéos d'Ibsamboul et les colonnes de la salle principale ou promenoir de Thothmès ; 2° supports dont le terme de la masse cubique est situé entre la double octave et la quinte de l'unité : exemples, les grandes colonnes de l'hypostyle de Khons, et celles de l'hypostyle de Num-Hôtep ; 3° supports avec le terme de leur masse cubique situé entre la quinte et la tierce de l'unité : exemples, les piliers de l'hypostyle du spéos d'Ibsamboul et les colonnes du dromos de Ptolémée ; 4° supports dont le terme de la masse cubique ne dépasse pas la distance de la tierce, comme c'est le cas pour les petites colonnes de l'hypostyle de Khons.

Pour les colonnes doriques il faut ajouter une cinquième classe des supports dont le terme de la masse cubique est situé au-dessous de l'unité : exemples, les colonnes du portique de Pompéi, des temples de Rhamnus, d'Assos, d'Égine et de Cora ; à la quatrième classe appartiennent les colonnes des temples de Métaponte et de Thésée, du cap Sunium, de Bassæ et de la basilique de Pæstum ; à la troisième, celles des temples de Cérès à Pæstum et de Corinthe ; à la deuxième, celles des temples de la Concorde à Agrigente, de Neptune à Pæstum, de Némée et des Propylées d'Athènes ; enfin à la première classe appartiennent les colonnes du Parthénon actuel et des temples de l'acropole et de la ville de Sélinonte.

L'INFLUENCE DE L'ARCHITECTURE EN BOIS EN ÉGYPTE.

Le *cube*, le *parallélipipède*, le *prisme*, le *cylindre* et la *colonne* donnent les formes propres à la *construction en pierre : la pyramide* entière et tronquée et la *terrasse* étaient reconnues comme *formes propres à la brique*. Les dernières ont en commun la diminution de leur largeur à mesure qu'elles montent ; ici il ne peut pas y avoir de saillie en haut, tandis que la *construction en bois*, tout au contraire, *admet*, grâce à la ténacité de son matériel, la *saillie des parties supérieures ;* ainsi se faisait-il que la forme principale de l'architecture en bois est devenue, à partir des constructions de la Chine, jusqu'à celles de la Suisse et de la Norwège, la *pyramide tronquée renversée*. Cette saillie peut être et est pour la plupart horizontale et rectangulaire en raison de ses supports qu'elle protège, tandis que, dans la construction de pierre, la saillie en principe ne doit être ni horizontale ni rectangulaire, mais montant en lignes courbes et sous un angle aigu.

De même que les formes générales, *les ornementations architecturales* sont aussi prescrites par les matériaux employés. La brique et le pisé n'en admettent presque pas à cause de leur cohésion exiguë, aussi n'y trouve-t-on que des imitations des ornements en bois ou en pierre. Le bois de timbre, n'ayant pas un noyau compacte, n'admet en principe que des rainures dans le sens longitudinal de ses fibres ; enfin la pierre, avec son corps solide, mais friable, exige plutôt des courbes que des lignes droites ou des marges tranchantes pour ses membres décoratifs.

Il est pourtant clair que les formes décoratives peuvent subir des modifications au fur et à mesure que la dureté du bois augmente et la friabilité de la pierre diminue ; dans le premier cas les courbes, dans le deuxième les marges tranchantes deviennent plus possibles et plus convenables aux matériaux.

A l'aide des principes cités on peut se rendre compte du développement successif de l'architecture monumentale qui, selon toute probabilité, a paru pour la première fois en Égypte, et qui y a créé presque tous les éléments, dont les autres peuples, plus jeunes dans la civilisation que les Égyptiens, se sont servis ; on peut s'expliquer, en outre, dans quelle suite les différents matériaux étaient employés, et quels sont les éléments transposés d'un matériel à l'autre. En comparant les monuments les plus anciens conservés de l'Égypte, les pyramides et les tombeaux creusés dans le roc autour d'elles, nous voyons, dans les premières, l'absence presque complète d'une ornementation quelconque, c'est parce que la forme pyramidale propre à la brique n'est que simplement transposée et imitée dans la pyramide en pierre. Les tombeaux, au contraire, sont remplis d'ornementation, et ces ornements appartiennent, en tant qu'ils sont architecturaux , à l'architecture en bois et seulement dans une petite partie à celle en pierre. Le premier genre sont les pilastres plats et les rainures qui divisent la façade en petits compartiments ; de la construction en pierre, sont la corniche constante et presque invariable dans tous les monuments égyptiens, et les contre-forts qui servaient à contre-butter la poussée du roc au-dessus des excavations. Nous remarquons le même emprunt fait à l'architecture en bois dans le dessin du sarcophage de Mycerinus, publié par M. Vyse (l'original a péri sur les côtes du Portugal). Ce sarcophage était divisé sur ses longs côtés par quatre rangées de faisceaux, des pilastres très-peu saillants, en trois compartiments, dont chacun avait trois fausses portes, surmontées de deux rangées de filets, qui eux-mêmes étaient séparés par un compartiment divisé de nouveau par des lignes perpendiculaires ; le tout était encadré d'une baguette et surmonté de la corniche égyptienne. Ce sarcophage avait, dans l'ensemble, la forme d'un naôs. Il s'est conservé même des temps du nouveau royaume un monument funéraire qui doit en partie ses éléments à l'architecture la plus ancienne des tombeaux, c'est l'immense mausolée du prêtre Pétamounôphe, près de la vallée d'El-Assassif. L'unique pylône dans lequel s'ouvre la porte voûtée nous rappelle le pylône, aussi unique, de la façade dans les tombeaux des pyramides ; de même les ailes de la bâtisse s'y rattachent par leurs divisions ornementales, analogues aux rainures des anciennes tombes. La partie apparente de ce monument est construite en brique ; le reste est creusé dans le roc d'après les principes suivis généralement dans ce genre monumental , mais sur une échelle même plus vaste que celle des plus grands monuments funéraires des pharaons. Le transport des ornements propres à l'architecture en bois trouvé dans les plus anciens monuments de l'Égypte nous prouve que cette architecture devait être antérieure à celle en pierre ; d'un autre côté, nous pouvons encore suivre le progrès de l'architecture en pierre, à partir de son premier pas dans le creusement du roc, jusqu'à la transformation du pilier en parallélipipède, et en colonne proto-dorique, tandis que nous ne sommes plus à même de démontrer par des exemples encore existants le développement de l'architecture en bois. Cela tient, sans doute, en grande partie à la durabilité moindre du bois ; mais, si les modèles ne pouvaient pas se conserver, ce n'est pas le même cas pour leur imitation en pierre ; pourtant nous rencontrons partout, dans celle-ci, un développement accompli,

et les preuves de cette assertion se trouvent non-seulement dans les grottes de la XII⁰ dynastie à Beni-Hassan, mais encore dans un tombeau de Sauiet-el-Meitin (voir les « Monuments de M. Lepsius, » 2⁰ subdiv., pl. 110), datant de la VI⁰ dynastie. Les pêcheurs d'Égypte construisent encore aujourd'hui, comme M. Prisse nous l'apprend, leurs huttes avec des faisceaux de roseaux liés ensemble, et cela se fait à cause de la pauvreté du pays en bois de timbre ; une composition analogue se rencontre parmi les exemples des colonnes prises du promenoir de Thothmès (pl. XIII, fig. 3), où le fût est formé de huit tiges de lotus liées ensemble au-dessous du chapiteau par cinq bandes ; ces tiges se courbent sous la pression des parties superposées qui produit dans le fût une sorte de galbe ; au-dessous des cinq bandes du chapiteau se voient suspendus et saillants sur le fût des faisceaux courts dont le plan ressemble parfaitement à celui des triglyphes doriques. Malgré cette ressemblance frappante, on ne pourrait pas dériver le triglyphe de ce membre, qui est purement et uniquement décoratif, et qui est transporté en cette place lui-même de l'entablement où, comme partie constructive, il a une fonction réelle ; c'est le dessin de la salle du Jugement maintes fois répété dans les papyrus des momies, qui nous le prouve sans contredit (voir pl. XII, fig. 3) ; parce qu'ici il y a de véritables triglyphes, de même qu'il y en a au-dessus des colonnes peintes dans le tombeau de Sauiet-el-Meitin ; triglyphes tout comme ceux des Grecs, de la même ornementation et de même séparés par des ouvertures carrées, correspondantes aux métopes et ayant, comme l'avaient les métopes, dans les plus anciens temples grecs, la fonction des fenêtres. La seule différence entre les triglyphes et les métopes des papyrus et entre ceux du temple dorique est que les premiers sont situés immédiatement au-dessus des colonnes, tandis que les dernières en sont séparées par l'architrave. C'est parce que l'entre-colonnement égyptien ne se compose ordinairement que de deux membres, qui sont, si on les veut nommer ainsi, ou l'architrave et la corniche, ou la frise et la corniche ; c'est le cas parmi nos exemples dans la petite salle du promenoir de Thothmès, pl. XIII, fig. 1, où la corniche est superposée régulièrement à l'architrave et dans l'hypostyle du temple de Khons, pl. XIII, fig. 5, où, au contraire, l'architrave est superposée à la corniche. Il y a des monuments égyptiens, où des dés superposés aux chapiteaux des colonnes augmentent d'une troisième partie, l'entablement, par exemple, dans le dromos de Ptolémée ; mais ces dés ne répondent pas parfaitement aux triglyphes doriques, et l'architrave qui leur est superposée se trouve en ordre interverti. Dans d'autres cas, pour atteindre une hauteur plus grande, ou par besoin d'éclairage, les Égyptiens étaient obligés de mettre trois parties distinctes au-dessus de leur colonne (voir pl. XIII, fig. 5) ; mais en général les membres de l'entablement dorique ne se rencontrent, dans l'architecture égyptienne, qu'en rudiment.

Cet entablement en pierre dérive directement, à l'exception de la corniche, de la construction plus ancienne en bois ; c'est sa hauteur démesurée, c'est l'ornementation des triglyphes, c'est le dessin de quelques colonnes dans les tombeaux de l'ancien royaume, c'est enfin l'absence de l'entablement, à l'exception de la corniche, dans les plus anciens monuments en pierre qui le prouvent sans contredit. Nous avons trouvé la plus grande hauteur des trois membres de l'entablement dorique propre déterminée par le terme ¹/₂ C, tandis que deux membres seuls de cette partie ont le même terme de hauteur dans le promenoir de Thothmès et dans le temple de Karnak ; nous voyons, par le plan des triglyphes décoratifs, pl. XII, fig. 5, que leurs rainures rentrent en angle droit et non en ligne courbe, comme c'est le cas pour les cannelures des colonnes en pierre de Beni-Hassan. Les dessins de Sauiet-el-Meitin et de la salle du Jugement représentent apparemment une construction en bois ; enfin aux tombeaux creusés dans le roc de Gizéh la face des murs se termine encore sans architrave et sans frise immédiatement par la corniche.

Cette *corniche* est composée d'une baguette, ou d'un boudin, d'une grande gorge et d'un filet rectiligne qui la limite en haut ; les courbes de ses deux membres inférieurs la revendiquent complètement à l'architecture en pierre, et la transition graduelle de la gorge dans le filet fait que la marge inférieure de ce membre devient moins tranchante, moins cassante. D'un autre côté, la corniche égyptienne n'a pas autant de saillie que n'en ont les corniches dérivées de l'architecture en bois. Ce fait s'explique encore par une double raison ; d'abord en Égypte, où la pluie est très-rare, les parties situées au-dessous de la corniche avaient moins besoin qu'ailleurs d'être protégées, et ensuite la position du soleil en Égypte était contraire à une plus grande saillie. Le soleil, étant dans ce pays, près du zénith pendant plusieurs mois de l'année, les corniches auraient mis pendant ce temps à l'ombre toute la surface des murs, si elles avaient eu une trop grande saillie, et si cette surface n'avait pas été en pente. Dans de pareilles circonstances, les représentations sculptées et peintes sur les murs n'auraient pas été suffisamment éclairées, et n'auraient pas pu produire cet effet brillant qui leur reste en partie, même dans l'état dégradé d'aujourd'hui ; au contraire, les corniches peu saillantes, comme elles le sont, ne mettent en ombre qu'elles-mêmes, et produisent par cela un très-heureux contraste entre les murs resplendissants de lumière et de couleurs et entre leur encadrement d'en haut rendu foncé par sa propre ombre. Pour se rendre

compte de cet effet frappant, on n'a qu'à regarder les photographies de M. du Camp, et on se convaincra que les Égyptiens, s'ils n'avaient pas même été guidés par cette observation dans l'invention originaire de leur corniche, faisaient très-bien de la conserver plus tard, sans la varier ou modifier (*).

La corniche, telle que nous la connaissons dans les plus anciens monuments en pierre, était transportée simplement dans l'architecture en bois; d'un autre côté, on en a fait usage, même à l'intérieur; mais, comme ici c'était sous d'autres conditions, la place de ce membre ne restait pas de rigueur la plus élevée. De même qu'on a transporté la corniche de pierre dans les constructions en bois, on a transposé les deux autres membres de l'entablement en bois dans la pierre, et où l'on n'avait pas besoin de fenêtre on transforma les triglyphes originaires en dés. Dans le cas où les ouvertures étaient indispensables à cause de l'éclairage (voir pl. XIII, fig. 5), on ne pratiqua pas de grandes métopes carrées, pour ne pas trop affaiblir les murs appelés à supporter les plafonds lourds; mais on entailla seulement des ouvertures étroites qu'on multiplia pour produire l'effet désiré. Nous voyons un procédé semblable dans les architectures byzantine, arabe et même romane, dans lesquelles l'impossibilité de vitrer leurs grandes baies a conduit à les diviser par des meneaux, en très-petits compartiments. Du reste, les Égyptiens ne manquaient pas de fenêtres dans notre sens, nous en trouvons dans les pylônes (pl. XI, fig. 7), dans le pavillon de Medinet-Habou et ailleurs.

La colonne végétale était sujette, comme l'était l'entablement en bois, à des modifications avant sa transformation en pierre; nous croyons d'abord que, pour lui donner plus de force, on renonce à la division de son fût et de son chapiteau en plusieurs tiges et feuilles détachées du noyau, et on les fait tous les deux simplement cylindriques (voir pl. XIII, fig. 2, 4, 5, 6 et 7), en se contentant de peindre les séparations autrefois exécutées en relief; à côté de cette modification, les variations du diamètre du fût, produites par le renflement très-considérable dans la colonne en bois, vont toujours en décroissant jusqu'à son extinction complète. Par la raison d'augmentation de force on a racourci et grossi en même temps, dans la pierre, les proportions élancées et minces de la colonne en bois. En s'éloignant ainsi du modèle originaire, on a accordé, d'un autre côté, une grande influence à la sculpture qui introduit dans les chapiteaux non-seulement des formes de plantes très-variées, mais même des têtes et des figures entières, comme la tête de Hâthor et la figure de Typhon ou Gom; enfin la sculpture, en posant devant les piliers des statues osiriaques (voir le spéos d'Ibsamboul), prépare même les allantes et les cariatides des Grecs. Parmi nos exemples des chapiteaux nous en trouvons à fleur de lotus, de papyrus, et un en imitation de palmier. Il y a des auteurs qui dérivent du dernier le chapiteau corinthien; et, en effet, la forme générale de ces deux chapiteaux a beaucoup d'analogie. L'analogie est encore plus grande entre le chapiteau de la figure 4 et la cymaise grecque, qui, comme chapiteau d'antes, a la même fonction qu'a le chapiteau égyptien. En examinant toute cette variété de fleurs, il faut reconnaître que leur transposition en pierre ne se faisait pas en imitation simple de la nature; partout on voit que la forme modèle était modifiée d'après les conditions des matériaux et la destination du chapiteau, et la recherche de la forme solide et compacte va même si loin, qu'en général nous trouvons assez difficile de reconnaître le modèle dans son imitation. C'est ici comme pour les statues faisant partie de la construction, le but architectural l'emporte sur la pensée plastique. Ce même fait se renouvelle au XIIᵉ siècle pour les chapiteaux, dont les bourgeons étaient aussi moins imités de la nature que conçus en vue de donner un aspect plus solide aux coins, sur lesquels venaient se placer apparemment les nervures des voûtes. La modification de la colonne en bois, considérée nécessaire avant sa transportation en pierre, produit aussi des raccourcissements dans les entre-colonnements; ceux-ci se font parfois outre mesure, par exemple dans l'atrium du temple de Khons, où les entre-colonnements n'ont presque plus que deux diamètres inférieurs des colonnes pour longueur. D'un côté, cette proportion nous renvoie encore à l'architecture en pierre originaire souterraine; d'un autre côté, elle s'explique par le besoin, dans les temps des grandes chaleurs, d'un promenoir bien ombré. La dernière raison paraît d'autant plus acceptable, parce que dans les portiques simples des atriums, les colonnes ne portent que d'un seul côté, et que les Égyptiens faisaient aussi de plus grands et même de très-grands entre-colonnements dans leurs salles hypostyles, où il s'agissait d'économiser de la place.

Les ordres égyptiens portaient toujours des masses beaucoup plus lourdes que ne l'étaient celles imposées aux ordres grecs; c'est encore au climat du pays et à l'architecture originaire souterraine qu'on doit attribuer la présence des blocs énormes qui, dans les temples, formaient le plafond en même temps que la terrasse, et c'est encore à l'architecture en bois qu'on doit attribuer la pose horizontale de ces plafonds. M. Prisse nous informe

(*) Une corniche tout à fait pareille apparaît dans quelques églises romanes; est-ce là une pure imitation de la corniche égyptienne due aux croisades, ou une création répétée pour les exigences du matériel?

qu'il avait trouvé, dans les hypogées, des poutres peintes sur lesquelles on a indiqué les nervures et tous les accidents du bois, et M. Lepsius a fait copier plusieurs tombeaux du temps de l'ancien royaume dans lesquels on voit du bois peint sur la pierre. Le peu de modèles des maisons particulières qui se sont conservées dans quelques-uns des hypogées nous indiquent la même construction du plafond en bois ; cette pratique existe encore aujourd'hui en Égypte ; enfin la couverture horizontale ne convient pas à l'architecture en pierre, qui exige d'une manière péremptoire la voûte. Mais la voûte était connue aux Égyptiens, sans contredit, dans les temps du nouveau royaume et très-probablement déjà à l'époque de l'ancien royaume. Il est donc difficile de deviner aujourd'hui pourquoi les Égyptiens n'ont pas employé la voûte plus souvent et ne l'ont pas employée toujours à la place des plafonds horizontaux ; serait-ce parce qu'ils ne pouvaient pas accorder ses courbes avec les lignes droites du reste de leurs monuments ?

L'édifice sacré était terminé avec la terrasse, le dernier point d'arrêt du pèlerin, dont M. du Camp nous parle au folio 45 de son *Égypte* : « Le dévot qui était venu faire ses dévotions à la divinité du lieu montait souvent sur la terrasse du temple ; là il gravait sur la pierre son nom, les motifs de son voyage, et sous cette légende il indiquait par un trait grossier la forme de ses pieds. Sur beaucoup de temples j'ai retrouvé des inscriptions semblables ; plusieurs sont en langue démotique, plusieurs en langue hiéroglyphique, et toujours invariablement accompagnées de deux pieds du pèlerin, orientés tantôt dans un sens, tantôt dans un autre. » Mais, si les temples se terminaient par la terrasse, ce n'était pas toujours le cas pour les autres édifices, parce que dans les hypogées on trouve des dessins des bâtisses où la terrasse est surmontée de quatre colonnes frêles qui portent un toit fait apparemment plutôt pour donner de l'ombre à l'espace aéré que pour le protéger de la pluie. Ici, il est vrai, le pignon et la double pente du toit ne sont pas accusés ; mais nous trouvons ces deux éléments parfaitement développés en Assyrie. Dans la dixième salle de Khorsabad, MM. Botta et Flandin ont vu sculptée une façade de maison, reproduite à la 136e planche de leur ouvrage, laquelle est surmontée d'un toit à double pente ; les lignes de ce toit sont, il est vrai, des courbes ; mais, comme pour suppléer à ce défaut, la porte de cet édifice a au-dessus d'elle un pignon triangulaire parfait.

INFLUENCE DE L'ARCHITECTURE EN BOIS SUR LE STYLE DORIQUE.

Le style primitif de la Grèce pour les bâtisses monumentales n'était pas le style dorique, témoins les murs appelés cyclopéens qui se sont conservés en beaucoup d'endroits. M. Kreuzer, dans sa « *Symbolique et Mythologie*, » veut trouver dans les détails de ces murs, notamment dans les lions de la porte de Mykène, des motifs persans ; mais ces lions sont, de toute probabilité, plus anciens que l'architecture développée de la Perse. Nous trouvons, dans d'autres monuments des temps héroïques des Achéens d'Homère, quelques fragments épars qui nous indiquent l'influence assyrienne. Ce sont notamment les restes des volutes ressemblant aux volutes de la colonne ionique et d'autres membres décoratifs qui étaient découverts devant la porte du trésor d'Atrée à Mykène et à l'aide desquels M. Donaldson a fait sa restauration de cette porte. Est-ce que cette architecture, la plus ancienne en Grèce, serait due aux *Jouni* que M. Birsch a signalés dans des monuments égyptiens ?

Quoi qu'il en soit, il suffisait de mentionner ici ce fait pour marquer le changement apporté plus tard au goût et au style par la souche dorique, qui a ramené l'architecture grecque en partie à l'architecture en bois. D'après les découvertes faites par M. Fellows en Lycie, il paraît que nous avons à chercher le point de départ de l'architecture dorique dans ce pays, où elle se trouve appliquée aux façades des tombeaux creusés dans le roc. D'un autre côté, on voit en Lycie des monuments, aussi doriques, qui sont purement et simplement les copies des constructions en bois et qui conservent les conditions de leurs modèles jusqu'aux saillies libres des poutres. Toutefois, comme les recherches sur les monuments de la Lycie, à l'heure qu'il est, ne sont pas encore arrivées à une conclusion satisfaisante, nous ferons mieux de borner notre examen au plus ancien temple dorique connu, c'est-à-dire au temple de l'acropole de Sélinonte.

La simplicité des proportions de ce temple prouve suffisamment son antiquité ; en même temps ses grands vides et le rapport de ses masses d'en haut énormes ne peuvent être expliqués que par l'imitation précitée.

1° En examinant sa façade, pl. IV, fig. 1, nous trouvons la hauteur du crépidome donnée par MM. Hittorf et Zanth à 2,222 mètres ; en doublant ce chiffre, nous nous rapprocherons des hauteurs de l'entablement et du pignon, données à 4,258 et à 4,6, et, en doublant 4,444, nous aurons presque la hauteur de la colonne, marquée de 8,623, chiffre encore assez près de l'unité = 8,717. Méthodiquement, la base de la hauteur du crépidome, $1/2 E = 2,2367$, est à la distance de 23 termes de $_2 E = 4,2176$, la base de la hauteur de l'entablement, et à la

I. 22

distance de 26 termes de $^1/_4$ I $= 4,6229$, la hauteur du pignon; enfin à la distance de 48 termes, soit presque deux grandes octaves de l'unité, la base de la hauteur de la colonne. Si on ne s'était pas servi de la série, on aurait pu prendre tout simplement le vrai double de la hauteur du crépidome pour hauteurs de l'entablement et totale du pignon, et le quadruple pour hauteur de la colonne, et on serait arrivé à la hauteur de $2,222 \times 9 = 19,998$, soit à la base $_2$ A $= 20,1310$; mais on ne l'a pas fait, et cela nous prouve que la détermination des proportions n'était pas arrêtée par une multiplication simple, mais par un choix très-simple parmi les termes de la série.

2° Pour les grands vides, il y a à remarquer d'abord la grande largeur du portique latéral, qui est de $^1/_4$ II $= 5,6618$; ensuite les grands entre-colonnements du péristyle à $^1/_4$ I $= 4,6229$, E $= 4,4735$ et $_2$ g $= 4,2176$, répétition prise de la hauteur de l'entablement, comme $^1/_4$ I est la répétition de la hauteur du pignon.

La moyenne de la largeur du portique latéral est, dans les temples doriques plus récents, $_2$ K $= 3,2466$ (dans la série de notre temple); de $^1/_4$ II il faut descendre par 20 termes pour arriver à $_2$ K; il y a donc la différence du petit côté à la diagonale du cube dans le même triangle de la moyenne de largeur des portiques latéraux du bon style à la largeur homonyme du temple de l'acropole. C'est cette largeur énorme qui classe notre monument parmi les temples *pseudodiptères*, et ce classement même, qui décèle le désir de voir une autre colonnade intermédiaire entre les colonnes du péristyle et entre la cella, prouve que la pensée originaire n'était pas née en vue d'une construction en pierre. D'un autre côté, la circonstance que nous ne trouvons qu'en Sicile de ces pseudo-diptères nous indique qu'il faut chercher la naissance du style dorique certes plutôt dans cette île qu'en Grèce.

Pour la mesure des entre-colonnements des façades principales du péristyle, on a pris, dans les temps du bon style, les termes de $^1/_2$ C, de $_2$ h ou de $_2$ K. Les entre-colonnements de $^1/_4$ I, E et $_2$ g sont à la distance de 13, de 12 et de 10 termes; l'entre-colonnement du milieu, à $^1/_4$ I, a donc, à $_2$ K, justement la proportion du grand côté au petit côté dans le même triangle du cube. La raison de grandeur des entre-colonnements de notre monument dépend, en général, de l'imitation de la construction en bois, tandis que les mesures spéciales sont à chercher dans des modèles égyptiens, dans lesquels, le diamètre des colonnes étant plus grand, nous trouvons le terme des entre-colonnements de notre temple même doublé; ainsi il y a la mesure de $_2$ E employée dans l'hypostyle du temple de Khons.

Les colonnes du temple de Sélinonte sont plus hautes que les colonnes doriques plus récentes (de l'unité il faut descendre de 3 termes pour arriver à B, le terme de la hauteur des colonnes du Parthénon), mais moins hautes que celles de l'Égypte; pourtant elles dérivent, sans contredit, des colonnes protodoriques égyptiennes, c'est ce que démontrent leurs formes aussi bien que leurs détails et jusqu'au même nombre seize des cannelures. Ces colonnes sont donc, comme leurs modèles égyptiens, des produits de l'architecture en pierre; mais tout ce qui est au-dessus d'elles, à l'exception seule des cymaises, dérive de l'architecture en bois.

Les plus anciens temples doriques étaient, à tout croire, *des monotriglyphes*, c'est-à-dire qu'il n'y avait qu'un triglyphe au-dessus de l'axe de chaque colonne et un simple vide entre les triglyphes de deux colonnes. Nous ne possédons plus aucun de ces temples, et ce n'est que par des renseignements des anciens auteurs que nous pouvons constater leur existence. Dans ces monuments, les triglyphes n'étaient que la reproduction des triglyphes égyptiens, et l'espace vide entre eux avait la fonction des fenêtres, dont la forme était carrée, comme cela est prouvé par les fenêtres carrées en usage en Égypte et la forme également carrée des métopes, qui ont occupé plus tard, une partie de la place des ouvertures originaires. Cette forme carrée nous mène encore à une autre conclusion, c'est que les triglyphes ont occupé primitivement toute la hauteur donnée, plus tard, à l'architrave et à la frise ensemble, ou plutôt que, dans l'origine, il n'y avait qu'un seul membre entre les colonnes et la corniche; c'est ce qui est le cas dans les entablements dessinés à Sauiet-el-Meitin et dans les papyrus des morts. Mais il y a mieux; cette opinion peut être prouvée par la façade du temple de Sélinonte.

La somme des hauteurs de l'architrave et de la frise est donnée, par MM. Hittorf et Zanth, à $1,760 + 1,484 = 3,244$; ajoutez-y les hauteurs des têtes de clous et de l'abaque supérieur du triglyphe, soit $0,065$ et $0,160$, et vous arrivez au chiffre $3,469$ pour la hauteur de l'ouverture; déduisez ensuite de l'entre-colonnement, marqué $4,464$, de chaque côté la demi-largeur du triglyphe, en tout $0,927$, et vous aurez pour largeur de l'ouverture $3,537$, avec un excédant de seulement $0,073$ sur la hauteur. Cet excédant diminue encore lorsqu'on opère méthodiquement.

Hauteur de l'architrave. . . . $_2$ N $= 1{,}7672$
Hauteur de la frise. . . . . . $^1/_2$ G $= 1{,}4910$
Hauteur des têtes de clous. . $^1/_2$ v $= 0{,}0616$
Hauteur de l'abaque supé-
rieur. . . . . $^1/_2$ S $= 0{,}1603$

Hauteur de l'ouverture. . . . $3{,}4801$

Largeur de l'entre-colonnement intermédiaire
de la façade principale. . . . . E $= 4{,}4735$
Dont il faut déduire de chaque côté la demi-
largeur d'un triglyphe; donc, en tout, la
largeur d'un triglyphe, soit. . . . . l $= 0{,}9370$

Reste, pour la largeur de l'ouverture entre les
triglyphes. . . . . $3{,}5365$

Voici presque la même somme pour la largeur et pour la hauteur de l'ouverture, qui, du reste, ne peut pas être parfaitement carrée, parce que les entre-colonnements ne sont pas tous égaux, tandis que la largeur de tous les triglyphes est égale.

Nous avons trouvé dans les deux parties de l'entablement égyptien, au promenoir de Thothmès, $^1/_4$ C pour la hauteur de l'architrave et $^1/_4$ C pour celle de la corniche, en tout $^1/_2$ C, et de même $^1/_4$ C pour la corniche et $^1/_4$ C pour l'architrave de la salle hypostyle du temple de Khons, ce qui donne pour mesure étalon de l'entablement égyptien, composé de deux membres seuls, le terme $^1/_2$ C. A l'acropole de Sélinonte, nous avons $_2$ N $+ ^1/_2$ G $= 3{,}2582$ (base $_2$ K $= 3{,}2466$); base intermédiaire, $^1/_2$ C $= 3{,}3551$ et $_2$ N $+ ^1/_2$ G $+ ^1/_2$ v $+ ^1/_2$ S $= 3{,}4801$ (base $_2$ h $= 3{,}4436$). Voici la raison pour laquelle, dans les temples postérieurs à celui-ci, la plupart des entre-colonnements du péristyle sont pris ou au terme $_2$ K ou au terme $_2$ h, et pour laquelle la moyenne de la hauteur de l'entablement dorique propre est devenue le terme $^1/_2$ C. En voulant conserver les proportions des autres ouvertures aussi aux huit ouvertures d'angle, il fallait déjà, dans cette architecture en bois, rapprocher les colonnes, c'est-à-dire faire moindres les entre-colonnements d'angle que ne l'étaient les entre-colonnements ordinaires du péristyle.

Plus tard, mais probablement quand on construisait encore les entre-colonnements en bois, une transformation s'y est opérée par l'introduction de l'architrave, qui venait occuper environ la moitié de la hauteur de l'ouverture originaire. C'est encore le temple de Sélinonte qui nous le prouve, parce que son architrave nous est donnée à $1{,}760$, et la hauteur de son triglyphe à $1{,}324 + 0{,}160 + 0{,}230 = 1{,}714$. Cet exemple nous apprend pourquoi la hauteur de l'architrave est très-rapprochée de celle de la frise, sans pouvoir pourtant être la même; c'est parce que, entre ces deux triglyphes situés au-dessus des axes des colonnes, il vient se placer un troisième intermédiaire qui prend aux deux métopes situées à ses côtés un espace égal à sa propre largeur. Pour rester carrées, les métopes doivent donc perdre autant de leur hauteur qu'elles ont perdu de leur largeur, ce qui se fait par l'introduction en haut d'un nouvel abaque inférieur, autant pour les métopes que pour les triglyphes; en même temps les abaques supérieurs sont transportés dans la corniche; enfin la frise, en descendant ou en montant de 1 ou 2 termes de celui de la hauteur de l'architrave, achève de donner le complément néces-saire, et, par ces trois moyens, la forme carrée des métopes est conservée ou plutôt rétablie, et en même temps est expliquée l'introduction de l'abaque inférieur, qui, sans cela, resterait une parfaite énigme. Voici la solution de ce problème, pour les meilleurs temps du style attique, démontrée avec les chiffres de la série générale :

Entre-colonnement ordinaire du péristyle. $_2$ h $= 0{,}3950$
Moins la largeur de 2 trigl., chacun à $_2$ q. $_4$ q $= 0{,}1560$

Largeur de deux métopes. . . . . . . $0{,}2390$

Largeur d'une métope, $\dfrac{0{,}2390}{2} = 0{,}1195$.

Hauteur de la métope (base $_2$ o) $= 0{,}1195$
Hauteur de son abaque inférieur. . $^1/_2$ U $= 0{,}0122$

$0{,}1317$

Le chiffre de $0{,}1317$ correspond, pour la hauteur de la frise, à k $= 0{,}13168$; ajoutons à k la hauteur de M (à la distance de 3 termes de k) $= 0{,}12415$ pour la hauteur de l'architrave et 0 $= 0{,}0582$ pour la hauteur de la corniche, et nous aurons pour hauteur totale de l'entablement $0{,}31435$, dont la base est $^1/_2$ D $= 0{,}31427$, qui est à la distance juste d'une petite octave de la base $^1/_2$ C des entablements doriques propres. Le terme de $^1/_2$ D, étant à la distance de 39 termes de la hauteur moyenne B $= 0{,}9428$ de la colonne attique, nous donne un tiers de la hauteur de la colonne pour la hauteur de l'entablement, qui, précédemment, était prise à la moitié de la

hauteur de la colonne dans l'architecture en bois, comme cela paraît être prouvé par sa copie à Sélinonte. Dans les détails de l'entablement, le terme de la hauteur de la corniche o est à la distance de 29 termes, soit à la double quinte, de k, la hauteur de la frise, et la largeur du triglyphe à $_2$ q est justement à la distance de deux grandes octaves de la hauteur totale $^1/_2$ D de l'entablement et à la distance de 15 termes, soit de la quinte, de la base $_2$ o, qui a servi à déterminer la hauteur du triglyphe sans abaque.

Aux quatre angles du péristyle, il n'y a que 1 $^1/_2$ largeur de triglyphe qui, avec les deux métopes, correspond à l'entre-colonnement; de là nous aurons :

Longueur de l'entre-colonnem. d'angle. $^1/_4$ D' $= 0{,}3535$
Moins 1 $^1/_2$, largeur du triglyphe à $_2$ q. $_3$ q $= 0{,}1170$

Largeur de deux métopes. . . . . . . $0{,}2365$

Largeur d'une métope, $\dfrac{0{,}2365}{2} = 0{,}1182$.   Hauteur de la métope (base $_2$ o) $= 0{,}1182$
Hauteur de son abaque inférieur. . $^1/_2$ U $= 0{,}0122$

$0{,}1304$

Ici il y a k $= 0{,}13168 - 0{,}1304 = 0{,}00128$ moins que la hauteur de la frise. Pour y remédier, on peut éloigner de ce $0{,}00128$ le triglyphe angulaire de l'axe de la colonne vers l'extérieur, c'est ce qui s'est fait au Parthénon, pl. X, fig. 3, et alors la saillie de l'architrave et de la frise sur cet axe sera de $_2$ q $0{,}07803 + 0{,}00128 = 0{,}07931$, soit de $^1/_2$ i $= 0{,}08064$; ou on peut faire le triglyphe de l'angle plus large que les autres, en correspondance avec les colonnes d'angle, aussi plus grosses; on élèvera donc la largeur du terme $_2$ q au terme voisin supérieur $^1/_2$ i ; c'est ce qu'ont fait déjà quelquefois les anciens.

Un troisième cas était quand, pour correspondre à des entre-colonnements très-larges, il fallait mettre trois métopes entre deux colonnes ; ce cas est celui des Propylées, où on devait laisser un passage au milieu pour des chariots. Ici nous trouvons :

L'entre-colonnement du milieu à. . . . $_2$ f $= 0{,}5925$
Moins la largeur de 3 triglyphes à $_2$ q. $_6$ q $= 0{,}2340$

Largeur de trois métopes. . . . . $0{,}3585$

Largeur d'une métope, $\dfrac{0{,}3585}{3} = 0{,}1195$.   Hauteur de la métope (base $_2$ o) $= 0{,}1195$
Hauteur de son abaque inférieur. . $^1/_2$ u $= 0{,}0086$

$0{,}1281$

Le terme correspondant à $0{,}1281$ est $^1/_4$ E $= 0{,}1283$ (ce terme est le voisin inférieur de k) pour la frise. Dans cette disposition, il est devenu possible de donner la même hauteur à l'architrave et à la frise. La corniche ayant ici $^1/_2$ m $= 0{,}0438$, nous avons pour hauteur totale de l'entablement $^1/_2$ m $+ ^1/_4$ E $+ ^1/_4$ E $= 0{,}3004$, avec la correspondance de f $= 0{,}29629$, f étant la moitié de l'entre-colonnement $_2$ f du milieu et à la distance de 3 termes de $^1/_2$ D, mesure étalon de la hauteur des entablements attiques.

Par l'examen que nous venons de faire, nous avons trouvé le rapport intime et mutuel qui règne entre les entre-colonnements et les entablements. On peut dire plus, c'est l'entablement qui, par la disposition de ses triglyphes et par les proportions de ses métopes, détermine la largeur des entre-colonnements. Voici encore deux autres raisons à l'appui de cette opinion. La hauteur de la frise a été trouvée, dans nos analyses, toujours dans une correspondance plus parfaite avec un seul terme de la série que ne l'était celle des entre-colonnements du péristyle ; puis c'est l'arrangement des triglyphes et des métopes d'angle qui a entraîné la diminution des entre-colonnements de quatre coins du péristyle. On a avancé que cela se faisait pour rendre les angles plus forts, mais, pour ce but, il suffisait de faire, comme on l'a fait en effet, plus fortes les colonnes situées ici ; d'un autre côté, ce ne sont pas les colonnes d'angle, mais celles du milieu, qui portent le poids le plus lourd, et pourtant ces dernières sont habituellement plus espacées que leurs voisines. Il est donc arrivé aux Grecs ce qui arrive aux bons architectes de tous les temps, *de faire leurs projets en commençant par en haut*, parce que le but le plus essentiel de l'art est de couvrir *convenablement* un espace donné ; il faut donc déterminer la force et l'espacement des supports par les masses qui leur sont imposées. En Grèce, il se présentait encore une autre considération : il s'agissait de donner à toutes les métopes qui régnaient autour de l'entablement la même largeur et la même

forme presque carrée ; c'est ici que nous rencontrons principalement la symétrie exigée par les reliefs des mé-topes, symétrie qui manque autre part où nous avons l'habitude de la chercher, conformément à nos vues mo-dernes, qui ne sont pas toujours tout à fait justes.

La poutre formant l'architrave était originairement une poutre en bois, parce qu'en pierre on ne l'aurait pas faite si lourde et si haute qu'elle l'est, par exemple, au temple de l'acropole de Sélinonte, où elle a 1,76 mètres de hauteur. Il y avait, sans doute, nécessité de relier les colonnes par une architrave, mais nulle nécessité de faire celle-ci aussi pesante. Si la pensée originaire eût été pour la pierre, cette architrave n'aurait pas eu besoin d'un abaque ou d'un filet, parce que les triglyphes superposés à l'architrave auraient conservé leur équilibre par leur poids de pierre même, tandis que dans l'architecture en bois il fallait les consolider à l'aide de clous qui passaient par l'abaque de l'architrave, fortifiée encore au-dessous des triglyphes par la règle. Tout cela produisait une ornementation variée, et c'est pourquoi on l'a conservée dans la construction en pierre. Les cannelures des triglyphes ne sont pas pareilles à celles des colonnes, parce qu'elles ne sont que des rainures faites pour décorer un dé en bois. Dans les temples monotriglyphes, ces dés auraient été trop hauts pour leur largeur s'ils avaient été conçus en pierre. Quoique, déjà probablement l'architecture en bois ait surmonté cet inconvénient par l'introduction de l'architrave, il nous est resté l'arrangement des triglyphes d'angle qui parle encore pour la conception en bois. Dans une construction en pierre, on aurait placé les deux triglyphes de chaque angle, de même que les autres triglyphes, précisément dans l'axe des colonnes, et on aurait laissé lisse le petit coin entre ces deux triglyphes, comme c'est le cas au temple de Cérès à Pæstum (pl. IV, fig. 6) ; dans la construction en bois, au contraire, le dé ici était unique, et par conséquent un coin lisse ne pouvait pas être convenable. Les triglyphes étaient fixés encore une fois en haut à la corniche par des clous qui traversaient leur abaque supé-rieur, ce qui ne pouvait se faire qu'en bois. La répétition des têtes de clous au-dessus des métopes n'avait pas de but, parce qu'on ne pouvait pas fixer une ouverture ; c'est pourquoi nous ne la trouvons nulle part dans l'école attique, quoique celle-ci ait conservé le reste de l'ancienne disposition et ornementation.

La troisième partie de l'entablement, à savoir la corniche, témoigne encore plus, si cela était nécessaire, en faveur de la construction en bois. Aurait-on pu concevoir en pierre une partie saillante, non-seulement en ligne horizontale, mais dont l'extrémité suspendue libre était encore affaiblie par une rentrée oblique, de sorte que cette extrémité paraît devenir plus lourde que la partie supportée de la corniche ? La corniche, d'une hauteur de 0,63 mètres, a une saillie tout à fait libre de 1,057 mètres, dans un des plus anciens temples, dans celui de Neptune à Pæstum (pl. IX, fig. 2), tandis que la saillie au Parthénon décroît à 0,648 mètres (pl. X, fig. 4). On a donc diminué dans le progrès du style tout autant cette saillie énorme des anciens monuments, plus rapprochés encore de la construction en bois, que la hauteur excessive de la corniche et des entablements en général ; et on a fait cela en vue des conditions des matériaux changés. Mais on est allé encore plus loin dans les styles ionique et corinthien, parce que dans ceux-ci on a fait supporter, au moins apparemment, les corniches encore moins saillantes par des denticules et par des consoles ; je dis apparemment, car les denticules et les consoles étaient pris avec le reste dans le même bloc de pierre placé au sommet ; par ce procédé les parties intermédiaires étaient rendues plus légères, pour ne pas parler de la forme de la console qui convient, sans doute, mieux à la pierre que la saillie horizontale et rectangulaire. Parmi les membres de l'entablement dorique dus à la con-struction en bois, il se trouve pourtant la cymaise, qui, dès le commencement, était conçue en pierre, de même que toute la corniche égyptienne était prise de l'architecture en pierre et superposée à l'entablement conçu ori-ginairement en bois.

Je ne fais que mentionner les plafonds du péristyle, du pronaos, de la cella et du posticum, qui, dans leur disposition symétrique, étaient composés des poutres portantes et des planchers portés, dont les derniers for-maient des cassettes entre les poutres. Ces plafonds ont parfois conservé leur matériel primitif de bois, même dans les temples où tout ce qui se trouvait au-dessous d'eux était construit en pierre ; cela devait arriver surtout là où les plafonds recouvraient des entre-colonnements d'une longueur considérable, tandis qu'au-dessus des entre-colonnements moindres, comme ceux des circuits latéraux, on substituait tout simplement, en conservant les anciennes formes et les anciennes proportions, la pierre au bois.

La colonne proto-dorique égyptienne ne fournissait aux Grecs que des éléments primitifs, lesquels *il fallait* combiner, modifier et transformer pour arriver à la colonne dorique. Ce n'était pas assez; les premières modifications furent ultérieurement remaniées en passant de l'école dorique propre à l'école attique. Lorsqu'on charge un corps quelque soit peu élastique, il se courbe sous sa charge, et la courbe devient plus convexe, plus saillante en raison de l'augmentation du poids imposé, et, quand on calcule ces courbes variables, on trouve un résultat très-analogue aux profils de l'échine dorique. Cette expérience nous donne l'histoire du développement des courbes employées par les Grecs, en nous révélant en même temps la finesse et la préférence du goût attique. Les anciens entablements, si hauts et si lourds, forcèrent les fûts et les échines de se courber, de saillir outre mesure; les Athéniens diminuaient la hauteur et le poids des parties superposées; c'est pour cela que les galbes de leurs fûts et de leurs échines se dressèrent, et se rapprochèrent de plus des lignes droites strictes; il en résulte, en outre, que, par la diminution de la hauteur des entre-colonnements, les colonnes apparaissent plus hautes, non-seulement là où elles ne le sont pas en réalité, mais là aussi où elles sont, en effet, moins élevées que les colonnes doriques propres; ainsi les colonnes du temple de l'acropole de Sélinonte paraissent moins hautes, à cause de l'entablement énorme, que celles du Parthénon, quoique le terme des premières se trouve dans la série au-dessus de celui des dernières. Mais la réflexion athénienne ne s'arrête pas aux parties principales, elle s'étend jusqu'aux détails minimes; ainsi les filets du col, encore très-forts dans l'école dorique propre, deviennent de pas en pas plus légers, tant par leur forme que par leur épaisseur, et le filet d'en bas se perd à la fin tout à fait, parce que la colonne, par suite de la modification de ses lignes autrefois trop courbes et plus tard strictes, avait acquis l'aspect d'une force intrinsèque, et n'avait plus, dès lors, besoin de bandes fortifiantes. Par la même raison la colonne pouvait même diminuer son diamètre inférieur en augmentant proportionnellement le supérieur, pour substituer ainsi à l'ancienne forme conique la nouvelle, qui se rapproche plutôt du cylindre, et cette diminution de diamètre la fait encore grandir en apparence.

Nous pouvons considérer l'architrave comme une création essentiellement grecque, parce que ce n'est qu'en Grèce qu'elle est devenue constante et indispensable, et qu'elle a occupé définitivement la place des dés égyptiens. C'était de même une heureuse idée de ne plus empiéter sur les masses de l'entablement par de grandes ouvertures, mais de les remplir par des métopes portant des reliefs sculptés. Par ce remplissage le triglyphe perdit son ancienne fonction de supporter à lui seul la corniche; mais, tout en conservant son caractère décoratif, il pouvait devenir moins large et moins lourd, et se mettre ainsi en harmonie avec les colonnes devenues également à leur tour plus légères; et, s'il répète encore en petit la colonne, ce n'est pourtant plus par des proportions trop hautes par rapport à sa largeur, comme c'était le cas dans les temples monotriglyphes. De même que le triglyphe rappelle la colonne, la corniche répète encore une fois l'architrave qui relie les colonnes comme la corniche relie leurs diminutifs, les triglyphes, en servant en même temps de clôture à l'ordre et de base au pignon et au toit. A côté de cette analogie, d'autres conditions se présentent, qui produisent une différence entre ces deux membres. L'architrave a beaucoup plus à porter que la corniche; elle est donc d'une plus grande puissance; c'est pourquoi les Grecs ont sagement agi en diminuant considérablement la hauteur de la corniche égyptienne, égale à la moitié de celle de l'entablement entier. D'un autre côté, l'architrave n'a pas à protéger contre la pluie les colonnes, cette fonction étant celle de la corniche, qui, pour cela, était beaucoup plus saillante en Grèce qu'en Égypte, ce pays sans pluie. Ce qui permettait aux Grecs de remplir ces conditions par le transport simple de leurs corniches en bois, c'était, dans la plupart des endroits, mais surtout en Attique, la bonté ou même l'excellence de leur pierre de grès ou leur marbre.

Dans l'art, les matériaux et le travail technique doivent disparaître devant la forme, parce que l'artiste ne peut créer que celle-là; mais la forme est tout à lui; la forme dépend uniquement et seulement de lui, et la base de la forme, surtout en architecture, consiste essentiellement dans les proportions; c'est pourquoi les Grecs, ayant été les maîtres dans les proportions, pouvaient arriver jusqu'à nous faire oublier même les inconvénients résultant du changement des matériaux à côté de la conservation des formes. Ce n'est pas que les Grecs aient découvert la série, qui est la base de leurs proportions, attendu que ce mérite appartient aux Égyptiens; mais ceux-ci ne sont pas arrivés à trouver les rapports existant entre les termes de cette série et les tons de la musique; leurs constructions ne pouvaient donc pas présenter *cette harmonie, qui est le premier et le plus admirable caractère des œuvres grecques,* et qui résulte de ce qu'ils ont rattaché leur architecture à l'harmonie de la musique, en entrevoyant ainsi les conditions de l'harmonie universelle; c'est cette divination heureuse qui leur a appris à modifier et à ne pas rejeter orgueilleusement les bons éléments étrangers, pour en former un *art tout à fait national, et d'un cachet propre.* Cet art abandonne, en vue des différentes conditions de forces, de richesses et du caractère du pays, la tendance vers le haut des architectures égyptienne et assyrienne, et lui substitue la *clôture*

horizontale, sur laquelle vient se placer, en couronnant le monument avec ses ailes étendues, le pignon, l'aëtos ou l'aigle de Jupiter. A cet aspect imposant se joint, dans toute la construction, le *caractère du majestueux,* vrai progrès sur le caractère colossal égyptien. Le caractère majestueux est produit surtout par les colonnes qui, ayant acquis l'aspect d'une force intrinsèque, ne fléchissent plus sous le poids de leur front d'entablement magnifique. En ouvrant l'espace par leurs entre-colonnements, les portiques grecs transforment l'architecture d'intérieur des Égyptiens en une *architecture de l'extérieur* qui se manifeste de loin, et invite tout le monde à l'entrée et à la jouissance esthétique, tandis que l'architecture égyptienne réserve ses merveilles aux castes privilégiées, et, par son extérieur massif et monotone, ne peut, sans l'aide de la sculpture et de la peinture, exciter que l'ébahissement de la foule. Ainsi apparaît dans l'architecture grecque le *caractère éminemment démocratique et libéral,* non-seulement des hommes, mais aussi des dieux, qui ne se cachent même pas dans leurs demeures, tandis que les dieux mystérieux de l'Égypte, séquestrés des yeux des mortels, réservent tout à eux seuls, dans leurs intérieurs.

FIN DE LA PREMIÈRE PARTIE.

PARIS. — IMPRIMERIE DE MADAME VEUVE BOUCHARD-HUZARD, RUE DE L'ÉPERON, 5.

TABLEAU SYNOPTIQUE

de vingt Monuments Doriques.

Les mesures des parties principales sont disposées ici d'après l'ordre des termes de la série générale. Les Unités de ces monuments sont : 1° Temple de l'acropole de Sélinonte 8,717 ; — 2° T. de Corinthe 10,40 ; — 3° T. de Métaponte 6,55 ; — 4° le Parthénon primitif 16 ; — 5° T. de la ville de Sélinonte (marqué chez MM. Hittorf & Zanth de la lettre R) 11,86 ; — 6° T. de Neptune à Paestum 10,917 ; — 7° Temple d'Égine 6,43 ; — 8° T. de Thésée 6,202 ; — 9° le Parthénon actuel 11,028 ; — 10° les Propylées d'Athènes 9,018 ; — 11° les Propylées d'Éleusis 9,044 ; 12° T. du Cap Sunium 6,50 ; — 13° T. de Rhamnus 5,165 ; — 14° T. de Bassae 6,80 ; — 15° T. d'Olympie 13,22 ; — 16° T. de Némée 9,29 ; — 17° T. d'Assos 6,63 ; — 18° T. de la Concorde à Agrigente 7,55 ; — 19° T. de Cérès à Paestum 6,20 ; — et 20° la Basilique de Paestum 8,586.

En voulant trouver ou la base ou la mesure réelle d'une des parties quelconques citées dans le tableau, il ne faut que multiplier le nombre correspondant de la série générale avec l'unité spéciale du monument, et le produit donnera la mesure demandée. Par ex. on veut savoir la mesure du diamètre inférieur de la colonne du péristyle du T. d'Assos ; ce diamètre est marqué à ¼ D ; multipliez ¼ D par l'unité du T. d'Assos, c'est-à-dire 0,1571 avec 6,63 et vous aurez 1,0415 mètres pour ce diamètre. — Veut-on savoir la hauteur du fût des colonnes du péristyle du Parthénon actuel, on n'a qu'à multiplier ½ D'' = 0,8660 avec 11,028, et on aura 9,5505 mètres, &a, &a.

Dans les diamètres des colonnes de l'École Attique, je ne prends pas ici, comme c'est le cas dans les "Analyses", seulement le noyau, mais aussi, la profondeur de leurs cannelures. C'est pour pouvoir les comparer aux diamètres homonymes de l'École Dorique, dans laquelle ces diamètres sont toujours déterminés en y comprenant les profondeurs des cannelures.

Hauteurs des Pignons.				*Bases des hauteurs du crépidome du Péristyle.*			
...le Dorique.		Série génér.le	École Attique.	École Dorique.		Série génér.le	École Attique.
	C	0,544331		Concorde à Agrig.	½ C	0,2721	
...p. de Sélinonte	¼ I	0,5303			2 k	0,2623	
	E	0,5132		Acrop. de Sélin.	½ E	0,2566	
	½ U'	0,5000000			2 M	0,248311	
	2 g	0,4838			g	0,241975	
	½ B	0,4714			¼ B	0,2357	
	2 I	0,4561			I	0,228088	
	d	0,444444			½ d	0,2222	
	¼ D''	0,4330			2 l	0,2150	
	F	0,419026			½ F	0,2095	
	½ a	0,4082			2 N	0,2027	Prop. d'Eleusis
	2 h	0,3950			h	0,197530	
	½ C	0,3849			½ C	0,1924	
...née ? Cérès	2 K	0,3724	Parthén. Suni.	Cérès à Paestum.	K	0,186234	
	e	0,362887			½ e	0,1814	T. de Rhamnus
	¼ D'	0,3535			2 m	0,1755	
...d'Égine.	G	0,342133		T. d'Égine	½ G	0,1710	
	½ b	0,3333		T. de Corinthe	2 σ	0,1655	T. du Cap Sunium
...tune à Paest ?	2 i	0,3225		Sélinonte (R)	i	0,161285	
...inthe ?	½ D	0,3142			¼ D	0,1571	
	2 L	0,3041			L	0,152059	
...es ? Basilique ?	f	0,296296			½ f	0,1481	Parthén. actuel
	¼ A	0,2887	Thés. Prop. d'Ath.		2 n	0,1433	
...n (R) Concorde	H	0,279361			½ H	0,1396	

École Dorique.		Série génér.le	École Attique.
	2 P	0,1351	
	k	0,131687	
	¼ E	0,1283	
Neptune (Paest.)	M	0,124155	
T. de Némée	½ g	0,1209	
	2 σ	0,1170	
	½ I	0,1140	T. de Thésée
T. de Bassae	2 Q	0,1103	
T. d'Assos	l	0,107522	
	¼ F	0,1047	Prop. d'Athènes.
Basilique (Paest.)	N	0,101373	

Épaisseurs des Murs

École Dorique.		Série génér.le	École Attique.
	½ f	0,1481	Propyl. d'Eleusis
	2 n	0,1433	
T. d'Égine	½ H	0,1396	
	2 P	0,1351	T. de Thésée
	k	0,131687	
	¼ E	0,1283	T. de Thésée
T. d'Égine.	M	0,124155	
T. de Bassae.	½ g	0,1209	
Concorde à Agrig.	2 σ	0,1170	
	½ I	0,1140	
Acrop. de Sélin.	2 Q	0,1103	
	l	0,107522	T. de Rhamnus
T. de Cérès à Paest.	¼ F	0,1047	Parthén. actuel
T. de Neptune à Paest.	N	0,101373	
Sélinonte (R)	½ h	0,0987	
Sélinonte (R.)	2 p	0,0955	
	½ K	0,0931	Propyl. d'Athènes

	¼XI	8,054385	
Longueurs du stylobate dans	2IV	7,7942	
l'École Dorique.	9	7,593750	
Acropole de Sélinonte	¼XIV	7,3984	
	VII	7,159453	
	½ 12	6,9753	
	2 5	6,7500	Longueurs du stylobate dans
	½ X	6,5764	l'École Attique.
	2 III	6,3639	Parthénon actuel
Basilique de Paestum	8	6,200270	
	¼XIII	6,0407	
Temple de Bassae	VI	5,845668	
Ville de Sélinonte (R)	⅓ 11	5,6953	
	2 4	5,5113	
Neptune (Paest), Némée.	¼IX	5,3695	
Concorde (Agr.), Cérès (Paest.)	2 II	5,1961	
	7	5,062500	Temple de Thésée.
	¼XII	4,9322	Parthénon primitif
Temple d'Olympie	V	4,772970	
Temple de Corinthe	½ 10	4,6502	
Temples d'Égine & d'Assos	2 3	4,5000	
	½VIII	4,3842	Temple du Cap Sunium.
Temple de Métaponte	2 J	4,2426	
	6	4,133513	Temple de Rhamnus
	¼XI	4,0271925	
	IV	3,897112	
	½ 9	3,7968	
	2 2	3,6742	
	½VII	3,5797	
	2D''	3,4641	
	5	3,375000	
	¼ X	3,2882	
	III	3,181980	
	½ 8	3,1001	
Largeurs du stylobate dans	2 1	3,000000	Largeurs du stylobate dans
l'École Dorique.	½VI	2,9228	l'École Attique.
Basilique de Paestum	2D'	2,8284	Parthénon actuel
Acropole de Sélinonte	4	2,755675	
	¼IX	2,6847	(Longueur des Propyl. d'Ath. & d'Éleusis)
	II	2,598075	
	½ 7	2,5312	
Temple de Métaponte	2d''	2,4494	
	½V	2,3864	
Bassae, Cérès (Paestum) 2 A (Haut. tot. acrop. de Sélinonte 3)	2A	2,3094	Les Propyl. d'Athènes & d'Éleusis
Némée, Concorde (Agrigente) 3	3	2,250000	Temple de Thésée
Neptune à Paestum	¼VIII	2,1921	
Sélinonte (R), Égine	I	2,121320	
Corinthe, Olympie.	½ 6	3,0667	Parthénon primitif, Sunium
	2U'	2,000000	
Assos ½ IV			Temple de Rhamnus ½ IV

		2U'	2,000000		
Haut. totale		½IV	1,9485		
École Dorique		2B	1,8856	Haut.rs totales	
Cérès à Paest.	Haut. de l'ordre	2	1,837117	École Attique.	
Némée, Concorde	École Dorique	¼VII	1,7898	Parthén. Sunium	
	Acropole (Sélin.)	D''	1,7320508		
Sélinonte (R)		½ 5	1,6875	Les Propylées.	
Égine		2 a	1,6329	T. de Thésée.	
Neptune (Paest.)		¼ III	1,5909		
	Concorde (Agr.)	2 C	1,5396		
Corinthe ?		1	1,500000		Haut. de
	Cérès à Paest	¼VI	1,4614		École att
Assos ? Basil. ?	Sélin. (R). Némée	D'	1,4142135		Parth.
		½ 4	1,3778		Les Prop
		2 b	1,3333		T. de T
	Temp. d'Égine	½ II	1,2990		
	Nept. (Paest.), Bassae	2 D	1,2570		T. de Rh
		d''	1,2247448		
	T. de Corinthe	¼ V	1,1932		
		A	1,154700		
	Assos, Basiliq.	½ 3	1,1250		
		2 C	1,0886		
Haut. de Colonnes		½ I	1,0606		
du Péristyle.		2 E	1,0264	Haut. de Colonnes	
Acropole, Némée	Haut. du fût des	U'	1,000000	du Péristyle.	
	Col. du Péristyle.	¼ IV	0,9743	Les Propylées	
	Temp. de Némée	B	0,942809	Parth., Sunium	Haut. du
		½ 2	0,9185	Temp. de Thésée	Col. du Pér
Bassae, Concorde		2 d	0,8888		Les Prop
Sélin. (R), Cérès	Acrop. de Sélinonte	½ D''	0,8660		Parth.,
		2 F	0,8380		T. de T
T. d'Égine	Cérès à Paestum	a	0,816496		
Métap., Neptune	Bassae, Concorde	¼ III	0,7955	T. de Rhamnus	
		C	0,769800		
	Sélinonte (R)	½ 1	0,7500		
	Temple d'Égine	2 c	0,7257		T. de Rh
Assos, Basiliq.		½ D'	0,7071		
T. de Corinthe	Métap., Neptune	2 G	0,6842		
		b	0,666666		
	Temple d'Assos	¼ II	0,6495		
		D	0,628539		
	Basil. de Paest.	½ d''	0,6123		
	Temp. de Corinthe	2 f	0,5925	Entre-colonnem.t du mil. des Pro	
		½ A	0,5773		
		2 H	0,5587		
		c	0,544331		
		¼ I	0,5303		
		E	0,513200		
		½ U'	0,500000		

itre-colonnem.	Entablements.	½ U'	0,500000		
Acrop. de Sélinonte	Acrop. de Sélinonte	2 g	0,4838		
		½ B	0,4714		
Acrop. Métaponte		2 I	0,4561		
Acr. Métap. Némée		d	0,444444	Entre-colonnem.ts	
		¼ D''	0,4330	du Péristyle	
g. Ném. Conc. Cérès F		F	0,419026	Temp. de Thésée	
pt. Eg. Bass. Ném. Assos. Concorde } a/2		½ a	0,4082	Les Propylées.	
l(R). Nept. Egine, ass. Olymp. Ném. } 2h		2 h	0,3950	Parthén. Sunium	
n. Sél(R) Ol. Némée	Cor.? Sél(R) Cérès	½ C	0,3849	Parth. Thés. Sun.	
n. Sél(R). Egine ass. Olymp. Assos } 2K	Concorde (Agrig.)	2 K	0,3724	Par. pr. Prop. Rham.	
Bass. Olymp. Assos		e	0,362887	T. du Cap Sunium	
n. Basil. à Paest.		¼ D'	0,3535	Parth. pr. Sunium	
Basiliq. à Paestum	Neptune à Paest.	G	0,342133		
Assos, Basilique		½ b	0,3333	Parth. Rhamnus	Entablement
Basilique à Paest.		2 İ	0,3225		du Péristyle.
	Egine. Assos. Basil.	½ D	0,3142		Par. pr. Thés. Sun.
		2 L	0,3041		Parthénon act.
		f	0,296296		Les Propylées
	Temp. de Némée	¼ A	0,2887		
	Temp. de Bassae	H	0,279351		
		½ c	0,2721		T. de Rhamnus
		2 k	0,2623		
		½ E	0,2566		
		2 M	0,248311		
		g	0,241925		
Diamètre inférieur		¼ B	0,2357		
des Col. du Périst.		I	0,228088		
Acrop. de Sélinonte		½ d	0,2222		
		2 l	0,2150		
Cérès à Paestum		½ F	0,2095		
Acrop. de Sélinonte		2 N	0,2027		
Cérès à Paestum.		h	0,197530		
Neptune à Paest.		¼ C	0,1924		
(R) Nept. Conc.		K	0,186234	Diam. inférieur	
Sélinonte (R)	Diamètre supérieur	½ e	0,1814	des Col. du Périst.	
Concorde (Agrig.)	des Col. du Périst.	2 m	0,1755	Parth. Propyl.	
Corinthe Olympie	Acrop. de Sélinonte	½ G	0,1710	Parth. Propyl.	
de Métaponte		2 σ	0,1655		
Némée. Basil.	Cérès à Paestum.	İ	0,161285	Temp. de Thésée	
Temp. d'Assos		½ D	0,1571	T. du Cap Sunium.	
Bassae, Egine	Acr. Sél(R). Concord	L	0,152059		
		½ f	0,1481		
	Concorde à Agrig.	2 n	0,1433	T. de Rhamnus	Diam. supérieur
		½ H	0,1396		des Col. du Péristyl.
	Temple de Némée	2 P	0,1351		Parthén. Propyl.
	Neptune à Paestum	k	0,131687		Parth. Propyl.
	Cor. Bassae. Olymp.	¼ E	0,1283		Thésée Sunium
	Basiliq. de Paest.	M	0,124155		

	Haut. des Chapit.	M	0,124155		
Diamètre supér.	Acrop. de Sélinont.	½ g	0,1209		
Métaponte		2 σ	0,1170		
Egine		½ I	0,1140		
	Sélinonte (R)	2 Q	0,1103		
(larg. du trigl. de l'acr.)	Neptune (Paest.)	l	0,107522	(Diam. sup. Rham.)	
		¼ F	0,1047		
	Concorde à Agrig.	N	0,101373		
Assos		½ h	0,0987		
	Corinthe, Egine	2 p	0,0955		
	Métap. Basiliq.	½ K	0,0931		
		2 R	0,0901		
Largeur d. triglyph.		m	0,087791		
du Péristyle		¼ G	0,0855		Haut. des Chapit.
Egine, Concorde		σ	0,0827706	Larg. des triglyphes	du Péristyle
Sél(R). Nept. Assos	Temple de Bassae	½ İ	0,0806	du Péristyle	Parth. pr. Thésée
Bassae, Némée		2 q	0,0780	Propyl. Sunium	Parthén. propy.
		¼ L	0,0760	Les deux Parthén.	Sunium
Cérès à Paestum		2 S	0,0735	Temp. de Thésée	
Temp. de Corinthe		n	0,071681	Temp. de Rhamn.	
Marches du Crépid. Concorde (Agrigente)		¼ H	0,0698	Parthén. primitif	
Concorde (Agrigente)	Temp. de Némée	P	0,067582		
		½ k	0,0658	Haut. des marches du	
		2 Γ	0,0637	Crépidome extérieur	
Cérès à Paestum		½ M	0,062077	T. de Rhamnus	
	Temple d'Assos	2 T	0,0600		T. de Rhamnus
		σ	0,058527	Thésée. Sunium	
		¼ I	0,0570		
Temp. de Métap.	T. de Cérès à Paest.	Q	0,055180	Thésée. Sunium	
		½ l	0,0537	T. de Rhamnus	
		2 s	0,0520		
Sélinonte (R)		½ N	0,0506	Les deux Parth.	
		2 U	0,0490		
		p	0,047787	Parthénon act.	
		¼ K	0,0465	Parth. actuel	
		R	0,045055		
		½ m	0,0438		
		2 t	0,0424		
Sélinonte (R)		½ σ	0,0413	Propyl. d'Eleusis	
Nept. (Paest.) Némée		2 V	0,0400		
Temp. de Corinthe		q	0,039018		
Sélin (R). Bassae		¼ L	0,0380		
Temple de Bassae		S	0,036786	Prop. d'Eleusis	
Bassae. Assos.		½ n	0,0358		
Acrop. de Sélin.		2 u	0,0346	Prop. d'Athènes	
Sélin (R). Basil.		½ P	0,0337		
		2 W	0,0326	Propyl. d'Eleusis	
		Γ	0,031858	Propyl. d'Eleusis	
		¼ M	0,031038		

								Haut. des Colonn. Egine. Assos	Haut. des Corniches de l'Entabl.	
			$\frac{3}{4}$M					$\frac{3}{4}$M		
			g					2 T		
			$\frac{3}{4}$B I					0'		
			$\frac{1}{4}$d					$\frac{3}{4}$ I		
			2 l F					Q		
			$\frac{3}{4}$N					$\frac{3}{4}$ 1		
Haut. de l'archi			h					2 S		
trave de l'Ent.			$\frac{1}{4}$C					$\frac{3}{4}$N	Temp. de Thésée
Acrop. de Sélin.			K					2 D	T. de Rhamnus
			K					P	T. de Sunium
	Haut. de la frise		$\frac{3}{4}$e			Haut. de l'abaq.	T. de Némée	$\frac{3}{4}$ X	
	de l'Entablem.		2 m			du chapiteau		R	
	Acrop. de Sélin.		G			Acrop. de Sélin.		$\frac{3}{4}$ m	Les Propylées
			2 O'			Silinonte (R)	Haut. de l'échine	2 t	
			i			Basil.	du Chapiteau	$\frac{1}{4}$ O'	
Cérès à Paest.	Cérès à Paest.		$\frac{3}{4}$ D			T. de Mét.	Cor. Concorde.	2 V	
			L			Nept. Conc.		q	
								$\frac{3}{4}$ L	
Crint. Sil (R)		$\frac{3}{4}$ f	$\frac{3}{4}$ f		Haut. de la frise		Silinonte (R)	S	
Concor. (Agrig.)	Sélin (R) Concorde	2 u		de l'Entablem.	Haut. de l'archi	T. d'Olympie.	$\frac{3}{4}$ n	
	T. de Corinthe ?	$\frac{3}{4}$ H		T. de Sunium	trave de l'Entab.	Neptune (Paest.)	2 U.	
Nept. à Paest.	Neptune. Némée	2 P			T. de Thésée	Acrop. Méray.	$\frac{3}{4}$ P	Haut. de
Egine. Basil.	Assos	R		T. de Thésée		T. d'Egine	2 W	du Chap
Assos		$\frac{3}{4}$ E	$\frac{3}{4}$ E Haut. cola	Les Propylées	Prop. Sunium	T. d'Egine	T	Thés. Prop
	Egine. Bassae	Haut. de la Corni	M col. infér. $\frac{3}{4}$ I	Parthén. prim.	Parth. actuel		Basil. à Paest.	$\frac{3}{4}$ M 0,031031	Parth. a
		che de l'Entabl.	$\frac{3}{4}$ S	Parthén. act.		Cor. Assos.	T 0,030037	Rh. d'A
Bassae	Acrop. de Silinont	2 O'			Parth. primit.		$\frac{3}{4}$ O 0,0292	
Bassae	Basil (Paest.)		$\frac{3}{4}$ I				2 V 0,0283	
Némée			2 Q	T. de Rhamnus	T. de Rhamnus	T. de Némée	$\frac{3}{4}$ Q 0,0275	Haut. de l'échine
			L				2 X 0,0267	du Chapiteau
			$\frac{3}{4}$ F	△ Parthénon		T. de Bassae	Bassae. Assos.	S 0,026012	T. de Thésée
			N	△ Parth (moyen)				$\frac{3}{4}$ N 0,0253	Prop. d'El. Sun.
	Corinthe ?	$\frac{3}{4}$ h	△ Bas. & d. Nept.				U 0,024524	Propyl. d'Athèn.
		2 P					$\frac{3}{4}$ p 0,0238	Parth. actuel
		$\frac{3}{4}$ K			Cérès à Paest.		2 W 0,0231	
	Silinonte (R)	2 R					$\frac{3}{4}$ R 0,0225	
		m					2 Y 0,0217	
		$\frac{3}{4}$ θ				Acrop. de Sélin.	t 0,021239	
	Concorde (Agrig.)	O	△ Egine			Villes de Sélin.	$\frac{3}{4}$ O 0,0207	
		$\frac{3}{4}$ i					V 0,020026	
		2 q	O Nept. (col. 1)			T. de Némée	$\frac{3}{4}$ q 0,0195	T. de Rhamnus
		$\frac{3}{4}$ L	haut. des cor.			Cérès à Paest.	2 X 0,0188	Col. du Chapit. Thésée
		2 S	niches de l'ent.				$\frac{3}{4}$ S 0,0185	
		n	Parth. prim				2 Z 0,0178	
		$\frac{3}{4}$ H				Nept. Egine	U 0,017341	Col. du Chapit. Sunium
	Basilig. (Paest.)	P					$\frac{3}{4}$ P 0,0169	
		$\frac{3}{4}$ R	Parth. actuel			Temp. de Némée	W 0,016349	Col. du Chapit. Parth. A
	Nept. Cérès	2 P'				Temp. de Bassae	$\frac{3}{4}$ T 0,0159	
		$\frac{3}{4}$ M	(S. G. & P. Nept.)				2 y 0,015412	Col. du Chapit. Propyl. d'

www.ingramcontent.com/pod-product-compliance
Lightning Source LLC
Chambersburg PA
CBHW070613100426
42744CB00006B/470